国家社科基金项目资助（项目编号12CXW012）

成长影像

中国儿童视听创作的现实困境与优化路径

曾娅妮　著

中国广播影视出版社

图书在版编目（CIP）数据

成长影像：中国儿童视听创作的现实困境与优化路径 / 曾娅妮著. -- 北京：中国广播影视出版社，2020.11
　　ISBN 978-7-5043-8508-6

Ⅰ. ①成… Ⅱ. ①曾… Ⅲ. ①儿童-电视节目制作-研究 Ⅳ. ①G222.3

中国版本图书馆CIP数据核字(2020)第186783号

成长影像：中国儿童视听创作的现实困境与优化路径
曾娅妮　著

责任编辑	许珊珊
封面设计	贝壳学术

出版发行	中国广播影视出版社
电　　话	010-86093580　010-86093583
社　　址	北京市西城区真武庙二条9号
邮　　编	100045
网　　址	www.crtp.com.cn
电子信箱	crtp8@sina.com

经　　销	全国各地新华书店
印　　刷	天津雅泽印刷有限公司

开　　本	710毫米×1000毫米　1/16
字　　数	363（千）字
印　　张	18
版　　次	2020年11月第1版　2020年11月第1次印刷
书　　号	ISBN 978-7-5043-8508-6
定　　价	76.00元

（版权所有　翻印必究·印装有误　负责调换）

前　言

视听内容占据了儿童的视域中心——在媒介周围成长，是人类不可回避的新的成长环境。媒介让年幼的孩子在有能力与世界发生互动之前率先目睹了世界的面目，同时，视听文本也提供了大量的符号性范本，供儿童观察、学习并模仿。在所有的视听节目中，儿童节目是针对儿童的专门化设置，是对儿童特别化的"文化给付"，具有典型的公共服务特性。这个儿童专属的媒介空间究竟为他们呈现了什么、示范了什么？儿童在观看，世人在观望。

事实上，儿童节目的创作现状折射出当下成人世界的儿童观与教育观，作为儿童栏目创作的根本性理念最终决定着儿童节目的题材内容、表现手法、价值取向等重要维度。推动本书走向深入的逻辑主线是儿童视听创作中的矛盾关系——儿童的节目，成人的创作。

目前，出现在儿童视听创作中的种种问题在已有的各种研究论述中略有提及，但缺乏一个全方位的系统梳理，本书将从观察视角、表现手法、形象塑造、传播功能以及价值取向等多个维度出发，结合具体的文本内容进行剖析，建立起研究的基础。

基于焦点突出的考虑，本书研究的对象聚焦于日常化制播、具备典型栏目特征的儿童节目，如儿童新闻栏目、儿童游戏竞技栏目、儿童益智栏目、儿童真人秀，等等，同时兼顾网络平台制播的相关内容，但不包括以栏目化形式编播的儿童动画片、儿童影视剧等。笔者试图以此为基点撬动对其他儿童视听内容的创作规律的探索。

本书采用文本分析、比较研究等方法，在教育学、心理学、社会学、叙事学、美学、大众传播学等多学科领域中汲取理论养分，借鉴皮亚杰的认知发展理论、班杜拉的社会学习理论、蒙台梭利的早期教育理论、卢梭的儿童中心论以及席勒的游戏论，等等，在理论与实践的相互关照中对儿童视听创作进行学理透视与实践探讨。

客观地讲，在"儿童与成人"的二元对立中，成人话语显现出对儿童节目创作的强势覆盖，由此带来儿童主体的失语与节目功能的错位。基于此，探寻中国儿童视听创作的优化路径存在一个根本性支点：变"成人本位"为"儿童本位"理念，才能真正给予儿童以儿童节目的主体地位，才能真正重视儿童的身心条件、认知特性、收视期待，使之得以挣脱成人视野的遮蔽，成为儿童视听创作的根本依据。儿童本位价值观的确立和实施对于儿童电视创作的"纠偏"与"归位"具有根本性意义。

通过核心聚焦与比较分析，本书还将着重探讨儿童视听创作的改进方向，包括：针对儿童的认知规律建议采用故事思维；遵循儿童的心理特质强调真善美的创作价值选择；关照儿童的审美需求提出游戏精神……为了便于操作，切实将研究成果转化为提升儿童节目质量的有效方案，本书结合个案和实例，在微观层面分析了各种改进思路在具体节目中的实施，尽可能缩短理论研究与业务操作之间的距离。

本书的选题源自我的儿子，在他们这一代孤独的成长环境中，"媒介在他们有能力穿过马路之前首先护送他们穿越了整个地球"。在尝试着为儿子挑选节目的过程中，我忧虑地发现本应属于孩子们的视听空间却充斥着成人的逻辑、成人的话语。既然不能简单地关掉电视、断掉网线以阻断来自屏幕的影响，那么为孩子们制作优良的视听节目才是更加积极和主动的应对方式。

作为一名母亲和一名新闻传媒研究者，我认为这个选题具有多重意义：既是为我的儿子，也是为更多未成年人，同时希望能够为推进中国儿童文化事业尽一份绵薄之力。在写作过程中，儿子成为我最好的合作伙伴：陪伴他看节目让我得以接触到大量视听文本，而在与儿子进行的观后感和情节回顾的交谈中，他为我提供了宝贵的写作素材和灵感。我惊喜于儿子有趣而准确的表达能力，也深深感谢他为我提供的这个选题，使我得以部分弥补因为工作而耽误的对他的陪伴。几年间，小朋友长成了小伙子，我的研究也在日新月异的儿童媒介环境之下，一次次面对新的难题，又不断开启新的思路。关于儿童视听内容以及文化给予的探索，仍然在路上。

尽管愿景美好，希望引起学界、业界对于儿童视听创作的深度关注，但是由于作者水平有限，写作时间仓促，书中错误和不足之处在所难免，恳请广大读者批评指正。

曾娅妮
2020年6月1日于成都

目 录

绪 论 …………………………………………………………………… 1

第一章　中国儿童电视的发展审视 …………………………………… 18

第一节　初创时期的中国儿童电视（1958~1979年）………… 18

第二节　栏目化大背景之下的儿童电视发展（1980~1999年）…… 25

第三节　专业化阶段的儿童栏目（2000年以后）………………… 31

第四节　三网融合下的儿童节目（2010年至今）………………… 35

第二章　中国儿童节目的主要类型及文本解读 ……………………… 42

第一节　儿童新闻节目 …………………………………………… 42

第二节　儿童游戏竞技节目 ……………………………………… 54

第三节　儿童益智节目 …………………………………………… 63

第四节　儿童真人秀节目 ………………………………………… 68

第三章　成人话语主导之下的中国儿童电视图景 …………………… 81

第一节　形象刻板化：成人话语的典型路 ……………………… 83

第二节 视角单向度：成人视角的替代性选择 …………… 91
第三节 表现手法僵化：成人思维定式的束缚 …………… 100
第四节 功能失衡：成人诉求的片面强调 ………………… 106
第五节 商业化与泛娱乐化：成人价值观的倒灌 ………… 110

第四章 比较视野中的国外儿童视听创作 …………………… 132

第一节 国外儿童节目播出平台的典型范例 ……………… 132
第二节 国外儿童视听节目的文本解析 …………………… 145

第五章 儿童本位：儿童视听创作的根本理念 ……………… 158

第一节 儿童观的历史建构与价值确立 …………………… 158
第二节 "儿童本位"视野下的儿童精神 ………………… 171
第三节 "儿童本位"理念与儿童视听创作的融汇 ……… 176

第六章 真善美：儿童视听创作的价值取向 ………………… 199

第一节 儿童视听创作的价值选择与"真善美"的内涵 … 199
第二节 儿童视听创作中的"真善美"表达 ……………… 206

第七章 游戏精神：儿童视听创作的精神内核 ……………… 230

第一节 关于游戏精神 ……………………………………… 231
第二节 游戏精神关照下的儿童视听创作 ………………… 234

第八章　故事手法：儿童视听创作的表达路径 ································· 242

第一节　儿童思维的本质：叙事性思维 ································· 242
第二节　儿童电视的故事化表达 ······································· 246

结　语 ·· 265
参考文献 ··· 267

绪　论

一、聚焦研究对象

本书的研究对象是以儿童作为主要参与者或收视对象的视听内容。文中使用的儿童电视、儿童节目、儿童视听等概念，其核心内涵都指向为儿童输出的以视听形式呈现的内容文本，各概念之间并未严格区分，若无特别说明，上述几个概念在本书中可以互通。

就视听内容的制播主体而言，主要包括两大构成部分：一是传统电视机构，另一个是网络新媒体。

（一）传统电视平台的儿童节目

电视机构制播的儿童节目主要指日常性播出的儿童栏目。"栏目"指向节目的外在形式，即是某类节目内容的外在识别符号——栏目名称、LOGO、内容定位、风格特征、外在包装以及相对固定的播出时间和主持人，等等，这些元素构筑成了电视节目与观众建立传受关联的基础性平台。

按照制播现状，中国当前的儿童电视栏目主要分为两大类：第一类是日常性播出的儿童栏目，具备典型的栏目化特征，例如儿童新闻栏目、儿童游戏竞技栏目、儿童益智栏目、儿童综艺栏目、儿童服务栏目、儿童谈话栏目、儿童真人秀，等等，主要由各个电视台自制自播，其数量与质量亦是衡量一个儿童频道业务能力和发展程度的最重要指标，通过儿童栏目能够直接折射出成人的儿童观和教育观，事关儿童媒介教育环境与娱乐环境的建构。同时，由于电视的媒介特性和栏目播出的日常性、规律性，使得儿童电视栏目成为儿童接受信息和认知世界的最主要途径。本书聚焦于此，意在集中把握中国儿童电视的现状，指认问题所在，并研究改进策略，以此为基点，撬动对其他儿童视听内容创作规律的探寻。另一个大类是以栏目化形式编排的儿童动画片和影视剧。例如：中央电视台少儿频道的动画栏目《动画梦工厂》《动画乐翻天》《动画剧场》、儿童影视剧栏目《银河剧场》、山东少儿频道《奇奇怪怪屋》、江西少儿频道的《酷炫动画》、江苏少儿频道《动画天地》《卡通乐园》，等等。这一类节目主要依靠引进国外动画、影视剧资源或者购买国内民间制作机构的作品，只有极少部分由电视台制作或者投资参与制作，节目的内容定位以及风格特征随着剧集的调整而发生阶段性变化，此类节目不在本书的讨论范围之内。

（二）网络新媒体平台的儿童节目

除传统电视平台之外，儿童视听内容新增的制播渠道主要是电脑终端和手机移动终端。其节目资源的主要构成方式一是传统电视台网站，网上同步或重复播出电视频道的内容，目前我国内地30多个省级电视台都开设了网站，但由于带宽、流量的限制，这部分内容的访问量并不高；另一种是电视台与视频网站合作，以版权出让或投资参股等方式共同开发利用节目资源；再则，视频网站自组团队，自创自制。

在内容设置上，由于网络平台的特征以及网络受众的构成特征，各大视听网站自制的儿童节目，相对单一地集中在综艺娱乐类上，其他题材类别鲜有涉及。

二、进入儿童世界的视听文本

就媒介特性而言，传统印刷媒介限制了儿童对于文本内容的接触与利用，有读写能力的成年人制造并掌握了文字符号的规则和秘密，使得父辈们的见识在丰富性上对儿童形成压倒性优势，成年人获取信息的通道对于儿童而言，是一个禁区。而视听节目则大大降低了儿童接触信息的门槛，日本学者藤竹晓认为："随着电视的出现，这种父母信息垄断体制的基础，就开始大大地动摇了。"[1] 电视经由视听途径将信息和文化转换成简易而形象的声像符号，允许并吸引儿童向电视靠近，为涉世未深的儿童提供了接近大量信息的便利通道，削弱了印刷媒介对儿童接近文化和信息的限制。兹比格涅夫·布热津斯基在《大失控与大混乱》中提出："今天对于世界上的大多数人——特别是年轻人——来说，电视是接触社会和接受教育的最重要的工具。在这方面，它正迅速替代历来由家庭、教会和学校所起的作用。"[2] 研究表明，视听媒介，已经成为影响儿童成长的与学校、家庭、社会并列的第四大因素。

视听内容的影响力由于媒介的传播而获得革命性的张扬，在儿童的世界里，从他们的价值观念到学习生活、行为方式，无时无刻不受到节目内容的影响，这种影响是夹杂着积极作用与消极因素的多元作用力。大卫·帕金翰（David Buckingham）的《童年之死》以及尼尔·波兹曼（Neil Postman）的《童年的消逝》都将电视视为具有破解力的媒介，拆解了原本由印刷文字构筑在成人与儿童之间的文化鸿沟，儿童被推向一个"一览无余"的信息世界。威尔伯·施拉姆（Wilbur Schramm）在《儿童生活中的电视》（Television in the Lives of Our Children）一书中提出，电视在向儿童进行明显错误的成人世界和生活的描述，研究者们担忧儿童成长之后需要对已经认定的现实做出艰难的调整。

---

[1] 藤竹晓：《电视的冲击》，李江林、攀诗序编译，北京广播学院出版社，1989，第197页。
[2] 兹比格涅夫·布热津斯基：《大失控与大混乱》，潘嘉玢、刘瑞祥译，中国社会科学出版社，1995，第80页。

无论积极还是消极的评价，首先都承认视听内容占据了儿童视域的美感中心——在媒介周围成长，是人类不可回避的新环境。视听节目让年幼的儿童在有能力与世界发生互动之前率先目睹了世界的面目，成为他们接近世界的第一个平台。正如美国著名传播学者约书亚·梅罗维茨（Joshua Meyrowitz）所断言的那样，电视"在儿童被允许穿过街道之前，先护送儿童穿越了地球"。

不可否认，媒体上的各种栏目都在不同程度上起到了连接儿童与世界的作用，但其中，针对性最强、最应当承载此项功能的节目类别是儿童栏目。台湾政治大学广播电视系的吴翠珍教授将儿童节目的内容供应上升到"文化给付"的高度，认为这是媒体为公共利益提供服务的重要构成，关涉儿童的成长以及一个国家和民族的未来。社会化理论首先从宏观角度研究了大众媒介参与对儿童思想和行为的塑造，从而影响到儿童的社会化进程。具体到儿童节目表现为：栏目中呈现出与儿童生活相关的现实图景，并通过人物、情节、语言、行为、价值观等细节为儿童提供大量符号性示范样本，儿童从中观察、学习并接受共同信仰、生活方式、社交语言、道德标准、行为规范等现实规则。社会学习理论进一步阐释了儿童通过节目内容获得社会认知的机制。社会期待理论则阐明了经由节目内容描述的规范、角色、等级和制约的形式如何对现实中的儿童产生暗示和引导作用，而节目内容作为社会期待的来源直接指导着儿童的观念和行为。一切关于儿童视听的传播效果与影响力的解释与分析都必然指向了儿童节目的内容构成。

中国的儿童节目为孩子们呈现了什么、示范了什么？从儿童视听文本和媒介批评视野中都集中暴露出国内儿童节目中存在的诸多问题：节目功能单一、表现手法僵化、视角成人化、形象刻板化、价值观念偏差……儿童在儿童节目创作中未能获得应有的主体性地位，而是附属的，是被指挥、被教育的对象，儿童的身心特点没有得到足够的尊重，他们的收视期待也往往落空。与之形成反差的是，成人话语占据着儿童节目制作的主导地位，他们利用儿童节目作为施教的公共平台，按照成人世界所认可的模式和标准塑造儿童的未来，造成了儿童节目的根本性错位，中国儿童电视成为一个悖论式的存在：究竟是为儿童而存在的儿童电视，还是为成人而存在的儿童电视？

中国拥有约4亿儿童的全球最大儿童受众市场，同时拥有丰富的渠道资源——40余家儿童专业频道和众多提供儿童视听资源的网络平台，但是却面临着严重的问题：播出需求猛增与节目供应不足之间的矛盾，节目自制能力有限与严重依靠外援的结构性失衡，节目整体质量堪忧的问题……这一系列问题背后关联着的是国内儿童视听的创作水平。创作水平的提升首先能够解决节目质量的问题，随之而来的高收视率和高回报率能够为制作机构提供充裕的资金支持，由此提高自制能力而不再过多依赖外援,随着创作水平和生产能力的提升,播出与供应之间的矛盾也将迎刃而解。因此,中国儿童电视发展的首要问题在于提升创作水平。

在中国儿童电视遭遇现实困境的同时,国外儿童媒体和节目资源已经凭借精良的创作水平和雄厚的实力积极实施全球化战略,尤其体现于谋求在中国市场的发展——"美国尼克罗迪恩频道在全球100多个国家和地区用30种语言播出;迪士尼卡通频道覆盖了全世界50多个国家和地区;欧广联(EBU)正在大力推进所属66个正式成员(分属于49个国家)和52个联系会员(分属30个国家)之间的合作;日本放送协会(NHK)专门设立"儿童试点"项目,广邀各国同行携手并进,并已先后在50多个国家播出。迪士尼、华纳、维康公司以及《芝麻街》等几家跨国集团,都积极谋求与中国各个制作机构的合作机会,以期望在中国占据更大份额。"[1] 在国外同质媒体的觊觎之下,无论从文化传播或者产业经营的角度,提升我国儿童视听创作能力都显得十分重要和紧迫。

改善现状首先必须全面认清现状,无论儿童电视的研究者还是创作者都应当建立一个认知框架:当前的中国儿童节目究竟呈现了怎样的内容,构建了什么样的信息图景。

这个儿童信息环境是如何建构和表意的?换言之,是从谁的视角出发,按照怎样的创作观念,运用怎样的制作手段进行的?

在引领成长的意义层面,当下的国内儿童节目,为广大少年儿童呈现了怎样的示范性范本?又表达了什么样的社会期待?

当前呈现给儿童的电视节目是否适当地对接了儿童的接受水平?是否符合儿童的心理期待?能否满足儿童的信息需求?是否能够为儿童提供快乐成长、健康成长的媒介陪伴?如果答案是否定的,那么中国儿童节目究竟应该遵循怎样的创作理念?究竟应当运用怎样的创作手段,才能真正契合儿童受众的主体需要和成长需求?

对于上述问题的解答有赖于对中国儿童电视发展状况的整体把握,更需要熟悉儿童电视文本,在此基础上作出理性的审视,并进一步提出具体的改进思路。通过整理国内相关研究成果发现:在电视节目创作的整个研究板块中,儿童电视的研究长期处于低端徘徊的状态:数量有限、简单重复、缺乏实质性指导意义。由于学术与实践的长期分离,两支队伍缺乏积极的沟通交流,使得本就有限的研究成果对于实践的智力支持效应更加削弱。

基于儿童电视对于儿童成长的重要意义,以及国内儿童电视制作与研究的双重

---

[1] 姚汝勇:《以"儿童本位"理念构建群体守望的精神家园》,硕士学位论文,南京师范大学,2004,第59页。

困境，本书选择儿童电视栏目为研究对象，试图以此为基点撬动对其他儿童视听内容的创作规律的探索。儿童电视栏目是儿童收视内容的主体构成，把脉儿童电视栏目对其他类儿童收视内容比如儿童动漫、儿童广告、儿童影视剧等内容的创作有借鉴和启示作用。

目前，出现在儿童电视创作中的问题在已有的各种研究论述中略有提及，但缺乏一个全方位的系统梳理，本书将从观察视角、表现手法、形象塑造、传播功能以及价值取向等多个维度出发，结合具体的文本内容进行解剖，建立起本书研究的基础，同时有助于其他研究者全面把握中国儿童电视的症状与问题。在"儿童与成人"的二元对立中捕捉到成人话语在儿童节目创作中的强势覆盖，由此造成了儿童主体的失语与节目功能的错位。基于此，儿童本位价值观的确立和实施对于儿童电视创作的"纠偏"与"归位"才更具根本性意义。

本书还将着重探讨改进方向，针对儿童的认知规律建议采用故事思维；关照儿童的审美需求提出游戏精神……为了便于操作，切实转化为提升儿童节目质量的有效方案，本书结合个案和实例，从微观层面分析各种改进思路在具体节目中的实施，尽可能缩短理论研究与业务操作之间的距离，为中国儿童电视节目制作提供有益的参考。

正如著名传播学者保罗·拉扎斯菲尔德在20世纪50年代就曾提出的观点：在人人都批评电视节目品质低劣的时候，其实更有建设性的工作是去实践优质的节目。对于儿童电视创作而言，更有意义的工作是为儿童创造一个专属的、快乐的媒介空间，创作出优质的儿童电视节目以克服批评声浪所指的种种弊端。本书愿意做出这样的努力。

三、把脉国内外儿童视听研究

儿童节目——一种典型的对象性媒介内容，由于其传播对象的特殊性而逐渐从宽泛的电视创作研究中剥离出来，成为一个具有特定指向的研究主题，并且自然而然地吸引到与之相关的心理学、社会学、教育学、传播学、艺术学等多个学科领域的共同关注。儿童电视研究的框架也因此建构在多学科成果的共同支撑之上，视野得到极大拓展。而在此之前，电视创作的普遍性规律被广泛征用到儿童电视创作领域，对儿童受众的特殊内涵有所忽视，这种状况在中国尤为突出，随之表现出"严重错位"的问题。这种状况的改善很大程度上受到西方国家相关研究的启示，借鉴国外在儿童电视领域的分析维度、研究方法，中国开启并逐渐加强了相关研究。因此，在梳理关于儿童电视研究的现有成果的过程中，有三条路径不容忽略：第一，是国外儿童电视研究的累累硕果；第二，是多学科领域与儿童电视的交集部分；第三，是儿童电视创作从一般性走向特殊性，逐步回归儿童本位的纠偏过程。

电视与儿童之间的密切关联投射在学术领域里逐渐形成了两大研究课题：一、电视对于儿童，二、儿童对于电视。而这两条研究主线的必经之路都是具体的儿童节目特别是儿童栏目。这是因为媒介是通过节目内容对儿童产生思想观念、行为模式、生活方式等诸多方面的影响，通过节目构成了儿童认知与行为模仿的信息环境。而另一方面，儿童对于节目的使用也是基于自身特征而表现出的日常媒介接触行为，其中最重要的表现集中在对节目内容的选择上。因此，儿童电视节目的本体研究成为又一个重要的课题。

（一）国外关于儿童电视的研究

1. 电视对儿童的影响研究

国外在儿童与媒介的研究方面起步较早，普遍采用实证调查法进行研究。关于媒介与儿童的关系，美国学界主要有两种观点，第一种认为"孩子是无知的受害人（child as innocent victim）"，即孩子是被动的，需要被保护和监管。第二种认为"儿童是主动的选手（child as active player）"，即孩子完全可以自主地选择和使用媒介。[1] 媒介文化研究者尼尔·波兹曼更是将"童年"的产生归功于印刷媒介的出现，认为"电视侵蚀了童年和成年的分界线"[2]。

"电视对儿童的影响"研究从一开始就受到美国佩恩基金"媒介与儿童"研究项目的影响，该项目促成了"媒介与儿童"研究体系的主体框架：设定主要论题、建立起理论分析框架、奠定方法论基础。[3] 由于不同的视角和研究方法，儿童与电视的研究中呈现出几种主要学科取向，即大众传播学、心理学、社会学和人际互动等维度[4]：

（1）大众传播学取向。20世纪20年代，佩恩基金研究（Payne Fund Studies）作为大众传播效果研究的重要里程碑之一，不仅使人们正确认识了20年代电影对青少年的影响，也在某种程度上影响了电视的早期研究方向——探索电视在日益扩大的大众媒介系统中扮演的角色。[5] 1929~1932年间，佩恩基金会主要从儿童的态度和行为两个方面进行研究，于1933年发表研究成果《电影和儿童研究》，从儿童的角度论述了电影在社会态度、情绪、道德、行为等方面对儿童的影响。

20世纪60年代，美国传播学家施拉姆通过对北美10个社区进行的11项关于儿

---

[1] Sarah Banet-Weiser, "We Pledge Allegiance to Kids": Nickelodeon and Citizenship, *Nickelodeon Nation: The History, Politics, and Economics of America's Only TV Channel for Kids*, （NYU Press, 2004.）
[2] 尼尔·波兹曼：《娱乐至死·童年的消逝》，吴燕莛译，广西师范大学出版社，2009。
[3] 刘璐：《儿童对卡通角色的注意偏好与认同研究》，硕士学位论文，华东师范大学，2007。
[4] 吴知贤：《儿童与电视》，桂冠图书公司，1998，第3~12页。
[5] 洛厄里等：《大众传播效果研究的里程碑》，刘海龙译，中国人民大学出版社，2004。

童观看电视效果的调查研究,提出"儿童是电视的使用者"这一观点,同时归纳出了儿童的电视需要,即娱乐需要、认知需要和交往需要。并将这次调查的结论发表在 *Television in Lives of our Children* 一书中,结论如下:一是儿童如何使用电视与年龄以及家庭背景等因素相关,从中可以看出儿童的电视需要以及其对电视的态度;二是儿童可以通过电视进行学习;三是社会规范和社会关系会影响儿童对电视的使用方式;四是电视可以令儿童产生情感效果、认知效果和行为效果。① 施拉姆所研究的这些问题也构成了"使用与满足"理论的研究框架。

1985年,美国学者约书亚·梅罗维茨在《消失的地域:电子媒介对社会行为的影响》一书中通过分析电视对美国的影响进而探索媒介对社会行为的影响。其中梅罗维茨关于电视改变儿童的观点主要有:第一,儿童对电视的主动性远远大于被动性。第二,儿童通过电视获得更多的知识。他认为这种差别可能要部分归因于电视:"即使假定认知的发展丝毫不受媒介环境变化的影响,当儿童突然被暴露在全新的信息环境之中,让他们用自己稚气的观念去处理这些信息,这会对儿童的社会知识和地位产生怎样影响的研究也仍是有意义的。"② 第三,电视的革命性不在于是否给了儿童"成人观念",而是它允许非常小的孩子"参加"成人的交往。第四,电视给予儿童挑战成人权威的能力。

电视模糊了童年与成年,使儿童"成人化",而成人"儿童化"。使儿童很小就开始面对性、死亡、犯罪和金钱问题,把儿童推进了一个复杂的成人世界。③

2006年,托马斯·德·詹戈帝塔的《媒体上身——媒体如何改变你的世界与生活方式》出版。该书从一个新的角度来解读我们现在所处的媒介世界,并将大家对平时生活的关注与未来发展联系起来。④ 在此书第二章《儿童狂热》中讨论了"媒体化"是如何影响人们对自身的身份认同的。针对尼尔·波兹曼在《童年的消逝》提出的"童年消逝",詹戈帝塔指出,20世纪前半叶之前,人们从没有像现在这般珍视童年,也没有像现在这般刻意营造"儿童特质"的文化;现在的人们心灵"儿童化",宁愿活在以自我为中心的世界里。童年"被媒体",这对儿童文化领域的研究具有很大的启示意义。⑤

(2)心理学维度。着重分析电视对儿童认知、情感、行为等方面所产生的效

---

① Wilbur And Others Schramm, "Television in the Lives of Our Children", Educational & Industrial Television, No.1, 1965.
② 约书亚·梅罗维茨:《消失的地域:电子媒介对社会行为的影响》,清华大学出版社,2002。
③ 同②。
④ Thomas De Zengotita: *Mediated: How the media shapes your world and the way you live in it*, New York: Bloomsbury Publishing USA, 2006.
⑤ 张娣:《童年的消逝与绽放——近30年中国少儿电视研究》,博士学位论文,华东师范大学,2017。

应。具体又划分为行为学派与认知学派两个分支：行为学派的早期研究将电视和儿童的关系看作是刺激与反应的直接对应；班杜拉（Bandura, 1965）进一步研究媒介暴力对儿童行为产生影响所必需的现实条件；1969年，美国国会资助"电视暴力与青少年行为"的研究，形成了长达五卷的《关于电视与社会行为的卫生局长报告》；20世纪80年代初，研究焦点深入到"电视暴力对受众产生影响的原理和机制"。认知学派则援用皮亚杰、布鲁纳、维果斯基等学者的认知心理学理论，注重对电视的形式特征（Formal Feature）加以分析，专注于儿童对节目的注意力卷入与对节目内容的理解程度；1967年，乔治·伯格纳教授提出"涵化理论"，认为电视对受众的认知层面有潜移默化的长期影响力。[①]

（3）社会学取向。其基本假设是：媒介传播的信息刺激，不会迅速、直接地引起受众反应，而是必然通过普遍存在的中介因素对信息内容进行变向、扩充、压制、删减……之后，才最终作用于受众，一定程度上修正了"传者中心论"的思想，"受众本位"的观念逐渐得到认可。研究指出儿童会自行选择、注意、解释节目内容，并根据个人经验，对信息赋予意义。社会科学取向的媒介研究主要采用经验主义研究方法，难以避免主观性判断；80年代中期，结合媒体内容与观众分析的研究方法逐步被采用，强调儿童受众的读解能力，文本的意义则来自于文本与儿童互动的结果，强调编码与解码两端的同步研究。

（4）人际互动研究。20世纪70年代末，人类发展的生态学理论兴起，促成人际互动的研究取向，重点分析人际交往对儿童认知、接受和使用媒介内容可能产生的影响，例如儿童的收视环境、家长提供的指导、收视时的伴随性互动行为，等等。

2. 儿童对电视的使用研究

这一条研究主线强调儿童作为主体对电视的利用，研究者认为儿童不是孤立、被动的个体，而是基于特定的生理与心理特征主动选择媒介并按照自己的理解解读电视内容。由施拉姆主持的"北美儿童与电视"的研究从对电视效果的直接关注转向研究儿童对电视的使用与满足上，围绕使用模型的研究，该项目提出的思路构成了研究儿童电视使用模型的基本框架：儿童何时开始接触电视媒介；儿童使用电视媒介的习惯，包括观看的时间、频度、时长，等等；影响儿童使用电视媒介的因素（比如种族、民族、宗教信仰、社会阶层、年龄、性别、家庭背景、个人兴趣、社会关系，等等）；儿童的电视注意模式；儿童对电视的理解能力……受到上述研究思路的影响，儿童电视的使用模型研究主要集中在以下几个方面：

儿童使用电视的地位问题，主动接触还是被动接收？

[①] 杨静：《论电视对儿童的涵化作用》，硕士论文，湖南师范大学，2004，第2页。

影响儿童电视接触的重要变量是什么?

跨文化视野寻找儿童使用电视媒介的差异性。

电视接触对于其他媒介选择的影响?

基于儿童受众的特殊性,研究者们希望在儿童的个体特征与电视接触行为之间建立对位性的关联,为儿童节目定位和制作提供依据,也为儿童通过电视节目获得适当的引导和教育提供保障。因此,这个话题引起了电视工作者、教育学者、心理学者和社会学等多方人士的兴趣和重视。

3. 儿童电视节目的研究

"影响研究"让儿童节目的制作者们重视电视对儿童产生的不良影响,尽可能回避儿童不宜的内容元素;"使用模型研究"总结出儿童的收视习惯和期待,为满足儿童的媒介需求提供指导。英、美、日等制作水平较高的国家尤其强调儿童节目制作的科学依据,主要是通过科学实验或者实证调查获取依据,同时,以这些依据为标准,衡量节目的制作水平,提出改进意见。

针对儿童的感知觉发展特点,选择儿童节目的表现形式。在视听符号方面,色彩运用成为研究重点之一,通过实验测试儿童对于色彩温度、搭配、饱和度、色度对比的反应。例如,1976年的纵向追踪研究,测试儿童在不同年龄段对节目声音元素的反应,实验研究总结出能够引起儿童注意的七种声音类型;1978年的眼动研究,观察儿童视力焦点所集中的位置;对于儿童是否能够理解节目所使用的结构符号和蒙太奇手段,研究者测试不同年龄段儿童的理解水平之后提出相应的运用规则。

儿童节目内容的设计原则主要以儿童的认知特性和媒介需要为依据,通过对比研究发现,运动和动作容易吸引儿童注意,提出"显著知觉特征簇"概念(perceptual salient cluster),建议儿童节目加强动感设计;受到皮亚杰儿童认知发展观点的启示, 1993年以及2004年的相关研究都指出成人有必要为儿童提供协助,比如在节目中做出必要的强调、重复和解释,增加他们对节目内容的理解;为帮助儿童建立认同,儿童节目应侧重于儿童熟悉和感兴趣的主题;基于电视在儿童社会化进程中的意义,儿童节目应当尽可能呈现亲社会性的内容,比如关爱、友善、合作、分享、诚信、同情,等等。儿童节目自身也应当扮演小朋友的知心朋友、快乐伙伴的角色。儿童最主要的三种需求:娱乐、信息、社会交往(Schramm, 1961)都应该在儿童节目中得到全面照顾和满足。

因此,国外儿童节目的研究路径为:儿童特性与需求——抽样调查、实验测试——节目制作的参考依据——评价节目的客观标准。这其中,客观的研究方法和研究结论发挥着连接作用:连通目标对象(儿童)与制作群体(成人)之间、儿童需求与节目供给之间客观存在着的间隔。研究的目的是尽可能隐匿成人的视角和印迹，贴近儿童思维，制作儿童真正喜欢和需要的儿童电视节目。

（二）国内关于儿童电视的研究

参照西方国家关于儿童电视的研究框架，中国的相关研究也主要集中于三个维度：电视对儿童的影响研究、儿童对电视的使用模型研究、儿童电视节目的制作研究。但总体而言，我们的研究相对滞后，一是起步较晚，直到20世纪80年代才有所涉足。另一方面是缺乏系统的研究方法和理性分析的学术传统。再则，国内儿童电视研究的初期，主要集中于引介和阐释西方经典，但疏于结合中国实践建立自身的理论框架，到目前为止，国内有关儿童电视研究的著作以及文章大多是印象式总结或经验式介绍，科学的、系统的、规范的、有实验基础的理论研究成果还为数不多。

1. 电视对儿童的影响研究

西方重视儿童媒介效果研究的传统和成果带动了中国学界对于电视作用于儿童的作用机制与实际效果的关注。但是，与西方的实证主义传统不同，我国早期的儿童电视研究大多停留于感性层面，甚至是凭借主观印象表达出对电视在儿童成长过程中产生负面影响的一种担忧和反对。电视对儿童的影响研究是个社会性的话题，因此得到包括心理学、社会学、传播学等多个领域的共同关注，归纳起来，主要涉及以下维度：

电视节目与未成年人的亲社会行为与反社会行为的关系；

电视对儿童性别角色社会化的影响；

电视对儿童价值观的影响；

电视对儿童生活习惯的影响；

电视与儿童认知发展的关系……

对上述问题的研究结论主要集中于电视对儿童产生的负面影响，这一方面是因为国内儿童电视客观存在诸多问题。另一方面，是由于大众对于电视的刻板印象所致，在缺乏实证调查的情况下，大多研究者习惯于凭借印象做出判断。还有一个重要原因在于国内评价儿童电视影响的依据是成人标准，而不是节目本身和儿童的标准，由此在一定程度上导致了评判的偏差。

2. 儿童对电视的使用研究

此项研究涉及具体的儿童电视接触行为，必须在大量实证调查基础之上才能够总结出儿童对电视的使用规律和模型。到目前为止，国内的相关研究一直处于严重不足的状况，一是因为国内缺乏实证研究的学术传统，习惯于印象式总结和经验式判断，而对于必须有数据支撑的媒介使用行为研究就只能采取回避的态度。再则，实证研究所需的人力、物力以及财力资源在国外大多通过基金会、公益组织或政府部门获得,而在国内尚未形成相应的保障体制,缺乏固定的资金支持,很大程度上影响了实证研究的广泛展开。

目前,研究"儿童对电视的使用"课题的机构主要集中在师范类高等院校的教育学、心理学专业,调研的具体项目呈现出分散性、短期性、应急性等特征。例如,北京师范大学心理系的彭聃龄、张令振采取实验方法对北师大实验幼儿园24名5岁儿童进行观察,分析儿童观看电视的视觉注意量和理解问题的回忆准确率(《学前儿童电视节目理解特点的研究》)。张令振通过对二手资料的梳理发表了《美国儿童电视收视行为研究》的研究论文。北京广播学院新闻研究所的柏强采用同样的方法分析了《日本学龄前儿童电视节目收视与研究状况》。华东师范大学学前教育与特殊教育学院的研究生王隽等人通过问卷调查考察上海市城乡接合部(以吴泾镇为例)0~3岁儿童接触视频媒介的情况。华东师范大学心理学系的郭秀艳、薛庆国随机抽取上海市某个区的194名儿童,采用问卷调查和五点评分量表测查幼儿的电视观看和家长监督的情况,在《幼儿观看电视时间、节目类型及父母监督情况的初步调查研究》一文中得出家长在儿童收看时间和节目类型上缺乏必要监督的结论。东北师范大学发展与教育心理学专业研究生曹华的毕业论文《小学儿童收视兴趣与收视行为的研究》随机抽取吉林省长春市6所重点小学、普通小学500名年龄在9~12岁的4~5年级学生进行问卷调查。由于这些调研的样本数量规模相对较小,观察的时间相对较短,因此,研究结论的准确性、适用性受到一定限制。

3. 儿童电视节目的研究

儿童节目的意义在国内少儿频道蓬勃发展的背景之下显得更加重要,国内关于儿童电视节目的研究在2003年以后呈现出繁荣的趋势,仅从CNKI数据库搜索"儿童电视""儿童节目""儿童栏目"等关键词,研究论文就数以千计,一方面反映出对儿童电视研究的日趋重视,也从侧面反映出中国儿童节目存在的诸多问题。归纳起来,现有研究文献的关注角度主要包括:

(1)对国内儿童电视的整体把握。陈舒平的《儿童电视学》被称作中国第一部专门研究儿童电视的著作,全面关照儿童电视的定位、功能、风格、分类以及媒介形态、制作特点、发展状况、发展趋势等问题;贺思乐的硕士学位论文《国内儿童电视问题与出路浅析》分别从频道建设、节目制作、动漫产业、弱势儿童的话语问题给予综合考虑,以美国尼克罗地恩频道、《芝麻街》、日本动漫产业为比照案例进行对比分析,指出国内儿童电视的发展出路……从整体上,宏观层面给予关注的研究占据了很大比例。

张娣的博士论文《童年的消逝与绽放——近30年中国少儿电视研究》对1958到2015年"中国少儿电视"的发展历程进行了系统梳理。着重讨论了近30年来中国少儿电视发展的基本情况和电视环境下中国少儿文化的基本状况,讨论了在中国电视体制和规制下,中国少儿电视与少儿文化基本状况、中国少儿电视与中国少儿文化重构的关系,中国少儿电视进入频道时代后的繁荣与危机,以及产业化和新媒体为少儿电视所带来的挑战与机遇。①

李琦的博士论文《多元媒介环境下的儿童与儿童电视》通过大量典型案例分析,研究儿童电视节目作为专门的儿童媒介内容产品如何在新的传媒生态环境下最大限度地发挥其正面作用,并提出了传播效果最优化目标下,传播各要素之间实现良性互动的策略。②

(2)儿童电视的个案分析。旗籍的《给孩子们更多的欢愉——评电视音乐剧〈相约动画城〉》、张鹰的《思想深度与艺术形式的有机统一——评儿童电视连续剧〈我要做好孩子〉》、韩泽的《观〈小小看新闻〉》、屠健的《"真人秀"也可以很纯净——〈中国新声代〉节目引发好评的原因分析》、李翔的《〈音乐大师课〉:少儿音乐电视真人秀的新范本》、张连红的硕士论文《〈中国新声代〉节目制作与市场运作研究》、陈秋名的硕士论文《作为父亲的明星——亲子类综艺节目〈爸爸去哪儿〉研究》、王怡晗的硕士论文《〈爸爸去哪儿〉的文化传播内容及其社会价值研究》等,以微观的视角进行个案分析,让我们能更好地理解儿童电视的最新发展形态及理念。

(3)儿童电视的政策影响研究。阮若琳的《忧虑与希望——浅谈1995年儿童剧的创作与生产》一文提到了早期国家领导人在全国广播电影电视会议上对儿童影视艺术生产的关心。

张娣的博士论文《童年的消逝与绽放——近30年中国少儿电视研究》在第三章系统描述了1991年到2016年国家出台的关于儿童电视的政策。

成洁萍的《论"限童令"背景下儿童网络综艺节目的发展》对后"限童令"时代下儿童综艺节目的发展进行了探索,提出了建议。

(4)儿童节目的理念与框架分析。罗闪、刘怡著文《儿童电视节目中的人文内涵和对象意识》提出几个思考问题:是否将儿童放在与成人平等的位置,尊重他们的独立人格?在发挥儿童节目教育功能的同时,是否考虑了儿童的天性?以形象、直观为特征的节目是否为儿童的想象力预留出足够的空间?儿童节目是提供大人想让孩子们看的还是他们自己想要看到的内容?——指出了中国儿童电视制作的框架性思路。陆晔、黄艳琳的《重新认识"儿童"——从BBC"天线宝宝"看儿童媒介发展的理念与框架》以《天线宝宝》为例分析英国儿童节目的架构与儿童的媒介选择,总结出其内容特色与"儿童本位"制作理念。卜卫的《谈谈儿童节目的定位》从"是以

---

① 张娣:《童年的消逝与绽放——近30年中国少儿电视研究》,博士学位论文,华东师范大学,2017。
② 李琦:《多元媒介环境下的我国儿童电视节目研究》,博士学位论文,华东师范大学,2012。

儿童还是以成人为本位"的提问出发,分析国内儿童节目的错位现象并探寻正确的定位。还有金震矛《少儿节目"去成人化"的若干思考》等论文都对这一问题进行了探讨。

大量的研究关注到儿童节目定位的问题,例如丁冬女的硕士学位论文《儿童电视节目中成人化倾向研究》采用文本分析和实验观察的方法,详尽分析了成人化现象的具体表现,从形式与内容两个维度展开,形式包括:声音、镜头、画面、叙事,内容包括:成人世界的诡秘与隐私的暴露、塑造标准、被弱化的儿童。进一步分析儿童节目成人化的原因,积极探寻去成人化的方案;姚汝勇的硕士学位论文《以儿童本位构建群体守望的精神家园——儿童电视节目创作研究》;谭先虎的《弱势群体更需强势关怀——少儿电视节目定位、价值取向与发展探析》,钟静之、牟明善的《论少儿电视节目的定位与发展策略》,王杰的《幼儿电视教育功能评价》……都在儿童节目制作的根本性理念以及框架建设问题上做出了思考。

(5)儿童节目的制作手段。作为国内儿童电视创作的领头羊,中央电视台在节目制作的研究上显示出国家大台的高瞻远瞩,及时研究并总结创作中的问题与成果,成为央视多年来的坚持:1991年启动的"全国少儿电视节目理论研讨会"成为全国性的儿童节目理论研究平台;1993年中央电视台出版了节目研究的论文集《塑造孩子的未来形象》;1999年出版《儿童与未来》一书,对儿童节目制作中的问题与成果进行思考和总结;2003年开始举办"国际儿童电视论坛",与世界同行进行全方位、深层次、多角度的业务交流;2009年出版论文集《引领成长》汇集了儿童节目创作者的实践探索和理论思考。

王隽的硕士学位论文《婴幼儿电视节目制作思想之个案研究》锁定婴幼儿这一群体,以英国的《小小爱因斯坦》为文本对象进行制作理念、内容结构、形式特征的分析,以量化方式归纳出婴幼儿观看节目全程的注意与行为反应,并加入对儿童节目制作人的访谈内容,分析国内儿童电视制作的客观障碍与现实水平;黄灿的《电视儿童节目:教育与游戏的双重变奏》探讨了儿童节目适宜采用叙事、互动和游戏的设计来平衡教育与游戏的双重功能;姚汝勇的硕士学位论文《以"儿童本位"构建群体守望的精神家园》探讨了儿童本位理念及其在节目中的应用,分别从受众定位、内容构架、视听符号、组织编排以及主持人等侧面体现出对儿童本位的关照;李劲的《如何制作少儿竞技类游戏节目》以福建少儿频道的《宝贝向前冲》为例,总结同类节目的制作经验……这些定位于实际操作层面的研究成果为国内儿童电视制作提供了有益的参考。同时,也在业界逐渐形成了及时总结、理性分析的风气。

(6)儿童节目评奖综述。中国唯一的青少年题材电视节目的国家级奖项——"金童奖"评比结束之后,评委们基于参选作品做出的总结式分析帮助我们把脉国内儿童节目的最新进展和整体状况：余培侠的《走向世界与未来——第四届"金童奖"引起的思考》一文在中国儿童电视四十周年之际全面梳理当时的创作情况，指出好作品层出不穷，具体表现在题材广泛、内涵丰富、品种多样、注重包装、编排合理，等等，但老问题依然存在，最突出的是成人化倾向和制作粗糙的问题，文章进一步指出日后工作努力改进的重点。冯宁宁的《播下一颗爱的种子——评析电视"金童奖"一等奖作品〈寻找小哥哥〉》剖析获奖作品的示范意义：用平实的故事表达深刻的主题，用纪实性手法表现儿童真实内心世界，以开放式结构扩大节目的表述空间与内涵。李启民《感受与思考——第五届全国少儿电视"金童奖"评奖感受》、祝丽华《异彩纷呈 风格各具——浅议第五届"金童奖"部分专题节目》、胡占凡《托起希望——在第六届全国少儿电视"金童奖"颁奖会上的讲话》、欧阳斐斐《为儿童奉献精品节目——由少儿电视节目"金童奖"引发的思考》、周红文《由"金童奖"引发的几点思考》从参评与获奖节目的数量逐年下降看到中国儿童电视创作的困境……各类评奖综述有助于研究者了解最新动态，及时跟进全国儿童电视制作的水平。

（7）对国外儿童节目的研究。雷蔚真在《国外少儿电视节目的实践与探索》一文中着重介绍了儿童节目的操作模式，美国以法律形式对儿童节目的制作与经营做出规定。美国、日本非常重视儿童受众的细分研究并用以指导实践。国外儿童节目的类型非常丰富，对国内节目创作提供了有益的比照。束继东的《美国尼克儿童频道制作理念分析》指出儿童中心、平等思想以及快乐原则是其精髓；萨拉·博思菲尔德（Sarah Boesveld）的《〈芝麻街〉40年：是非善恶和那些毛绒角色》总结了这一著名儿童节目的成功主要归功于娱乐教育和有益儿童的制作法则；哈澍、武晶平的《〈芝麻街〉对中国儿童教育节目的启示》、黄末的《从迪士尼的成长看少儿电视发展的方向》等许多研究都将目光投向国外儿童节目……西方发达国家的儿童节目制作理念和水平对于我们的理念改善和水平提升具有借鉴意义。

总体而言，国内关于儿童节目的研究大多为印象式总结或经验式介绍，科学的、系统的、规范的、有文本基础的理论研究成果还为数不多，对实践的指导意义也相对有限。

四、研究的支点：方法与理论

本书主要采用文本分析和比较研究等方法，在教育学、心理学、社会学、叙事学、美学、大众传播学等多学科领域中汲取方法与理论的养分，在理论与实践的相互关照中对儿童栏目创作进行学理透视。

（一）主要研究方法

文本分析方法（Textanalysis approach）有"文学理论"与"文化研究"两种取向：

"前者以文本为中心,注重对文本的形式特征和语言结构的研究与发现;后者是在前者的基础上,展示规则和规律是如何传递意图和意义的。二者的共同目的均在于:以诠释来弥补文本表象之间看不见之处,前者重在看不见的规则,后者重在看不见的意义。"[1] 本书将综合采用两种取向,从手法和意义两个层面关照儿童电视。这是由于本书的对象本身具备典型的文本意义,儿童节目是由具体的语言结构和形式特征共同构建的媒介文本,细化到不同的节目类型又表现出差异化的特征,文本分析将解剖这些元素,以儿童节目的对象规则对其进行一一检视,为"儿童节目创作错位"的判断提供依据。儿童视听这个表意系统由谁主导,如何传递意义?是否符合儿童的需求?这些问题将是本书关注的焦点,同时也是本书试图进行修正的关键性维度。

比较分析方法(Comparative analysis approach)是在不同客观对象之间选取相同或相似的类目进行对比,以确立两者之间的差异,并达到认知事物本质和规律的目的。本书的研究对象儿童电视是一个世界性的话题,中国的儿童电视无论业务能力还是研究水平与西方发达国家之间都有明显的差距,其中业务能力的差距背后关联着成人的儿童观和教育观以及专业主义精神。本书将中国儿童电视纳入与西方国家的比较视野之中进行分析,是客观评价我们的现实水平,更重要的是为了获得有益的参考,以改进我们的不足。

(二)主要理论支点

本书从心理学、社会学、教育学、美学、传播学等多学科领域获得理论滋养,主要借鉴皮亚杰的认知发展理论、班杜拉的社会学习理论、蒙台梭利的早期教育理论、卢梭的儿童中心论以及席勒的游戏论等研究成果。

皮亚杰的认知发展理论(Cognitive-developmental theory)对个体自出生之后在适应环境、认知能力及思维方式等方面所表现出的阶段性特征予以关注和肯定,提出了四个核心概念——认知结构(cognitive structure)、图式(schema、scheme)、组织(organization)和适应(adaptation);指出儿童的两种认知心理历程:同化(assimilating)与顺化(accommodating);最为著名的阶段观将儿童的认知发展分成四个阶段:感知运动阶段(Sensorimotor)、前运算阶段(Preoperational)、具体运算阶段(Concrete Operational)以及形式运算阶段(Formal Operational)。[2] 认知发展理论为获知儿童认知心理机制提供了指导,儿童节目创作的最大前提便是认知并尊重儿童心理,同时以阶段论为标准,将儿童受众再度细分为四个群体,有针对性地

---

[1] 梁英:《大众叙事与文化家园——韩国电视剧叙事文化研究》,博士学位论文,四川大学,2007。
[2] 郎筠:《皮亚杰认知发展理论简析》,《科技信息》2011年第15期,见http://baike.baidu.com/view/1170608.htm。

制作节目。

　　班杜拉的社会学习理论着眼于探究引发人的行为的因素：观察学习、自我调节以及社会环境及其交互作用都对人的行为产生直接或间接的影响。为儿童节目创作者研究儿童的学习途径或者儿童节目在儿童认知学习中所起到的作用提供了参考。

　　卢梭关于教育的核心观点是自然主义，他降低了课本知识和理性教育的重要性，而提倡根据儿童特征实施情感教育，尤其强调给予儿童亲身体验的机会，通过个人经验来获得新知。对于儿童节目创作而言，节目应该为儿童制造积极体验、主动思考的机会，而尽可能减少对学校教育方法和内容的重复。

五、研究框架设计

　　本书确立儿童栏目为研究对象，试图以此为基点撬动对其他儿童视听内容的创作规律的探索。研究以文本分析作为具体切入点和贯穿整个研究的主线，勾勒出儿童电视栏目所呈现的整体状况，批判当前儿童电视图景在成人话语把控下所导致的与儿童的心理期待以及与儿童培养目标之间的偏离，主张将儿童电视创作置于儿童本位的前提下之下，遵循儿童发展规律进行创作，进一步分析出儿童电视的制作规律。全文分为八章：

　　第一章采取述与评相结合的方式回溯中国儿童电视节目的发展历程。关照儿童电视作为对象性电视的典型身份，将其放置于中国电视发展的大背景之下，梳理儿童电视发展脉络。

　　第二章进入到具体的栏目类型与文本解读。分析各种栏目类型的内容框架与表意路径，重点关注儿童新闻栏目、儿童游戏竞技类栏目、儿童益智类栏目、儿童综艺娱乐类栏目、儿童真人秀节目等主要的类别。在文本解读的过程中，关注成人话语在儿童节目中的地位与作用。

　　第三章勾勒出中国儿童电视创作的现实图景：成人话语的强势把控。具体从形象塑造、视角选择、表现手法、价值观念等几个方面进行分析。以全面把握中国儿童电视的根本症结，为下文进行的创作理念的改变与表现手法的改进提供现实依据。

　　第四章引入比较的研究视野。首先呈现国外优秀节目资源的不同面貌，选取了具有代表性的美国、英国、爱尔兰、日本、加拿大、澳大利亚等国家的儿童节目。在此基础上，结合互联网背景总结出网络传播常态化、传播渠道多元化的特征。再则，着重分析西方优秀儿童节目在教育理念、价值取向、创作思路、表现手法、制作水平等方面的先进经验，多维关照介质平台和内容文本，以期探索西方儿童视听创作的先进经验，为中国树立出比照和学习的理想范本。

　　第五章提出儿童本位观是儿童节目创作的根本性理念。西方与中国的儿童观分别经历了不同的历史建构过程，最终都落脚于儿童作为文化的主体和作为权利的主体。儿童精神表现出：自我中心化、整体混沌性、潜意识化、诗性逻辑以及游戏性的特征，为充分认识儿童提供了参考依据。儿童本位观是对成人本位话语的纠正，将儿童作为儿童栏目的参与者、被表现者、接收者、使用者，全方位体现出对儿童主体的尊重。

第六章针对"价值偏向"的问题，提出"真善美"的价值导向。"真善美"在精神层面贴近儿童的天性，体现在节目创作中的坚守和强调是对当下儿童视听创作中越演越烈的商业化和泛娱乐化倾向的有效纠偏。首先从理念层面厘清"真善美"概念界定，进而专门分析儿童视听创作中"真善美"的基本内涵。从实践层面研究儿童视听"真善美"的具体建构，从内容与形式两个角度研究"真善美"的具体表达。

第七章以游戏精神作为儿童栏目的精神内核。游戏精神体现着快乐原则、趣味原则、自由原则以及非功利性原则，最充分地概括了儿童精神的核心特质，以游戏精神重置儿童电视的主要功用，具体表现为：去教化中心化，以培养儿童的审美情趣、陪伴儿童快乐成长为首要目的。

第八章提出故事手法为儿童栏目创作的表达路径。儿童的思维本质是叙事性思维，受此启示，将故事视为一种框架，整合儿童节目的各个元素和环节，基于儿童对象的特殊性，特别提出故事选题的绝对禁区、重要选题和新尝试，对隐匿在习惯和传统背后的消极的故事元素予以重新诠释。

第一章

中国儿童电视的发展审视

中国儿童电视节目从初创期的零星播出，逐渐发展为栏目化的固定播出，再到全国各地儿童频道开播以后的专业化发展，直至今天在网络平台上的广泛呈现，已经走过了半个多世纪的历史。这六十多年的风雨历程，是中国儿童电视从初创尝试、规律摸索到日趋繁荣的过程，其间，儿童电视见证了中国电视大语境的起起落落，经历了借鉴西方与结合本土的发展模式，到今天，呈现出中国儿童电视成绩与问题共存，希望与困惑同在的现状。梳理中国儿童电视节目的发展进程，既是为了从历史回顾中把握发展规律，也是为了通过梳理脉络总结经验教训，分析问题与症结所在，为中国儿童电视的健康繁荣提供史论依据。

第一节　初创时期的中国儿童电视（1958~1979年）

中国儿童电视与中国电视事业几乎同步开启，1958年5月29日，北京电视台（中央电视台的前身）试行播出第一个专门为少年儿童制作的电视节目——由中国木偶艺术团演出的《两个笨狗熊》等5个木偶剧，由此拉开了中国儿童电视发展的序幕。显而易见，儿童电视是专门以少年儿童为目标收视人群的对象性节目，这是中国最早的对象化节目，而在当时的1958年，中国社会尚未形成层次多元、特征分明的社会阶层格局，对象化节目也并无生长的土壤。同时，中国电视事业在1958年尚处于开办之初，人力物力严重缺乏，专门以儿童为收视对象的节目更加缺乏物质条件和业务经验的保障，虽然摸索着前行，但是儿童节目所确立的明确的对象定位以及对少年儿童精神食粮的重视却一直都是中国儿童电视事业前行的指路灯，"对象意识"也是儿童电视制作的关键性话题。

一、对象性电视设置中的儿童电视

（一）对象性电视的价值选择

对象性节目是以特定的受众群体为目标对象的专门化设置节目。特定对象的个体特征和特殊需求决定了节目的形式特征和差异化的内容选材，而特定对象被赋予的社会期待,即在社会视野中,某一个特定的对象群体应当具有的素养和能力,成为该对象性节目力求实现的社会功能。对象性节目通过节目内容来培养、塑造一定层次的社会群体,使之按照社会规范扮演好相应的角色,有能力担负自己的社会责任。

传统的"两阶级一阶层"(工人阶级、农民阶级、知识分子阶层)的社会分层理论相对简单,与之对应的电视观众群体类型的划分也相对粗放。改革开放背景下的社会阶层分化催生了新的阶层和多元化的价值观及精神文化需求,并呈现更加多样化和复杂化的趋势。当社会成员以电视观众的身份存在时,也不再是一群面目模糊、数量众多的人群,而是拆分为一个个特质各异的群体聚合,聚合的力量来自群体成员间某种相同的属性,或是性别、或是年龄、或是兴趣爱好,甚至可能是生活境遇。这些共通性促成了群体成员共享的群体个性和群体文化,在价值观念、行为规范、心理态势、思想意识等方面表现出来,同时在电视观看中表现出规律性的收视行为和差异化的收视兴趣。传播学"社会分化论"认为,属于某一社会群体的成员选择大体相同的媒介内容并以大致相同的方式对媒介信息做出反应。"它启示电视传媒可以预测、研究不同的受众选择信息的行为规律,并根据不同的社会群体特征策划、制作节目,使传播内容能够接近目标受众的收视兴趣并且更加富有吸引力和竞争力。"[①] 在受众需求即是媒介生存法则的今天,电视对象性节目由于应和了社会阶层的分化和群体文化的兴起,而成为媒介竞争的必要设置。

对象性节目对接特定目标对象的特殊收视期待,服务于特定群体,同时承载着主流社会对该群体的规范与塑造。同传统的"老少咸宜"的节目定位比较,对象性节目在传者与受者两端更多地偏重对后者的关照,尊重受众的认知能力、收视兴趣,在节目宗旨和价值选择上改变了以往传者本位的视点和主流文化的宣教,而以受众本位和大众文化为传播据点。在现实文化处境下,对象性节目策略化地采用"平民化视点""对象化视角",在人性温暖和人本关怀的裹挟下,更加广泛深刻地关注各个群体中"人"的问题,尽可能隐藏空泛的意识形态宣教成分,使观众从对象性节目中获得熟悉感和归属感。对象性节目也因此成为受众聚合力量中势力强大的一支。

(二)儿童对象性电视

在美国和中国,儿童节目都是作为对象性电视而存在的最早范例。但是两个国度的儿童节目设置却是基于不尽相同的社会文化背景。"在不同的历史时期、不同的文化与不同的社会群体中,儿童曾被以不同的方式看待,也以不同的方式看待自己。"[②]

[①] 张兰:《电视对象性节目的话语研究》,硕士论文,南昌大学,2007,第8页。
[②] 大卫·帕金翰:《童年之死》,张建中译,华夏出版社,2005,第10~11页。

1. 美国儿童电视

在以美国为代表的西方国家，儿童作为个体生命的初始阶段被认为具有独立的意义：处于这个年龄段的个体呈现出特殊的生理和心理特征，成人世界必须在尊重这些特征的基础上，引导儿童形成对外界的认知，并建立相应的价值观。形成于儿童时期的意识和观念对于整个生命历程都具有影响意义。简言之，西方的儿童观将儿童时期视为独立的生命阶段，与成人世界形成共时性的存在，而不是成人之前的受训期、预备期。培利·诺德曼在《阅读儿童文学的乐趣》中曾引用了夏哈尔的观点："养育孩子的习惯、教育方针和父母—孩子的关系，都不是单由生理法则所决定，它们同样也是被文化所建构出来的。"[1] 受到西方儿童文化的影响，借助电视节目实现对儿童特殊关照的直接体现便是儿童对象性节目的设立。美国历来重视"媒介对儿童"传播效果的研究，20世纪五六十年代，电视节目在美国儿童中产生的强大影响引起对儿童节目定位和内容选择的严格规定。1974年，美国联邦通信委员会规定电视台必须播出适量的知识和教育节目，而不单单是娱乐节目，并要求使用具有启发性和富有想象力的方法发展孩子们对环境、戏剧、文学、音乐、美术、历史、科学、人际关系、外来文化和语言的理解，以及算术和阅读的基本技能。受此影响，70年代中期，美国大多数电视台的儿童节目开始侧重知识和社会价值的教育，有的电视机构则全部扫清了暴力的儿童节目。但是这些以社会问题和教育功能为主旨的儿童节目大多数收视表现欠佳。到80年代，要求减少管制的呼声越来越强烈，联邦通信委员会不得不取消了儿童节目必须遵循的标准，电视台随之撤除了许多昂贵的儿童教育节目，卡通又成为主流。"进入90年代后，社会关于儿童节目的思潮又开始回流。国会通过法案，要求电视台在更新营业执照时要能证明他们服务于儿童教育的需要。"[2] 可以说，儿童独立价值观指导之下的美国儿童节目仍然在伴随功能与教育功能、儿童视角与成人视角的两级之间徘徊，究其原因，是政府、公众和传媒机构由于追求各自利益、坚守各自立场而导致的往复式发展。

2. 中国儿童电视

对象化节目的出现与发展需要一个层次分明、各有所需的区分明显的收视群体，而这样的阶层格局是随着经济发展、思想解放和个性张扬才得以逐渐形成的，具体体现在性别、年龄、职业、爱好等多个方面具有不同特征的多元化群体结构。1958年的中国社会尚未出现这样的社会阶层格局，对象化节目也并无生长的土壤。但在中国电视开办之初的1958年，儿童电视一枝独秀绽放于电视荧幕，一方面是受

---

[1] 谭旭东：《论童年的历史建构与价值确立》，《涪陵师范学院学报》2006年11月，第17~23页。
[2] 陈犀禾：《美国电视的娱乐节目（下）》，《世界电影》1999年第4期。

到西方国家的影响,先于中国创办儿童电视的实践和经验起到了一定的示范作用,但更深层的原因在于中国传统儿童观的敦促。

儿童电视节目的出现和发展在根本上是被儿童文化观建构的。换言之,有怎样的儿童观,就有怎样的儿童节目。培利·诺德曼在《阅读儿童文学的兴趣》中说过:"有关儿童与童年的想法都是社会意识形态的一部分。"儿童和童年在时间意义上体现为一段特定的生命周期,在更深的思想意义上则是被不同的社会意识形态和文化关系建构起来的一个文化命题。"中国传统文化的核心理念是'和'文化:强调个体与社会、国家的同构性。在道德层面,要求个体遵照'君君、臣臣、父父、子子'以及'父慈、子孝、兄爱、弟敬'等伦理规范约束自己,无形之中形成了儿童易于顺从、趋同的心理。"[①] 处于儿童期的个体独立行动能力和认知水平本来就受限,再受到传统文化的长期影响,成人意识和成人权威的双重压抑,束缚了儿童的自由发展,忽略了儿童的个体价值。中国传统儿童观剥夺了童年的独立存在价值,儿童被视为需要按照成人文化的要求进行模塑和规训的对象。在这一进程中所借助的手段包括传统的书本和大众媒介,特别是在中国家庭普及率最高的电视,由于诉诸视听,兼具形象、生动和通俗易懂等特征,成为儿童首选率和接触率最高的媒介,电视自然被视为进行儿童教育的绝佳途径。

基于此,中国儿童电视承载着的宣传教育重任在中国电视事业刚刚起步之时便同时诞生——1958年5月29日,北京电视台(中央电视台前身)试行播出第一个专为少年儿童制作的电视节目:由中国木偶艺术团演出的《两个笨狗熊》等5个木偶剧,从此拉开了中国儿童电视的发展序幕。[②] 9月,诞生了中国第一个儿童电视专栏《少年儿童节目》,下设两个内容题材和服务功能分工明确的子栏目:其中的《小小俱乐部》以舞台表演为主要内容,这是早期儿童节目的典型特征,儿童观众主要作为旁观者,单向接受由成年电视人安排制作的节目,而尚未涉及对节目的参与;另一个子栏目《少先队号角》主要反映首都少年先锋队的各种活动,从校园取材是中国儿童电视从开创一直延续到现在的长期传统,很大程度上是由于儿童节目的重要功能之一是辅助学校、少先队组织和家长对少年儿童进行教育。在后来陆续开设的游戏竞技类、新闻报道类、儿童影视剧类等各类型儿童节目中,校园生活都是被着力表现的场景和对象,同样是基于教育功能的原因。

《少年儿童节目》的定位为:"满足小朋友的愿望,给小朋友看适合小朋友看的节目","帮助学校、少先队组织和家长们,教育少年儿童成为共产主义事业的接班

---

① 齐学红:《儿童:一个悖论式的存在》,《教育科学研究》2005年第11期。
② 关于最早的儿童节目说法不一,下文有交代。

人"。这一理念包含着两大服务对象：儿童和成人，实质折射出中国儿童电视长期存在的"大全"思想和矛盾处境：既想要尊重儿童受众的兴趣爱好，又希望帮助学校和家长实现教育的功能。而实际上，儿童被列为弱者、接受教育者以及成人作为强者、施教者的身份划分即意味着两者对于电视的目的、视角有所差异甚至相互矛盾。同一个节目并不能同时满足两个立场并不相同的收视群体，因此"给小朋友看适合小朋友看的节目"很可能就是按照"成人—儿童"二元话语中处于强势地位的成人标准来选择成人认定的"适合小朋友"的节目，而儿童真正的喜好极可能因为不被成人认可而轻易地被否定和遮蔽了。

由此可见，实施教育功能，是专门设立儿童对象性节目的实质原因。时至今日，中国儿童节目虽然历经改革，内容多元、形式翻新，但在根本上依然保存着明确的教育功能和明显的说教腔调。视儿童为附属品的儿童观决定了中国儿童对象性节目的发展走向。

二、1958~1979年：中国儿童电视的开启与挫折

（一）初创期的迅速发展

关于中国第一个少儿节目的具体内容有两种不同的说法：姚汝勇在其硕士毕业论文《以"儿童本位"理念构建群体守望的精神家园——电视节目创作研究》中认为：专门为少年儿童制作的节目是于1958年5月29日，北京电视台播出的由中国木偶艺术团演出的《两个笨狗熊》等5个木偶剧；而钱越在《二十六年的回顾：中央电视台少儿节目概况》中指出："在屏幕上出现的第一个少儿节目，是由北京师范大学附属实验幼儿园小朋友演出的舞蹈《采茶扑蝶》。"前者交代了具体的播出时间，有证可查。而后者本人作为中央电视台编导，在央视成立26周年之际对中国少儿节目的发展进行了专题研究，其说法有一定的参考价值。由于缺乏视频资料的印证，本文在此呈现两种不同的说法，但有一点是肯定的，初创期的儿童电视以表演性质的内容为主，缺乏对儿童现实生活的关注，一方面是受到制播业务水平的局限，另一方面是硬件设备的限制，播出的时间和次数也并不确定。这种状况在几个月以后播出的《少年儿童节目》专栏中得到改善，这是中国第一个儿童电视专栏节目，下设《小小俱乐部》和《少先队号角》两个小栏目，前者延续了表演性内容，并设置了名为"王小毛"的木偶作为固定主持人，第一次出现了栏目化播出元素之一——相对固定的主持人，而木偶这种形式比较适合儿童受众的接受心理，便于建立熟悉感与亲近感；而后者主要反映首都少年先锋队的各种活动，内容设置上与小观众的学习生活发生了实际关联，拉近了电视屏

幕与少年儿童的距离，并且固定为每次播出10分钟，这也是一次历史性突破，第一次保障了节目的播出容量，符合栏目化播出的又一个构成特征：固定的时长。可以说，从1958年9月播出的第一个儿童专栏开始，栏目化元素便逐渐出现在儿童节目中，并且日趋完备和成熟，在随后的儿童节目中表现出明显的受众细分思想、目标定位意识以及差异化策略，等等。

1959年8月，根据少年儿童在不同年龄段所具有的认知特征和心理需求，专门为3～6岁的学龄前儿童设立了《小朋友》栏目，初步显现出目标受众细分的分众思想。该节目每周三晚上播出，每次20分钟，内容设有演员讲故事、教唱歌、教师教授小知识、做手工、小朋友自己演出的文艺节目和电视剧，等等，类似于今天的杂志栏目设置。加上随后一系列学龄前节目的开设突破了中国儿童电视在开设之初缺乏分众思想的不足，在0～18岁的儿童阶段有针对性地选择内容题材和传播方式，这为儿童节目在后期发展中的进一步细分奠定了基石。另外，针对7～12岁的小学生专门设置了一档《少先队新闻》，在当时产生了极大影响，这是因为：第一，节目容量大，每期均有两至三个主题，每周六晚播出，每次半个小时；第二，少先队员是节目的主角，对小学生有一定的指导意义；第三，节目使用固定的片头和音乐，从视觉和听觉上都能给小观众一种连贯感，通过不断重复，加深了印象。

1960年，一个向小观众推荐新书、好书的栏目《好朋友——书》正式开播，为了克服文字符号的抽象难懂、加深小观众对书的理解，电视台专门邀请演员表演书中的故事片断，这种情景化的故事讲述方式，非常符合儿童叙事性思维的认知特点，孩子们通过角色扮演和情节演绎能够轻松愉快地接收到知识和信息。表现出对儿童受众的特别关照。同一年推出的以科技科普为主要内容的《聪明的机器人》栏目特制了一个机器木偶，不仅胳膊、腿能动，说话时两只眼睛还能闪亮，以新奇的外在形式来吸引儿童的注意，向他们传授科技知识、解答生活中常见的问题。制作者们积极尝试各种适合于儿童接受的表现方式，取得了良好的传播效果。这一系列学龄前节目的开设突破了中国儿童电视在开设之初缺乏分众思想的不足，在0～18岁的儿童阶段有针对性地选择内容题材和传播方式，这为儿童节目在后期发展中的进一步细分奠定了基石。

1960年秋天，为了提高少儿电视节目的质量，北京电视台少儿节目的编辑部并入中央人民广播电台少儿部，实行业务托管。对于在当时的媒介格局中处于弱势地位，刚刚起步的电视媒介而言，这是一个向同行学习先进经验的绝好机会，少儿电视节目的采、编、播流程很快步入正轨，由于电视与广播的媒介差异，1961年春天，电台托管结束，北京电视台成立了自己的少儿组，从人才队伍到节目规模都有了显著进步，仅以1961年为例，全年播出的少儿节目就有370个。在此前提之下，少儿组的编导们开始积极探求节目的制作规律。由于当时的节目仍然比较零散,少儿组内部在节目内容和形式上时常发生"冲突",对此提出的解决办法是将节目进行归纳分类,使不同类的儿童节目在内容框架和功能设置上能够各有侧重、有的放矢,这已经具备了初步的节目栏目化思想。1962年以后,少儿节目设立了七个栏目分别承载不同的内容和功能:报道国内外大事的《在地球仪上》、进行革命传统教育的《革命传家宝》、为小朋友提供歌舞表演机会的《少年俱乐部》、传播科技知识教育的《聪明的机器人》、传授手工技能的《万能的手》、特别针对低幼儿童的《讲故事》,另外特别值得一提的是节日固定专栏《新年猜谜会》,编导将知识传播、歌舞表演、电影片断、相声、山东快书以及跟知名人士见面等各种分散的、互不关联的内容统一在一个结构之中,由猜谜环节将它们串接起来,非常契合新春佳节的节庆氛围。在节目演播的同时,设立猜谜热线,通过电波联结起节目录制现场与观众的收视空间,这种实现传授双方直接交流的新尝试,极大地调动起观众的参与热情,获得了空前成功。从1961年到1966年的六年间,每年春节固定播出,成为节假日特别制作节目的最初尝试。这种专门为儿童设置的新春特别节目在今天看来,也具有开拓性和先进性。

(二)停滞、恢复期

中国儿童电视初创期的良好发展态势随着一场政治大风暴的到来而停止了,短短几年间积累的丰硕成果几乎都遭到了否定,被认为是为"培养资产阶级的孝子孝孙服务"的"封资修"工具,此后的儿童电视为配合政治运动的风向而制作了一大批形式枯燥、内容虚假的节目,既不考虑儿童观众的需要和特点,也不讲求收视效果,儿童节目充斥着清一色的背诵"老三篇"和红卫兵的讲话,到后期,完全停播了。直到1972年才陆续恢复播出,但真正开始重新回归儿童属性是到1976年,粉碎"四人帮"之后,中央电视台少儿组重新组建,"文革"期间的《红小兵》改为《少年儿童节目》专栏,再一次开启了儿童节目内容多元化、形式多样化的探索。例如新设的栏目《文学宝库》采用电视剧形式,给小观众带来了崭新的荧幕形象,节目中出现了一位知识渊博的书库老爷爷形象,为孩子们讲述许多中外文学知识和经典的童话故事。

在1958~1979年期间,中国儿童电视从无到有,取得了显著成果,但十年"文革"的重创以及初创期的经验不足,对儿童电视本质属性的认识不够充分、技术设备限制等多种因素导致了儿童节目主体模糊、整体感不强等突出问题。这期间的主要创作基地集中在北京电视台(中央电视台前身),全国其他省市电视台的儿童节目创作几乎处于空白阶段。

第二节 栏目化大背景之下的儿童电视发展
（1980~1999年）

一、儿童栏目发展的大背景：电视栏目化进程

电视栏目是从报纸"专栏"衍生而来的概念。报纸采用专栏编排方式，把题材、内容、报道手法等具有相似特征的稿件归为一组，在报纸版面上以边框或其他形式专门划定版面，配以固定的名称和版面装饰，集中刊登某一类文章，目的是为了方便读者阅读，同时也便于报社组稿和编辑。电视栏目由于视听传播符号的特性，拓展了报纸"专栏"的标识性特征，涵盖了以下构成元素：[1]

表1-1 电视栏目的构成元素与功能作用

构成元素	功能与作用
1.固定的名称 2.固定的栏目标识（Logo） 3.栏目宣传语 4.稳定的片头、片尾	将栏目同其他栏目有效区分、构建栏目品牌的重要因素，属于栏目的视听觉识别系统。
5.固定的宗旨 6.相似或相近的题材、内容	栏目的宗旨，是题材选择、内容定位的指导思想，是一个栏目区别于其他栏目的最本质要素，属于栏目的理念识别系统。
7.相对固定的主持人	是栏目的人格化符号和栏目的灵魂，体现了栏目的品牌个性和栏目风格，其素质在很大程度上决定了栏目的质量。同属于理念识别系统。
8.固定的播出时间 9.固定的播出时长	决定了一个栏目在频道中的位置，是栏目与观众建立约会意识的重要途径，也是提升观众忠诚度的重要因素，归属于行为识别系统。

概言之，视听觉识别、理念识别以及行为识别三大体系共同构成了一个典型的电视栏目。按照上述衡量标准，电视栏目因素在1960年前后，中国电视起步阶段就已经出现，例如北京电视台1960年开播的《电视新闻》（中央电视台《新闻联播》的前身）以及《观察与思考》，1961年播出的《文化生活》《国际知识》，等等。中国儿童电视也在早期就涌现出许多栏目，例如上文提到的《小小俱乐部》（1958年）设立了木偶主持人；《少先队号角》（1958年）固定了播出时长；《小朋友》栏目（1959年）不仅固定了时段和时长，并且专门为3~6岁的低幼儿童制作播出；在《少先队新闻》专栏

---

[1] 郭玉真：《电视栏目改版研究》，硕士论文，山东师范大学，2008，第17页。

中使用固定的片头和音乐，等等。由此可见，中国电视在起步阶段尽管处于弱小的幼年时期，受困于软件与硬件的双重局限，并且屡遭挫折，但这一时期也孕育了后期电视的许多具有本质性特征的元素，而并非如同一些研究中所阐述的将中国电视事业的大发展统归于改革开放的成果。电视栏目就是一个典型的例证，尽管在20世纪80年代以前，尚未出现"栏目化"趋势（即成规模、成系统出现），但它毕竟是作为起源性创造的客观历史存在。

关于中国电视"栏目化"的起点，国内有两种不同的说法：第一种是广东电视台。证据是，1984年7月30日于湖北十堰举行的"第二届全国优秀电视专栏节目评选"会议上，广东台宣布该台自办节目80%以上实现了栏目化。[①] 第二种说法认为中央电视台自1984年开始率先实施节目栏目化，之后，各级各类电视台也陆续推行节目栏目化。[②] 两种说法认定的电视媒体不尽相同，但都认可1984年这个时间起点。

1984年前后，正是中国经济发生重大转型的关键时期——私有经济的兴起，分配模式的变化，公有制计划经济向市场经济转变等带来了社会财富的大幅度增长以及个人收入的明显增加。经济建设成就在收视领域的一个细微体现就是收视工具拥有量的高速增长：1978年到1984年的六年间，中国大陆电视机的社会拥有量激增30多倍，从300余万台急速增加至超过1亿台。客观上，为电视媒体提供了一个庞大的消费群体，而在此之前，电视文化消费由于设备和经济条件的限制，仅仅局限于具有支付能力的少数阶层之中。"受众数量及构成的特定性决定了电视传播内容与形式的特定性——以传播主流政治文化和艺术文化为主要内容，而这点单调的内容和有限的播出时间也无需过细地分门别类的'栏目化'——正如你家的书架上如果只有三本书，就没有必要去分'经史子集'部类一样。"[③] 经济增长也为电视传播的渠道建设提供了资金保障，有线电视、卫星电视、网络电视的开发试用极大地扩展了节目播出平台，刺激了节目创作市场的繁荣，使大量节目的出现成为可能。同时，市场导向的经济结构转型也为电视台提供多元化的投资渠道，为节目制作的技术提升和质量改进提供了资金保障。

随着电视机进入普通家庭，社会各个阶层的百姓成为电视消费主体，新的电视文化消费格局随之形成——市民阶层、农民阶层、企业和商业人群等各个阶层纷纷提出各自的文化主张，每一个群体都希望通过电视媒介满足信息需求，实现话语权力。这个庞大、多元的受众群体之所以能够对电视产生实质性影响，引导节目内容与

---

① 何晓兵：《电视栏目夜谭》，见http://www.cctv.com/tvguide/tvcomment/tyzj/zjwz/462.shtm。
② 赵玉明等：《中外广播电视百科全书》，中国广播电视出版社，1995，第145页。"电视节目栏目化"条。
③ 何晓兵：《电视栏目夜谭》，见http://www.cctv.com/tvguide/tvcomment/tyzj/zjwz/462.shtm。

形式朝着受众需要的方向发展，这是因为他们手中的遥控板连接着媒介发展的经济杠杆（注意力经济所吸引的广告商和投资商的资金投放）——面临市场化生存与发展压力的电视媒介，不能不重视各类人群的差异化需求，从而带动了节目内容的空前丰富，节目形态的日趋成熟。电视节目在量与类两个方面的增殖虽然繁荣了电视文化消费市场，但随之而来的问题是信息检索的混乱和困难，传者与受者之间的信息通道难以畅通，造成了内容资源和注意力资源的双向浪费——由此，电视节目的制作、播出、接受以及管理、运营等各个环节都产生了分类的需要，电视栏目即是回应这种需求的产物，对庞杂的节目内容进行风格化、标识化、差异化处理，一方面由于栏目的固定性、系统性和连续性而易于识别和记忆，便于观众观看；另一方面方便了电视台对电视节目的生产、管理和运作。到20世纪80年代电视栏目运作呈现规模化与系统化态势，即栏目化，被视为是中国电视发展的新的里程，对于探索电视节目生产和传播规律意义重大：除了易于识别和便于管理，栏目化还推进了电视专业化发展，并且为电视台带来了可观的经济收入。"当我们从这个角度分析'栏目化'形成的热潮现象时，就能比较客观地接近中国电视选择这条发展道路的经济以及社会、文化方面的动机、途径和社会条件。"

二、儿童电视栏目的大发展

儿童电视栏目受到中国社会政治、经济、文化大背景的影响和带动，在发展进程上表现出与整个中国电视栏目发展的同步性——栏目化出现的1984年前后，儿童电视亦呈现出栏目化趋势，从1980年到1999年的二十年，儿童栏目从数量到质量都有了一个飞跃。为了阐述和分析方便，有研究者将这个发展阶段细分为1980～1989年和1990～1999年的两个十年：第一个十年的显著成果表现为栏目元素的日趋完备、儿童栏目的遍地开花以及儿童媒介参与的初步尝试；第二个十年进入儿童栏目的快速发展期。大量新的栏目涌现，同时改版和调整原有栏目。新的播出平台为儿童栏目的成熟提供了渠道保障，儿童媒介参与也步入更高层次。

（一）1980～1989年：儿童电视栏目化的积极探索期

1981年春，中央电视台《春芽》栏目开播，专门面向3～6岁的低幼儿童。时间上与我国电视栏目化（1984年始）的发展趋势基本一致。1985年儿童节，《春芽》改版为《七巧板》，栏目化元素日趋完备：定位明确指向学龄前儿童，设立了主持人鞠萍姐姐，固定播出时间段与时长，采用杂志型编排方式，设置了"学学做做""幻想国""东西是怎么来的？""哆来咪"等多个各有侧重的小版块。以"启发孩子创造性思维，带给宝宝快乐的童年记忆"为目的，通过情景认知、音乐游戏、亲子故事、生活能力锻炼，对学龄前儿童进行认知和启智教育，充分发掘儿童的想象力。1985年，还创办了一档为中学生观众服务的栏目《我们这一代》，并启用中学生来主持节目，树立了儿童参与性节目的里程碑。①

儿童节目的制作力量全部集中在首都北京的状况在这一时期有所改善，各个地方电视台的儿童节目相继播出，并且发展了少数民族语种的儿童栏目。1982年5月，延边电视台创办了用朝鲜族语言播出的儿童栏目《蓓蕾》。

这一时期，表明我国在儿童节目创作上做出积极探索的标志性进展是儿童自办节目的开创。"1979年，北京史家胡同小学红领巾电视台在全国率先开播。该台设一名指导教师，其余的包括台长、副台长、编辑、记者、栏目负责人、演播员、导演、摄像师等在内的角色全部由学生担任。目前设有《露一手》《校内新闻》《电视台请来的客人》《笑一笑》《面面观》等10个栏目。每周播出2~3次，每次15分钟。"②红领巾电视台在创办理念、节目栏目设置以及人才培养等方面逐渐摸索出儿童自办电视台的可贵经验，成为全国其他校园电视台学习的范本，也激发了儿童电视参与的极大热情。

（二）1990~1999年：儿童电视栏目的规模发展期

这一个十年进入儿童栏目的快速发展期。不仅创办了大量新的栏目，同时改版和调整原有栏目，兼顾考虑了多种类型和不同年龄段的儿童需要。新的播出平台为儿童栏目的成熟提供了渠道保障，儿童媒介参与也步入更高层次。

1991年，中央电视台青少部进行了一次儿童栏目大调整，创办了《蒲公英剧场》《和爸爸妈妈一起看》《十二演播室》以及《同一片蓝天》四个栏目。这几个栏目在类型、内容以及形式上都有了很大改进。《同一片蓝天》为各个地方台的儿童节目提供了一个向全国观众展示的窗口，加强了中央与地方以及各个地方之间的交流合作。1995年，《同一片蓝天》改为《大风车·地方版》，1999年，再次更名为《同一片蓝天》，仍然坚持为地方台服务的宗旨，搭建起全国各民族、各地区的儿童展示风采、增进了解的空中平台，也在一定程度上促进了地方儿童节目的发展进步。1994年，中央电视台以13~17岁的中学生为主要对象，推出《第二起跑线》栏目，融知识性、趣味性、教育性为一体，力求贴近中学生、引导中学生、塑造中学生。针对这一定位，栏目下设四个版块：《花季采风》——将镜头深入中学生的校园生活以及业余生活，各具特色的学校和各有所长的中学生都成为拍摄的对象，拉近了屏幕与中学生现实生活的距离；《奇思妙想》——展示中学生的发明创造，积极倡导创造性思维；《开心游戏》——在游戏中让青少年放松疲惫的身心；《知心畅言》——关注中学生所

---

① 宋悦：《对我国儿童电视发展的回顾及建议》，《新闻爱好者》2005年第9期。
② 姚汝勇：《以"儿童本位"理念构建群体守望的精神家园——儿童电视节目创作研究》，硕士学位论文，南京师范大学，2004，第6页。

面临的各种问题,提供一个交流的平台。栏目组每年都会根据收视情况对这四个版块进行一定程度的调整与改进,儿童栏目的改版逐渐成为一种自觉意识,这一点,在《大风车》栏目的演进中得到了更为显著的体现。

1995年六一儿童节,中央电视台推出焕然一新的儿童栏目《大风车》,借鉴国外儿童节目的创作经验,采用了大板块编排,分别设置动画片、系列剧、学前节目、儿童游戏、专题节目等多个板块,受众对象囊括了学龄前及学龄儿童。栏目整体性突出,信息容量大,改变了设置分散、不易收视的外在形式。同时,根据儿童好动、注意力分散等特点,特地进行短、精、快式的编排,还特别采用真人、卡通人物和小动物等多种主持人,以一个崭新的、鲜明的、统一的整体形象出现在全国儿童受众面前。2001年,新版的《大风车》提出"以儿童为主体,尊重儿童,反映儿童"的创作理念,特别值得一提的是《风车工作室》,让"儿童写儿童,儿童拍儿童,儿童评儿童",贯彻了"儿童本体"的主导地位。

1996年1月1日,中央电视台卫星电视儿童节目播出,全天分为三个时段,每天播出4小时30分钟的儿童节目,大大拓展了儿童节目的播出平台,不同年龄段儿童的兴趣、爱好和需求都能通过儿童节目获得满足。1999年儿童节,中央电视台卫星电视儿童节目再次改版,推出大型教育性杂志栏目《东方儿童》,时长60分钟,贯穿全天早间、午间和晚间黄金时段。该栏目将素质教育主题与充满童真童趣的内容糅合在一起,编排上采用国际上流行的人偶童话剧角色进行节目串联,使得儿童栏目创作迈上一个新台阶。

这一时期的主要特征是儿童栏目规模化发展,其中一个重要的体现是地方电视台儿童栏目的蓬勃发展。到1994年,全国约占26.1%的电视台开播儿童节目,约有200余个,共有固定儿童栏目78个(其中部分栏目见下表),基本保障了每天18:00左右以及节假日都有儿童节目播出。像北京台的《七色光》、天津台的《五彩贝》、上海台的《开心娃娃》、广东台的《金色年华》以及黑龙江台的《小天鹅》、哈尔滨台的《丑小鸭》等都是当时在地方上影响较大的少儿栏目。

表1-2 规模发展期全国各省市自治区儿童电视栏目一览表[①]

电视台名称	栏目名称	电视台名称	栏目名称
上海台	《开心娃娃》	北京台	《七色光》
天津台	《五彩贝》《月亮船》	重庆台	《成长》

---

① 姚汝勇:《以"儿童本位"理念构建群体守望的精神家园——儿童电视节目创作研究》,硕士学位论文,南京师范大学,2004,第6页。

续表

电视台名称	栏目名称	电视台名称	栏目名称
青岛台	《快乐星期六》	哈尔滨台	《丑小鸭》
武汉台	《快乐时光》	广州台	《未来号》
深圳台	《小金牛》	香港台	《儿童频道》
海南台	《海底课堂》《太阳花》	江苏台	《金色少年》《成长不烦恼》
广西台	《好朋友》	云南台	《七色花》
贵州台	《太阳雨》	湖南台	《蒲公英》
湖北台	《风华正茂》	江西台	《智慧娱乐园》
浙江台	《少年TV》	福建台	《小星星》
安徽台	《七彩路》	广东台	《金色年华》
河南台	《校园内外》	四川台	《金色年华》
陕西台	《青苹果》	宁夏台	《小燕子》
甘肃台	《太阳城》《朋友》	青海台	《小雪莲》
山西台	《花儿朵朵》	新疆台	《雪莲花》
山东台	《剪子·包袱·锤》		

在各电视儿童栏目蓬勃发展的同时，校园电视台的儿童自办栏目也获得了更大的发展空间，孩子们开始尝试新的节目类型：由单纯的文艺节目进而扩展到新闻类、评论类节目。例如，1995年大连周水子小学电视台设有《校园新闻》《看世界》《安全岛》和《体育看台》等13个栏目；同一时期，上海校园里也出现十多家校园电视台，孩子们成为节目制作的主力。这一趋势在各个省市台也得到呼应，1996年，东方电视台成立了国内第一支小记者队伍，孩子们自己拍摄、自己撰写、自己配音的新闻在《小小看新闻》栏目中播出。受此启发，1997年，浙江电视台开始在《少儿新闻》中起用小记者和小主持人，"把自己的故事说给自己听，把儿童的故事说给更多的人听"。国内其他电视台的少儿新闻也纷纷尝试这种模式，以儿童的眼光看世界，为少年儿童提供了一个锻炼自己、表达自己的媒介平台。

20世纪80年代以来，国内儿童观众对动画片的收视需求一路高涨，但占据绝大部分市场份额的却是国外的动画作品，这些作品中承载的西方价值观与生活方式对少年儿童的影响成为全社会担忧的焦点话题。为了改变这种状况，1991年中央电视台成立动画部，1993年1月，正式播出我国第一个国产动画片专栏《红·黄·蓝》，1994年7月改名为《动画城》，一年以后再次改版，由以前的每周播出一次改为六次。动画片的供需市场进一步扩大并延续至今，各个电视台都设有多个专门的动画栏目,内容定位更为细致,一般按照国内国外、不同年龄段、不同类型设置动画专栏。

总之,儿童电视的栏目化发展是中国儿童电视走向成熟的一个重要里程碑。在这一时期,儿童节目的数量和质量都有质的飞跃:首先,由于节目定位更加细致、准确,0~18岁之间儿童被划分为低幼、学龄前、小学、中学等多个年龄段,针对每一个年龄分段都有相应的栏目设置,数量急剧增长,同时,内容丰富,涉及知识、信息、文化、娱乐、社会等各个领域。其次,编排方式更为合理、科学。针对儿童观众的收视习惯,采用短、精、快的编排手法,借鉴国际上通行的杂志型组合编排方式,增强了节目的整体感和规模效应,便于儿童收视。再次,儿童参与媒介的意义得到认可和重视,校园电视台以及各大电视台为儿童提供了锻炼和表达的机会,儿童的主体性价值通过亲身参与的媒介实践得到实现和放大。最后,这一时期儿童栏目的类型日渐丰富,突破过去的歌舞表演、知识竞赛和文艺晚会三大构成,逐渐增加了新闻、专题、动画片、谈话等几乎所有成人栏目类型,丰富了电视荧屏并开拓了儿童视野。

第三节 专业化阶段的儿童栏目(2000年以后)

一、儿童栏目播出的专业平台建设

21世纪到来之前,儿童电视栏目在中国电视栏目化的大潮流中取得了丰硕的成果,栏目形态日趋成熟。但是,为厘清信息检索混乱而进行的栏目化设置在栏目数量极速增长的发展时期又遭遇了新的问题——播出平台的问题。1996年以前,儿童节目(栏目)与其他各类节目共处同一个播出平台,混杂在新闻、综艺、体育、谈话、影视剧、广告等以成年人为对象的节目中,播出量相对较少。进入频道多元化阶段,某个特定类别的节目贯穿专业化频道的日常编排,在一定程度上冲击到之前多年来在业界约定俗成的儿童节目时段(有地区、台别差异,但基本设定为17:00—19:00之间的时段)。比如,体育频道、综艺频道、法制频道在这个时段播出的是特定类别的节目,在大多数家庭只有一台电视机的情况下,势必与仍然混杂在其他频道中播出的儿童节目形成竞争态势。从整个播出格局来看,儿童电视处于明显的弱势地位。1996年元旦,儿童节目得以搭载中央电视台卫星电视的播出平台,每天播出四个半小时,扩大了收视范围,增加了播出量。但是混搭播出的问题依然存在,成为儿童电视向专业化、规模化发展进程中的一个瓶颈。

2000年6月1日,中央电视台联合国务院妇女儿童工作委员会、全国妇联、团中央,首次在央视第一套推出12小时的特别制作节目《我们的世纪》,进行"一日之少儿频道"的大胆尝试，揭开了中国少儿频道的序幕。[①] 2002年，南方电视台首开以青少年和儿童为收视群体的专业少儿频道，面向岭南地区"建少年儿童健康成长的乐园，做少年儿童认识世界的窗口"。2003年12月28日中央电视台少儿频道正式开播，定位为"引领成长、塑造未来"，成为首个面向全国少年儿童的专业频道，同时也为全国其他地区儿童专业频道的创办提供了经验指导。2004年3月，国家广电总局发出《关于开办少儿频道的通知》（以下简称《通知》），要求各省级和副省级电视台在三年内必须全部开播少儿频道，从管理层面为我国儿童电视事业的发展拟定日程表。

几年之间，儿童专业频道的总量达到了四十余个，儿童电视步入专业化发展阶段，对儿童栏目的创作、编排也提出了新的要求。

二、专业化频道阶段的突出问题

步入专业化发展阶段之后，儿童栏目有两个主要的播出渠道：一是传统的非儿童频道。例如中央电视台新闻综合频道（1套）、综艺频道（3套）、农业军事频道（7套）以及各个省级卫视和地方电视台播出的儿童栏目，虽然集中在儿童收视的黄金时段播出，但由于时间总量有限，难以兼顾各个年龄段儿童的差异化需求；也难以做到不同栏目的合理配置。另一个平台是儿童专业化频道。全天的播出时间被打通，按照不同年龄阶段儿童在作息规律和信息需求方面所具有的不同特点，可以细分目标受众并且分别编排在一天中各个不同的时间段。同时，由于播出总量的剧增，各种不同类别的儿童栏目均获得发展的机会，发挥出各有侧重的传播功能。机遇与挑战并存，儿童专业频道既为儿童电视提供了前所未有的发展空间，也给儿童电视工作者提出一个前所未遇的大难题——何以支撑儿童专业化频道巨大的播出需求？

（一）播出需求与节目供应之间的矛盾

如何满足播出需求，是自2002年国内第一个儿童频道开播以来，各个儿童频道疲于应付的一个现实问题。中国的儿童频道在几年间纷纷上马，是政府部门出于公共服务职能的考虑而做出的行政规定。但作为一个服务特定对象的专业化频道，其开办需要一定的硬件和软件条件，硬件是指启动和运营所需的资金以及物质设备，软件包括专业人才和专门化节目的供给。就目前国内的现状而言，开办之初并没能在软硬件上做好充分的准备：东部、中部地区的电视台准备不足主要是人才和节目的匮乏以及对市场前景的担心；而西部地区的电视台最主要的原因是资金困难，设备欠缺。由此可见，公益性的创办初衷与商业性的物质条件之间在少儿频道开办之

---

① 刘琳：《我国少电视节目业务流程研究》，硕士论文，南昌大学，2007。

始就出现了一定的矛盾。按照四十余个儿童频道，上百个儿童栏目的粗略计算，每年有超过350000个小时的播出需求，除去重播和广告，仅仅按照首播约占1/6的比例计算，一年有超出58400个小时的巨大播出量，这种极速增长的态势导致支撑少儿频道的节目、人才、广告等相关资源供给压力骤然加大，各种相关资源严重短缺。

首当其冲的是节目资源严重短缺，需求与供给之间的矛盾非常突出。这主要是因为：（1）大部分少儿频道由于资金和制作能力的限制，自制节目十分有限——每周首播节目总量中，各个少儿频道自制节目比例不足12%。（2）民间制作机构生产的节目类型单一，主要集中在动画片和儿童影视剧两种类型上，而几乎不生产少儿新闻、谈话、游戏竞技、益智类等其他少儿节目，导致了节目类型失衡。（3）少儿节目交易组织缺位。国内缺乏常设的全国性和区域性儿童节目交流交易平台，节目市场体系尚不健全，市场机制未能有效地起到对节目资源的配置作用。目前，国内各儿童频道主要依靠数量有限的电视节以及民间的自发组织进行节目交流，使得原本有限的节目资源由于交流的不充分而更加紧缺。如北京电视台青少频道的家教类栏目《知心家庭·谁在说》，尽管已经形成品牌效应，在家长、孩子和社会各界引起了广泛关注，而且节目中又有"知心姐姐"卢勤这个标志性品牌，但由于不能上星又缺乏畅通的交流渠道，这个节目仍然很难走出北京在更广泛的地区进行传播交流。

其次是专业人才匮乏。由于国内缺乏对专门少儿节目创作人才的培养以及经验的欠缺，新设少儿频道的创编人员大都来自其他节目部门，普遍缺乏儿童生理、心理以及儿童教育等方面的专业素养和少儿节目的制作经验，更缺乏少儿频道的管理经营人才，而由于人才缺乏所导致的一系列问题接连出现。

再次是广告资源奇缺。和国内其他频道一样，少儿频道的收入途径相对单一，主要依赖广告收入。并且由于刚刚起步，收视份额低，缺乏品牌节目和知名度，在与其他频道的竞争中，少儿频道明显处于劣势，再加上少儿频道是窄众频道，其广告影响力相对有限，阻止了广告商的投放额，少儿频道的广告创收异常艰难。而同一座城市一般都有两套以上的少儿频道交叉覆盖，使得原本有限的少儿节目广告资源再次面临被分割的局面，直接导致各个少儿频道的收入呈下降趋势。

更为根本的一点是政策扶持不到位。少儿频道是特殊的公益频道，属于国家公共文化建设范围，本应由国家公共财政提供一定的财政资助，以弥补公益服务对赢利诉求的排斥。但是，在实际运营中，政府的财政支持普遍缺席或不足，各个少儿频道基本依靠所在媒介集团内部投入和自行创收勉力维持。

（二）节目来源失衡：自制节目有限与严重依赖外购

限于经费、人才等因素，目前国内少儿频道的节目大都以购买为主，自办为辅——大多数少儿频道都很少有甚至没有自办节目。在每周首播节目总量中，各个少儿频道自制节目比例不足12%，剩余的88%主要依靠外购或者重播甚至是从别的频道截取内容上与少儿沾边的节目以填满播出时间。少儿频道有效供给不足的状况十分明显，各地少儿频道以动画片为主，辅之以电视剧和少量的自制节目，同质化现象严重，在很大程度上并不能满足少儿的需求。

　　数量难以保障，质量则更加令人忧虑。由于儿童观众的接受心理与行为方式比较特殊，少儿节目的研发比其他类节目更需要专项的资金和人才投入。以美国尼克频道为例，他们每年都会采用各种方式如问卷、控制实验、焦点小组等对覆盖范围内的约1.2万名儿童和家长进行调查，追踪了解儿童的成长状况和时尚取向，获取他们所崇拜的各类偶像，谈论的热门话题，了解他们对科技、体育、文化甚至对政治、对性问题的看法，等等，调查的内容几乎是围绕着"儿童"这个核心词无所不包，调查的结果是儿童节目所依据的第一手材料。英国广播公司（BBC）制作每一期《天线宝宝》（*Teletubbies*）之前，都要反复测试节目是否放弃了传统拍摄理念，是否贴近低幼儿童的兴趣，拍摄过程中制作人员被要求不断与目标受众接触，试图捕捉到幼儿最可能被吸引的讯息、影响和话语；节目试播阶段，任何导致幼儿离开房间、转移视线的概念和创意都会被淘汰出局。全美最大的动画卫星播放公司华纳动画天地（KIDS WB）也有类似的做法，除了前期的调查分析，KIDS WB会对制作进程中的每一个节目进行测试：最初把节目创意在一群通过抽样选定的对象中进行调查，进入制作和播出环节之后再进行定量调查。

　　一般而言，一个节目从创意到播放的调研过程通常需要六个月到一年，有时会更长。而中国的少儿节目除了经费、人才的限制，再加上观念、机制的局限，很难在研发环节进行投入，而是直接照搬国外儿童节目模式进行本土化改造，或者自行创意设计节目框架，在制播过程中边改边播，显然，与国外在前期投入大量研发财力、精力相比较，国内少儿节目的制作和改版具有一定的盲目性、滞后性，难以保障自办儿童节目的收视率和满意度。

　　目前国内少儿频道外购节目的渠道主要有两个：一是国内民间制作团体，其市场生存法则使得民营机构在节目类型上倾向于赢利空间大的有限的几种，如动画片和影视剧，而对其他类别的节目鲜有涉及，这也直接导致儿童节目的丰富性受到抑制。为了追求节目的曲折情节、视听效果，制作机构可能往往忽略了节目的有益性。第二个渠道是从国外引进的节目。连同国外少儿节目一起进入中国儿童视野的不仅仅是节目本身，还包括丰富的衍生产品（如玩具、文具、服饰、主题公园等），以及西方国家的意识形态和价值体系。对于正处于价值观形成过程中的未成年人而言，电视节目是他们认知外界、形成价值判断的重要信息来源，对儿童的人生阅历、价值判断、文化修养、情感意向等诸多方面产生显著的影响，而严重依赖外购的少儿频道被大量的动画、影视剧、广告以及负载着西方价值观的节目充斥着，虽然节省了制作成本，解决了节目资源短缺的燃眉之急，但却使得少儿频道所担负的促进未成年人思想道德建设的社会重任难以实现。

第四节　三网融合下的儿童节目（2010年至今）

电信网、广播电视网、互联网在向宽带通信网、数字电视网、下一代互联网演进过程中，其技术功能趋于一致，业务范围趋于相同，网络互联互通、资源共享，此为三网融合。未来广播电视及网络视听行业的领域范围和衍生业务模式将进一步扩大，加速了跨行业、跨产业的融合。

对于儿童视听领域而言，一方面儿童受众主体的接收习惯发生了变化，另一方面儿童视听作为对象性节目的一种，也将随着信息大环境的变化而做出调整。

一、三网融合下的儿童接收习惯

根据第41次《中国互联网络发展状况统计报告》显示，截至2017年12月，我国青少年网民（19岁以下）近1.77亿，约占全国网民的22.9%。

由中国青少年宫协会儿童媒介素养教育研究中心发布的《2016~2017中国儿童网络素养状况系列研究报告》（以下简称《报告》）显示：我国儿童触网低龄化趋势明显。平均有超过29.1%的学龄前儿童（3~6岁）每天使用网络的时间在30分钟以上，此后，随着年龄的增长，网络使用时间逐渐增加，到了14岁，已有60.8%的儿童每天使用网络的时间超过30分钟。

此次调研涵盖全国东部、西部、南部、北部、中部的省、市、自治区，约34个大中小城市，基本能够代表中国城市儿童网络使用情况的基本面貌。《报告》显示，儿童接触网络的比例随着年龄的增长大幅度提升，同时，每天使用网络的时间长度也随之增加。这一结论表明网络在儿童的成长进程中扮演着"伴随性"媒介的角色。此次调研的负责人张海波分析，儿童触网低龄化趋势明显与我国移动互联网以及智能手机普及率较高也有很大关系。

同年，中国少年儿童发展服务中心发布《第八次中国未成年人互联网运用状况调查报告》。报告指出，91.9%的未成年人有使用互联网的经历，远高于我国网民的总体触网率，其中近九成使用过手机上网；超九成未成年人都在上网时遇到过不良信息的侵扰；85.7%的未成年人在网上交流的是现实生活中认识的人；52.1%的未成年人认为门户网站的新闻比较可信；在少年儿童专属网站功能方面，未成年人认为课程辅导、在线知识答疑和益智游戏最重要。

调查还显示，超过四分之三的未成年人拥有自己的手机，其中近九成使用过手机上网，六成以上每天用手机上网一次以上；睡前、课间休息、上学/放学路上和做作业时是未成年人使用手机上网的主要时间。聊天、听音乐、玩游戏和看视频是未成年人手机上网的主要活动，分别占72.0%、65.4%、26.9%和24.0%。

通过这些数据可以看出，三网融合下，作为互联网的"原住民"，未成年人触网越来越低龄化，上网途径以手机为主，不受时空的限制，儿童对视听内容的接收习惯发生了很大的变化，具体表现为：

（一）收视时空的自由度

在以电视为主要观看媒介的时代，收视时间主要集中在晚饭和睡觉之前等相对固定的黄金时间段，而当前，在线视听资源突破了时间限制，海量的视听内容提供了丰富的选择，儿童媒介使用不再局限于某个固定的时间段。同时，接收终端的多元化突破了收视空间的局限。手机、平板电脑等移动终端"拆除"了收视的空间围墙，实现了随时随地、自由观看。接收时空的自由化带来了正负两方面的影响：一方面，儿童在课堂学习之余，随时通过便携式终端自主接受最新资讯，增长见识、丰富生活。但是另一方面，原本固定的学习时间被打乱，整块的时间被切割。此外，耗费过多时间和精力在互联网上，势必挤占儿童原有的学习、社交和培养兴趣的机会，长此以往，不利于儿童身心的健康发展。

（二）接收场景和终端多元化

现有条件之下，儿童无论置身任何生活场景，都能够轻易接触到视听媒体，以儿童跨出家门开始一天的日常生活为例，乘坐电梯时有电梯屏，搭乘公共交通或私家车有移动视频，出门望见公共户外大屏，课堂上有多媒体设备，平时休闲时有手机、平板电脑……接收场景的全覆盖以及接收终端的便携性、移动化让儿童的世界被视听媒介全面包围。值得注意的是，传统媒体时代，儿童通常在家长、老师、玩伴的指导和陪伴之下收看节目，但互联网时代，由于手机、平板电脑等终端的小屏和私密性，形成了无形的"封闭场景"，成年人在一定程度上失去了对儿童节目内容的阐释和把关机会。

（三）接收偏好明显

接收偏好可以直接表现儿童接触信息的意愿，它体现出儿童对接收信息的一种主动性的选择，包括其对接收渠道和内容的偏好选择。

关于接收渠道偏好选择，根据中国互联网络信息中心（CNNIC）发布的《中国青少年上网行为研究报告》显示，2015年青少年使用手机上网的比例为90.0%，使用台式电脑上网的比例为69.0%，使用笔记本电脑上网的比例为39.5%，截至2015年12月，青少年网民使用台式电脑和笔记本电脑上网的比例相比2014年均有所下降，其中使用笔记本电脑上网的比例下滑最多，下降幅度达4.5个百分点，而青少年网民使用手机上网的比例增加了2.4个百分点。[1] 这种倾向日趋明显。数据表明，手机是儿童最主要的网络信息接收工具，且还在呈现上升趋势。造成这一情况的原因在于，手机相较于其他设备在儿童群体更加普及，超过四分之三的未成年人拥有自己的手机。[2] 此外，手机在众多电子终端中最轻便小巧，适用于碎片化的时间段使用，比如课间、放学路上、睡觉前等。

在内容选择上，《中国青少年上网行为研究报告》显示，青少年网民对网络娱乐类应用存在明显偏好，其各类网络娱乐应用使用率均高于网民总体水平。网络游戏超出网民总体水平最多，达到9.6个百分点。[3] 中国青少年宫协会儿童媒介素养教育研究中心发布的《2016~2017中国儿童网络素养状况系列研究报告》显示，儿童使用网络的主要目的是娱乐：对14岁儿童进行了调查，数据显示，60%的儿童有网络游戏经验；57.5%的儿童有网购行为；84.7%的儿童使用QQ，微信使用人数达到59.9%；网上追星，和偶像明星网上交流的达到26.0%。[4] 而在中国少年儿童发展服务中心发布的《第八次中国未成年人互联网运用状况调查报告》中，就未成年人的网络娱乐活动方面有更为翔实的数据，数据显示，聊天、听音乐、玩游戏和看视频是未成年人手机上网的主要活动，分别占72.0%、65.4%、26.9%和24.0%。[5] 综合以上数据，我们可以看出，当代未成年人使用网络的最主要活动是使用即时通讯软件为主的社交活动，其次是包括玩游戏、听音乐、看视频、追星等方面的娱乐活动，网络消费活动排名最末。

青少年偏爱在网络上进行社交活动，其原因主要是因为青少年时期的个体容易受到社交焦虑和自我印象管理的影响。现实生活中，因其处于特殊成长时期，个性的敏感自尊，与父母、朋友的关系等都容易造成社交焦虑，使得他们在日常的现实生活中沉默拘谨、羞于表达。而在虚拟的网络世界，他们能与网络同伴畅所欲言，且更为安全和隐蔽，既可以满足其强烈的个人表达需求，又能获得个体自由，并且延伸社会关系，逃离现实生活中父母和老师的监管。此外，社交网络便于青少年塑造某

---

[1] 中国互联网络信息中心（CNNIC）：《2015年中国青少年上网行为研究报告》，2016，http://www.cnnic.cn/hlwfzyj/hlwxzbg/qsnbg/201608/t20160812_54425.htm。

[2] 中国少年儿童发展服务中心：《第八次中国未成年人互联网运用状况调查报告》，2016，http://www.edu.cn/info/ji_shu_ju_le_bu/Internet/201601/t20160106_1354711.shtml。

[3] 中国互联网络信息中心（CNNIC）：《2015年中国青少年上网行为研究报告》，2016，http://www.cnnic.cn/hlwfzyj/hlwxzbg/qsnbg/201608/t20160812_54425.htm。

[4] 中国青少年宫协会儿童媒介素养教育研究中心：《2016~2017中国儿童网络素养状况系列研究报告》，2018，http://blog.sina.com.cn/s/blog_654ced530102xupo.html。

[5] 中国少年儿童发展服务中心：《第八次中国未成年人互联网运用状况调查报告》，2016，http://www.edu.cn/info/ji_shu_ju_le_bu/Internet/201601/t20160106_1354711.shtml。

种自己渴望的而可能不同于现实自我的"完美"形象，以达到一种精神上的自我欣赏与满足。

但过多的网络社交活动也可能给儿童带来负面影响。儿童处于认知成长时期，需要通过更为形象的、具体的感知来认识世界。比如在与他人交往的时候，要观察对方的动作，分辨对方的表情，聆听对方的语气，甚至辨识对方的气味，这是视觉、听觉、嗅觉甚至触觉等相互感知的过程，而网络社交遮蔽了这一切。沉迷网络社交会使得儿童缺乏现实世界中的人际交往锻炼，进而影响到儿童的交往能力。

互联网上的各项娱乐活动中，儿童更偏好玩游戏与听音乐，这两个项目与儿童群体的特殊需求高度吻合。无论是传统游戏还是网络游戏，其本质都是给孩子带来新鲜感、刺激感、趣味感，满足儿童最纯粹的情感需求。其次，网络游戏多设计为多名玩家同时在线参与游戏，儿童玩家容易在互动参与中获得团队归属感和成就感。此外，网络游戏一定程度上能够补偿或者发泄儿童在现实中的部分负面情感。以上多种因素综合促成了儿童对网络游戏的偏爱，甚至造成部分儿童网络游戏成瘾。与之相比，听音乐是一项相对健康有益的娱乐活动，就在线音乐自身来看，互联网提供了海量音乐资源，且具有及时性、便捷性等特征，某些在线音乐平台还附带有社交功能以及娱乐信息，这些条件造就了在线音乐独特的吸引力。

儿童的接收偏好性所带来的影响具有双重性：一方面，一定程度上可以丰富儿童的日常生活，将儿童从单调枯燥的学校教育中解放出来。但另一方面，互联网世界有其复杂性，儿童过多沉迷于社交网站、网络游戏等而无法自拔，将影响到自身的身心健康。此外，网络空间碎片化的节目内容和时空自由的接收方式直接影响到儿童对事物的专注度；同时相较于多姿多彩的视听内容，书本课程显得更为单调和艰涩，儿童的注意力难以集中……

二、儿童视听创作的转向

在儿童视听内容制作方面，制作主体和节目形态都出现转向。三网融合之前，儿童视听内容的制作主体主要是传统媒体人，儿童节目形态经过几代电视媒体人的探索发展之后，形成了相对稳定的节目形态，包括儿童新闻栏目、儿童游戏竞技栏目、儿童益智栏目、儿童选秀栏目等。随着三网融合的迅速推进，儿童视听内容制作主体不断拓展、壮大和流动，促成了目前儿童视听市场上的三大制作主体。而儿童视听内容的节目形态也发生了剧烈变化，呈现出互联网时代的杂糅特征。

（一）制作主体的主要构成与转向

目前中国儿童电视的制作主体主要分为三大类：第一类是传统儿童电视频道创作团队。全国各省市少儿频道数量的增加一定程度上激发了创作人才的培养和发展。各家少儿频道如上海东方少儿频道、湖南金鹰卡通频道等积极出台鼓励政策，结合国外经验和本土特性，大量招贤纳才，促进国内儿童视听创作团队快速成长，这批人才构成了我国儿童电视制作主体的主力军和先锋队，具备一定的数量规模。他们大多具有相关专业背景，将教育学、心理学等学科知识融入创作中，使得儿童视听创作具有专业性。以专业儿童频道为平台支撑，传统创作团队获得同行交流和业务提升的机会较多，因此逐渐成长为制作主体中专业素养较高的一支队伍。此外，传统儿童电视频道的制作团队在长期实践中积累了丰富的创作经验，对目标受众有着更为全面深刻的理解，并且通过调查研究、节目内外互动设计等方式与受众建立起了密切联系，因而他们也是受众基础最好的团队。第二类制作主体来自其他频道。这个群体广泛分布于各个综合频道及其他专业频道，在其媒介平台上处于非主流位置，但也是儿童视听内容制作主体的重要构成，该群体往往更容易获得与同平台其他创作团队的交流合作机会，因而表现出视野开阔、思维活跃等优势。第三类制作主体是网络视听平台的创作团队。这个群体的成员构成多元，基于各种各样的原因集合在一起。他们并不十分突出创作中的儿童特性，而是基于网络受众构成多元化和传播方式的特殊性，注重节目的综合性和开放性。这个群体将是未来儿童视听内容创作的主力军，将随着其专业化进程的推进，综合调动传统媒体与新兴媒体的创作经验，创造性地拓展儿童节目的表现形态和内容元素。

  当前的儿童视听内容三大制作主体共时存在，各具特色。但随着三网融合的不断推进，制作主体正在逐步发生转向，主要体现为由传统儿童电视频道向其他频道和网络视听平台流动。

  在激烈的收视竞争中，各个频道为提升收视，积极拓展创作题材，《爸爸去哪儿》等网综的热播在充斥着歌唱类、选秀类、相亲类的综艺娱乐节目中脱颖而出，引发了许多成人受众对儿童题材的青睐，也因此自然吸引了大量资本和创作力量在儿童题材领域中的聚集。另一方面，传统儿童频道长期以来的资金不足、收视群体有限等问题也导致了部分人才流向了其他频道。

  传统儿童频道的制作主体向网络视听平台的流动与我国当前的媒介大环境、政策风向等因素息息相关。从媒介大环境来看，互联网媒体相较于传统媒体，呈现出更优厚的待遇、更自由的创作空间、更创新的思维碰撞等优势，自然吸引了传统媒体人才的流动。这批流动的专业化人才，有着丰富的儿童视听内容创作经验、深谙儿童电视市场规律，结合互联网的开放性、包容性和创新性，近几年创作出了大量优质的儿童网络视听内容，促进了我国儿童网络视听内容创作的繁荣，创作出了诸如《萌仔萌萌宅》《不可思议的妈妈》《放开我北鼻》《小手牵小狗》《了不起的孩子》等大量好口碑、高收视的优秀儿童网络综艺节目。

（二）节目形态的转向

新媒体格局下的儿童视听内容表现出融合性特征，即原本相对明确的题材和形式边界如今日渐模糊，新的受众结构和收视需求重构了儿童节目的内容元素和表现形式。在传统的电视儿童节目中，节目的形态设定主要是考虑到儿童和家长的共同需求，因为儿童"看电视"的行为通常都是在家长的陪伴之下，对时段的控制、内容的筛选与辅助讲解都源自家长。传统儿童节目的形态设定会兼顾儿童的认知特征及家长的喜好，最终形成相对确定的寓教于乐的内容定位、风格特征、价值诉求。新媒体环境下，网络视听内容偏向泛娱乐化、消费性，儿童虽然是主要参与对象却不是唯一的收视主体，由此决定了儿童网络视听内容的节目形态将更加多元化、娱乐化。

传统儿童节目主要是指日常性播出的儿童栏目，"栏目"具有显著的外在识别系统，例如栏目名称、商标（logo）、外在包装以及相对固定的播出时间和主持人等，这些元素构筑成了电视节目与观众建立传受关联的基础性平台，同时还拥有相对确定的内容定位、风格特征、价值诉求。这些元素确立了儿童节目作为对象性视听内容存在的边界特征。而视频网站上播放的儿童视听内容，因其本身的娱乐化、自由化、碎片化及创新性、开放性，使得其并不特别强调其外在识别特征，它既可以有外显符号，也可以不具备栏目名称、logo、外在包装以及相对固定的主持人等，而是散见于各种类别、各个时段的以"儿童"为主要元素的视听内容。在此情况下，视频网站上的儿童视听内容范围更加宽泛，以儿童网络综艺、亲子互动、真人秀为主要构成。

在内容元素与表现手法上，儿童网络视听节目更丰富多样，具有创新性，并且杂糅进各种流行元素。例如"腾讯视频"制作的成长观察类真人秀节目《放开我北鼻》，首次提出"孩次元"概念，建立大哥哥和小朋友共同相处的世界，而非传统亲子节目的成人家长与儿童孩子相处模式。人民网曾就此发文指出，"《放开我北鼻》区别于传统亲子节目，以差异化创新模式制造深层次情感共鸣。"[①]"爱奇艺"自制的儿童才艺脱口秀节目《了不起的孩子》则另辟蹊径，展示拥有惊人食量的小朋友的"吃货"才能、留守儿童神速包馄饨的才能，且将才艺展示与脱口秀相结合，而非单一的才艺秀或脱口秀，在形式上抛弃了传统儿童才艺节目的评判、选秀、PK等元素，力求最大限度展现儿童天赋才能。"芒果TV"制作的《妈妈是超人》发挥互联网的自由化、碎片化、个性化特色，创造性地推出"慢直播"模式。除周五播放节目正片外，每周六至周二依次直播每个明星家庭长达2小时的内容，不经剪辑，原汁原味呈

---

① 人民网：《〈放开我北鼻〉打造孩次元新概念创作脑洞大开》，2016年7月15日，http://ent.people.com.cn/n1/2016/0715/c1012-28558030.html。

现明星家庭的日常生活趣事。

　　三网融合时代,受众的需求越发多元化和个性化,网络视听创作平台利用自身优势,敏锐捕捉,及时反应,将流行娱乐元素与受众的兴趣协调融合,由此不断推陈出新,创作出极具创新性的儿童视听内容新形态。

第二章
中国儿童节目的主要类型及文本解读

频道资源的极速扩张为儿童电视提供了广阔的发展空间，各种成熟的节目类别几乎都被儿童电视栏目所吸纳，经过儿童对象化改造，形成了多元结构的儿童视听空间，主要分为两大类：一类取材于现实生活，如儿童新闻栏目、儿童谈话栏目、家教服务栏目，等等；另一类是在关照儿童特性的基础上开设的非纪实类栏目，例如互动参与性栏目、儿童综艺、儿童益智栏目，等等。尽管动画和儿童影视剧占据了儿童频道的半壁江山，但儿童栏目依然是儿童频道最主要的设置方式，其数量与质量亦是衡量一个儿童频道业务能力和发展程度最重要的指标。由于电视的媒介特性和栏目播出的日常性、规律性，使得儿童电视栏目成为儿童接收信息和认知世界的最主要途径。分析中国儿童电视的现实图景，不能不重点关照各种类别的儿童栏目。

第一节 儿童新闻节目

1994年慕尼黑国际青少年电视节目会议指出，现代世界儿童节目的特征之一是专门为儿童制作的新闻节目。这一理念已经在各国儿童电视的实践中得到响应：日本放送协会（NHK）1994年开播《儿童新闻周刊》；美国有线电视新闻广播网（CNN）的《CNN儿童新闻》和《CNN新闻室》设定的目标对象分别为小学生和中学生，美国独立制片人面向8~12岁儿童播出《尼克新闻》，上述几档美国儿童新闻都尝试让儿童参与信息发布和节目采制；葡萄牙的《儿童记事本》，由大哥哥大姐姐给7~12岁的小朋友讲新近发生的世界大事；英国广播公司（BBC）为9~15岁儿童制作《新闻巡览》；荷兰广播公司（DBC）为10~12岁儿童播出 *HEB JEUGD JOURNAL*；奥地利广播公司为8~14儿童开办《迷你拉链》（MINI-ZIB）新闻节目；德国电视二台为9~13岁儿童播出 *LDGD* 新闻节目。包括英国、荷兰、奥地利和德国在内的四个欧洲国家还通过节目交换丰富本国儿童新闻节目内容，并相互学习借鉴。[1]

一、信息元素与儿童的知情需求

认知世界、了解外界信息是儿童使用媒介的最主要目的之一。中央电视台青少部进行的一项"儿童与电视"调查研究表明有70%的儿童收看电视节目的目的之一是为了获取信息、增长知识。儿童观众好奇、探索和求知的心理刺激了他们对信息的渴求,而在满足这一需求时,少年儿童选择电视媒介的比例占53.5%,其次是广播21.2%,报纸13.3%,书籍3.0%,其他11.7%[2]。视听内容由于具有视听兼备、图文并茂的特点而成为儿童了解信息、满足知晓权的主要载体。儿童受到知识文化水平以及社会交往范围的限制,难以通过书报、新闻杂志以及新闻网站等途径获得信息,而成人模式的电视新闻节目从内容题材到播报形式都超离了他们的认识水平。"少儿电视新闻是以少年儿童为报道对象和收视对象的新闻,它主要反映社会、家庭、学校与少儿有关的、新近发生的、适合儿童理解和接受的事件,传递一些活动、游戏和学习等方面的信息。"[3]度身定做的儿童新闻栏目以其强烈的现场感、生动形象的画面、通俗易懂的儿童化语言、轻松活泼的节目形式成为少儿最易于接受和了解新闻的途径,成为儿童观众了解新闻最有趣、最有效也最常用的方式。

纵观世界各国的儿童新闻栏目,满足儿童的知情权成为节目创作的宗旨,为此特别针对儿童制作的新闻类栏目呈现出以下明显特征:

(一)目标受众细分,目标对象明确

西方心理学家将儿童的心智发展划分为三个阶段:

"3至7岁的感官期,儿童根据显而易见的感官刺激来认识产品价值;

7至11岁的分析期,儿童对产品类别、售价和功能等具有初步的认知能力,开始明白物质的社交意义;

11至16岁的反省期,孩子对市场的产品类别、销售地点、推销策略有更深刻的认识,充分明白品牌的意义,明白物质的价值,除了满足个人喜好外,还可以用作社交筹码。"[4]

由于新闻节目与综艺娱乐节目不同,要求受众具备一定的抽象思考和理性分析能力,根据儿童心智发育的不同阶段的划分,8岁以前的幼儿尚未摆脱单纯的感官认

---

[1] 陈舒平:《儿童电视学》,北京广播学院出版社,2003,第82页。
[2] 卜卫:《关于儿童媒介需要的研究——以电视、书籍、电子游戏机为例》,《新闻与传播研究》1996年第3期。
[3] 陈舒平:《儿童电视学》,北京广播学院出版社,2003,第82页。
[4] 杨仲子:《香港儿童收视调查》,《当代电视》1999年第二期,第30页,转引自胡玲:《我国儿童电视新闻节目的现状研究》,硕士论文,华中科技大学,2005。

知，因此儿童新闻节目的对象通常设定为8岁以上的少儿观众。

（二）儿童新闻节目形式活泼，浅显易懂，充分尊重儿童特性

新闻告诉儿童世界上发生了什么，什么事情最重要。但是新闻选择的权力通常把握在成人手中，制作者按照新闻的价值元素挑选新闻，而容易忽视的一个问题是：儿童可能并不清楚自己与新闻、与世界的联系。儿童对某些新闻可能不感兴趣或者难以理解。因此，儿童新闻节目面对的首要问题就是：采用何种方式，借助何种辅助手段，使用怎样的播报语言，才能够有效地吸引儿童受众的关注，才能建立儿童与新闻、与外界之间的关联，促成儿童主体意识和社会责任感的形成。当前，在国外儿童新闻栏目中普遍采用并被实践证明适合儿童的新闻报道方式主要有两种：一是糅合其他多种元素阐释新闻；二是情节化、故事化地演绎新闻。前者是结合儿童熟悉的包括环境、物品、社会关系、生活细节等在内的各种元素，以此为据点生发与新闻题材的关联，帮助儿童以熟知解读未知，顺利完成认知过渡，进而将新信息纳入自己的认知框架。例如海湾战争发生了，如果以成人新闻的模式组织报道语言，儿童将难以读懂这类远离他们生活和认知范围的"硬"新闻。而制作人如果在儿童新闻节目中糅合进战争地区的同龄人、小伙伴，从他们的遭遇折射出战争的破坏力；或者拍摄学校、游乐场、家庭住宅等儿童熟悉的场所，对比战争前后的状况，便能够使儿童触景生情建立起对战争的认知和进一步关注。又如，日本NHK的《儿童新闻周刊》设定在父母亲与三个小孩的五人家庭情景中传播新闻，父亲是信息讲解者，家庭其他成员采用儿童能够理解的浅显语言来复述新闻信息和相关社会问题。此种方式丰富了讲述新闻的途径，通过儿童熟悉的多种元素降低了儿童理解新闻的难度。第二种儿童新闻故事化演绎的方式，抓取新闻中的情节要素，并设置悬念，在时间维度中推进事态发展。同样举NHK的《儿童新闻周刊》为例，该栏目下设几个小栏目：《一周的大问号》（今周の？）借助模型阐释新闻中难懂的词汇与话题；《交给我吧！理解套餐》（おまかせ！ナットク定食）对某个话题进行多方面的充实和讲述，并由演出者前往现场取材，对现场元素进行情节化加工；《本周推荐》（今周のイチオシ）搭配流行曲介绍在这一周的新闻中最耀眼的焦点人物。

（三）强调儿童对新闻节目制作的实质性参与

20世纪90年代以来，联合国儿童基金会积极推动儿童对媒介的参与，并且强调是真正意义上从选题、策划到采、摄、编、播等各个环节的深度参与。目前，全球已有超过2000多家媒体响应，力求为儿童开辟一片在公共媒介上发出自己声音的平台。美国、英国和日本都设立了"儿童新闻快车"（Children's Express，简称CE）组织。CE类似于一个小小通讯社，由儿童全程管理包括新闻选题、组织采访、撰稿、编辑、审稿等新闻制作的所有环节，采制工作是独立的，最后的稿件交由大众传播媒体来播发。CE的宣传语是"由儿童为所有人制作（by children for everybody）"，而不仅仅局限于"儿童为儿童制作（by children for children）"。"其目的不仅让儿童了解自己的生活，也要让成人或全社会听到儿童的声音，通过大众媒体让儿童的声音进入主流社会或决策层。"[①]纽约CE的任务基本有三条："第一，提供不同背景的儿童的观点、经历和感受，发现儿童的重要性；第二，通过赋予儿童的责任感使他们的声音成为一种强大的力量；第三，放大儿童和青少年的声音、经历来教育社会。"[②]由此可见，联合国儿童基金会强调儿童参与媒介的根本目的是给予孩子们发挥潜能的机会，鼓励他们以自己独特的品性、丰富的想象力以及独立的认识和判断，更多更大胆地参与社会，发表对整个世界的看法。简言之，重视儿童作用于社会，而不仅仅是社会作用于儿童。因此，在美国、英国、日本、荷兰、德国等国家的少儿新闻中经常包括政治选举、武装冲突、能源危机、两性关系、金融风暴等成人关注的话题，并能听到少年记者和儿童观众对这些问题的理解和判断。

二、国内儿童新闻节目的文本解读

中国的儿童新闻栏目起步比较晚，1995年10月，上海有线电视台创办了中国第一档儿童新闻栏目《小小看新闻》。栏目的创作定位对于日后其他新闻栏目的制作产生了长期影响，即：用儿童视角、儿童语言对新闻事件进行二度创作与加工。然而，这只是对于儿童视角和语言的模拟，所有编播人员仍然是成年人，儿童并没能在创作的关键环节发挥作用，他们仍然被动地接受着来自成人世界的新闻，真正意义上的儿童的声音仍然被遮蔽。一年以后，中央电视台开始在《东方儿童》中播出5分钟的"少儿新闻"，依然沿袭《小小看新闻》的创作思路，依然是成人代替儿童表达。2000年以后，少儿新闻逐渐走出覆盖面窄、总量不足的局限，原有的少儿新闻制作周期长、依附于娱乐益智栏目的状况得到明显改善。全国各级电视台相继开设了少儿新闻栏目，例如央视的《新闻袋袋裤》（2001年）、东方卫视的《东视少儿新闻》（2002年）、南京电视台的《南京少儿新闻联播》（2004年）、中国教育电视台的《少儿新闻》（2005年）、武汉少儿频道的《武汉少儿新闻》、浙江少儿频道的《小智情报站》、四川电视台妇儿频道的《亮眼睛》、杭州少儿频道的《天天播报》和《老豇豆有话说》、宁波少儿频道的《一千零一夜》、山东少儿频道的《锵锵校园行》，等等，并逐步开始优化节目的结构设置和编播方式。其中，最显著的一个发展趋势是儿童的主体性参与：20世纪90年代以来，在联合国儿童基金会的积极推动下，儿童对媒介的参与已

---

① 卜卫：《媒介与儿童教育》，新世界出版社，2002，第40～41页。
② 新浪博客：《让孩子们发出自己的声音——对少儿电视新闻节目的评析》，2007年4月13日，http://blog.sina.com.cn/s/blog_4bcfc5ec01000928.html。

经成为一种趋势，也是儿童节目前行的必然之路。中国儿童新闻栏目的制作者不得不思考：怎样才能让儿童在电视上发出属于自己的声音？如何发出有效的声音？

1997年，浙江电视台少儿电视开始在《少儿新闻》中起用小记者和小主持人，"把自己的故事说给自己听，把儿童的故事说给更多的人听"，其他台的少儿新闻也纷纷尝试这种模式。从形式上看，儿童参与到了节目流程，但是，成人指导思想的长期影响所导致的局限性很快暴露出来：题材选择上，集中在学校活动和教育政策的发布，其他新闻鲜有涉及；在语言表达上，屏幕上的儿童无论是小记者、小主持人还是接受采访的孩子无一例外地效仿成人的腔调，满口成人的语言，仿佛又倒过来，孩子是在为成人代言。而提倡儿童媒介参与的真正目的——放大儿童的声音、赋予儿童责任意识的功能却无从实现。所谓的少儿新闻成了仅由少儿配音的有少儿活动画面的"成人小儿科"，"讲成人要我们讲的所谓自己的故事给自己听"，儿童的声音是发出了，可惜只做了传声筒。① 这样的节目，既不为成人接受又难以引起孩子们的关注。更为糟糕的是，少数娴熟地讲着成人话语、自我感觉良好的"小明星"通过媒体的放大作用，为更多儿童树立了效仿的范本，使得"少年老成"成为中国儿童节目的一大"景观"。

经历了上海有线台《小小看新闻》和浙江《少儿新闻》的摸索，中国儿童新闻发展瓶颈所要解决的关键问题是：

少儿新闻的题材是否可以超出儿童的生活范围，将视野面向整个社会和全世界？换言之，在关注校园、家庭的同时兼顾成人新闻的话题？

少儿新闻的参与环节是否可以超越演播室播报，而让儿童真正进入采、摄、编、播的各个环节？

参与少儿新闻制作的门槛（包括技术门槛和人才选拔要求）怎样才能放至最低，使得愿意参与的大多数儿童都能获得均等的机会进入节目制作？

少儿新闻的收视对象是否可以拓展到成年人？或者说如何才能吸引成年人的目光？

2002年，上海东方电视台推出《东视少儿新闻》，这是全国第一档由少年儿童深度介入节目制作的采、摄、编、播全过程的少儿新闻栏目。对上述四个问题的思考和应答成为该栏目的自觉意识，栏目下设六个版块：

"校园扫描"版块保持了校园新闻的传统。

"新闻小周刊"版块简要回顾一周重大国际、国内新闻以及与少儿有关的新闻，选材范围突破了原有的局限，拓展了儿童视野。

---

① 新浪博客：《让孩子们发出自己的声音——对少儿电视新闻节目的评析》，2007年4月13日，http://blog.sina.com.cn/s/blog_4bcfc5ec01000928.html。

"小聚焦"版块采取述评相结合的方式,深度关注与儿童相关的社会问题和焦点问题。

"读报栏"版块运用纽约CE发展的"口头新闻学"的理论,鼓励孩子们以自己的视角和语言说新闻、聊新闻,尽可能保证童声的原汁原味,同时通过口播的形式介绍登载于纸质媒介的相关新闻,扩大了信息量。

"小能人"版块,介绍有一技之长的小能人。

"快乐岛"版块向少儿传递文化娱乐信息。

可以说,《东视少儿新闻》是在借鉴国外经验基础上对中国儿童新闻制作模式的显著提高——内容范围拓展,儿童深度参与,参与人数增加,受众范围扩大,服务意识增强。这些制作理念对国内其他儿童新闻节目产生了积极影响。但是成人思维的影响依然明显,特别表现在"硬"新闻题材的报道中,儿童新闻依旧照搬成人语言和报道模式,远远超出儿童的解读能力而造成看不懂、记不住的效果。下面的一则儿童新闻是浙江电视台少儿频道《小智情报站》栏目2010年1月20日的一篇报道——

"公路运输一直以来都是春运的主要途径,今年××市将继续扩大外来务工人员'双百平安返乡行动',各级工会动员组织返乡外来务工人员较为集中的百家企事业单位与符合'春运'条件企事业单位的百辆客车实现对接。对于实施团体包车的单位,市交通运管部门提供免费对接服务。

铁路方面,今年杭州市总工会将通过各级工会统计汇总的外来务工人员返乡的流量、流时、流向等情况,制订约1.2万张火车票的团购计划,是去年的2倍,此外,铁路部门提前12天配票,各订票单位可以提前11天在铁路部门指定的票务窗口购票。通过工会订购火车票的订票手续费和公路客车票的乘车平安保险费用由杭州市总工会承担。工会还将联合邮政部门,对外来务工人员邮寄包裹和快递包裹分别给予40%和30%的优惠。××市总工会副主席×××:'为我们杭州的发展作出贡献的这些外来务工人员,一我们不能忘记,二我们要积极地为他们返乡我们创造一些条件。'

杭州市总工会已经连续4年组织开展外来务工人员平安返乡活动,2009年春运期间,全市各级工会共帮助36万外来务工者平安返乡,5.5万名外来务工人员享受了邮寄包裹优惠。"[①]

这是一篇关于春运的报道,但"春运"的话题本身远离儿童的兴趣范围和日常

---

① 浙江少儿频道:《小智情报站》,2010年1月20日,http://www.ztv-8.net/qbzlb.aspx。

生活范畴，加之这则新闻报道所选取的视角和语言依然是成人新闻的翻版，报道中充斥着生硬的数据、刻板的语言和难懂的长句，其传播效果可想而知。在当前中国的儿童电视新闻节目中，存在着大量类似的儿童"难以消化"的信息内容。

在儿童语言特征的把握上，荷兰儿童新闻的制作经验尤其值得我们借鉴。荷兰儿童新闻联播是国家电视台的日播节目，题材涉及宽广，语言充满童趣，背景知识充分，使得孩子们也能够接受艰涩的国际政治、经济新闻，并进一步激发他们对于世界的关注。例如在安理会就伊拉克武器核查问题举行辩论期间，荷兰儿童新闻这样报道："今天联合国安理会搞了一次辩论。安理会是由15个国家组成的一个俱乐部，它工作的目的是防止打仗，争取用和平的办法解决国家之间的问题。美国一直怀疑伊拉克这个国家有一些可怕的武器，这种武器可以一次杀害很多人。美国说伊拉克必须销毁这些武器，不然就要对伊拉克不客气了。"[1] 这样的报道避免了难懂的专业术语和严肃的报道腔调，采用充满童真童趣的语言，并大量使用短句，使得硬新闻也能够在儿童受众中得到有效传播。

为了进一步考察我国儿童电视新闻栏目的制作状况，笔者选取国内几档比较有影响力和代表性的新闻栏目——中央电视台少儿频道的《新闻袋袋裤》、中国教育电视台的《少儿新闻》、浙江少儿频道的《小智情报站》、武汉少儿频道的《武汉少儿新闻》、天津少儿频道的《炫锋行动》、成都电视台的《蓉城小记者》，从节目定位、新闻来源、栏目结构设置、主持方式以及播出时段与时长等多个角度全面分析，试图勾勒出中国儿童新闻节目的总体特点和整体现状。

（一）节目定位：细分化策略的实践

表2-1　儿童新闻栏目定位

栏目名称	节目定位
《新闻袋袋裤》 （央视少儿频道）	A.目标受众：全国8~14岁儿童 B.表现对象：与儿童生活相关，儿童关注的人和事情 C.风格定位： a.以轻松活泼的形式"说新闻""逗新闻" b.用一种时尚、轻松的形式培养孩子们关注时事、关注他人的兴趣 c.时尚的节目形态：儿童新闻主播身穿满是口袋的流行服装，每个口袋都是与孩子相关的大小新闻

---

[1] 郭景：《荷兰，晚饭前放儿童新闻联播》，《环球时报》2003年7月16日。

续表

栏目名称	节目定位
《少儿新闻》 （中国教育电视台）	A.目标受众：全国8~18岁儿童 B.表现对象：涉及时事、生活趣闻、校园生活等 C.节目风格特点 a.小眼看天下，小嘴说新闻，以孩子独特的视点观察生活、感受生活、认知生活 b.以孩子的语言方式表达他们的心声、表达他们对生活的看法和主张 c.演播室为主（现场连线为辅），独特论点，频频出击，现场电话连线，互动讨论
《小智情报站》 （浙江少儿频道）	A.目标受众：浙江省学龄儿童 B.表现对象：与儿童生活相关，儿童关注的人和事情 C.风格特点：紧扣时代脉搏，关注社会热点，提供切实帮助，孩子的视角，独特的诠释
《武汉少儿新闻》 （武汉少儿频道）	A.目标受众：武汉辖区8~13岁儿童 B.表现对象：有关少儿学习、生活、成长或者是能引起他们关注、他们感兴趣的新闻，突出贴近性和趣味性 C.风格特点： a.用童稚的眼光去观察身边的新鲜事，用儿童的视角，表现儿童的生活，聆听儿童的声音，传播儿童的观点 b.为儿童做新闻，让儿童在这里发出自己的声音。共同关注这个变化着的世界和社会 c.促进少儿身心健康成长，增强他们的才智和情智，都很有帮助
《炫锋行动》 （天津少儿频道）	A.目标受众：天津辖区学龄儿童 B.表现对象：和孩子相关的社会热点话题，讨论发生在他们身边的大事小情 C.风格特点：由孩子参与策划、担当制作和主持的少儿电视栏目。以"培养孩子的自主观念和参与意识"为宗旨，以轻松、幽默、时尚为基调，从孩子的视角，还原孩子生活，融入时尚搞笑元素，用轻松幽默的方式搭建孩子获取信息和知识的平台。
《蓉城小记者》 （成都少儿频道）	A.目标受众：成都市6~17岁观众 B.表现对象：儿童视野中的世界 C.风格特点：以孩子们自己拍摄的DV素材为主，从儿童的视野看世界

1. 目标受众定位

按照皮亚杰的儿童认知发展理论，7岁之前的儿童处于感觉运动期和前运算期，这个阶段的儿童尚不具备接受新闻信息类节目所需要的理解、分析以及抽象认知能力。8岁以后，儿童开始理解抽象语言，能够看懂"声画分离"的画面，并开始主动记忆概念和印象深刻的事物。而随着生活阅历的加深和心智的日益成熟，16岁以上的少儿逐渐接近成人思维，基本能够理解和接受成人新闻。因此，8~16岁成为国外少儿新闻的目标受众年龄段。我国少儿新闻也大致遵循了这一规律，大多将收视对象锁定在8岁以上。基于21世纪儿童的媒介经验丰富、思想早熟的特点，一些儿童新闻节目所设定的目标受众的上限已经提早到了6岁。

2. 表现对象

在突出儿童新闻节目教育功能的早期，我国少儿新闻节目主要选取国内外时政要闻，以帮助儿童了解国内外大事，增长知识。随着"儿童本位"意识的深入，"贴近儿童、关注儿童"逐渐成为儿童新闻的选材标准之一。校园生活、成长话题、少儿家庭生活、儿童娱乐信息等与儿童生活密切相关的讯息与重大时政新闻、社会新闻一起，构成了儿童新闻的三大表现对象。

3. 风格特点

鲜明的儿童风格特色主要体现在听觉和视觉两方面：声音方面，播报的语言和编配的音乐音响节奏明朗、曲风欢快，体现出对于儿童情趣、儿童视角和儿童主角的关注；在镜头画面设计上，从吸引儿童视觉注意的角度考虑，特别采用高饱和度的鲜艳色彩，卡通化的字幕模版以及情景化的演播室布景等，并在新闻播出进程中，借用角色扮演、情境再现、服装道具等辅助手段丰富画面形式，保持儿童的注意力。例如，宁波电视台少儿频道《阳光季节之一千零一夜》以故事的形式包装每天的新闻，风格鲜明，形式活泼，充分尊重儿童的认知特点。

（二）新闻来源：依靠传统新闻栏目，建构儿童特供新闻网络

表2-2 儿童新闻栏目消息来源方式

栏目名称	《新闻袋袋裤》	《少儿新闻》	《小智情报站》	《武汉少儿新闻》	《炫锋行动》	《蓉城小记者》
所属电视机构	中央台少儿频道	中国教育电视台	浙江少儿频道	武汉少儿频道	天津少儿频道	成都电视台少儿频道
新闻来源	A.选编、加工 C.儿童记者采集	A.选编、加工 B.成人记者采集 C.建立全国性少儿新闻网络——《中国教育电视台中华小记者团》	A.选编、加工 B.成人记者采集 C.儿童记者采集，校园记者站遍布了全省11个市	A.选编、加工 B.成人记者采集 C.儿童记者特供	A.选编、加工 B.成人记者采集 C.儿童记者特供	C.儿童拍摄的DV素材为主，精选编辑后播出

上述栏目的新闻来源代表了目前国内儿童新闻栏目采集的三大主渠道：

1. 选编加工

所有传统和新兴的新闻信息载体都成为儿童新闻节目的信息来源，包括电视、报纸、广播、期刊、网络、手机等各种媒介，经过儿童新闻编辑的筛选和包装加工，"转手"作为儿童新闻播出。这是最普遍、最便捷、最经济的采集方式。但是，"转手"之前的新闻毕竟不是专门为儿童制作，题材内容和播报视角并不能恰当地对接

少儿观众需要，此类来源的新闻应当随着儿童新闻制作的专业化、精细化而逐渐减少占有比例。

2. 成人记者采集的儿童新闻

供职于儿童新闻栏目的成年记者从节目定位出发，按照儿童特征和需求，模拟儿童视点，采用儿童语言专门采集和制作的新闻。一般而言，学校、家庭、公共游乐、教育场所是此类新闻来源的聚集地。相比起选编加工的新闻而言，此类来源更加贴近儿童的信息收视期待，采集新闻的记者队伍训练有素、工作高效，因此也是目前国内少儿新闻节目的首选方式。

3. 少儿记者特供的新闻

真正最了解儿童的是他们自己。少儿记者首先是一名少年儿童，与普通少儿观众有着相近的兴趣、好奇和读解能力。他们的新闻选择也必然最能体现所有儿童的信息期待。联合国儿童基金会积极倡导儿童对媒介的参与，而且强调是真正意义上从选题、策划到采摄编播等各个环节的深度参与。而各类儿童节目形态中，参与制作新闻类节目最具可操作性，也最能彰显"儿童在公共媒介上发出自己的声音"的功能。上述样本栏目无一例外地采纳了此类新闻源，这将是今后发展的主流趋势，并且将进一步扩大儿童参与的深度和广度，全国性少儿新闻源的相互交流合作也初显端倪，中国教育电视台已经建立起全国性少儿新闻网络——《中国教育电视台中华小记者团》，吸纳了上万名小记者，实现了各地新闻的汇集与共享。

（三）栏目结构设置

表2-3　儿童新闻栏目结构设置

栏目名称	《新闻袋袋裤》	《少儿新闻》	《小智情报站》	《武汉少儿新闻》	《炫锋行动》	《蓉城小记者》
所属电视机构	中央台少儿频道	中国教育电视台	浙江少儿频道	武汉少儿频道	天津少儿频道	成都电视台
栏目结构设置	《儿童说新闻》《说儿童新闻》《为儿童服务》	A.《时事派送》B.《小记者现在播报》C.《少年说报》D.《生活小贴士》			A.《炫锋头条》B.《锋行天下》C.《炫锋DV》D.《网上漫漫爬》	

儿童新闻节目时长虽然只有10到20分钟，但从始至终保持单一的口播形态对于小观众的耐性仍然是一种挑战。在节目中设置不同的小版块，能够吸纳DV播放、现场采访、电话连线、演播室播报、网络视频、图片汇集等多种播报形式；另外，通过各个小版块差异化的设置能够从整体上扩大覆盖面、丰富资讯内容。

中国教育电视台《少儿新闻》把10分钟的节目分设为4个小版块：A.《时事派送》（3分钟）以现场电话连线的方式，展开互动式讨论；B.《小记者现在播报》（4分钟）充分利用全国各地小记者提供的图像文字资料；C.《少年说报》（2分钟）关注各地方性报纸的信息；D.《生活小贴士》（1分钟）以有奖问答的方式介绍生活常识。天津少儿频道的《炫锋行动》由于是周播节目，有60分钟的容量，内容设置更为充实：A.《炫锋头条》关注和孩子相关的社会热点话题，培养孩子参与社会的意识，真正体现"我的节目我做主"的理念；B.《锋行天下》，小记者搜索网络上一切有趣的、新奇的、健康的图片信息，让小观众在轻松的状态下最快速地接收自己感兴趣的资讯；C.《炫锋DV》让孩子用DV记录自己孩子们学习生活中的小片断，真实展现孩子的喜怒哀乐；D.《网上漫漫爬》，汇集网络幽默视频，为孩子提供的紧张学习之余的轻松娱乐，较好地适应儿童活跃跳动的思维特点。

（四）节目主持方式：多样搭配，形式活泼

表2-4　儿童新闻栏目主持方式

栏目名称	《新闻袋袋裤》	《少儿新闻》	《小智情报站》	《武汉少儿新闻》	《炫锋行动》	《蓉城小记者》
所属电视机构	中央台少儿频道	中国教育电视台	浙江少儿频道	武汉少儿频道	天津少儿频道	成都电视台
主持方式	儿童主持	成人主持为主，搭配少儿主持	动画人偶"小智"主持	儿童主持	儿童主持	成人主持儿童主持

目前国内少儿节目的主持方式主要有四种：成人主持、动画人偶主持、儿童主持以及混合主持。与早期的儿童新闻节目相比，单一的成人主持不再常见，即使继续采用成年主持人，也通常设定为"哥哥""姐姐"或者是好朋友的身份以拉近与小观众的距离。目前，与儿童心理贴近的少儿主播、动画人偶主持人或者混合主持成为主流，这也是儿童参与媒介的一种实质体现。但一个普遍存在的问题是：儿童的参与度受限，少年主播通常被要求按照编导意图，原稿照读，缺乏真正的儿童化语言；并且复制成人新闻的播报方式，缺乏新意和变化，肢体语言僵硬。有人认为，所谓的少儿新闻成了仅由少儿配音的有少儿活动画面的成人小儿科，"讲成人要我们讲的所谓自己的故事给自己听"。[①]

因此，普遍采用儿童主播、人偶主持和混合主持之后，儿童新闻节目在主持方式上亟待解决的突出问题是如何让儿童新闻真正成为"用儿童喜欢的方式讲儿童

---

① 新浪博客：《让孩子们发出自己的声音——对少儿电视新闻节目的评析》，2007年4月13日，http://blog.sina.com.cn/s/blog_4bcfc5ec01000928.html。

想讲的故事给自己听"。

（五）播出时段与时长：对接儿童专属的黄金收视时段和适度的时间长度

表2-5　儿童新闻栏目播出时段与时长

栏目名称	《新闻袋袋裤》	《少儿新闻》	《小智情报站》	《武汉少儿新闻》	《炫锋行动》	《蓉城小记者》
所属电视机构	中央台少儿频道	中国教育电视台	浙江少儿频道	武汉少儿频道	天津少儿频道	成都电视台
播出时段	周一至周五12:30~12:45 重播18:15~18:30	周一至周日18:20~18:30	周一至周日18:30~18:50	周一至周日19:10~19:20 重播次日7:01	周日13:00	周一至周日17:25~17:35
播出时长	15分钟	10分钟	20分钟	10分钟	60分钟	10分钟

儿童的黄金收视时段取决于儿童特殊的作息习惯：学龄前儿童的白天时间被户外活动、午餐午休以及晚餐划分出三大集中收看时段，一般为11:00~12:00、16:30~17:30、19:30~20:00；学龄儿童"醒着的时间"被上学以及课后功课占据了绝大部分，一般而言周一至周五只剩下放学后的17:00~19:30这个区间（小学放学一般为16点左右，中学为17:30左右），周末的时间相对随性。而学龄前儿童并不具备理解新闻节目所需要的知识储备和分析能力，因此学龄儿童的集中收视时间成为儿童新闻栏目需要重点锁定的播出时段。从取样的几档栏目分析，日播节目全部在17:00~19:30之间播出，充分利用了学龄儿童专属的黄金收视时间。周播节目天津少儿频道的《炫锋行动》设定在周日午间播出或许是出于差异化策略的考虑。

上述几档少儿新闻节目时长范围为10~20分钟，这是基于对儿童注意力集中有效时限的尊重。心理学研究表明，人的注意力集中时间受到年龄、文化水平、注意对象等因素的影响。儿童的有效注意时间一般为8~10分钟，儿童新闻栏目通过多版块设置和趣味化播报能够适度延展有效注意时间。但相比起动漫、游戏、竞技、影视剧等其他儿童节目形态而言，新闻资讯类栏目的内容和形式仍然受到很大的局限，其趣味性和悬念感远不及前面几类节目，因此，日播新闻栏目一般不能超出20分钟，周播节目如《炫锋行动》由于融入了多种资讯内容，包括生活DV、网络幽默FLASH等非严格意义上的新闻，因此将节目时长扩展为60分钟。

有研究者认为目前国内儿童新闻栏目处于节目长度相对较短、捉襟见肘的劣势。[①]这是与各种成人新闻联播类节目、新闻专题、新闻深度报道和新闻追踪节目相比较

[①] 胡玲：《我国少儿电视新闻节目发展现状研究》，硕士学位论文，华中科技大学，2005，第22页。

所得出的结论。但笔者恰恰认为儿童新闻节目不应盲目攀比，不必追求成人新闻节目的长度和份额，因为信息需求并非儿童收视的第一需求（娱乐为第一需要），而显得更为迫切和必要的是，填补儿童新闻节目在某些少儿频道的空白，力争各级少儿频道都能够开设新闻栏目以满足辖区内小观众的信息需要，在每日一档的儿童新闻中，积极探寻丰富多样、童真童趣的播报形式。

第二节　儿童游戏竞技节目

当代社会的显著特征之一是节奏加快，压力陡增。人们需要一种便捷的、安全的方式来释放这种沉重感以获得心理的平衡，而游戏，正是这样一种疏解的空间和方式。在价值取向多元化的今天，人们不再崇拜完美无瑕的"圣人"形象，而更加青睐有瑕疵的、真实的平民化角色，游戏恰恰创造了这样的一个包容空间：允许出洋相，允许犯错误，还有种种可能被"授以把柄"的奇谈怪论、异常举止都会因为游戏的掩护而得以化解。游戏的精彩之处恰恰在于这些洋相和出丑真正放松了参与者和观看者的心情，同时也反映出一个普通人的真实生活状态，因为人总是存在缺陷，这些弱点放置在游戏背景之下，往往会博得大家开怀一笑，人们也由此反观自己的不足，却又在轻松愉悦的游戏心态中宽容了自己也原谅了别人。游戏是由规则建构的，围绕这一规则产生了新的秩序，它有别于现实生活中严肃的工作秩序和泾渭分明的等级秩序。游戏的参与者无论其现实身份是政府官员、科研人员、文娱明星还是市井百姓，都遵守同一规则，对于普通大众而言，其喜剧效果更加突出，并获得了一种平等心理的满足。端坐电视机前的观众对游戏者、组织者、游戏规则、进程、道具等都可以指指点点，无须顾忌，一定程度上满足了他们表达的愿望。

一、游戏元素与儿童心理

成人社会的紧张与重压在儿童世界得到复制：升学的压力、各项技能培养对课余休息时空的挤占、就业难的困境、倒金字塔式的家庭结构所强加的难以承受之重等诸多问题，让童年时光变得沉重而苦涩。对于孩子们而言，电视节目特别是游戏竞技类节目是一种有效的缓冲压力、调节身心的媒介消费形式。

孩子们喜欢收看和参加电视游戏节目是源于现实生活中对游戏活动的偏爱。那么，"儿童为何喜欢游戏？"这个看似多余的设问，其实在引导我们关注游戏元素与儿童心理之间的密切关联：第一，游戏给儿童以想象的空间。游戏是对现实的模拟但又超越现实，现实中画的一条白线，儿童可以在游戏中想象成一条大河或者一座堡垒；一根木棍，可以想象成大刀或者骏马。与成人相比，儿童较少受到现实世界的框定，极富想象力，而游戏允许想象力自由地发挥。第二，游戏以玩耍为主，遵循快乐原则。好玩是儿童的天性，在玩耍的过程中获得快乐。同时，游戏和玩耍也是他们学习和认知的独特方式，与书本学习相比较，孩子们在玩耍中亲身参与，获得直接经验以此弥补认知上的空白。这一点上，同为游戏的电子游戏、网络游戏由于缺乏亲身体验而导致对儿童健康的损害，由于对真实世界的回避而遭到成人世界的普遍反对。第三，游戏设置各种角色，丰富生活体验。孩子们可以从不同类型的游戏中获得一个虚拟身份或者按照自己的意愿幻想成为某种角色。在扮演各种角色的过程中，孩子们得以尝试真实身份之外的多元化体验，满足他们的新奇心理，同时给予他们自由发挥的空间。游戏中的各种角色扮演是对孩子们现实力量弱小的一种补偿，比如假想自己是警察、总统、校长、大明星……孩子们在假定角色的扮演中往往表现出令人惊叹的想象力和自我把控能力，不仅即刻实现了他们的愿望，并且通过陌生化的体验带给孩子们审美的愉悦。第四，游戏中设立的各个环节和场景让儿童感到新鲜有趣，其中设定的规则对于孩子们既是一种挑战，又是一种刺激，每一个参加者都需要遵照游戏规则调整自己的体能、毅力和习惯，等等，一定意义上讲，这是在游戏中设立的同一起跑线，让参加者获得"我们公平竞争"的心理预期，积极争取游戏的最终胜利。第五，在玩耍之外，游戏更为孩子们提供了一个内容丰富的认知世界，被儿童用以理解他生活于其中的世界的手段，成为儿童生活和儿童文化的一个自然而重要的组成部分。

正是由于游戏所具备的上述特征契合儿童心理的需要，儿童天然地青睐各种游戏活动，在嬉笑打闹的游戏过程中，孩子们顺畅地进入社会交往和外界认知。"人是社会的动物，成长是学习的过程"——这些抽象的命题通过游戏得到直接体现，儿童开始接受妥协、合作、竞争等社会规则，并逐步确立自我与社会的关系，寻找自己的社会角色。

但是，一个不容忽视的现实困境是，儿童喜爱的、有益儿童身心发展的游戏却受到种种现实因素的挤压：繁重的学习任务占据了大部分时间，有限的课余时间被塞满了诸如钢琴、奥数、绘画、舞蹈等各种特长的培养。再加上孩子们游戏时所需的公共空地在城市化进程中逐渐被各种商业楼所蚕食、占据，即便是居家的小区也因为停满了车辆而不再可能安全地玩耍，孩子们游戏需要的小伙伴也往往因为相互陌生而令家长不敢放手让他们自由交往、轻松玩乐。场地的缺失、玩伴的缺席使得原本充满愉悦的游戏被迫退出儿童的日常性安排，而仅仅成为一种少有的点缀。无奈之下，儿童对游戏的向往转而借助媒介屏幕上的各种游戏节目来获得满足，也由此催生了儿童游戏竞技类节目的一片繁荣。

二、游戏的电视呈现

电视游戏节目源于现实游戏活动，但又具有自身的特点：首先，电视的媒介特性决定了对游戏观赏性以及视听冲击力的强调。电视游戏的意义不仅仅在于亲历者的感受，而是要通过丰富的电视手段将游戏的过程以及现场氛围传递给广大受众。通过布置多机位拍摄，确保完整记录游戏的整个流程，并且着力表现其中的精彩、激烈环节，例如运用定格、变格、闪回、黑场等各种特技，强化游戏的戏剧色彩和紧张气氛，让观看者有身临其境之感。因此，与其说是一场参与者的游戏，不如说是参与者、摄像镜头、游戏道具、后期编辑共同完成的游戏视听的传递活动。其次，电视的传播特性赋予节目广泛参与性。电视传播的显著特征之一是即时广泛传播，游戏节目依托电视媒体播出得以突破场地的局限性，将游戏现场拓展至电视信号所及的任何地方，使游戏的直接或间接参与者成几何数字上升。而另一方面，游戏节目以栏目化方式播出，意味着节目定位、游戏规则、视听风格等各个方面相对固定的长期化制作，必然涉及两个群体的培养：一是节目制作所需的当下与未来的游戏参与者，另一个是节目播出所需的稳定并不断扩大的受众群。相比而言，现实的游戏活动可能不需要观众，无需有意吸引旁观者参与进来。而电视屏幕上的游戏重心恰恰在于观众，在于他们持久的关注，在一定意义上讲，游戏参与者反倒是因为观者而存在。最后，电视的商业性一定程度上改变了游戏的目的。现实的游戏活动追求自由、狂欢。在苏联文艺理论家巴赫金那里，"狂欢节"这个概念被赋予了更广泛的含义——既代表一种观察世界（人生）的特殊角度，即"诙谐（笑）的角度"，又渗透了一种人生体验的特殊感觉，"狂欢节式的世界感受"。[1] 这种特殊的感受包含了平民化、多元、非中心、语言杂多等丰富内涵。然而，电视游戏节目却由于逐利的商业属性而难以自由和狂欢，对于节目制作者而言，当节目成本与大众狂欢发生冲突，他们会选择控制成本。对于参与者而言，游戏节目设置的巨额大奖常常使他们忘却享受游戏的快乐，而一味追求最终的结果。提供大奖的赞助商在节目中巧妙或拙劣的"现身"让游戏流程不断被打断，节目充斥着浓厚的商业气息，而使得参与者以及观看者难以全身心投入游戏节目之中。

三、儿童游戏竞技节目的文本解析

游戏竞技类节目是少儿频道最热闹的一道风景，一方面，游戏本身的欢快场景以及竞技制造的紧张氛围，使得节目本身由于充斥着呐喊声、欢呼声而显得热力十

---

[1] 佟景韩：《小说的主人公和历史的主人公——巴赫金的小说理论》，中国社会科学出版社，1996。

足；另一方面，游戏竞技类节目是全国各个少儿频道着力打造的重点栏目，无论资金、设备和人力投入都远远超出其他类别节目，周末黄金时段，大型游戏竞技节目齐齐亮相，热闹非凡。从中央电视台少儿频道的《快乐大巴》《英雄出少年》《动感特快》，到浙江少儿频道的《你猜谁会赢》、天津少儿频道的《快乐转转转》、哈哈少儿频道的《哈哈总动员》、山东少儿频道的《非常小孩》、河北少儿的《夺宝奇兵》……游戏竞技类节目在少儿频道的普及率仅仅次于新闻类栏目，而新闻节目由于地域元素所带来的差异化内容，在一定程度上能够降低各台之间的同质化竞争，但游戏节目一般没有地域化、时效性属性，当前所呈现的"遍地开花"的发展态势使得儿童游戏竞技类栏目面临激烈的竞争，因此促使各家儿童频道在游戏设备、场景布置、服装道具、环节设置、声响效果等各个方面不断推陈出新，追求华丽的视听效果。例如天津少儿频道的《快乐转转转》增加童话色彩和大型游乐功能性设施，录制现场被装扮成一个"梦幻王国"；中央电视台少儿频道的《英雄出少年》栏目现场架起了大型模拟飞机，参赛选手从飞机舱梯滑下，制作"从天而降"的效果。

总体而言，当前呈现在大众面前的儿童游戏竞技节目在形式上更加炫目、多彩，但是热闹过后，在少儿观众的记忆中还留下了些什么？游戏竞技节目能否真正带给孩子们成长的快乐？笔者从节目定位、环节设置、参与主体、传播效果等多个角度全面分析。

（一）节目定位：狂欢？教育？赢利？

同所有游戏竞技类节目一样，儿童游戏竞技类节目的核心定位就是狂欢。大型游戏节目一般编排在周末黄金档，是为少年儿童的双休日特别打造的一个欢腾的电视空间。节目制作者重金引进大型道具设备，精心挑选和布置拍摄场地，费心设置竞技环节，都是为了达成一个目的：让节目参与者在紧张刺激的氛围中疯狂地"玩一把"。而只有让现场参与者狂欢了、尽兴了，才可能满足屏幕前亿万观众的情感需求，也才能够进一步吸引他们对于节目的关注。因此，"狂欢"是游戏竞技类节目的核心所在。"狂欢"源自于"狂欢节"的概念，狂欢节是指由平民大众参与的民间集会或庆典活动，不拘泥于私人狭小的空间，而通常聚集在诸如广场、大街等公共场域，由于从本质上区别于由官方发起并掌控的祭祀、宗教、庆典、宣教等活动，狂欢节因此被认为是平民的、大众的、平等的。苏联文艺理论家巴赫金赋予了狂欢节丰富的文化内涵：既渗透了一种人生体验的特殊感觉，又代表一种观察世界（人生）的特殊角度，即"诙谐（笑）的角度"。[1] 这种体验的特别和迷人之处在于狂欢节取消了一切

---

[1] 姜红、岳山：《电视游戏节目的文化属性》，《安庆师范学院学院学报》2003年第1期。

现实世界的等级关系、特权、礼仪、规范和禁令，参与者之间不再有高低尊卑之分，每个人都能够平等地参与其中，这样一种人人都心向往之的最轻松、最自在的乌托邦状态，在狂欢节的体验中变成现实。通过这种特殊的经历，人们得以窥见隐匿在规则、秩序和界限背后的世界的另一面，即诙谐的、轻松的一面。对于孩子们而言，现实生活中处于家长、学校的双重注视之下，"玩耍"往往被赋予负面的解读——耽误学业、玩物丧志、具有风险，孩子们的玩耍因此被拘泥于局限的空间、有限的时间以及老套的方式之中，束手束脚，玩得并不开心。儿童游戏竞技类节目为"玩耍"提供了一个公共的平台、一个体面的理由——参加节目录制，对于大多数中国家庭而言，都是一件荣耀的事，况且，制作机构通常经由学校或教育部门征集参赛选手，学校层面的关卡问题迎刃而解。选手们带着"玩一把"的心态参与节目，同时还有对节目的好奇以及青少年特有的表现自我、展示自己的冲动，都为儿童游戏竞技类节目聚集了足够的人气。目前国内各档游戏栏目也首先在"玩"字上面狠下功夫——玩得尽兴、玩得紧张、玩得好看，我们在游戏环节设置、道具设备配置、现场布景等各个方面都能够体会到编导们的用心。

  游戏、玩耍虽然是儿童游戏节目的核心定位，但是在教育功能和盈利追求的掺和下，节目呈现出来的沉重感和商业气息使得节目的定位变得游离。"寓教于乐"的教育理念在游戏节目中充分体现，本身轻松、愉悦的游戏过程被成年人利用成为绝佳的教育机会，比如，比赛双方分别来自不同的地区或学校，主持人通常会强调参赛者所代表的团队，观众席的呐喊声也是为某个集体加油。浙江少儿频道的《金味百校对抗赛》的宣传语直接表述为"……寻找校园最优团队……，杭州、宁波、温州、台州、舟山，城市之间的青春对垒……"显然，这转化为一场场典型的"团结、合作"的集体主义教育，小选手的个体意义被集体意义所替代，成为集体的一个代表符号。

  游戏节目的每一个环节都有独特的传播价值和丰富的看点：赛前的选手遴选阶段可以走进校园、社区、走上街头，为更多后来可能无缘录制现场的小选手提供亮相机会，同时，孩子们生活学习的场所随之进入摄像镜头，在屏幕上看到自己的同伴、同龄人以及自己的校园、小区，小观众往往倍感亲切，由此能够拉近节目与观众的心理距离；赛前的准备阶段，镜头锁定各位参赛选手，他们的装扮、参赛口号以及难掩的紧张都为即将开始的节目增设几分悬念和炽热气氛，主持人适时的赛前采访更能彰显小选手独自面对竞赛时的复杂心理；接下来的比赛过程自然是游戏竞技类节目的关键环节，无须赘言；当比赛结束，向成功者祝贺，为失败者打气，并向电视机前的广大观众发出下一次游戏的"邀请函"。节目至此环环相扣、精彩落幕。但是，纵观国内的儿童游戏竞技节目，最终环节的胜负揭晓往往成为浓墨重彩之笔：

鲜花、彩带、掌声、音乐将比赛场地瞬间布置成颁奖典礼现场，主持人激动地宣布获胜者，镜头锁定获胜者挥舞的手势和灿烂的笑容，其余选手的祝贺、现场亲友的拥抱以及现场观众、啦啦队的欢呼共同点缀着属于胜利者的荣耀。此时，主持人还需要做一件"锦上添花"的事——宣布获胜者获得的奖品，这份价值不菲的奖品价值几许？谁为这欢庆的时刻提供了支持？谁提供了奖品赞助？甚至，赞助商以颁奖嘉宾的身份获得"露脸"或发言的机会。主持人最后不忘（以录制节目和获取大奖的机会"诱惑"电视节前更多的观众参与节目）广发英雄帖：如果电视机前的你也想体验游戏的精彩刺激，如果也想获得×××奖品，那么，赶紧加入到我们的行列吧！不可否认，大奖的设置能够增加节目的紧张刺激，吸引受众注意力，但是在节目中显露无遗的商业规则容易对儿童产生"拜金"的误导。更何况，除了节目结尾通过获胜者的展示性诱惑，在游戏竞技的过程中，主持人被要求不时提示观众：本栏目奖品是×××，由×××提供赞助。一定程度上干扰了儿童对游戏进程的专注，偏离了儿童游戏竞技节目"狂欢""玩耍"的本质。同时，"成王败寇"的竞争法则过早地植入儿童幼小的心灵，游戏的过程也因此变得并不轻松和纯粹。

（二）项目选择：安全、有益

游戏竞技类节目的编导会将大部分精力投入到游戏项目的选择、比赛程序的设计上，认为项目越是新颖、程序越具有对抗性，节目就越能获得高收视率。与此同时，儿童游戏竞技项目的选择由于参赛选手的年龄特征而具有一定的特殊性：首先是安全性。《中国儿童状况分析报告》表明，城乡儿童的死亡原因中，意外事故排在首位。儿童成为意外事故的最大受损群体，主要原因在于：（1）游乐设施的安全隐患；（2）未成年人的身体和心理发育尚未成熟；（3）儿童的自我防护意识的淡漠和保护能力的不足，等等。

儿童游戏节目需要考虑的安全角度包括：（1）材料安全。用于儿童游戏的设施设备必须是无毒无味的环保材料制成；（2）游戏设施设计合理。在游戏中，儿童的头部、手臂、手指、腿、脚、衣物甚至全身都有被卡住的危险。在设计上要避免可能发生的危险，设施中所有有开口或网眼的地方，其大小必须确保儿童游戏时要么不会跌下去，要么可以从开口处掉下去，而地面有安全的软性材料，从而避免危险。并且要保证成人可以进入到游戏设备里面帮助遇到危险的儿童；（3）场地安全，排除节目录制场地的漏水漏电、杂物绊脚、尖角撞伤等隐患，特别要考虑游戏进程中的跌落高度和安全落地面积的问题，专业的游戏设备提供商测算出一个标准："当高度在0.6至1.5米时，设施周围1.5米半径的面积必须留作安全面积，不得有其他设施，橡胶地垫厚度为25~45毫米；当设施高度高于1.5米时，安全落地面积的半径＝（2/

3）y+0.5（米），橡胶地垫厚度为需大于45毫米。"[①]；（4）安装维护安全，保证临时搭建的游戏台和组装的各种设备牢固稳定，每次录制之后例行安检，确保下一轮参赛选手的安全。

儿童游戏竞技栏目的项目选择所需考虑的第二个原则是有益性。有益并不简单等同于教育性，而是强调无损儿童的身心健康，为儿童成长提供正面的引导，留下愉快的记忆。广电总局出台的"广播电视节目监管细则"中有对未成年人节目的特别规定：防止渲染血腥……尽可能减少描写抑郁、悲伤等不愉快的画面、声音和文字。打架斗殴等动作暴力、谩骂诋毁等言语暴力以及过于怪异恐怖的反面形象也被禁止出现……有少儿参加的节目要符合儿童身心特点，节目内容要健康向上……杜绝诱导少儿浮躁心理和错误荣辱观念的内容。但在实践中，国内部分儿童游戏节目单纯追求好玩、新鲜、刺激而恰恰忽视了有益性的考虑。例如中央电视台少儿频道《动感特区》的一期节目中安排骑鸵鸟比赛——参赛家庭的妈妈和孩子分别骑在鸵鸟背上，停留在奔跑中的鸵鸟背上时间越长，得分就越高。为了不至跌落，参赛者紧紧勒住鸵鸟的脖子或者抓住翅膀，整场比赛在鸵鸟的惊恐万状和痛苦不堪中进行，而节目中的大人孩子却在逗乐嬉笑中不断加油呐喊。显然，节目传递的信息是"虐鸟"可以带来快乐，动物无须保护。成都的一档儿童节目《宝贝加油》以培养孩子勇气、锻炼孩子意志为宗旨，但几乎每次节目录制过程都伴随着孩子惊叫和泪水。节目组通常设置超越儿童承受极限的任务让年仅5岁的幼儿独自完成，比如在8米高空，飞身抓单杠；在装满蛇的玻璃箱子里伸手翻找纪念币……完成任务的孩子将获得热烈的掌声、父母的拥抱、教练的嘉奖以及伙伴的艳羡，而止步不前的选手不仅要承担失败的沮丧感，还要受到"魔鬼"教练以及同伴们的奚落。《宝贝加油》的创作团队自信地认为"孩子的胜利比明星更动人"，节目播出后所引发的热烈讨论让他们更加坚信这一点，但却忽视了节目给小选手留下的心理阴影以及对观众教育方式的误导——将意志磨炼和坚强教育简单等同于莽撞和冒险。相比而言，国外对儿童游戏节目是否有益于儿童的监管十分严格，例如英国广播公司（BBC）大受小朋友欢迎的儿童游戏节目《蓝色的皮特》（*Blue Peter*）由于被指误导观众及欺骗小孩子，受到负责监管传媒的英国通讯传播委员会5万英镑（约10万美元）的重罚。《蓝色的皮特》是一个儿童打电话参与的直播节目，在2006年11月的一期节目直播中，电视台的电话系统突然出现故障，为了保证节目制作流畅和顺利播出，制作人员临时安排一名小女孩假装成参赛者猜中答案，并在节目中宣布她为电话参与节目的优胜者。调查认为，BBC公然造假，明显违反广播守则，甚至还利用儿童参与欺骗行为，完全不顾对当事人

---

① http://news.china-flower.com/paper/papernewsinfo.asp?n_id=179564

以及广大小观众所带来的不良影响，干扰了儿童正确判断的形成，因而对BBC处以重罚。近两年，英国第四频道电视台和第五台也分别发生类似的误导观众事件，分别被判罚款15万英镑和30万英镑。

儿童游戏竞技节目能够带给儿童学习生活之外的多元化体验，包括动手能力、情绪调整、意志磨炼、团队协作、自我保护、价值判断，等等，在兼顾儿童的认知水平和心理承受能力的基础上，将习惯培养、能力提升和知识传递潜移默化地融入游戏进程中。

（三）过程呈现：程序重复与节目看点的矛盾

儿童游戏竞技节目有些偏重游戏环节，在嬉笑打闹中展现孩子们活泼可爱的一面。有的侧重竞技环节，在你争我抢的对抗中设置悬念、吸引注意力。但无论游戏还是竞技，国内儿童节目的编导习惯按照"三部曲"，一一呈现各个环节的内容：参赛选手及游戏竞技规则的介绍，游戏竞技紧张、精彩的过程，游戏竞赛的结果。

"三部曲"模式将录制重心放在游戏进程本身，节目看点相对比较单一，严重依赖游戏过程中出现的"囧状"和偶尔发生的"新奇"场面。为了追求视听效果，国内儿童游戏节目朝着大设备、大场面的趋势发展，而从成本角度考虑，每一套游戏设备和布景都要充分利用，多次录制，也就是说多期节目其实重复着同样的游戏项目和程序，并且会持续相当长的一个周期。例如中央电视台少儿频道的《英雄出少年》栏目2010年10月、11月的游戏项目是"挑战小勇士"：节目开场介绍来自两个城市的参赛队伍和比赛规则——竞赛过程包括两个环节："极限叫喊"（用分贝仪记录哪支队伍的声音大）——"勇敢的送奶工"（在对抗方各种方式的阻挠下，参赛队员跑过光滑的管道，双手各持一桶"牛奶"送到对面的奶箱）。同样的程序每期节目过两遍（或者多遍），在一段时期之内不断复制。这是国内儿童游戏竞技类节目的普遍现状，但随之而来的问题是，即使是成年人看到第三四遍的时候也开始疲劳和厌倦，更何况求新求奇、耐性有限的小观众们？编导们也深知这一点，为了留住观众，在后期配上"惊心动魄"的音乐音响，辅之以"花里胡哨"的画面特技，再或者略施小计，现场解说内容略显丰富一些，比如在《英雄出少年》介绍参赛者环节中，编导们根据选手所在的地域特色，为每一个人取了一个"绰号"，来自天津的取名"狗不理""糖葫芦""巧克力"……，来自成都的取名"麻辣烫""酸辣粉""火锅"，等等，初一听，觉着好玩，但重复多次以后不仅让人感到牵强附会还有误导儿童乱取绰号之嫌。事实上，多次反复之后，节目形式上的小小变化所带来的新鲜和兴奋已经十分有限。而另一方面，如果每一期节目都更换新的项目、设备、场地，无论从成本考虑还是可操作性而言都并不现实。那么，儿童游戏竞技节目的程序重复与节目看点之间的矛盾该如何解决？难道只能依靠上述几种有限的技巧？这将成为儿童游戏竞技类节目持续发展的关键。

（四）主体体验

儿童游戏竞技类节目展示小选手参与游戏和竞技过程中的肢体动作、临场发挥以及应急反应，强调儿童在行动上的亲力亲为和摄制中纪实手法的运用。简言之，此类节目重在体验，体验突破了传统儿童节目对"语言交锋"的偏重，而是以体验者自己的切身行为和真实感受来验证事实、经历竞技、获得感悟。纪实手法的运用能够有效地增加画面语言的感官冲击力，丰富故事化元素，延伸时间和空间调度。相比起其他类型的儿童节目，游戏竞技类节目给予儿童最大可能的自由发挥空间，也是对儿童动脑动手、情绪调整、应急反应等多方面能力的训练。

不同年龄段的儿童在游戏中的体验表现出一定的差异性：低幼阶段（3~6岁学龄前儿童）的心理发展尚处在以自我为中心的阶段，所有外界信息，包括观看和参与游戏竞技节目，也只有他们认为能够满足自己心灵需要的部分，才能够被选取进入他们的关注范围。因此，外界信息以及电视节目对他们的影响是有限的。低幼儿童参与的游戏节目录制现场经常会出"状况"，比如小选手根本不听家长和主持人招呼，甚至自行"改造"游戏规则或者随时转移兴趣，自顾自玩……所以，针对低幼儿童的游戏节目在规则设计时需要遵循宽松原则，允许各种状况的出现并做好准备随时捕捉那些折射出儿童天性的经典镜头，主持人要善于挖掘"意外"事件的传播意义并松紧有度，控好现场秩序不致影响节目的录制。与低幼儿童不同，7~12岁的学龄儿童已经逐步认知自我与他人、自我与外界环境之间的联系。游戏，是他们维系这种联系并践行自己的处世方式的一种有效途径。在游戏竞技过程中，孩子们开始接触并学习竞争、合作与妥协等社会规则，通过游戏体验自然而然地进入到实质性的社会联系中，最终，所有这些通过游戏体验获得的关于待人接物、社会规则、集体意志等感受都将深刻地影响到儿童基础价值观的构建。

游戏是对真实社会的模拟但又超越现实，允许自由想象和个性发挥，也删除了现实世界对儿童的种种限制。因此，游戏总是孩子最放松、最尽兴的时光。但是，荧屏上的游戏竞技节目通常由成人设定好种种规则，所选择的游戏项目常常缺乏对儿童想象力和自由天性的尊重，比如奔跑中提问英文单词，等同于将玩得正嗨的孩子生生拉回课堂，又比如"极限叫喊"比谁的声音大，其创意的无聊着实令观众大跌眼镜。在这样的节目中，儿童如同牵线木偶，按照成人的要求表演规定的动作，没有发挥的空间，没有智慧的火花，没有融入其中的参与感。游戏竞技节目对于儿童重在体验的意义也无从实现，更不能奢望成为儿童挥洒自如、放飞梦想的超现实体验。按照这种模式制作的节目，缺乏自由空间、亲身体验和想象力三种元素，难以对接儿童受众的收视兴趣，自然难以获得成功。

吕新雨教授在《故事—动物朋友—游戏：对儿童影视节目理论构建的讨论》一文中认为："想象力和孩子的亲身参与一定要占据重要地位……在这样的游戏中，孩子自己与游戏相碰撞，寻找小伙伴和自己需要的东西，用手摸、用牙咬、用脚踢、去历险。在这种游戏中，所有孩子将重新变成顽童，我们将看到孩子的欢笑、哭泣、尖叫、打滚、撒野……顽童种种性情的真实流露，而不是循规蹈矩的小大人。这才是孩子的世界，他们是主人，我们是观众。"[1] 由此可见"体验"对于孩子的意义以及对于游戏竞技节目表现力的意义。

第三节　儿童益智节目

一、益智诉求与教育观念

中国传统儿童观认为，儿童缺乏独立存在的价值，是一个需要按照成人文化的要求进行模塑和规训的群体。同时，未成年人如同白纸，需要得到既有文化体系和知识系统的灌输和引导。中国社会普遍追求的培养目标和共同认可的"好"孩子标准是："听话""乖巧""好学""博学"——易于顺从、趋同于成人的引导；善于学习并乐于接受新知。鲁迅曾说："中国的一般趋势却只在向驯良之类——静的方面发展，低眉、顺眼、唯唯诺诺才是一个好孩子。"在这样的观念框架之下，中国儿童按照成人规划的路径、方式以及设置的内容逐步认知世界并建立知识架构。

除了传统的学校学习，家长们还将孩子塞进了英语班、奥数班、写作班以及钢琴、美术、舞蹈、声乐等各种各样的技能培训班。学习归来的孩子们普遍选定的放松方式便是看电视，于是，电视屏幕也被成人利用成为重要的施教途径。为此目的制作的节目被称作"益智节目"，顾名思义，增长知识，有益智力的节目。儿童益智节目担负着向青少年传递知识、树立典范的重任，着重考察儿童的记忆力、反应力和知识面。事实上，益智诉求是成人强加于儿童电视的功能性需求，电视对于儿童受众的最大意义在于娱乐放松而非又一个学习的平台，电视媒介的符号特性决定了即使作为施教手段，电视也擅长于"寓教于乐"而非"寓乐于教"，快乐是儿童电视的根本，而教育的目的只能通过快乐的手段才能达成。

施拉姆认为"所有的电视都是教育的电视，唯一的差别是它在教什么"，电视对于大众的影响应该是无处不在、潜移默化的。但是儿童益智节目对儿童施加的影响被期望是指向明确、立竿见影的。比如，儿童益智节目通常设置为能力展示或知识

---

[1] 吕新雨：《故事—动物朋友—游戏：对儿童影视节目理论构建的讨论》，《现代传播》2000年第3期。

问答环节，测试参与者的知识储备，而同时暗示场内场外的小观众检测自己的知识水平。在知识问答中获胜的小选手通常受到主持人称赞，为家长或学校带来荣誉，有意无意之中被树立成为榜样，被指望带动更多孩子的学习热情。

二、儿童益智节目的文本解读

益智类栏目是少儿频道最普遍的节目设置之一，一方面，儿童观众在好奇心和求知欲的推动下对科普知识、世界探秘等内容充满兴趣，同时儿童的表现欲强、好胜心强，希望获得一个展示知识才能的公共平台，如果这个平台同时能够提供比试的机会，与竞争对手进行知识水平的较量，儿童的竞争意识以及对知识的热情将被进一步激发出来。而儿童益智栏目正是这样的一个平台：知识信息元素作为节目的核心内容对接了儿童的好奇心与求知欲，竞赛式的结构设置不仅为小选手制造了一个亮相荧屏的机会，并且呈现出比赛的紧张氛围、选手的激烈角逐、现场观众的摇旗呐喊、胜负结果的悲喜各半。由于益智类栏目符合儿童的个性特征与收视需求，因此成为各个少儿频道的共同选择。另一方面，益智类栏目本身所承载的知识信息内容不仅是对儿童记忆力、反应力和知识面的考察，更是对他们能力的培养和知识的补充，儿童益智栏目因此得到成人的青睐，借助电视的影响力向儿童受众广泛传播知识、树立典范。在实现教育功能的意义上，益智类节目同时满足了家长的愿望、管理层的要求，相比起游戏类、娱乐类儿童栏目，益智栏目的生存更有政策的保障和正当的理由。

（一）明确的教育定位

儿童益智栏目的功能定位十分明确：以知识性节目内容开启儿童智慧、激发求知欲望，培养科学精神，提高知识水平，提升学习能力——直指对儿童进行教育的目的。传统的学校教育模式在儿童益智栏目中留下了深刻的印迹：主持人担任教师或者考官，传授知识或者考察知识水平。对应形成了益智栏目的两种主要结构形式：一是讲授式，由主持人直接讲解知识（类似普通课堂教学）。或者带领儿童观察、实验、分析、总结最终获得发现（类似实验课）。另一种是竞赛式（类似考试），由主持人出题并给出正确答案，最终评定选手名次。两种设置方式的直接目的都是知识传播，借由电视平台扩大传播的范围和效果。传统的课本知识成为益智栏目重要的选材来源，在此基础之上，增加了文学知识、科普知识、环保知识以及道德行为规范等内容，形成了多元化的电视知识体系，对儿童进行全方位的知识传递。下表中列举了国内几档比较有影响力的儿童益智栏目，无一例外地体现出明确的教育定位：

表2-6 儿童益智栏目的教育诉求

栏目名称	栏目定位	知识输出方式	知识内容构成
《好奇探长》（哈哈少儿频道）	"将知识性与趣味性巧妙融合在现场实验中，为小观众解开大千世界的种种谜团。"①	讲授式	科普知识
《谁比谁聪明》（深圳卫视）	让成年人重回小学课堂，与小学生同台竞技的大型益智类电视栏目。	竞赛式	小学课本知识
《文学宝库》（央视少儿频道）	"通过解读名片名著和优秀影视作品，培养孩子的文学修养和艺术鉴赏力，引导当代少年儿童树立正确的审美情趣和价值取向。"②	讲授式	文学知识
《神奇之窗》（央视少儿频道）	"面向中小学生的科普栏目，承担着少儿频道传播科学思想，倡导科学精神，培养科学方法的基本任务。"③	讲授式	科普知识
《公德行动》（央视少儿频道）	弘扬先进文化，批评陋习和不文明行为，在全社会形成良好的氛围，培养人格高尚、情趣高雅的新一代青少年。	讲授式	道德行为规范
《芝麻开门》（央视少儿频道）	"针对7~14岁同学推出的一档少儿科普节目。传递科学知识，满足孩子好奇心，激发孩子的求知欲望。"④	讲授式	科普知识
《智力快车》（央视少儿频道）	面向中学生及家长的益智、趣味型节目。	竞赛式	中学课本知识
《绿野寻踪》（央视少儿频道）	"加强对未成年人'爱护大自然，保护绿色家园'的培养教育，以丰富未成年人关于森林、湿地、自然保护区等环保知识，以及野生动物的科学知识。"⑤	讲授式	环保知识

---

① 李晓东：《好奇探长》，2012年1月，http://haha.smg.cn/jiemuhqtz.htm。
② 曾媛：《文学宝库》，2006年3月26日，http://bugu.cntv.cn/life/children/wenxuebaoku/videopage/index.shtml。
③ 北京科学教育电影制片厂：《神奇之窗》，2011年5月27日，http://baike.baidu.com/view/1049125.htm。
④ 中央电视台少儿频道：《芝麻开门》，2002年4月5日，http://bugu.cntv.cn/life/children/zhimakaimen/videopage/index.shtml。
⑤ 中央电视台少儿频道：《绿野寻踪》，2006年3月24日，http://bugu.cntv.cn/life/children/lvyexunzonng/videopage/index.shtml。

续表

栏目名称	栏目定位	知识输出方式	知识内容构成
《国学小讲堂》（深圳少儿频道）	"面对5~12岁的小朋友，用幽默的语言，新颖的表现手法，灵活的互动形式，再现国学中最为生动的部分。"①	讲授式	国学知识
《电影双声道》（南京少儿频道）	享受经典大片，品尝原味英语。	讲授式	英语学习
《眼镜大学堂》（哈哈少儿频道）	"节目将科普知识与现实生活相结合，带领3~12岁小朋友发现身边有趣的事和物，了解书本无法告诉的关于自然、科学、生物、动物、太空、环保，以及生活中的各类知识。"②	讲授式	科普知识

（二）节目看点的设计

儿童益智节目的悄然兴起，在于它不同于传统教育节目过于强调教化功能而遭遇收视低谷，同时，又区别于传统娱乐节目缺乏对文化品位的追求，将教育与娱乐两种效果优化组合于儿童益智类节目之中是编导们努力的目标。在"教育"与"娱乐"两个关键词中，"益知——益智——益世"是益智节目的根本诉求，节目以传递科学文化知识为手段，力求促进儿童个体的智力发育与智慧增长，并对社会进步产生积极影响；"娱乐"是益智栏目的包装手段，对节目的各个环节进行娱乐性、趣味化改造，以便能够尽可能地掩藏知识性节目本身的严肃和枯燥，增设节目看点，丰富节目的表现力，例如现场布景的视觉美感、竞赛环节的紧张激烈、主持人的插科打诨、现场观众的踊跃抢答等都构成了益智类节目的新亮点。儿童益智栏目在流程设计、环节设置、气氛营造等各个方面由于娱乐元素的加盟而丰富了表现力，增添了新的看点，在对接儿童受众收视兴趣的同时，又为达成教育的目的提供了一种有益的尝试。

1. 环节设置：知识与才艺并举

由讲述式的直接传递知识以及竞赛式的知识水平较量共同构成的知识环节是儿童益智节目的核心内容，但是单一的知识传输所带来的效果是节目本身的无趣和乏味。益智栏目的参与主体——儿童被置于"听讲席"或者"考场"，受到"学生"或"考生"的身份限定，按照规定的流程和角色机械被动地参与节目录制，而存在于他们身上的活力元素则被僵化的节目环节所限制。对于节目创作而言，这既是遗憾

---

① 深圳少儿频道：《国学小讲堂》，2007，http://zhidao.baidu.com/question/45970515.html?an=1&si=2。
② 上海电视台少儿频道：《眼睛大学堂》，2008，http://haha.smg.cn/jiemuyjdxt.htm。

也是浪费，错失了一个最大的看点。因此充分挖掘儿童的潜质和才能是激活儿童益智栏目的绝佳途径，不增加节目成本的前提下却丰富了节目的看点。利用现在的孩子几乎人人都"身怀绝技"并乐于表现这一特点，许多儿童益智类栏目将才艺展示穿插进知识环节之中，或是在之前热场，或是居其间抒情，或是置于后添趣，利用才艺本身的美感或奇观性为益智节目增色，同时传递出全面发展的人才培养理念。才艺展示在这里是个广义的概念，不仅仅是指琴棋书画、唱念做打……还包括日常生活之中的各种小绝活、小窍门等。

例如，央视少儿频道的《三星智力快车》测试参赛中学生对天文、地理、历史、艺术、文学、数学、物理、化学等各个学科的知识，再辅之以情景环节考察学生的生活常识以及社会实践能力。在改名为《智力快车》之后，虽然彻底改变了节目原有的内容环节和嘉宾挑选标准，但仍然保持水平测试与才能展示的固有模式，2010年11月一期的节目主题为"中国礼仪与汉服文化"，几名三四岁的小朋友说说唱唱，展现低幼儿童活泼天真的一面，其中一名三岁的孩子被要求当场背诵《千字文》和《三字经》，有的小朋友身着汉服，演示中国传统礼仪，其间以字幕方式穿插关于本期主题的知识问答。在各种形式的测试与展示中，儿童益智节目传输知识、引领学习的功能得以实现。

2. 主线拓展：情感元素和互动环节的加盟

传统儿童益智节目的发展主线相对比较单一，主要围绕着主持人与小选手（小嘉宾）展开叙事：主持人扮演着知识权威和节目控制者的角色——主持人是博学的老师和"大权在握"的考官，同时掌控着节目的流程与节奏；小选手一般停留于听讲席或选手席，跟随主持人的引领，接受知识或者争取答题机会。由于线索单一，同时又并未对这条主线进行充分挖掘，"主持人——儿童"之间缺少交流互动，使得节目的主要看点只能锁定在知识讲授和知识考查环节，而缺乏对故事、情感等多元看点的拓展，同时也缺失了主持人、小选手、现场观众、场外观众之间的多元互动。国内儿童益智栏目整体上看上去如同一个电视大讲堂，中规中矩，缺乏活力，同时信息容量相对有限。为了改变这一现状，编导们对节目形式进行的重新包装比如配置现场音乐音响、插播栏目片花等，一定程度上为节目注入了新亮点，但仍然未能扩大节目容量，增加可看性和趣味性。

儿童益智栏目的人物构成包括主持人、小选手（小嘉宾）、现场观众、场外（电视机前）观众，部分栏目还有以专家、知情人身份出现的成人（本文称作大嘉宾）。如果充分调动并呈现上述各个人物角色之间的人际互动交流，将对丰富节目的发展主线起到推动作用。保持知识性主题不变，讲授式结构中的交流关系包括：主持人与小嘉宾、主持人与大嘉宾、小嘉宾与大嘉宾、主持人与场外观众、小嘉宾与场外观众、大嘉宾与场外观众;而竞赛式结构中的交流关系包括:主持人与小选手、主持人与现场观众、主持人与场外观众、小选手与现场观众、小选手与场外观众、现场观众与场外观众。这六对关系的建立打通了录制现场与收视环境之间的空间间隔,突破了"主持人与小选手"单一的主线,能够极大地丰富益智栏目的容量和看点。

　　小选手(小嘉宾)在儿童益智节目中不仅仅是节目构成的一部分,还作为行为范本以及小观众心理投射的对象具有更加广泛的意义。因此,在节目中给予小选手充分展示的机会,其意义不仅仅在于节目本身,同时是对小观众收视期待的满足。在多元互动的交流关系建构中,对儿童的塑造突破了原有单一主线模式下的限定身份和有限表达:儿童的身份不仅仅是作为知识接受者或者答题人,他们作为顽童、玩伴、学生、孩子……的多重身份也将获得呈现;电视镜头不仅仅关注他们在知识环节中的表现,还可以延伸至比赛开始之前、结束之后的表现,甚至跨越录制现场进入儿童生活场景,展现一个多姿多彩、生动鲜活的儿童空间。以竞赛式的儿童益智节目为例,从节目一开始,允许小选手以自己喜欢的方式出场,表现他们的个性色彩和精神面貌(制造行为范本,同时也为后面环节中的变化埋下伏笔),选手介绍环节插入VCR,着重展现他们更加真实、生活化的另一面;竞赛过程中,除了传递激烈、紧张的气氛,还应当着力刻画小选手在巨大压力之下所产生的异于常态的情绪变化和精神状态,以及关注小选手的其他人在此刻的反应,比如现场观众和场外观众中的家长、同学、老师——节目空间与场外空间因此联系起来;比赛完成,并不急于在名次排定、奖品颁发之后就匆匆结束,而是特别关注小选手的切身体会和真实感悟,为了避免套路化的陈词滥调,编导之前通过充分了解小选手的学习生活经历,挖掘其中的情感和故事元素。借由巧妙的设计和智慧的引导,带领小选手进入到特定的情境之中,以此激活他们的心理和情感,让整场比赛在人情味和情节性中进行,观众自然而然对下一期节目充满了期待。

第四节　儿童真人秀节目

　　真人秀即Reality TV(真实电视),即通常所说的电视真人秀节目。自1999年荷兰恩德莫(Endemol)推出《老大哥》节目和2000年美国哥伦比亚广播公司推出的《幸存者》两档真人秀节目席卷全球以后,各类真人秀节目在屏幕上开始大放异彩,涵盖生存冒险、竞技选秀、职场相亲等多种形式。根据清华大学尹鸿教授的定义,电视真人秀作为一种电视节目,是对自愿参与者在规定情境中,为了预先给定的目的,按照特定的规则所进行的竞争行为的真实记录和艺术加工。[①]

受到全球真人秀风靡的影响与中国消费文化浪潮的推动，中国真人秀节目在21世纪以后开始迅速发展，尤其以2005年湖南卫视《超级女声》节目为标志性节点，此后，国内的真人秀节目开始不断进行本土化改造与创新，各种新形态的真人秀节目如雨后春笋般出现。原创歌曲、经典演绎、角色互换、户外竞技……一切可利用的元素都成了真人秀节目创作的支撑，真人秀的超强娱乐性带来了一场前所未有的全民狂欢。

我国儿童电视节目受到真人秀浪潮的影响，在保留儿童节目基本属性的前提下，借鉴成人真人秀的表现形式，不断创新形式，制作出形态各异、种类繁多的儿童真人秀节目。

目前，学术界还未对"儿童真人秀节目"做出清晰的定义，结合各种学术资料，普遍认为儿童真人秀节目，就是以儿童为表现主体，将儿童综艺节目与真人秀节目的制播方式相结合的一种节目。本文中，中国当代儿童真人秀是指2000年以来中国内地的以18岁以下的儿童作为主要参与对象，在规定的情景内，按照一定的规则完成任务，同时被真实记录和艺术加工的一类电视节目。

一、中国儿童真人秀的发展现状

中国儿童真人秀的雏形最早可追溯到1994年央视创办的《第二起跑线》栏目，该栏目共播出了12年，尝试了各种节目形式，创办之初，以中学生团队竞赛的形式，展示中学生的风采，培养他们公平竞争和自我表现的现代意识；2004年该栏目改版后进入少儿频道播出，节目以中学生自拍短片进行比赛作为主体内容。每期节目以参赛选手选送的外拍短片展示为主体，辅以演播室内参赛选手之间以及选手与观众、专家之间的互动交流及评分，这种形式和当下的真人秀有类似之处。2005年再度创新，每期邀请几名中学生作为参赛选手体验某一生活或职业技能，并以视频记录，邀请选手进入演播室根据自己所掌握的技能进行现场比赛，这种形式已经具备真人秀元素，可以归为儿童真人秀的范畴。

除《第二起跑线》以外，早期具有儿童真人秀雏形的节目还有《非常6+1》（少儿版）、《幸运52之小学生》等，但目前国内学界公认的中国儿童真人秀节目的起点为深圳卫视的《饭没了秀》。这档节目于2003年开播，主要由演播厅和外景拍摄两大版块组成，在展示"魔力宝宝"与主持人互动脱口秀的同时，以原生态的手法记录了孩子们在外景任务中感悟成长的过程。这档节目作为深圳卫视当时的王牌栏目，广

[①] 尹鸿等：《娱乐旋风：认识电视真人秀》，中国广播电视出版社，2006。

受好评,为后来我国儿童真人秀节目提供了参考。此后,我国儿童真人秀节目不断发展进步,尤其是随着三网融合的发展,开拓了越来越多的创新形态,以下列举出中国各电视频道与网络视听平台的部分儿童真人秀节目,可管窥,见下表。

表2-7　2003~2018年中国儿童真人秀节目

栏目名称	播放平台	创办时间
《饭没了秀》	深圳卫视	2003年
《第二起跑线》改版	中央电视台少儿频道	2004年
《变形计》	湖南卫视	2006年
《动感特区》	中央电视台少儿频道	2009年
《中国少年派》	山东卫视	2013年
《男生女生GO》	北京卫视	2013年
《中国新声代》	金鹰卡通卫视	2013年
《星星知我心》	浙江卫视	2013年
《爸爸去哪儿》	湖南卫视	2013年
《妈妈听我说》	北京卫视	2014年
《潮童天下》	上海东方卫视	2014年
《爸爸请回答》	贵州卫视	2014年
《爸爸回来了》	浙江卫视	2014年
《疯狂的麦咭》	金鹰卡通卫视	2014年
《一年级》	湖南卫视	2014年
《一年级第二季》	湖南卫视	2015年
《加油小当家》	江苏卫视	2015年
《中国新声代第三季》	金鹰卡通卫视	2015年
《音乐大师课第二季》	北京卫视、四川卫视	2015年
《放开我北鼻第一季》	腾讯视频	2016年
《妈妈是超人第一季》	芒果TV	2016年
《了不起的孩子第一季》	爱奇艺视频	2016年
《小手牵小狗》	优酷视频	2017年
《不可思议的妈妈第一季》	腾讯视频	2017年
《了不起的孩子第二季》	爱奇艺视频	2017年
《萌仔萌萌宅》	芒果TV	2017年
《妈妈是超人第二季》	芒果TV	2017年
《放开我北鼻第二季》	腾讯视频	2017年
《不可思议的妈妈第二季》	腾讯视频	2018年
《放开我北鼻第三季》	腾讯视频	2018年
《萌宠小大人》	爱奇艺	2018年
……		

从上表可以看出，儿童真人秀的节目随着2013年《爸爸去哪儿》的热播而得到快速发展，并且从传统的电视平台扩展到了网络视听平台。

二、中国儿童真人秀的主要类型

《真人秀节目：理论、形态和创新》一书将真人秀节目类型分为表演选秀型、野外生存型、职场创业型、生活服务型、益智游戏型、室内体验型、婚恋约会型、角色置换型等，[①] 该划分标准对儿童真人秀节目类型的划分具有一定借鉴意义。但从现存的节目类型来看，儿童真人秀节目里有成人的参与。根据资料分析和总结，本文将儿童真人秀分为以下类型：

（一）表演选秀型

表演选秀型儿童真人秀节目着重呈现儿童的表演能力，包括歌舞、乐器、演讲、相声小品等各种才艺，表演者按照比赛赛制和规则进行才艺展示，参与淘汰和竞争环节，最终决出获胜者。才艺展示是对儿童艺术才能的展示，呈现出一场夺人眼球的视觉奇观，而赛制方面借鉴成人表演选秀节目的各个环节，遵循成人世界的判定标准，一定程度上满足成人观众的审美需求和情感消费。目前有代表性的栏目包括湖南卫视的《中国新声代》、"芒果TV"自制节目《放学别走》等，其中《放学别走》是国内首档青春期脱口秀节目。

（二）角色置换型

此类儿童真人秀是以社会生活舞台为背景，儿童参与者互换身份、置换生活场景，使其与新环境中的人和物发生冲突并体验不同生活状态的节目形态。该类型的节目以湖南卫视的《变形计》为代表，节目安排城市和乡村的孩子互换生活，全景记录主人公7天的生活体验，引发广大观众的关注和反思。一方面，此类节目注重儿童心理成长，通过让儿童体验与自己日常角色大相径庭甚至截然相反的身份与生活，切身感受差异化的人生与世界，进而促进认知、丰富情感，实现对于参与者和观看者的教育启示意义。另一方面，此类节目又有着强烈的真人秀特征，即以强调戏剧冲突为重点。置换角色的儿童，常常会在新的环境中遭遇与周围人群在生活习惯甚至价值观念上的碰撞与冲突，有些节目组就会刻意强调、放大这种戏剧冲突，以制造更多的看点，获得更多的关注度和话题度，提升节目收视率。整个节目中，参与儿童被动进入角色安排和体验场景，缺乏自主权，在节目中的表现成为供观者批评、观赏、消费的内容，这一场角色互换之旅在一定程度上是成人价值观、成人目的性的呈现。

---

① 谢耘耕等：《真人秀节目：理论、形态和创新》，复旦大学出版社，2007。

（三）生活体验型

生活体验型是以儿童为主要参与对象，让儿童进入到预置环境中，接受特定的项目和任务，一般以不影响和改变参与者的日常生活进程为前提，并记录整个参与过程的节目形态。此类节目以湖南卫视的《爸爸去哪儿》为代表，主要通过呈现父母和孩子去户外体验生活的经历展现现代家庭的亲子教育。此外，早期的深圳卫视的《饭没了秀》、浙江卫视的《星星知我心》等，还有流行于网络的综艺节目《不可思议的妈妈》《放开我北鼻》《萌仔萌萌宅》等都属于生活体验型儿童真人秀。节目提供的体验空间，无论是熟悉的还是完全陌生的环境，都是为儿童参与者沉浸其中，亲身参与挑战和磨炼而专门设置的。

此类节目最大的优点在于摒弃传统的刻板说教，让孩子们在生活场景、自然情景中完成各种"游戏"，遭遇各种"事件"，相比其他类型的儿童真人秀具有更加朴素的人文关怀特质。节目组在为儿童参与者制造体验空间的同时，也为广大观众模拟了一场"生活体验"。参与者如何应对成长的挫折与烦恼，如何面对生活中的各种困难，如何与父母交流沟通等成长经验，在促进中国当下儿童与家长共同成长方面发挥着积极作用。

（四）益智游戏竞技型

益智游戏竞技型是一种以儿童为主要参与者，选手按照既定规则，在规定时间内完成某项益智答题环节、游戏环节或比赛竞技环节，经过多轮比赛最终逐出优胜者的一种节目形态。这是比较普遍的一种节目形式，通过在演播室或户外进行答题比拼、游戏互动、竞技比赛，充分展现儿童天性，促进智力、体力的健康成长。比较有代表的是《爸爸请回答》《疯狂的麦咭》等节目。比如《疯狂的麦咭》节目将益智答题、闯关竞技融为一体，游戏感与趣味性兼备，知识性和娱乐性并存。

益智游戏竞技类儿童真人秀脱胎于传统少儿节目中的游戏竞技环节，与后者不同的是，益智游戏竞技类真人秀节目不仅呈现了游戏、竞赛和益智本身，还通过讲述一个个有戏剧、有冲突的冒险故事，塑造出鲜活的、有个性的儿童参与者形象。在节目中，儿童选手们克服胆怯后的勇往直前、顾全大局的自我牺牲、与家长伙伴闯关的同心协力……都成为节目的亮点，引发观众兴趣，这也正是这类儿童真人秀节目的魅力所在。

（五）亲子真人秀

亲子真人秀强调"以家庭成员为参与者，以完成某项任务为目的，设置规定情境，主要呈现亲子关系"等关键元素，是目前中国儿童视听市场中占据份额最大，最受观众追捧的节目类型。在表2-7列出的2003~2018年中国儿童真人秀节目中，亲子类真人秀节目占比约三分之二,足见其受欢迎程度。

随着最近几年亲子类真人秀节目数量的爆炸式增长,该类型节目的表现形式越来越多元,"亲子"这个词的概念开始泛化,不仅限于指代一个家庭内部的家长与孩子,也可以是组成"亲子"关系的彼此陌生的成人与儿童。如上海东方娱乐传媒集团有限公司和腾讯视频共同推出的纯网综艺《放开我北鼻》节目,由几个普通家庭的小孩和明星嘉宾组合成一个家庭;2017年"芒果TV"打造的全国首档明星夫妻育儿体验观察节目《萌仔萌萌宅》,由一对明星夫妇和普通家庭的小孩进行组合构成节目中的一个家庭。这类组合可以称之为"类亲子组合"。

目前,亲子类真人秀集合了表演、体验、竞技等多种要素,并且倾向于展示亲子互动与亲情共建,既是典型的娱乐节目,又通过媒介平台向大众进行着代际关系、教育观念、儿童心理与行为等多样态的范本传播,成为最主要的形式和最受欢迎的子类型,鉴于此,本文将以亲子类真人秀为主要对象,进行文本分析。

三、亲子互动与儿童的社会学习

儿童真人秀节目中呈现出的亲子互动主要表现在:一是家长和孩子一起合作完成节目组设置的目标任务,在此过程中的齐心协力;二是出现问题和困难时,家长对孩子的协助和教育。良性的亲子互动应该使家长和孩子都能获得积极影响。

从儿童教育的角度看,亲子互动真人秀节目试图模拟和还原真实生活中的社交场景、生活场景和教育场景,为家长和孩子提供一个亲子互动的平台。与此同时,明星父母加上真人秀的媒介属性,使得这类亲子类真人秀对电视机前的儿童和家长产生示范作用。屏幕前的家长们在收看过程中,受到情节、人物关系的触动,可能在一定程度上触发反思和纠偏,间接提升认知水平和自我完善。班杜拉所阐述的社会学习理论的基本观点是:我们无法从直接的个人观察和经验中学到我们自身发展与行为的全部或大部分知识,我们需要从包括媒体在内的间接来源中学习。[①] 无论是节目中的儿童参与者还是现实中的儿童受众,他们获取成长认知的来源在很大程度上并非通过直接的个人经验,事实上,个人直接经验也非常有限,而是通过多种间接途径获取新知,比如观摩、效仿、同伴示范或者媒体观看等。尤其当今,媒介在儿童的成长过程中起着举足轻重的作用,其社会学习途径的特性和意义更加突出。但值得注意的是,海量视频内容包围之下的孩子们,如果缺乏合适的引导和阐释,通过媒介学习的效果可能适得其反。

---

① 班杜拉:《社会学习心理学》,吉林教育出版社,1988。

四、亲子真人秀节目的文本解读

（一）亲子真人秀发展历程

我国亲子真人秀的起点是2003年由深圳卫视播出的《饭没了秀》，栏目诞生之初，将参与选手固定在学龄前儿童，通过儿童嘉宾与主持人"强子哥哥"的对话，以儿童独特的语言为看点，彰显童言无忌，凸显儿童的另类思维。改版之后，节目加入外景任务环节，让幼龄儿童出外景寻找妈妈并在路上完成节目组规定的任务，作为最早含有亲子互动元素的儿童真人秀，该节目在珠三角地区颇具影响力。

2006年，湖南卫视推出《变形计》节目，该节目在关注青少年互换环境带来情绪变化的同时，也呈现了城乡儿童的生活环境的巨大反差以及青春期少年的教育问题，尤其是其中对城市"叛逆少年"与家人之间的情感冲突、情感回归等内容的呈现，引发了关于亲子间的代际沟通等社会热门话题的讨论。

2008年，福建电视台少儿频道推出《石头剪刀布》，节目的宗旨是构建和谐亲子关系，节目的形式是让家长和孩子通过互换亲人、互换环境来体验和感受两代人合适的沟通方式。是一档兼具纪实性和游戏性的亲子竞技真人秀节目。

2013年《爸爸去哪儿》推出之前，国内亲子类真人秀节目的发展一直不愠不火，下表是2003~2012年我国部分电视台推出的亲子真人秀节目。这类节目的特点是以室内取景为主，通过亲子间的游戏互动和才艺展示来体现家庭氛围。

表2-8 2003~2012年中国亲子真人秀节目

播出时间	播出平台	节目名称	节目类型
2003	深圳卫视	《饭没了秀》	脱口秀
2006	湖南卫视	《变形计》	角色置换
2006	CCTV-2	《全家总动员》	亲子才艺
2007	湖南卫视	《我是冠军》	体育竞技
2008	央视少儿	《小小智慧树》	亲子早教
2009	江苏优漫	《我爱饭米粒》	游戏竞技
2009	湖南卫视	《全家一起上》	游戏闯关
2010	央视少儿	《动感特区》	游戏竞赛
2010	金鹰卫视	《快乐宝贝GO》	儿童挑战
2010	北京卫视	《冠军宝贝妈妈秀》	亲子才艺
2011	湖北卫视	《今晚我当家》	益智互动

2013年,《爸爸去哪儿》在湖南卫视播出,该节目以明星爸爸和孩子进行户外体验的形式展开,体验的过程中伴随着各个明星爸爸风格迥异的教子方法,挑选的各处外景的独特风貌也成为亮点。新颖的户外亲子真人秀节目形态和明星家庭生活内容一时成为大众热议的焦点,获得了极高的收视率,同时引发了观众亲子真人秀节目的追捧,由此带来中国亲子真人秀节目的迅速发展。

自2013年之后,超高的话题关注度和学术研究度进一步推动了亲子类真人秀的发展,大量亲子真人秀出现在电视荧屏。笔者对2013~2015年我国部分电视台的亲子类真人秀的节目及其内容统计如下:

表2-9 2013年中国亲子真人秀节目

播出平台	节目名称	节目类型
中央电视台综合频道	《正大综艺·宝宝来啦》	游戏互动
陕西卫视	《好爸爸坏爸爸》	代际沟通
福建卫视	《老爸向前冲》	亲子挑战
山东卫视	《中国少年派》	智慧闯关
山东卫视	《老爸必胜》	家庭娱乐
青海卫视	《老爸老妈看我的》	任务体验

表2-10 2014年我国亲子真人秀节目

播出平台	节目名称	节目类型
浙江卫视	《爸爸回来了》	互动体验
浙江卫视	《人生第一次》	任务体验
浙江卫视	《星星知我心》	代际沟通
浙江卫视	《宝贝大猜想》	益智互动
北京卫视	《妈妈听我说》	脱口秀
深圳卫视	《辣妈学院》	益智挑战
天津卫视	《宝贝你好》	母婴成长
金鹰卡通	《疯狂的麦咭》	益智闯关
贵州卫视	《爸爸请回答》	益智挑战

表2-11　2015年我国亲子真人秀节目

播出平台	节目名称	节目类型
江苏卫视	《远方的爸爸》	异国寻亲
江苏卫视	《加油！小当家》	美食比赛
四川卫视	《中国爸爸》	异国寻亲
辽宁卫视	《宝宝抱抱》	育婴教育
辽宁卫视	《归来》	公益寻亲
天津卫视	《园来如此》	校园体验
天津卫视	《全家总动员》	益智游戏
安徽卫视	《加油好BABY》	知识竞技
湖南卫视	《爱上幼儿园》	生活体验
深圳卫视	《闪亮的爸爸》	类亲子
北京卫视	《音乐大师课》	音乐教育
北京卫视	《二胎时代》	类亲子

2013年是亲子真人秀的一个重要分水岭，2013年到2015年三年间，亲子真人秀节目呈逐年增长趋势，迎来了我国亲子真人秀的快速发展。这一时期的亲子类真人秀节目模式与早期儿童真人秀有明显不同：首先，参与对象不同。早期亲子真人秀多为"素人"家庭，即普通的非明星家庭，2013年之后则主要由明星嘉宾参与。明星模式更深层次的社会价值是：通过明星的职业身份和粉丝效应，可以在更广泛的范围内为受众设置关于家庭教育的讨论话题，并提供一定的示范效应。此外，节目取景地由室内扩展到了室外，并且在全国东西南北各个地方寻找拍摄地，不仅为节目增加了新鲜感，观众随着嘉宾的移步换景而"体验"到不同的风土人情，带来奇观化的视觉效果。

2016年是亲子真人秀的又一个转折点，这一年产生了儿童网络综艺这种新的节目形态。2016年3月，国家新闻出版广电总局下发《关于进一步加强电视上星综合频道节目管理的通知》，对上星综合频道的儿童真人秀节目进行管控，受该政策的影响，由电视频道制作播出的儿童综艺节目急剧减少，卫视的收缩一定程度上推动了儿童网络综艺的发展，《爸爸去哪儿第四季》《放开我北鼻》《妈妈是超人》《了不起的孩子》等四档纯网络综艺节目在这一年开播，创造了不小的奇迹，获得了收视与口碑的双丰收，由此2016年也被称为儿童网综元年。下表是2016年在各大视频网站制播的儿童真人秀节目，这些节目的定位都是亲子类。

表2-12 2016年视频网站儿童真人秀节目

播出平台	节目名	定位
芒果TV	《爸爸去哪儿第四季》	户外探险
腾讯	《放开我北鼻》	亲子体验
芒果TV	《妈妈是超人》	育儿
爱奇艺	《了不起的孩子》	才艺展示

2016年儿童网综元年的开启,带来了2017年网络自制儿童节目数量进一步增多,下表是对主要的儿童网综制作播出平台在2017年的儿童真人秀节目的统计:

表2-13 2017年视频网站儿童真人秀节目

播出平台	节目名	定位
芒果TV	《萌仔萌萌宅》	明星育儿体验
芒果TV	《放学别走》	儿童脱口秀
芒果TV	《爸爸去哪儿第五季》	户外探险
腾讯	《不可思议的妈妈》	亲子体验
腾讯	《放开我北鼻第二季》	亲子体验
优酷	《小手牵小狗》	萌娃萌宠成长挑战秀
爱奇艺	《了不起的孩子第二季》	儿童脱口秀
...		

截至2018年上半年,《了不起的孩子》《放开我北鼻》《不可思议的妈妈》等节目都已经播出了新一季的节目,还出现了《萌宠小大人》等新的网络儿童真人秀。2018下半年《爸爸去哪儿第六季》《想想办法吧!爸爸》的陆续播出表明网络儿童真人秀节目热度持续走高。

从2003年的亲子真人秀起步,到2013年《爸爸去哪儿》带来的电视亲子真人秀节目大发展,再到2016年网络亲子真人秀的诞生,到如今网络亲子真人秀热度不减,我国亲子真人秀正处于发展上升期,由于其良好的市场表现和积极的价值倡导,未来几年仍然可能会是儿童视听节目市场上的主流。

(二)亲子真人秀节目定位

当前亲子类真人秀节目的火爆,除了独特的视角和新颖的题材之外,也与节目自身的定位、立意等息息相关。节目所呈现出的亲子互动、家庭教育、家庭关系等元素都是当下的社会热点议题,进入到节目中,自然容易成为公众关注的焦点。

亲子类真人秀节目的定位是家庭教育与社会示范。亲子关系在儿童教育过程中扮演着重要的角色，良好的亲子关系以及正确的认知教育是引导孩子保持正确的人生轨道，健康成长的重要保障。亲子真人秀节目试图通过呈现几种不同类型的亲子互动关系，设置社会议题，引起社会公众对良性亲子关系的重视。《爸爸去哪儿》的核心理念就是"关注家庭亲子教育"，通过真实记录五对父子的"探险"过程，设置家庭教育的议题，引起大众对亲子教育的讨论，突出当下父亲在孩子教育中的重要性。而《闪亮的爸爸》通过记录孩子第一次离开亲人的保护，在只有一名陌生明星叔叔的陪伴下，给远在异国他乡的爸爸制造见面惊喜的过程，在体现孩子成长与父子亲情的同时，关注当今社会普遍存在的父亲在家庭教育中缺位的问题，引发大众情感共鸣。《妈妈是超人》侧重于关注社会对母亲的认知危机、女性群体对母亲的选择危机以及女性个人对母亲的责任危机，通过几位明星妈妈们在养育孩子的过程中的欢笑和泪水，唤起全社会对母亲这一角色的认同感，帮助女性勇于承担母亲的角色，找回女性的自我定位。另一档母子节目《不可思议的妈妈》以当代社会的一个热点话题——年轻妈妈的育儿焦虑作为切入口，以6组不同背景的家庭为对象，通过不同育儿理念的碰撞，为更多的年轻母亲提供参考。每一档亲子真人秀节目的具体定位有所差异，但其核心始终在于关注现代家庭的各类现实问题，对社会公众具有良好的教育意义。

亲子真人秀节目有着十分清晰的"亲情"诉求。在充斥着大量同质选秀类节目的屏幕上，亲子真人秀如同一股清流赢得了观众的喜爱。节目主要展现亲子关系，话题新颖，内容别致，温情有趣，通过呈现两代人之间的互动交流，使观众体会到亲情的回归。节目重点呈现儿童的情感、思维、状态，少了一些成人的钩心斗角，多了一些儿童的童心、童趣、童真，使观众感受到特殊的纯真和美好。

（三）亲子真人秀节目制作

亲子类真人秀节目的形态属于真人秀节目，既具有纪录片的真实纪录，又具有影视剧创作所需的剧情安排、后期剪辑和包装推广，等等。节目制作本身是一个多工种配合，多环节设置的系统项目。

1. 参与嘉宾的选择

亲子类真人秀节目的嘉宾主要包括家长和孩子，选择家长主要考虑两方面因素：其一，确保所选嘉宾能够带来足够的话题度，引起更多观众观看和讨论的兴趣。例如，《爸爸去哪儿》节目组挑选的五位成人嘉宾都是具有一定知名度的名人，身份包括演员、主持人和歌手等文娱界流量明星，为节目奠定了良好的观众基础。其二，所选嘉宾的家庭成员、个人情况等与节目立意和定位相契合。2018年初开播的《萌仔萌萌宅》聚焦二胎放开之后更复杂的育儿问题，既关注社会现实问题又满足观众个人需求。该节目邀请了一对正处于"是否要养育下一代"的人生十字路口的年轻夫妻作为嘉宾,他们所面对的问题也是当下许多家庭面临的问题,更容易使处于相同状态的观众产生情感共鸣,共同思考二胎、儿童教育等社会问题。

节目组对儿童嘉宾的挑选更为严格,从孩子的年龄、性格、性别等方面综合考虑。以《爸爸去哪儿》为例,最终对孩子的要求如下:五个孩子,年龄为4到6岁,性格各不相同,设定男多女少的配比。据《爸爸去哪儿》的总导演谢涤葵介绍说:"因为七八岁的小孩容易失去童趣;4岁以下的又太懵懂完成不了任务。"最终经过长达8个月的时间才把5对嘉宾确定下来。同样是湖南广播电视台出品、在"芒果TV"播出的自制儿童真人秀《萌仔萌萌宅》也是挑选了4个不同性格的"萌仔",选择多种不同性格的儿童嘉宾能够满足不同观众的情感投射,同时也可以通过其差异化性格碰撞出火花,提升节目趣味性。但与《爸爸去哪儿》不同的是,这些"萌仔"都是"素人",并非明星子女或者童星,而是来自于普通家庭的儿童。自从"素人"儿童阿拉蕾爆火以后,观众对于"素人"儿童上节目的期待更高,尤其是对明星家长与"素人"儿童共同参加亲子类节目充满好奇心,期待这种"类亲子"组合擦出不一样的火花。

亲子真人秀确立以儿童的童真、童趣、童心为看点,这与人们当前快节奏、高压力的生活状态有关,这类轻松又温情的节目能够起到一定的减压作用,让观众在收看节目时似乎重回童年,达到精神放松与情感治愈的双重效果。正如托马斯·德·詹戈帝塔在《媒体上身——媒体如何改变你的世界与生活方式》中所言,20世纪前半叶之前,人们从没有像现在这般珍视童年,也没有像现在这般刻意营造"儿童特质"的文化;现在的人们心灵"儿童化",宁愿活在以自我为中心的儿童世界里。现在的"儿童特质"文化越来越流行就是这种情况的真实写照。[①]

2. 拍摄地的选择

室内、室外、室内兼室外三种拍摄场地是综艺节目的常规选项。《爸爸去哪儿》的拍摄地选择了室内兼室外的拍摄场地,既可以通过室内场景的拍摄让父子回归日常生活感受"家"的温暖,又可以通过外景拍摄让孩子们在大自然的怀抱里尽情玩耍、释放天性。为制造更多精彩看点,《爸爸去哪儿》栏目组在外景地的选择上进行了严格的筛选和比较,目标是找到那些未被开发过的原生态的地区,既有好山好水的特色又不至于离城市太远,既保障安全性又不失趣味性。经过层层筛选,最终选择了北京灵水村、宁夏腾格里拉沙漠、山东威海鸡鸣岛、云南壮族苗族自治州普者黑村、湖南岳阳白寺村、黑龙江海林市雪乡这六个景点。这六个景点从东部到西部、从南方到北方、从沙漠到海洋,既有古村庄,也有少数民族住宅,多侧面呈现出我国的

---

① 詹戈帝塔(Thomas de Zengotita):《媒体上身》,席玉苹译,猫头鹰(城邦)出版社,2006。

大好河山与民俗风情。节目里，爸爸和孩子入住当地民宿，节目组没有对当地的建筑做大幅度的改造，真实展现出当地的人文特色，成为节目的一大亮点。随着《爸爸去哪儿》节目的热播，这些拍摄地点也成了热门旅游景点和黄金景区。

与《爸爸去哪儿》每两期更换拍摄地且多以外景为主要拍摄地不同的是，《萌仔萌萌宅》选择贵州净心谷旅游区的一幢宅子为主要拍摄地点，是一档以室内为主要拍摄地的儿童真人秀。节目定位为"国内首档明星夫妻育儿体验观察记"，袁弘、张歆艺夫妇带着宠物犬"八戒"和"哥哥"一起入住贵州山区里的"萌萌宅"，与四位"素人萌娃"共同生活20天，开启隐居山林育儿初体验，打造亲子系"向往的生活"。从厨房、客厅、卧室到盥洗室，室内摄像头记录着这对实习爸妈和孩子们的生活起居，以多元视角给荧屏前的观众以全方位的观感。作为育儿观察节目，室内拍摄是最佳选择，能够完整呈现家长与孩子的日常生活全景，真实性更高、生活气息更浓厚。但室内拍摄地属于封闭场景，相比较视野开阔、风景秀丽的外景地，以室内为主要拍摄地的节目很容易让观众产生视觉疲劳。

3. 节目环节的设计

对于儿童类真人秀节目来说，基本的环节设计是为了保证节目的正常录制与趣味看点。观众更乐意看到天真烂漫的儿童，因此尽量控制人为设计的痕迹，以免破坏儿童的真实性，冲撞观看的融入感。《萌仔萌萌宅》中，两只宠物狗随同袁弘夫妇拍摄，孩子们获得了与动物玩耍和相处的机会，这个环节的设置展现和示范了人与自然、人与动物之间的相处方式，同时增加了节目的看点和趣味性。

适度的设计环节能够兼顾每一位参与者的表现，同时自由组合成个人、家庭、团队等多种模式和任务，相比起单纯的日常生活纪录，有安排有设计的真实纪录更加具有丰富性、竞技性和趣味性，能够更好地促进亲子之间的互动、交流，增进亲子情感。同时也更容易架构出故事主线，呈现戏剧冲突，制造节目看点。

当前的亲子真人秀节目正处于蓬勃发展时期，无论是电视亲子真人秀节目还是网络亲子真人秀节目，都创造着一个个收视高潮，引发了一次次热议。这样的成功主要归功于对参与主体的精心选择以及对当前社会心理的敏锐捕捉。时下流行的亲子真人秀聚焦儿童教育、亲子关系等问题，呼唤家庭亲情的回归。未来，儿童真人秀的继续发展，不断创新，有赖于持续关注我国政策、经济、文化等大环境的变化，紧跟受众潮流、抓住社会痛点、注重人文关怀。比如随着二胎政策的开放更多地关注随之出现的问题，随着我国离婚率的上升更多关注单亲家庭，等等，亲子真人秀的未来创新有无数可能。

| 第三章 |

成人话语主导之下的中国儿童电视图景

关于儿童电视的含义,陈舒平在《儿童电视学》一书中给出的解释是:"为儿童制作的电视节目和供儿童欣赏的具有儿童特色的电视节目。"[①] 这是一个被业界普遍接受的定义,也是一个范围非常宽泛的界定:既包括以儿童为特定目标受众的内容资源,也涵盖了成人节目当中可供儿童观看的部分,而后一部分的内容具有明显的主观色彩——什么样的内容可供儿童观看?谁来认定这个标准?答案难以一概而论。卜卫教授在文章《儿童电视:谁是主体?》中将儿童收看的电视分为三类:儿童化的成人节目、成人化的儿童节目和儿童节目。电视广告、电视剧、综艺节目、《动物世界》,等等,这些节目客观上也能吸引儿童驻足观看,但"这些节目不是专门为儿童制作的,更不是从儿童需求出发来制作的,所以不是儿童节目,可称为儿童化的成人节目"。[②] 所谓成人化的儿童节目是指那些"不了解、不考虑、不尊重儿童身心发展的需求,只根据成人需求(通常是教育需求或装饰成人社会的需求)来构造的儿童节目,那么所产生的节目只能是成人化的儿童节目,而非儿童节目"。[③] 换言之,这类节目有儿童节目的外在指认特征,比如由电视台少儿部制作,在少儿频道播出,宣称为儿童量身定做,并以鲜艳的色彩、可爱的卡通形象进行栏目包装。从形式上很容易将它们归类为儿童节目,但是却缺乏儿童电视创作的核心理念——儿童本位,缺乏对儿童心理需要和认知特征的充分认识和尊重,因此这一类节目只能称为成人化的儿童节目。前述两大类节目都不是真正意义上的儿童节目,但却占据着儿童收视的绝大部分份额,成为儿童电视内容的构成主体。尤其是第二种,成人化的儿童电视,普遍存在视角成人化、表达幼稚化、内容说教化等问题,导致了我国儿童电视市场上存在着大量或者"天真无邪到弱智"、或者"严肃说教到无趣"、或者"少年老成到虚假"的儿童节目。而卜卫教授所指的真正意义上的儿童节目,由于与处于主导话语地位的成人化儿童节目的价值倾向大相径庭,而在整个儿童电视语境中处于

[①] 陈舒平:《儿童电视学》,北京广播学院出版社,2003,第1页。

[②] 卜卫:《儿童电视:谁是主体?——兼论我国儿童电视的成人化问题》,《新闻与传播研究》1998年第2期。

[③] 同[②]。

弱势。我们拥有一支庞大的儿童电视制作队伍，和一个发达的儿童节目播出平台，每年制作播出数量可观的儿童节目，但却极度缺乏真正了解儿童、尊重儿童，为儿童服务、为儿童所乐于接受的儿童节目。中国儿童电视实质上处于成人话语把控之下的错位发展、低水平发展的格局。

尽管儿童的媒介参与作为青少年媒介权利的一个重要构成，关乎儿童"分享和参与文化与社会生活"的重大意义，但从世界范围的媒介实践来看，儿童的媒介参与一般集中于儿童新闻类栏目的制作，鲜有涉及其他几大类儿童节目。换言之，世界各国儿童电视的创作主体仍然是成人。成人作为儿童电视内容的表达主体在内容选材、表达手段、话语方式、价值判断等节目制作的各个维度发挥"过滤"作用，经由他们表达的儿童电视内容不可避免地携带着成人的印迹，只是由于观念和水平的不同，印迹的深浅有所差异；而儿童，虽然其主体意义在儿童节目的发展进程中被日益突出，但仍然未能改变通过成人"发声"、被成人表达的客观现实。屏幕上的儿童世界是被成人选择和描述的，与真实的儿童世界之间有着或远或近的距离。儿童节目表达主体与被表达主体的间隔性是难以克服的，并非简单地"让儿童参与并主导节目制作"就能够解决，事实上世界各国的儿童电视都面临这样的问题。西方国家的解决之道是将教育学、社会学、心理学的研究成果运用到儿童节目制作中，试图弱化成人的痕迹，接近儿童，缩小这种间隔。英国、美国、日本等国家都积累了丰富的经验，并有大量成功的范例，如风靡全球的儿童节目《天线宝宝》《小小爱因斯坦》《巴布建筑师》《芝麻街》《好欧来啦》等。中国的情况是，由于这种间隔性的客观存在，成人制作者在表达儿童对象的过程中得天独厚地拥有话语的主动权，中国传统文化以及儿童观进一步认可了成人话语的优势地位。因此，中国的儿童节目整体上并没有刻意隐匿成人的印迹，而是相反，有意无意地显露出成人的把控地位，处处以"引领者"自居。

儿童节目中的成人话语主导以根本性理念的方式渗透于儿童节目制作的各个维度、各个环节，是一个全方位的架构系统，频道/栏目的宣传语只是其中最外显的部分，而融合在节目中的其他表现元素往往被儿童节目多姿多彩的外在形式以及欢快愉悦的现场氛围所掩盖，难以引起观众们的觉察。因而，随着经年累月的节目播出，成人引导儿童的话语格局也被接受作为一种合理的存在，反过来，进一步加固了制作者对这种话语格局的遵从和坚守。如此一来，改变儿童节目中的成人本位就难以落到实处。本文对儿童节目文本进行由表及里的梳理，发掘其中的成人印迹，提供其中成人话语进行强势表达的有力例证，由此勾勒出中国儿童电视在成人话语把控之下的现实图景。

第一节　形象刻板化：成人话语的典型路

一、人物媒介形象的建构意义

儿童在现实的成长环境中进行着自我的社会化进程，但对于在电视机旁边长大的他们而言，还有一个无处不在、无可回避的成长空间，这个空间是大众传媒所营造的媒介环境。兹比格涅夫·布热津斯基曾指出："今天对于世界上的大多数人——特别是年轻人——来说，电视是接触社会和接受教育的最重要的工具。在这方面，它正迅速替代历来由家庭、教会和学校所起的作用。"[1] 中国的情况亦是如此：媒介已经成为影响儿童成长的与学校、家庭、社会并列的第四大因素。传统的教育环境由学校、家庭和社会共同构成，具体的施教行为则由其中的老师、家长和同伴以及其他各种人群通过言传身教的传输和示范完成，儿童的成长教育实际上是受到具体的人的教育观念和方式的影响，因此这些人物是儿童成长轴线中不可或缺的角色。受此启发，儿童节目在制作中延续了传统的施教途径：塑造大量生动的人物形象，经由他们向儿童传播知识信息，传达思想观念。媒介，曾被描述为"在儿童被允许穿过街道之前，先护送儿童穿越了地球"。而其中，各种鲜活的人物形象则在实际上承担起护送者的重任。对于小观众而言，以人物为中介的传播模式接近于日常化的信息接收方式，并且由于节目中塑造的各种人物形象取材于儿童的成长经历，他们在现实生活中与儿童的接触最频繁、关系最密切、感情最深厚，因此与儿童的心理最贴近。这些鲜活的、熟悉的、可感知的屏幕形象成为连接媒介与儿童观众之间的沟通桥梁，也成为儿童所信赖的屏幕据点，以此开启神奇的信息之旅。

尽管人物的媒介形象是对现实形象的对位与表征，但更重要的是，形象的建构是一个再创造的过程，既可以艺术化地塑造形象，也可以工具化地利用形象，使之成为特定社会现存文化的一种重要载体。美国学者李普曼提出"拟态环境"（pseudo-environment），认为拟态环境即是"由媒介构建的信息环境，它不是现实环境镜子式的再现，而是媒介通过对象征性事件或信息进行选择和加工、重新加以结构化以后向人们提示的环境"。[2] 媒介对人物形象的建构同样经历了一个选择、加工与重新结构化的过程，反映出当下社会对某种人群的期望与角色定位，同时承载着

---

[1] 兹比格涅夫·布热津斯基：《大失控与大混乱》，潘嘉玢、刘瑞祥译，中国社会科学出版社，1995，第80页。

[2] 王芳：《主流媒体上的"80后"形象研究——对中国14种主要报纸的内容分析》，《青年研究》2009年第3期。

特定的文化传统、价值体系、行为规范和生活方式,等等。在儿童节目中,人物形象往往被注入与主流儿童观、教育观相协调一致的内涵,突出人物形象示范作用和教育功能,以完成对儿童成长的引导和规范。形象塑造是儿童节目制作的一个重要侧面,不仅仅是节目的内容元素之一,更是节目制作理念和社会教育观的直接体现,因此,研究儿童节目中所塑造的各种人物形象,分析各类形象的话语格局,有助于我们从一个细微的视角切入对中国儿童电视的了解和把握。

二、刻板印象:成人与儿童形象的二元对立

儿童节目中的人物形象既为儿童观众提供了一个熟悉的"界面",又成为儿童节目实现教育说服功能的有效途径,在形象塑造的过程中,创作者所采用的最典型的说服手段是"刻板印象"。"所谓'刻板印象'是指以高度简单化和概括化的符号对特殊群体与人群所做的社会分类,或隐或显地体现着一系列关乎其行为、个性及历史的价值、判断与假定。"[①]李普曼在其著作《公众舆论》(1922)中最早提出了"刻板印象"的概念(stereotype),大量事实表明,刻板印象普遍存在于认知与传播领域,采用简化、泛化与条理化的手段将纷繁复杂的对象纳入到一般化、标签化的类型之中,以便其被识别和了解,形成社会的普遍性意见。刻板印象的形成一方面是来自于个人既有的成见或头脑中的图像,可能是无意之中犯下的片面化错误,而另一方面则是认知主体的主观刻意,用简化和类型化的方式表达被认知客体的某种特性,而同时遮蔽其他特性。无论哪一种原因所致,刻板印象都在很大程度上影响到个体对事物的全面而本质的认知。比如单亲家庭的孩子常常被大众传媒描绘成可怜相、性格孤僻、行为偏激、问题儿童,等等。这些消极的形象置现实生活中单亲孩子的积极面貌于不顾,不仅固化加深了人们的偏见,还可能进一步弱化这个儿童群体的社会地位。采用贴标签的方式虽然省略了信息探索的步骤,简化了认知的过程,但套路化、普遍性的结论,在一定程度上遮盖了事实本来面目的多元化和丰富性,也可能养成人们依赖刻板印象而放弃探究事实的认知惰性。

"刻板印象隐含着的事实是,被选择的符号对涉及的群体进行了普遍的预设。"[②]预设规定了某类形象所呈现的具体面貌、所具有的群体特性以及所产生的社会功能。而真正的现实情景以及某类人群所应有的形象往往受到"预定情景"的遮盖,而不被媒介所"理会"。"预设是按照那些拥有更高的或者强势的社会权力者

[①] 约翰·费斯克:《关键概念:传播与文化研究辞典》,李彬译,新华出版社,2004,第273页。
[②] 保罗·梅萨里:《视觉说服——形象在广告中的作用》,王波译,新华出版社,2004,第37页。

的意志来定义的,因此,刻板印象表明了社会中主导与从属的地位关系。"[①] 在儿童节目的形象塑造中则表现出成人话语的主导地位——由成年人的儿童观、教育观来定义在儿童节目中出现的家长、老师和儿童的形象,赋予他们具体的表现细节,例如说话方式、行为模式、情绪表达、感情基调,等等,有意无意之中,也确立了成人与儿童之间的不同话语地位。成人形象与儿童形象的二元结构中,成人形象占据明显的主导地位,一方面配合教育的目的将家长、老师塑造成具有远见卓识且经验丰富的权威,成为儿童生活规则的制定者和监督者;另一方面对儿童形象赋予无知、低能、依赖等内涵,使其成为成人所制定规则之下的执行者,接受来自成人世界的监督和评判。即便是儿童节目中积极的儿童形象也被纳入范本的范畴,其意义在于示范,而这,仍然体现了拥有更高社会权力者——成人的意志。

三、儿童成长轴线中的主要角色形象

在儿童的成长轴线中,无论家庭、学校还是社会组织,都不可能单独完成对儿童的影响和引导,一个真实、完整的成长环境应该是这三方面力量的有机结合。儿童对这三种力量的切身感知来自其中具体的人——家长、老师和同龄人,以及与这几类人之间的关系、关联和社会交往,等等。家长照料着孩子的生活起居,老师担当着教书育人的重任,同伴之间共同分享成长的点滴,这三类人出场的空间分别对应着家庭、学校和社会公共空间,又时常相互交叉,共同构成了儿童成长的立体空间。伴随儿童成长的这三大类主要角色不仅仅存在于儿童的现实环境之中,还大量存在于由媒介特别是电视节目所构建的拟态环境之中,家长、老师、儿童的电视媒介形象是对现实景况的模拟与反映,在屏幕上继续着现实空间中的角色定位与功用。同时,媒介在对各种形象进行编码的过程中赋予了深层的文化内涵和社会期待,人物形象因此成为实现某种创作意图的有效途径,对儿童的成长施以实际影响。

以演绎曲折动人的故事情节为特征的儿童影视剧和动画片塑造了大量的家长、老师和同龄人形象,但是由于其虚构性、艺术化的文本特征使得其中的各种人物形象与现实情景之间的距离容易被观众觉察,一定程度上削弱了角色形象的现实渗透力。相比而言,在儿童栏目中呈现出来的各种角色形象更加贴近真实,更具可信度。同时随着电视栏目的固定性、规律化播出,电视中的各种角色形象逐渐渗透进儿童的现实认知空间,形成一个由电视媒介主导的信息场,对儿童产生潜移默化的影响。我们常常在现实场景中听到孩子们对家长说:"电视上的小朋友都是这样做的。"

[①] 梁婷婷:《意见控制、自我表征与他者想象——2世纪90年代末以来的中国城市形象片研究》,博士学位论文,四川大学,2008,第159页。

或者家长对孩子说："×××节目中的××姐姐都说不能这样做哟！"显然，电视上的×××作为行动指南和模仿对象，正对儿童的日常行为产生现实指导意义。

与影视剧和动画片中塑造人物形象的方式有所不同，儿童节目中的家长、老师的出场方式具有有限性和间接性的特征。比如在儿童新闻中可能只作为辅助角色出现；儿童谈话节目中若非作为访谈嘉宾，家长和教师往往只在谈话内容中被提及；儿童游戏竞技类以及益智竞赛类节目中或许只占据观众之一席。但是，出场频率的有限并没能消除家长、老师作为最重要的两种角色通过节目对荧屏内外的儿童施加影响。在儿童节目中直接出场的主要角色是儿童和主持人，电视中的儿童是孩子们的化身，小观众能从他们身上看到自己和同伴们的影子，也往往被荧幕儿童形象的某种特质或能力所吸引，将他们拟定为自己效仿和学习的榜样；而在儿童节目主持人身上，小观众们往往能够感觉到家长和老师的腔调、态度和方式方法，家长和老师虽然很少直接出现在节目中，但通过主持人"代言"——站在他们的立场，替代他们说话、遵循他们的教育理念、执行他们的教育方法而传递出来自成人世界的儿童观，达成教育儿童的目的。

（一）日常行为的指导者与被指导者

中国传统儿童观认为儿童缺乏自我规范的能力，儿童特有的天性在成人的理解中往往被赋予消极的内涵，比如性情顽劣、缺乏自律能力、缺乏自觉性，等等，儿童被认为是需要按照成人的要求进行模塑和规训的对象。成人世界普遍设立的培养目标和共同认可的"好"孩子标准是："乖巧""懂事"——易于顺从、趋同于成人的引导，按照成人所期望的方向发展，祛除与成人标准相左的品行。鲁迅曾说："中国的一般趋势却只在向驯良之类——静的方面发展，低眉、顺眼、唯唯诺诺才是一个好孩子。"生活空间当中的成人对儿童"指手画脚""发号施令"，在儿童电视节目中，成人同样保持着"指导者"的身份，在节目中对儿童的"不良"行为进行纠偏，并且通过电视传媒平台放大他们的指导意见。在"一切都是为了孩子，为了孩子的一切"这样冠冕堂皇的理由之下，成人的意见被升格为真理，成人的要求替代了儿童的愿望，成人的种种"越权"行为被合理化，并且在儿童节目中获得普遍性表达。

例证：《宝贝加油》

这是一档由成都本土自创的少儿冒险类真人秀节目，以培养孩子勇气、锻炼孩子意志为宗旨，每期由四名5岁左右的儿童参与一个挑战任务，任务难度远远超出5岁年龄儿童的能力范围。例如第五期节目设定的任务是让孩子独自爬上8米高空，站在直径仅25厘米的圆盘上，飞身扑抓悬在一米之外的单杠。之前信心十足的宝贝们，站在8米高空的圆盘上时都无一例外地尖叫和哭泣。但是主持人以及现场的教练、家长全然不顾孩子们的鼻涕眼泪、惊恐哭闹，都面带笑容不断地给孩子们"打气"：

"宝贝,加油,你只能靠自己!""宝贝,你是最棒的,你的伙伴们都看着你呢!"节目中,最害怕的一个孩子,在半空中抱着柱子一个劲儿地哭,足足僵持了十几分钟,筋疲力尽之后才获得家长和教练的允许退出比赛。节目制作团队认为《宝贝加油》的主角都是从小娇生惯养的小宝贝,节目为他们提供了一个挑战自我、锻炼意志的机会,孩子们的恐惧是难免的,但是他们的表现比明星更动人,胜利比获奖更有意义。制作方的观点得到了许多家长们的认可,千方百计诱导孩子参加比赛,同时还得自我克服目睹宝贝"受苦"时的心痛,接受记者采访的家长无一例外地肯定节目的积极意义。在"磨砺孩子"的名义之下,孩子们的身体条件、情绪感受、心理承受能力往往被成人所设立的培养目标遮蔽了。小选手在比赛过程中自然流露的恐惧、畏难情绪被成人贴上胆小、怯懦、娇气的标签,被认为是需要克服的儿童身上的"毛病"。由主持人、教练、家长组成的指导团就是要帮助儿童直面挫折、战胜自我。值得怀疑的是一次冒险类真人秀节目是否能够真正起到成人所预设的作用?但有一点是肯定的,由于节目设计的内容和环节与孩子的生活现状反差较大,节目进行中一味强调目的性,而缺乏对孩子的心理疏导,节目中超离儿童承受范围的元素,比如危险的任务、残忍的环节、惊恐的选手,等等,难免会在儿童心理留下阴影。

例证:《成长在线——什么叫坚持》

……

主持人:你觉得你能站多久?

松月:30秒。

主持人:才30秒啊,你太小看自己了。来,我给你掐表,看看你能坚持多久。

主持人:30秒,大家给点掌声鼓励一下!

……

主持人:晤,40秒,不错嘛。

……

主持人:后来怎么不喜欢练习(弹钢琴)了呢?

松月:不喜欢了。

主持人:为什么不喜欢了呢?兴趣不是最好的老师吗?

……

节目在主持人与小嘉宾之间的一问一答中进行,但显而易见,主持人掌控了话语的主动权:首先,按照成人的期望,"诊断"出小松月不愿意练钢琴是缺乏毅力、缺少吃苦精神的表现。成人认为学弹钢琴有益于儿童音乐素养的培养,甚至是一件时髦的事情，但却忽视了孩子自己的兴趣和意愿，也并不懂得，以儿童的心理发展条件，他们的兴趣不在于寻求真理而只求欲望的满足。要让天性好动的孩子屈从于指向未来的各种功利性目的，而不得不忍受眼下客观存在的种种身心障碍，并且无奈接受自己既不喜欢也不情愿的来自成人的软硬兼施，这显然是对儿童独立人格的否定。在接下来的节目中，主持人对小嘉宾发出了现场模仿稻草人表演的指令，并将单脚站立与练习钢琴简单类比，显然，两件事的难度和需要孩子付诸的努力程度并无可比性。而主持人就此做出判断："只要坚持，没有什么克服不了的。"诱使小嘉宾接受自己的观点，但却没有留出让小松月表达自己真实感受的话语空间。主持人的侃侃而谈与小嘉宾的任凭摆布塑造了一个用心良苦的成人形象以及一个亟待改造的儿童形象。

成人对儿童"发号施令"是儿童节目中的普遍现象。儿童在成长过程出现的"不规范"行为成为儿童节目的主要选题来源，节目首先揭示种种"偏差"行为，然后由主持人、家长或儿童专家严厉指出问题所在或者可能导致的严重后果，最后开列"纠偏"方案，帮助节目中以及电视机前的孩子重新回到"正确"的成长轨道上来。成人在其中扮演着人生导师的角色，而孩子的形象是附属的、消极的，被动接受来自成人的指挥。表面上看，儿童节目反映了中国家庭的教育模式，似乎并无不妥，但我们却忽视了其中的问题所在："儿童的未来是经由生活、成长与经验的改造循序渐进积极发展的过程，不是我们平常意义上的'玉不琢不成器'式的人为扭曲。"[1]

（二）知识权威与"无知"少年

儿童对外界的认知被认为如同白板，需要得到既有文化体系与知识系统的灌输和引导——从进入幼儿园的那天起，儿童便被纳入正规的学校教育体系，接受统一的教育或训练；除了学校学习，孩子们在课余时间被塞进了各种各样的辅导班；回到家中看电视的时间又被形式各异的电视节目见缝插针地灌输着知识。儿童的生活空间被三位一体的教育平台立体"包围"，被最大容量的知识信息全面"覆盖"。在成人眼中，"学习"是儿童成长的最重要任务，儿童必须不断地学习，用知识武装大脑，才能变得智慧和强大，才有可能企及美好的未来。这种"望子成龙"的急切心理之下，成人习惯按照自己认可的方式规定儿童学习的方式和内容，最普遍的做法是照搬课堂教学模式，由成人担任知识传播者，而儿童，理所当然地被置于"听讲席"，接受单向度的知识输入。儿童节目同样延续了这种套路，或是在节目中穿插问答环节，或是整个节目模拟为"课堂"或"考场"，主持人、专家作为老师向儿童传授知识，或者扮演考官考察小嘉宾的知识水平。成人被儿童电视刻意地塑造成为知识

---

[1] 约翰·杜威：《民主主义与教育》，王承绪译，人民教育出版社，1990，第19页。

权威,而儿童媒介形象被贴上无知、低能的标签,保持了成人作为儿童成长的施教者的统帅地位,满足成人掌控知识话语权、保持既有文化地位的目的,也是"成人本位意识"的典型体现。

例证:《绿野寻踪》

这是一档由中央电视台少儿频道和国家林业局联合推出的生态环保节目,旨在向少年儿童宣传保护野生动物、保护生态环境的自然科学知识。在节目中穿插问答环节,在一期介绍亚洲黑熊的节目中,主持人问:"亚洲黑熊为什么要站起来走路呢?"小朋友的回答五花八门,有的说"因为黑熊想要表演",有的回答"它想和人一样高,可以抢到人手中的美食"……但主持人手持"标准答案",判定小朋友的答案是错误的。在自以为是的成人面前,孩子们的奇思妙想失去了生长的空间。按照儿童认知理论的观点,低龄儿童认知事物的特征是"就事论事",他们倾向于从具体事物中找寻答案,并且受到"我向思维"的控制,儿童的观点以自我为中心,表现出明显的个体差异,与唯一的"标准答案"可能相去甚远。这一期节目中,孩子们通过演播大厅的屏幕看到黑熊在"表演"转圈,站起来的黑熊的确有一个成年人那么高,可以直接从人手中取食物。因此,才有了孩子们自己总结的答案。但是,正确的只有标准答案,而标准答案掌握在成人手中,儿童只有向"标准"靠近,才能获得知识权威的认可。而这逐渐向标准答案靠拢的过程,正是儿童的想象力、创造力被否定、被消磨的过程。

例证:《智力快车》

这是一档测试中学生知识水平的节目,包括天文、地理、历史、艺术、文学、数学、物理、化学等各个学科,再辅之以情景环节考察学生的生活常识以及社会实践能力。固有的操作模式为主持人出题,小选手作答,通常被要求在规定的时间内从备选项A、B、C、D当中选择答案,或是做出"正确""错误"的主观判断,答题数量多、难度大、正确率高的选手获胜。这也是儿童益智类、知识类栏目最普遍的设置模式,整个节目录制现场如同考场,主持人是考官,考生自然是参与节目的各位小选手以及电视屏幕前更大范围内的小观众。考官与考生二元角色的设立暗含着知识传播者与接受者、审查者与被审查者在话语权势上的强弱差异,显然,成人居于强势地位,手中的题目和正确答案让他们享有心理优越感,以轻松甚至调侃的姿态面对各位小选手;儿童则处于相对被动的弱势位置:在众人注视之下接受"考察",并且处于激烈的竞争氛围之中,其紧张和忐忑可想而知。节目中的儿童并无选择节目规则的可能,只能无条件接受答题的方式和内容,并且可能接受来自主持人的"严厉批评"或者"冷嘲热讽"。

事实上,由于电子媒体肆无忌惮地揭示一切文化秘密,它已经对成人的权威构成了严重的挑战。正如玛格丽特·米德在其重要著作《文化与承诺：代购的研究》中指出："我们正在进入一个日新月异、信息公开的世界，在这个世界中，成人已经不能扮演年轻人的导师的角色。"①而我们的儿童电视企图依靠老套的传授模式来巩固成人的知识权威地位，实际上只是成年人的一厢情愿。从儿童的认知特性来看，儿童来到这个世界时的一无所知并不简单等同于"白板"、无知，而其中，恰恰潜藏着儿童强烈的好奇心和求知欲，初生牛犊不怕虎的无畏精神酝酿着强大的探索动力和创新能力，儿童正是在这种动力的推动下从未知世界步入已知世界。但是这种宝贵的学习能力被枯燥与呆板的传统教育模式所压制，儿童节目中单一的模式、僵化的内容以及对成人形象的刻板化则进一步剥夺了儿童主动学习、快乐学习的权利。

（三）示范者与效仿者

同伴与家长、老师一起，并列成为儿童成长轴线中的三大主要角色。在儿童的社会交往过程中形成了两种类别的人际关系：一种是以家长、老师为核心的垂直关系，无论其中的亲子关系还是师生关系，都具有权威性、强制性的特征，体现为成人为儿童提供生活和学习的指导帮助。前面两大类刻板印象的建构就是垂直关系的极端化表现。从儿童的心理感知层面分析，处于垂直关系中的"低位"，被动接受来自他者的指导和灌输，势必引发儿童的抵触心理，并且抑制儿童的主观能动性的发展。另一种是以同伴为交往对象的水平关系。同伴关系是指同龄人之间或者心理发展水平相当的个体之间一种共同活动并相互协作的关系。同伴关系在儿童的情感、认知、社会能力的健康发展中起着重要作用——给予儿童情感上的同盟感和安全感，从认知发展的角度看，"同伴经验有利于自我概念和人格的发展，是儿童获取信息的特殊渠道和进行对比的参照框架，同时，同伴交往有利于培养儿童熟练的社交技巧，为适应社会打下良好基础。"②与垂直关系相比，同伴关系是一种互惠、平等的交互性关系，体现出"主体间性"的特征。哈贝马斯认为现实社会的人际关系分为工具行为和交往行为：工具行为是主客体关系，儿童的现实生活中充斥着大量的主体与客体（书本、玩具、媒介等）的交流，而缺少主体与主体（平等的人与人）之间的沟通；交往行为是主体间性行为，即交往的双方均意识到自己和对方都是主体，不把对方视作单独的客体。同伴关系是建立在心理接近和相互平等的基础之上，儿童居于主体地位，因此，相互之间的影响经由切身体会和感性认知被儿童主动接受。社会认知理论进一步论证了同伴对于儿童成长的重要作用，角色模式的认同是儿童社会化的重要途径。

---

① 尼尔·波兹曼：《童年的消逝》，吴燕莛译，广西师范大学出版社，2004，第128页。
② http://www.studa.net/xinlixue/101109/10133589-2.html

一个不可否认的事实是，受到学习重压和居住空间的影响，儿童的交往对象以成年人为主，而同伴角色却在他们的生活中缺席了。媒介似乎弥补了这样的缺失，儿童节目中出现了大量的同伴角色，塑造了许多儿童形象。如小主持人、小记者、参赛选手、获奖者、表演者，等等，但是媒介中的儿童主要不是以玩伴、同龄人的形象出场，这些儿童的本真面目：贪玩、好动、脆弱、依赖、自律性差、自制性弱，等等，在儿童节目中很少得到直接或完整的体现，而恰恰相反，儿童电视中所宣传的儿童人物和少年形象承载着社会主流文化价值观及其对儿童角色的主观选择和认同模式。因此，形塑的过程并不是镜式的直接反映，而是植入成人认可的培养目标，树立了大量"高大全"的儿童形象，以此为电视机前的儿童观众设立行为示范的榜样，利用儿童对同伴的情感亲近和角色认同，借助同伴的影响力实现对儿童的教育引导。

例证：《成长在线》2011年2月的一期节目

主持人：玩航模与学习之间会发生冲突吗？

谷：不会，因为我用业余时间玩航模，而用主要的时间来学习，所以不会发生冲突。

……

主持人：谷安麟同学不仅航模玩得好，学习好，还精通十八般武艺，看他弹得一手好吉他。

主持人刻意呈现了一个"完美少年"的形象。但现实生活中，十全十美的儿童几乎不存在，即便是存在非常优秀的儿童也并不具有普遍性，一味将之树立为推广的范本并无实际意义，反而限制了儿童自然天性的自由发挥。

第二节　视角单向度：成人视角的替代性选择

节目的视角是指制作节目的出发点，决定着对主题内容进行观察和用视听语言讲述的特定角度。同样的表现对象在不同的视角关照之下将会呈现出不同的样态，包括形式特征、内容设计、表达视野、理解维度，等等。视角问题在一般性、"老少咸宜"的节目中通常体现为常规性、普遍性的大众化角度，基本上不存在"视角优化"的问题。而对象性节目由于表达主体与被表达主体之间的分离，必然存在视角的选择问题。对象性节目以受众本位和对象性文化为传播据点，在现实文化处境下，尽可能隐藏传者意识而彰显受众本位，由此，在传者视角与受者视角之间凸显出节目制作的视角转化和视角优化的话题——由传者视角向受众视角转化是视角优化的必经之路。

具体到儿童节目则突出表现为成人视角与儿童视角之间的选择问题。儿童节目是成人为儿童制作的专门化内容，从中国儿童电视发轫之初到儿童栏目化阶段，再到儿童专业化频道发展时期，直至当下三网融合的发展背景，成人，都是儿童节目的制作主体，儿童节目被制作主体赋予了特定的社会功能，即在节目中呈现儿童群体应当具有的素养和能力，并通过节目积极倡导社会主流价值观普遍认可的培养目标，使儿童通过电视媒介获得行为指导，并按照社会期待和行为规范的要求扮演好相应的角色，担负自己的社会责任。以成人视角为主导的单角度偏向在一定程度上遮蔽了儿童视角所倾向的价值取向、观察范围和表达方式，使中国儿童节目在整体上表现出一定的错位。

一、对象性节目的视角间距

所有对象性节目都是以特定受众群为目标对象的专门化设置。节目制作者与接受者在人口特征、社会阅历、职业背景、人生目标等诸多方面都存在着一定的差距，比如，女性节目的编创人员不一定为女性，老年节目的创作队伍可能以年轻人为主，而儿童节目是成年电视人的作品。为了对接目标受众特殊的注意力，节目制作者通常采取的手段是研究目标群体选择信息的行为规律和心理期待，抓取他们的兴趣点和关注重心，并以此为依据进行节目的策划和创作。虽然在形式包装和内容选材上极力向目标受众靠近，但仍然是从一种视角出发对另一种对象的观察和表达，视角间距是对象节目中存在于创作者与接受者之间的客观距离，必然存在的问题是：一方面，传播者对目标受众的认知打上了深深的主观烙印，依照自己的判断形成对他们的理解，这种印象式判断与客观事实之间往往存在极大的差距，并且影响到目标受众在节目中所呈现的形象面貌。例如，女性的广告形象通常与妖娆、享乐、依附、野蛮等负面形象密切相关，无形之中歪曲和丑化了女性形象，忽视了妇女的社会作用和贡献。另一方面，传播者也通常凭借自己的主观判断来界定对象群体的收视需求，事实上，假想性需求难以真正对接受众的实质性需求。比如绝大多数老年节目都是围绕老年人的年龄属性策划内容选题，老年节目成了清一色的"白发"世界，制作者认为步入老年的受众最感兴趣的节目内容一是回顾往昔岁月，二是获取养生知识，因此，老年节目的两大主题是：追忆 + 养生。换言之，老年受众的收视需求被固定在历史时空和自我本体的狭小世界之中。但事实上，由于退离了工作岗位或是因为眼花耳聋而难以通过传统途径获取信息的老年人更加依赖媒介为他们提供当下的新鲜资讯，老年人仍然渴望老有所为，积极参与到社会发展进程中。同时，老年人是相对于中年、青年、少年的独立存在,与各个群体在日常生活中发生错综复杂而又丰富多彩的现实关联,老年人乐于在节目中看到这种与其他年龄阶层的多向互动交往,通过电视屏幕获得尽享"天伦之乐"的满足感,但是我们的老年节目集中锁定老人本体,将老年人孤立在一个封闭的世界里,隔断了老人与世界的联系,恰恰违背了老年受众的收视意愿。

替代性视角是对象性节目制作中的普遍选择,即制作者以自己的角度或者以假想的受众角度作为节目制作的基本视角,由于替代性表达并非源自本体的自我表达,也缺乏多视角之间的多维交流,因此始终存在着表达主体与客体之间的间距问题,由此所导致的诸多问题在节目的价值取向、内容选题、表现手法等各个方面显现出来。电视制作者意识到了视角间距所带来的问题但却无力改变的一个重要原因在于视野局限。视野局限让传播者觉察不到替代性视角与受众的本体视角之间的差距,想当然地将两者简单等同,而放弃了制作视角的"换位"选择,忽视了被表达对象的感受——男性编导固守着他们的性别视野看待女性,年轻记者依然无法体会老人的感受,成年人坚持从他们的角度表现儿童群体;另一个主要原因是由于习惯力量所产生的路径依赖。电视制作人员通常会自觉不自觉地墨守成规,沿袭长久以来制作同类节目的角度选择,而忽视了深入考察既有制作角度的科学性和适宜性,同时也可能会影响到"新视角"的尝试。例如,新闻类节目中的传者通常扮演着信息权威的角色,采用播报的方式向受众传递信息,这是传者视角的典型体现。成人新闻类节目的习惯性视角在儿童新闻类节目中也同样得到复制:由小主持人扮演"消息通"和播音员的角色,向小观众播报新闻资讯。对于儿童观众知识面、解读能力有限的认知特点,以及小观众求知欲、好奇心强的特征,传统的新闻播报视角并未能给予充分的照顾。对传统路径的依赖不断固化着习惯性视角所产生的长期影响力,增加了进行视角换位的操作难度。

"任何事物都是生活在系统之中,离开了系统本身,也就失去了存在本身。离开了坐标系统,也就失去了坐标系统中的存在。"[1]本体性视角的全部内涵并不是简单等同于对象群体的单一视角,也并非局限于本体对象的自我关注,而是应当置于坐标体系之内,得到多角度共同关照之下的全面审视,由此带来对对象群体的客观、科学的表达。为了尽可能克服对象性节目中存在的视角距离,贴近目标对象的收视需求,对象性节目的制作者逐渐做出了"拟视角""换视角"的尝试:以"女性视角进行女性的自我关注"为宗旨的中央电视台《半边天》栏目在2000年之后,一改以往清一色的女性世界,开始在节目中引入男性嘉宾和男性主人公,以一种新的视点——

---

[1] 再军:《老年电视节目的表现视角与生长空间:兼议对象性节目的本体性》,《当代电视》2002年第6期,第60页。

从女性的角度来剖析女性的世界,并观照男性的世界;从男性的角度反观女性的世界,从两性的视角交织之中审视男性、女性共处的世界,从而扩大了《半边天》的选题范围,丰富了女性节目的表现层次,"男性、女性被置放于一个统一、互补的世界之中,而不再是一种浅薄的对抗和对立"[①]。老年性节目也开始拓宽视野,突破"白发世界"的藩篱,节目中不仅表现出代际之间的交往与矛盾,也将镜头对准那些老有所为、老有所长的老年人,为我们呈现了一个个精彩、鲜活的老人形象,他们依然是社会发展的贡献者,而不是被摒除于社会生活的主流系统之外。再来分析儿童节目。视角间距在儿童节目中表现为成人视角与儿童视角之间的差距和地位问题。与其他对象性节目相比较,儿童节目中的视角间距具有一定的特殊性:一方面,成人与儿童在知识储备、认知能力、心理需求等方面的差异导致了两种视角之间难以逾越的距离;另一方面,中国传统儿童观否认儿童独立存在的价值和意义,在成人与儿童的二元格局中,儿童处于被指导、被教育、被塑造的弱势地位,成人话语的权威性毋庸置疑。儿童节目被赋予了特定的社会功能,即通过节目倡导社会主流价值观普遍认可的培养目标,使儿童通过电视媒介获得行为指导,并按照社会期待和行为规范的要求扮演好相应的角色。而成人视角是这一社会功能得以实现的重要保证,因此,成人视角在儿童节目的制作中具有主导地位,在其他类对象性节目中进行的"换视角""拟视角"的改革在儿童节目中进展得并不顺利,收效甚微。以成人视角为主导的单角度偏向不可避免地遮蔽了儿童视角所倾向的价值取向、观察范围和表达方式,使中国儿童节目缺乏对儿童本体的尊重,在整体上表现出成人话语操控的痕迹。

二、儿童节目的视角单向度

儿童节目制作者始终被一个问题所困扰:儿童节目应当取悦儿童还是引导教育儿童?应当保护儿童的天性还是按照成人的意愿重新模塑他们?这个实践操作中的矛盾实质上折射出儿童节目制作的视角选择,是选择成人的视觉,满足间接受众——成人对子女教育的需要,还是站在儿童的角度,让直接受众——儿童满足自己的需求?视角的选择直接关系到制作者究竟应当如何看待儿童,并在节目中描述这个特殊的群体,采取何种方式完成对儿童节目内容的表达。

(一)儿童节目制作的成人标准

包括媒介人在内的成年人对待"儿童"以及"童年"往往持有一种矛盾的心态:一方面羡慕、喜欢孩子的无邪、无虑,因为在不可避免的现实重压和种种限制面前,

---

[①] 再军:《老年电视节目的表现视角与生长空间:兼议对象性节目的本体性》,《当代电视》2002年第6期,第60页。

每一个成年人都怀念童年时光的自由自在、轻松愉悦，同时也因为那段岁月已经流逝而倍生感慨。因此，成年人往往愿意保护孩子们的童真，并希望孩子们获得最大程度的快乐。在媒介上，则体现为"儿童本位"观念的提倡，并在儿童节目中尽可能照顾儿童的认知规律和兴趣爱好，模拟儿童的语言行为特征，完成节目制作。而另一方面，也往往充满着忧虑和担心，因为儿童的快乐法则常常与成人社会的价值标准相错位。中国人民大学的朱颖所做的一份针对家长的问卷调查显示：家长对儿童观看媒介的第一要求为满足学习和教育的需要，远远高于其他几种需要（快乐和放松的需要、情感的需要、个性发展的需要、社会交往的需要），占据了82.2%的比例。[1] 而根据卜卫在《大众媒介对儿童的影响》一书中关于儿童接受视听产品的主要目的的调查显示：儿童希望通过观看节目满足放松与逃避现实的需要、情绪刺激的需要、交往的需要、快乐的需要和学习现实生活的需要。显而易见的是，成人与儿童对媒介的功能性需求大相径庭：儿童追求轻松、娱乐的荧屏世界，而成人将获得教育和增长知识放在首要地位，他们甚至担忧媒介中过多的娱乐元素将会对儿童的健康成长带来负面影响，而对儿童接触娱乐内容严加限制——节目制作者在儿童节目内容渗透进教育和知识元素，家长对儿童收视的时间和内容进行严格监管。

在对儿童特性的认定中，成年人往往带有一定的文化偏见，儿童的好玩、自我、无拘无束的天性往往被成人世界转化为消极的内涵——贪玩、顽劣、自私、缺少自律，等等。儿童世界被视为成人世界的对立物，成为被改造、被克服的对象。现代社会形成了一整套规范体系和制度，对儿童进行引导、教育，其中，学校系统和大众传媒担当着最重要的监控、教育任务：从进入幼儿园的那天起，儿童便被纳入正规的学校教育系统中，接受一系列有目的、有计划、有组织的教育或训练，这个过程一直延续至二十年以后大学毕业甚至之后更长的阶段。大众传媒特别是视听媒介，由于与生俱来的亲近性而成为进驻儿童世界最持久、最便捷的途径。儿童被认为缺乏独立意识和自主能力，他们就像一块白板或一个面团，听凭成人的描绘和揉捏。因此，在节目中植入成人标准和价值观，用"说说笑笑、蹦蹦跳跳、小猫小狗"的外在形式加以包装，被认定为制作儿童节目的常规模式。荧屏上偶尔出现的"童言""童趣"也时常流露出成人幕后操纵的明显痕迹，隐藏着成年人的思维方式和价值观念，参与节目的儿童们被"训练"成为非主体化的"表演者"，通过揣摩成人的意图获得亮相的机会，久而久之这种"能力"将内化成为孩子们的一种习惯，并借由大众传播媒介的示范效应扩大其影响，导致孩子们过早地成熟，过早地承受成人世界的世俗重负成为一种社会普遍现象。加拿大传播学家马歇尔·麦克卢汉在《人体的延伸》一

---

[1] 朱颖、李翟：《两难境地——媒介儿童节目内容和报道刍议》，《当代电视》2004年第10期。

书中强调，电视不只是娱乐工具，还是制造现代人心灵、改变整个生活情境的新力量。媒介帮助人们形成了新的社会生活情境，这种情境与现实环境不同，人的社会角色与特性因此也发生了改变。孩子同样可以看到儿童视听内容中呈现的关于大人世界的描述，所以变得越来越"早熟"，儿童时代与成年人时代的界限因此变得模糊了。[1]

儿童视听内容经由制作者编码，通过视听符号传递文化内涵，再经由儿童受众以自身的认知理解能力对符号进行意义解码。在这一过程中，由于成人与儿童之间、不同年龄层儿童之间，以及同一年龄段不同个体之间的认知差异，导致节目的创作标准处于游离状态而难以精准对位。而回归儿童需求和标准的视听创作必须建立在对儿童受众全面了解和深入研究的基础之上。目前，我国儿童电视在受众调查研究上还存在着人力、物力投入不足，观念上不重视实证调查等问题，通常单纯地凭借经验与直觉对儿童受众群体做笼统划分，忽略了不同儿童受众之间在认知、审美、智力、兴趣等方面的差异，节目呈现出受众定位模糊、宽泛的问题。例如，央视少儿频道的《音乐快递》节目针对18岁以下受众[2]，《大手牵小手》针对全国3.6亿儿童；[3] 金鹰卡通频道的益智玩具节目《玩名堂》针对4~14岁儿童，[4] 综艺类节目《童心撞地球》定位为"适合全家一起收看"；[5] 嘉佳卡通卫视的才艺节目《嘉佳全能星》面向2~14岁儿童；[6] 哈哈少儿频道的资讯类节目《欢乐搜索线》针对4岁以上小朋友及其家庭，[7] 活动体验栏目《哈哈小店》针对3~14岁小观众及其家庭[8]……宽泛的受众定位意图兼顾尽可能多的受众群体，但在实际效果上，由于缺乏针对性难以满足任何一个群体的收视需求。

欧美国家的优秀儿童节目通常采取委托专业调查机构的方式，对儿童受众进行深入的调查分析，根据儿童受众的年龄层次、身心发育状况、兴趣爱好等特征细致划分受众市场，并以此为创作的标准和依据，以尽力确保视听内容符合儿童受众的身心发展需求。以日本NHK教育频道为例，该频道有着六十多年的发展历程，各档栏目在年龄区段和目标诉求上设置了精准的对位，例如学习类节目《一起玩手工

---

[1] 转引自宋晨宇：《我国儿童电视节目的发展与隐忧》，《信阳农业高等专科学校学报》第15卷第2期。
[2] 央视网：《音乐快递》，2009，http://tv.cntv.cn/videoset/C16720。
[3] 央视网：《大手牵小手》，2012，http://search.cctv.com/search.php?qtext=%E5%A4%A7%E6%89%8B%E7%89%B5%E5%B0%8F%E6%89%8B&sid=0021&pid=0000。
[4] 芒果TV：https://www.mgtv.com/h/308195.html?fpa=se。
[5] 芒果TV：《童心撞地球》，2019，https://so.mgtv.com/so/k-%E7%AB%A5%E5%BF%83%E6%92%9E%E5%9C%B0%E7%90%83。
[6] 嘉佳卡通卫视：《嘉佳全能星》，2015，http://www.jiajiakt.com/dart.php?id=1502。
[7] 哈哈少儿频道网：http://www.hahatv.com.cn/program/program/2014-11-12/21.html。
[8] 同[7]。

吧》《一起玩日语吧》针对低幼儿童,设计类教育节目《啊!设计》针对7~11岁儿童,①《青春现实》以解读中学生成长烦恼为主要内容,《打开通往成人的大门》为即将步入成人世界的少年量身打造,《瞩目,职场明星》则是针对即将步入社会的大学生们。② 从低幼儿童到大学生,几乎每一个年龄段受众都有专属的节目。除此之外,兴趣差异也是一种划分标准。爱因斯坦曾说"兴趣是最好的老师",尤其对于天真烂漫、好奇心强烈且又急于探索世界的儿童而言,以兴趣引导他们认知世界是最好的方式。儿童因个性不同、年龄不同或者成长环境不同而有着各种显著的兴趣差异:有的孩子是科技迷,有的孩子是戏剧迷,有的孩子喜欢童话故事,有的孩子爱好手工制作,有的孩子痴迷球类运动,有的孩子喜欢诗歌朗诵……儿童视听内容是儿童在学校课堂之外的又一个学习平台,其介质特性、播出时长和内容包容度更适合以寓教于乐的方式,满足儿童在快乐中学习、成长的需求。英国BBC电视台开办了以6岁以下儿童为主要收视群体的儿童教育频道(CBeebies),该频道针对此年龄段儿童所具有的好奇心强、兴趣广泛的特点,制作的节目丰富多彩,形式多元:《懒惰小镇》栏目通过动画、玩偶和真人形式结合传递有关体育锻炼和健康的信息;《布卢姆的菜园》栏目讲述菜园子发生的故事,传递有关蔬菜和植物的知识;《巧手先生》(*Mister Maker*)是一档提高儿童动手能力和创意潜能的节目;也有为喜爱科学知识的儿童打造的节目《妮娜和她的神经元》(*Nina and the Neurons*);还有与儿童们共同探讨趣味哲学问题的节目《有什么好主意》(*What's The Big Idea*)……多元立体的栏目设置让CBeebies儿童频道能够广泛覆盖差异化的兴趣选择。

相比而言,国内儿童电视创作总体上呈现出"知识竞赛多、文艺晚会多、蹦蹦跳跳多"的扁平化趋势,以儿童特定年龄、兴趣作为创作标准的节目严重不足。成人视角主导的创作标准忽视了儿童话语权和收视期待。

(二)题材范围与节目形式的局限性

成人世界遵从理性逻辑,而儿童世界却是以诗性逻辑为显著特征。"在诗性的儿童世界里,幻想的和现实的、主观的与客观的、心理的与物理的、人为的与自然的、思维的主体与思维的对象等都成为互渗的、不可分割的统一整体。"③儿童用天马行空的幻想去设计自己的想象世界,在奇思妙想的天地里上天下海、摘星揽月,他们如同诗人一样自由肆意地生活在童真乐园中,能够随心随欲地在想象世界和现实世界之间自由转换。儿童的诗性特征决定了他们的思维比成人更浪漫、更有创造

---

① 高嘉蔚:《儿童教育电视节目的成功之道——以日本电视节目〈啊!设计〉为例》,《传媒》2017年第17期。
② 郑洁、高昊:《日本NHK教育频道的发展启示》,《电视研究》2013年第4期。
③ 丁海东:《论儿童精神的诗性逻辑》,《学前教育研究》,2005年第7-8期,第8页。

性。面对这样一个目标群体，从题材选取到形式选择都应当回应儿童的诗性特征。

但是中国的儿童视听创作现状却明显体现出成人的理性判断，以成年人认为的儿童"应该观看"的题材和方式为主体，局限于成人的固化思维中。笔者粗略统计了2017年12月11日至17日共一周时间里央视少儿频道的少儿节目播出情况。[①] 央视少儿频道是一个24小时播出的全年龄段儿童频道，统计结果显示：在一周播出的所有节目中，电视剧和动画片占据了播出节目总时长的95%，而儿童电视节目的播出时间只占所有节目播出总时长的5%，共计约510分钟，儿童电视节目所占体量过少。在这510分钟里，共播出了7档儿童节目：以知识传递为主的益智类少儿科普节目《芝麻开门》，以答题竞赛形式为主的知识竞技类节目《SK极智少年强》，以团队竞赛形式进行野外生活或自然体验的节目《快乐体验》，以介绍野生动物与自然环境为主的科普节目《绿野寻踪》，以游戏比拼和节目表演为主的《七巧板》，还有创意表演类节目《看我72变》，儿童电视杂志《大仓库》。节目的取材和编排上总体呈现扁平化趋势，节目形式多以竞技比赛、科普讲解、才艺表演为主，内容较为单一，距离一些优秀的少儿频道"结构编排多元立体、节目形式丰富多样"的体系还存在较大差距。

关于儿童视听产品的表现范围，长期以来存在着认识上的偏差，认为儿童节目就是表现儿童本体，将表现对象与接收对象重合为一体，儿童视野被局限在狭小的"儿童圈子"里。如此"窄化"的制作理念忽略了儿童群体与其他年龄群体以及社会各个领域之间丰富多元而又错综复杂的关联，从而把儿童节目制作成清一色的"童真"世界，把儿童锁定在一个孤立的儿童世界里，割断了儿童和整个世界的联系，束缚了节目内容的表现视角与生长空间。这种表现视点的惯性，严格意义上讲，并非是一种本体回归的表现，而恰恰反映出认识的局限。儿童生活的真实世界里有自己、有同伴、有家长、有老师，还有在社会交往中接触到的各种人群以及形成的各种社会关联；儿童成长的实际环境有学校、有家庭、有社会公共空间甚至还有无处不在的网络虚拟世界。在儿童视听产品中囊括多元化的表现对象，不单是对儿童真实生活空间的映照，更能够吸纳更多收视群落对儿童节目的共同关注。

中国传统儿童观的核心观念认为儿童的混沌与无知需要得到成人的启蒙和教育，儿童成长的过程即是按照成人规范完成的社会化进程。受此影响，中国儿童电视的"三多"特征明显——知识竞赛节目多，引入比赛的程序和紧张刺激，但呈现的是成人强加给儿童的知识教育、道德规范和行为指导。节目中最终会决出获胜者，并给予物质和精神的双重褒奖，以此吸引更多儿童关注和接受，在更大范围的儿童观众中设立效仿和追逐的目标，通过成人塑造的"媒体智多星"向广大受众推广成

---

① 央视少儿频道网：http://tv.cctv.com/cctv14/。

人认可的知识体系。竞赛类只是知识灌输的一种形式，即便是在文娱表演为主体的文艺晚会中也时常见到忧心忡忡的主持人，听到语重心长的教导话语。"蹦蹦跳跳多"似乎关照了儿童活泼好动的天性，但是由于只呈现为肢体动作的挥舞，而缺乏对儿童天性的多维度、深层次的发掘，因此，千篇一律的蹦蹦跳跳并无新意和吸引力。"三多"现象概括了长久以来中国儿童视听产品节目形态的简单和内容题材的局限性。

波兹曼认为："童年生活应该被区隔于成年人之外，需要被灌以有序的学习过程和有原则的信息管理，需要被置于性、暴力、死亡等诸多秘密之外，需要被置于传统家庭和学校权威的保护和控制之中，需要在服装、饮食、游戏、语言、想法等方面都与成人大不相同。"[1]反观我国的儿童节目，成人视角的偏向使得进入儿童电视范围的题材、表现维度、表达方式等都受到成人标准的过滤，打上了深深的成人痕迹，主要表现为：儿童服装成人化、儿童言谈举止成人化、节目话题设置成人化等方面。电视节目中总能看到一个个"小大人"穿着成人样式的服装在舞台上说学逗唱、插科打诨，讲着不符合他们年龄的"成人式"的幽默语句逗乐观众。儿童视听创作倾向于关注"给予儿童什么，想要儿童什么"，而不是"关于儿童的什么"。从"小大人"现象中少年老成的孩子们身上，观众看到了儿童向成人标准的主动"示好"，看到常常被策划和诱导出来的貌似幽默的儿童语言明显传递出成人的审美取向。

此外，儿童节目幼稚化又成为当下儿童电视的另一个极端表现，凭借主观想象，简单地将儿童世界与幼稚、天真画等号，一些儿童节目的内容设置以及主持人的言行举止都呈现出这种倾向。殊不知在儿童观众眼里，这些节目表现得很"弱智"，难以吸引孩子们的目光，更无从完成儿童节目的使命。儿童节目幼稚化现象折射出成人视角之下对儿童的肤浅理解——将衣着卡通服饰、模拟儿童腔调等简单等同于儿童的标准和视角。即使创作者有意识地考虑到儿童的接受心理和需要，但如果缺乏视角的真正转化，缺乏儿童调查研究的支撑，仍旧难以实现与儿童受众的对接。

因此视角转换是克服对象性节目中视角间距的最直接手段，从成人视角转向儿童视角，正如陈伯吹先生在20世纪50年代就曾提出的"童心论"主张"从儿童的角度出发，以儿童的耳朵去听，以儿童的眼睛去看，特别以儿童的心灵去体会"。[2]

---

[1] 尼尔波·兹曼著：《童年的消逝》，吴燕莛译，广西师范大学出版社，2004，第36、57页。
[2] 卜卫：《谈谈儿童节目的定位》，《电视研究》1996年第10期，第33页。

第三节　表现手法僵化：成人思维定式的束缚

视角转化只是儿童节目制作的第一步，从儿童视角出发确立的节目类型和题材内容还需要采取儿童喜闻乐见的手法进行描述和表达，才能真正对接儿童的收视需求，优化儿童节目的传播效果。儿童节目的表现手法是为表达节目主题所采用的视听符号、描述手段、叙事结构、程式规则等具体的表意路径，决定着儿童节目的风格特征和传播效果。儿童的认知特性和收视心理是选择表现手法的客观依据，但是由于成人话语的主导以及对儿童认知的欠缺，国内儿童节目的表现手法相对比较单一和僵化，造成儿童电视创作的发展瓶颈，限制了儿童节目的多姿多彩和生动活泼。

一、表现手法：儿童节目的表意路径

儿童节目是一个相对于成人节目的概念。童年是人生发展变化最为显著的时期，显现为年龄越小、差别越大的特征，在感知觉、认知能力、社会性发展等各个方面表现出成长性和差异性。对于儿童而言，成人化的节目表现手法显然不能对接他们的感知特性，针对不同年龄阶段的表达方式也只是适合相应区段的儿童受众。

业界在长期的儿童节目制作过程中逐渐形成一些规律性的表现手法，每一个儿童节目都有一个内隐的叙述框架，在取舍节目素材、确立表述方式的制作过程中起到组织作用，按照特定的框架选择素材内容，并设计出表达这些内容的具体方式。根据低幼节目、学龄前儿童节目、青少年节目等不同年龄段的节目采用差异化的表现手法。比如低幼节目通常会加入人偶、卡通主持人，设计游戏参与、歌舞表演等环节以渲染快乐气氛。青少年节目的参与环节、竞技环节成为主要的表现手法。由于这些具体的表述手法来自于实践，并且是共同的操作模式，因此对儿童电视创作具有普遍适用性。

电视节目通过视觉与听觉两个通道进行信息的传递，与儿童认知外界最主要依赖的信息渠道相吻合。而视听符号对于儿童节目的意义不仅仅局限于渠道途径，还在于围绕着视听双通道进行的形式设计构成了儿童节目表现手法的重要部分。按照儿童发展的观点，处于不同年龄段的儿童对视听符号的认知能力与兴趣爱好有所不同，因此应当遵循区别对待的原则，考虑选用差异化的视听符号。以低幼儿童为例，在视觉方面：首先他们具备初步辨认基本色彩的能力，喜爱明亮的颜色和波长较长的暖色，比如红色和黄色，尤其是能够给他们带来兴奋感的红色。因此幼儿节目要尽可能选用他们能够辨认并且喜欢的颜色，色彩要明亮、饱和度高，不同主体形象的

色彩对比要鲜明,但一次不宜出现过多颜色,以免增加幼儿的分辨难度。其次,幼儿的视觉中心集中在荧屏对角线的交叉位置,对于同时出现在同一画面中的其他信息元素难以同时兼顾,因此,幼儿节目中的信息主体应该安排在中央位置,画面背景保持相对单纯,使幼儿能够轻松捕捉焦点,顺利接受主体信息。再则,幼儿对空间、时间的感知能力有限——对外界的方位知觉是以自我为中心进行定位的,对时间的感知主要依靠对生活事件的切身经历来完成,而难以理解节目中用以连接前后画面的蒙太奇手法,比如切换、闪回、升格/降格、淡入淡出等常常使用的结构形式。因此,幼儿节目的拍摄场景要尽可能简化,尽量减少蒙太奇的运用,必需的场景切换需要辅以语言的转场提示。在听觉方面:声音符号能驱动儿童的注意力,研究人员会同电视工作者通过实验研究,总结出其中有利于产生视觉注意力的声音类型:"改变音量、特殊的音效、笑声、女人的声音、小朋友的声音、奇怪的声音及乐器演奏的声音。唱歌时容易产生快感,幼儿特别喜欢一边唱歌一边做有节奏的活动。"[1]因此,幼儿节目适宜录制女性以及儿童的同期声,配以简单明快的背景音乐,并引导小观众边看边唱边动作。例如迪士尼公司出品的《小小爱因斯坦》系列节目中经常选用经过重新编曲或由不同器乐演奏的门德尔松、比才、贝多芬、莫扎特等作曲家的经典曲目以及童谣、传统民谣,突出欢快、简单的特点。节目中特殊处理的音乐、音效常常能引起观看幼儿肢体上的参与。

视听符号在表现手法中是相对比较直观的部分,由于国外视听产品的示范效应以及数字技术的平台支持,国内儿童电视在视听符号的运用方面已经有了显著的进步,特别是用于栏目包装的视听设计可以交由专门的制作团队完成,包括片头片尾、栏目logo、宣传片等在内的栏目包装表现出较高的专业水平,彰显出儿童节目的对象性特征。但是在日常节目制作中对视听符号的运用还有待改进,比如镜头的节奏感、对细节的捕捉、服装道具以及现场布景的色彩搭配……这些与节目内容元素糅合在一起的视听符号更加需要强调对儿童认知特性与收视兴趣的尊重。

二、表现手法僵化:制约儿童节目的丰富性

成人把握世界的逻辑是准确、客观、抽象的概念逻辑,儿童则相反,依靠充盈着个人感性色彩和直观经验式的诗性逻辑来认知世界,两者之间反差巨大。因此,成人按照自身的理性逻辑来选用儿童节目的表现手法,而忽视了儿童想象力丰富、好奇心强烈、生命力旺盛的年龄特征,那么,儿童节目的呆板、单调、错位等问题就在所难免。成人话语主导是当前中国儿童电视的普遍现实,成人的思维方式以

---

[1] 王隽:《婴幼儿电视节目制作思想之个案研究》,硕士学位论文,华东师范大学,2008,第20页。

及对惯性的依赖严重限定了儿童节目的表现手法，整体上呈现出僵化的特征，具体表现在：

（一）同类栏目套路化

儿童栏目的主要类型包括：儿童新闻栏目、儿童游戏竞技类栏目、儿童益智类栏目、儿童综艺娱乐栏目、儿童服务类栏目，等等。每一种类别最初都是参照同类别的成人栏目同时糅合进儿童元素形成了儿童栏目的表现手法，但是，儿童元素在其中的渗透是表浅的，儿童虽然作为被拍摄对象或者作为创作者（如小记者、小主持人）出现在节目中，但实质上体现的是成人的意志，遵照成人拟定的脚本，在固定的环节，做着被要求做的事，说着被安排说的话——节目是儿童的，但表现手法却是由成人确立的，因此儿童栏目的表现手法是对同类成人栏目的直接复制。不同类别栏目的脚本可能有所不同，但套路化的模式却是一样的，相同或相近的表现手法在同一种类别的儿童栏目中普遍使用，并且长期不变。

儿童新闻栏目的习惯手法是主持人在演播室出镜，以串词连接各条现场消息或者直接播出口播新闻。这是成人新闻栏目所普遍采用的播报方式。同一个新闻时段中，天南海北、天文地理的不同内容被主持人串接在一起——信息容量大、节奏明快。对于成人观众而言，在差异化信息内容之间自由转换和跳跃，是一件轻而易举并习以为常的事，收视的过程中往往能够调动自己的知识储备及时补充报道中所缺失的内容元素或者及时跟进最新动态，因此成人新闻栏目的表现方式是适当的，但是直接套用在儿童新闻栏目中则不然，以儿童受众的知识和经验，难以迅速消化以语言描述、概念堆积为主的消息内容，并且难以跟随播报节奏及时完成不同内容的跨度。尽管如此，播报式仍然是国内儿童新闻栏目普遍采用的方式。而适宜儿童接受和理解的情景化、主题式[①]的新闻栏目表现手法却始终难觅踪影。

其他类别的儿童栏目同样如此，儿童游戏竞技栏目遵循常规的"三段式"：以几乎相同的程式、语言介绍选手——无一例外紧张激烈的比赛过程——获胜者捧得大奖，刺激更多人卷入电视游戏竞技；儿童益智栏目设置成讲授或者竞赛方式，锁定知识的传递……儿童节目表现手法的套路化痕迹非常明显，直接照搬同类成人节目并且长时间沿用相同的表现手法使得这种套路成为一种僵化的模式禁锢了儿童节目对自身特性以及丰富性的探索。

（二）参与程度偏低

儿童栏目的人物设置主要包括主持人和小嘉宾（小选手、小观众），他们之间的互动与配合组成了节目流程与内容的主体性框架，两者之间的关联度对节目的内容

---

① 情景化、主题式的儿童新闻栏目表现手法的典型代表是日本NHK的《少儿新闻周刊》栏目，前文已有详细描述，在此不再赘述。

102

深度产生影响；他们各自与节目主题的关系，也就是参与度和融合度影响着节目本身的看点与表述方式。如图示之：

```
              节目
              /\
             /  \
            /    \
           /      \
          /        \
       主持人————————儿童
                （小嘉宾、小选手、小观众）
```

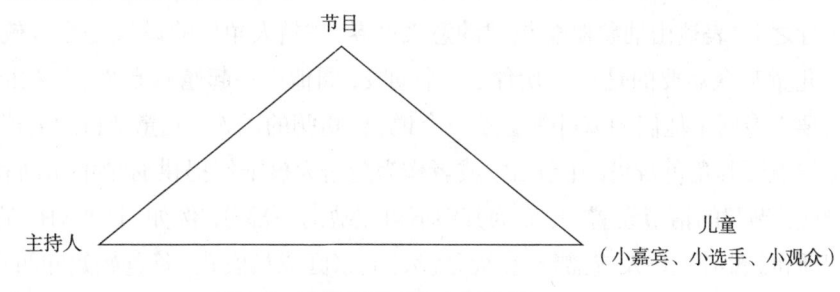

图3-1　儿童栏目中的主要关联

1. "主持人——儿童"之间的关联

"主持人——儿童"是儿童节目的发展主线：在国内许多儿童栏目中甚至是唯一的主线（叙事空间与节目看点受限，亟待改善）；在主线拓展的改革中，"主持人与儿童"仍然是核心线索，（以此为基础，建立起主持人与现场观众、主持人与场外观众、小嘉宾与现场观众、小嘉宾与场外观众等多条叙事线索）"主持人——儿童"之间的互动与配合构成了节目的主要流程和内容。例如《智慧树》的《科学泡泡》小版块，主持人红果果、绿泡泡带领小朋友做科学小实验的过程即是节目流程和内容的全部。"儿童"位置的角色比较灵活，可以是小嘉宾、小选手、小观众，可以出现在节目中，也可能并不直接入画，而只是作为对象性角色存在，如《文学宝库》栏目主持人的交流对象是并不在屏幕中直接出现的电视机前广大的小观众。

但是，"主持人——儿童"之间联系的纽带主要集中在节目固化的程式和确立的主题本身，缺乏深入的情感交流，也缺乏对人物个性的展现。主持人通过播报、宣讲、解释等语言方式负责串联节目，换言之，完成节目制作流程是主持人的工作重心，而对节目中儿童的想法、情感和个性特征并不需要给予特别的关注，主持人因而难以真正融入儿童的世界；儿童则需要按照主持人的要求进行表演、答问、游戏或者只是在一旁观看，配合主持人完成节目的全部流程，而他们的奇思妙想、童真童趣未能获得主持人的充分关照，在节目中的呈现也十分有限。因此，仅仅依靠节目制作联系在一起而缺乏在心理、情感、个性特征等深度层次的交流和联系，主持人与儿童之间的关联度相对是比较表浅的。

2. "主持人——节目"之间的关联

如前所述，主持人主要作为儿童栏目的串联者，连接节目录制的各个环节，组织小朋友在现场的参与和表演。主持人角色是游离于节目主体之外的旁观者角色，并非节目不可或缺的构成部分之一，同一档栏目，更换主持人只会带来主持风格的差异，但并不会对节目的流程和内容产生太大影响，这一点，也恰恰证明了主持人在节目中参与程度较低的判断。

　　主持人的设置或者对主持身份的强调是成人节目的普遍法则。成人的理性逻辑主导之下，表达由抽象概念组建的意义世界，主持人角色的设置是个有效的途径。而儿童观众需要的是一个玩伴、一个朋友，同他们一起嬉戏玩耍、刨根问底，而不需要在专属于他们的节目中增添一个说教、唠叨的成人。儿童节目的主持人应当尽可能隐匿其角色身份，在节目中或者作为配角为孩子们提供必要的帮助和服务，或者融入节目的情节设置中，成为其中不可或缺的一部分。例如，日本NHK的《少儿新闻周刊》没有主持人或播音员，而是设计成家庭成员模式：爸爸妈妈和两儿一女，还有一个卡通"留学生"。一家人在周末相聚的时候，用通俗易懂的语言，拉家常式地谈论起一周发生的重大时事新闻和热点话题。这个栏目自1994年创办以来的17年间一直遵循着这个模式，爸爸角色的扮演者同时在其他成人类节目中担纲主持人，但在这个栏目中却完全隐藏起主持人的身份，与孩子们一起谈天说地。这样的主持人设置方式虽然是非典型的，但却作为节目元素的重要构成部分，不能够任意置换，主持人与节目密切地关联在一起。

　　3. "儿童——节目"之间的关联

　　儿童在节目中的参与往往是被安排、被规定的。小嘉宾被主持人或编导安排在特定的节目环节，按照设定的程序和规则完成节目录制，甚至他们要说的话、要做的表情事先都被精心地安排设计过，但是，这种安排和设计是基于操作方便和成人思维惯性的考虑，而没有充分兼顾到儿童的特性，儿童在节目中几乎没有自由发挥的空间，他们被限制在成人的规定中，儿童最真实的一面也往往因此而被遮蔽。因此，儿童在儿童节目中的参与程度十分有限。

　　儿童相对弱小，行为能力有限的年龄特性本身就限制了他们在节目参与中的主动性，成人的种种安排和规定则进一步强化了这种趋势：节目中的儿童如同牵线木偶，按照成人的牵引，亦步亦趋地完成节目录制。但是，毫无疑问，儿童电视的主体是儿童，儿童节目是为儿童服务的媒介平台：一方面为他们呈现外界的面貌；另一方面也向外界传播儿童的声音，呈现儿童的天性和本真面貌。成人编导因此需要深入了解儿童的特性，以此为参照精心设计，充分体现儿童在节目中的主体地位。西方国家尤其重视儿童对节目的利用和参与。例如，"日本NHK的《少儿新闻周刊》对新闻事件的处理方式避免定性为'某某问题'，而是针对儿童理解力的特点，对于复杂问题以少儿可以体验的方式进行简明说明。"[①] 英国BBC《天线宝宝》的主创团队根据"玩耍是幼儿最主要的生活内容"的特点，设计了宝宝乐园和现实世界两个场景，节

[①] 宋晓阳：《日本经典电视节目模式》，中国广播电视出版社，2009，第63页。

目的全部内容就是玩耍和游戏活动，四个天线宝宝以及现实场景中的孩子们在节目中充分展示着儿童的天性，甚至可以对着镜头大呼小叫，真正体现出儿童在节目中的主体地位和完全参与。

（三）语言空洞无趣

与动画片、影视剧等剧情类儿童视听内容相比较，儿童栏目中使用的语言受到节目类型和程式的框定，其自由发挥的创作空间相对比较狭窄，一方面，由于电视栏目所特有的日常性播出特征，某些程式性的话语内容不得不日复一日地重复，比如栏目的宣传口号、开场白、节目规则介绍、结束语等，相同的语言虽然突显了栏目特征，但由此带来的单调乏味也不可避免。另一方面，儿童栏目的普遍结构形式为环节式或版块式，由此导致了不同单元所讲述的语言内容各自独立，缺乏连贯性。比如某低幼栏目第一个版块是亲子游戏，第二个版块是做体操，第三个版块是观众来信选读，三个单元的内容互不相关，一定程度上也造成了语言的断裂。

儿童栏目的语言使用主要出现在三个维度：（大）主持人的语言、儿童的语言以及节目解说词。一个耐人寻味的现象是，无论（大）主持人还是儿童，他们最突出的话语方式是模拟：大人模拟儿童说话时的腔调、语气、语速甚至神态，成人奶声奶气、故作天真、表情夸张地说话成为国内儿童栏目的一大"风景"。成人模拟儿童语言的本意是突出栏目的儿童化特征，并以此接近目标受众，但是，仅仅停留于形式层面的模仿并未能把握儿童语言的精髓和真正内涵，相反，成年人故作幼稚地讲话会显得矫揉造作，令人别扭。而另一方面，儿童则热衷于模仿成年人的语言风格，故作深沉、大讲套话，像"具有重大意义""共同合作共谋发展""为了……而奋斗"等成人化、模式化的语言在儿童节目中频频出现，完全不符合儿童的自然天性。例如央视少儿频道《新闻袋袋裤》的某期节目中报道了关于世界热核变会议的新闻，小主持人正襟危坐，模仿新闻栏目播音员的腔调："22日，世界热核变使用计划讨论会在法国举行，中、法、美、韩、日等七国代表齐集法国，共同签署核聚变使用协议"。接下来的环节是通过访谈深入了解"热核变"的相关知识，小主持人向旁边的"大"主持人提出了三个问题：第一，"我知道现在世界上许多国家都建立了自己的核电站，那么核电站和新闻里所说的核聚变有什么区别呢？"第二，"既然核聚变能带来那么多的好处，那么人类为什么不早点进行研究与开发利用呢？"第三，"我们国家也参与到这项计划中，这对我国来说应该是很有意义的吧？"最后，小主持人语重心长地说："祝愿这个计划早日实现。我们在开发能源的时候也别忘了要保护环境，节约能源，这样能源才不会枯竭。"[①] 这段儿童新闻播报语言十分明显地流露出成人话语

[①] 丁冬女：《儿童电视节目中国成人化倾向研究》，硕士学位论文，兰州大学，2008。

的痕迹：第一，逻辑严密，层层深入，与儿童现实生活中以感性思维为主的认知方式明显不符。第二，话题内容复杂抽象，超出了儿童的视野范围。而节目中用于阐释这类话题的语言同样复杂、抽象，概念堆砌，使得儿童难以解读其中含义。第三，意义拔高的套路模式，显然是受到成人主流话语模式的影响，习惯性将新闻事件导向某种特定的意义，具有明显的主观色彩。儿童节目中使用成人化的语言，一方面具有示范推广效用，使更多儿童有意无意之间受到这种语言的影响。另一方面，真正反映儿童特性的语言却被遮蔽了，错失了儿童语言的童真童趣，节目的趣味性、贴近性也必然有所损失。

儿童节目语言使用的第三个维度：解说词的创作。受到成人语言习惯的影响，儿童节目的解说词中充斥着大量孤立的数据、抽象的概念和饶舌的长句，以儿童所具备的读解能力很难解读它们的内涵。数据和概念都是理性逻辑的产物，儿童主要依靠感性思维，通过具体的事物和经验建立认知，因此，数据和概念对于儿童的意义十分有限。国内不少儿童栏目已经尝试着分解这些抽象化的内容，比如交代数据来源，举例证明某个概念或现象，等等，但在改进的过程中仍然存在的一个问题是：分解程度不够彻底，用于解释数据或概念的语言本身也比较抽象。例如2011年2月23日的《新闻袋袋裤》报道了一则"用鼻子干细胞改善失聪儿童听力"的新闻，"干细胞"显然是儿童未知的概念，节目通过小主持人提问，大主持人回答的设计来进一步解释这个术语，其中关于"什么是干细胞"的问题，解说词的回答是："简单地说，人体的各个器官组织从骨骼到神经，从心脏到大脑，最初都是由胚胎干细胞分化而成，而动物成年之后各种成体干细胞则起着修复和再生受损的各种身体器官组织的能力。"用于阐释的语言当中又充斥着新的术语，比如胚胎干细胞、成体干细胞，解释的语言艰涩难懂，加之诉诸听觉的口述方式则更进一步增加了理解的难度。儿童节目中的长句使用也比较普遍，特别是儿童新闻类节目，受到成人新闻节目语句长度的影响，或者出于增加信息容量的考虑，儿童新闻中经常出现20字以上的长句，上述关于干细胞的新闻就是一个典型的例证。

儿童电视的语言风格应当再现儿童的纯真、童趣、富于幻想并充满想象，采用简明、具体、形象、风趣的语言代替复杂、抽象、空洞、艰涩的现有语言模式，才能从语言使用层面上改善儿童节目表现手法的僵化。

第四节　功能失衡：成人诉求的片面强调

媒介功能研究是一个重要课题，不仅仅是对媒介实际功能的总结，更是被寄望通过学理的审视，引导和促进媒介功能的全面开发。早在1948年，美国政治学家、

第三章 成人话语主导之下的中国儿童电视图景

传播学先驱之一的哈罗德·拉斯韦尔在《社会传播的结构与功能》一文中,指出大众传播具有监视环境、联系社会、传递文化遗产的三大基本功能。1957年,社会学家查尔斯·莱特在《大众传播:功能的探讨》一书中,增加了大众媒介的娱乐功能。传媒学者威尔伯·施拉姆总结性地提出了大众传播的四大社会功能:"(1)社会雷达功能:传播信息、守望或监视环境;(2)协调和管理功能:推动政策的制定和执行,反映、引导社会舆论,促进社会机制的运转;(3)指导教育功能:教育社会成员,传播文化知识、社会道德规范和价值观念,使之代代相传;(4)娱乐功能:摆脱工作和现实烦扰,附带起学习和社会化的作用。"[①]由此建构起一个立体的媒介功能系统:媒介不仅作用于社会整体,同时作用于单独个体。媒介功能不仅是传播者的单向输出,更是由受众的期待所定义的,因而,在具体的媒介形态和产品中,目标受众的特质性赋予了媒介功能差异化的内涵。

一、儿童电视功能的特殊内涵

在媒介旁边成长,是当代儿童普遍面对的新的成长环境。大众媒介参与了儿童思想和行为的塑造,并且影响到儿童的社会化进程。特别是儿童节目中呈现出许多与儿童生活相关的现实图景,经由人物、情节、语言、行为、价值观等细节为儿童提供大量符号性示范活动,儿童从中观察、学习并接受共同信仰、生活方式、社交语言、道德标准、行为规范等现实规则。基于儿童电视对于儿童的重要意义,台湾政治大学广播电视系的吴翠珍教授将儿童节目的内容供应上升到"文化给付"的高度,认为这是媒体为公共利益提供服务的重要构成,关涉到儿童的成长以及一个国家和民族的未来。

就媒介特性而言,电视大大降低了儿童的接触门槛,日本学者藤竹晓认为:"随着电视的出现,这种父母信息垄断体制的基础,就开始大大地动摇了。"[②]而儿童电视更进一步推进了媒介与儿童的关联,经由视听途径将信息和文化转换成简易而形象的声像符号,为涉世未深的儿童提供接近大量信息的便利通道。比较其他媒介类型(报纸、广播、网络等)以及其他电视产品(成人栏目、影视剧、广告等),儿童电视更有优势,并更有能力为儿童受众承担起"四大功能",在儿童专属的媒介空间中,赋予传统的媒介"四大功能"以特定的含义:(1)社会雷达功能:为儿童提供他们所成长的现实环境的信息,满足儿童的知情权;(2)协调和管理功能:协调儿童与成人之间的关系,引导社会对儿童的关注,提升儿童的社会地位;(3)指导教育功能:传递科学知识,传播价值观念和道德规范,为儿童的健康成长提供文化滋养;

---

① 郝雨:《再论"媒介的延伸"与"媒介功能的延伸"》,《当代传播》2009年第2期。
② 藤竹晓:《电视的冲击》,李江林、攀诗序编译,北京广播学院出版社,1989,第197页。

(4)娱乐功能：对接儿童贪玩的天性，提供减压、放松和调整的机会，为儿童带来快乐和愉悦。因此，儿童电视的功能围绕儿童主体同样是一个立体的建构，全方位为儿童服务，满足儿童受众的期待，体现儿童本位的创作理念。陈舒平在《儿童电视学》一书中指出："儿童电视节目不同于新闻、经济报道和其他类型的节目，这些节目主要具有舆论宣传或产品广告的功能。而儿童电视节目由于面对的是特殊的受众群体，其功能也就比较独特和广泛。大致说来有知识教育、人格培养、趣味娱乐、培养想象力和创造力、维护儿童权益五个方面。"[1]

二、教育功能的过度彰显

中国儿童电视的功能被置放于成人与儿童的双重视野之下，面临着如何平衡的问题，既不能完全偏向对成人期待的满足，毕竟儿童电视存在的前提是为儿童专设的内容平台；但也不能完全偏向对儿童期待的满足，因为儿童电视主要由成人制作是不可否认的事实，尤其在中国，儿童对节目制作的参与程度普遍较低，儿童在节目中并不具有话语优势，因此，兼顾成人的要求是不得已而为之的考虑。在四大基本功能中，监视（社会雷达）功能和娱乐功能是站在儿童的立场，满足他们的媒介需求，协调功能对成人与儿童的需求都有所兼顾，而教育功能则体现出明显的成人意志，以成型于成人世界的知识系统和道德规范来引导和教育儿童。

英美等国家的儿童节目同样具有教育功能，但是秉持娱乐优先的原则，为儿童制造机会沉浸于故事、游戏、玩耍或者表演之中，潜移默化地实现教育功能以及其他诸如监视、协调等媒介功能。西方学者罗伯特·海曼（Robert Heyman）于1972年提出了"Edutainment"的概念，字面由"教育（Education）"和"娱乐（Entertainment）"组合而成的这个单词承载着娱乐也可以获得教育的含义，概括出英美等国儿童节目的功能诉求。英国媒介教育学者大卫·帕金翰对"Edutainment"的解释是："依赖于视觉材料，往往是多种媒体的混合，采用叙事性的方式，较少的说教形式，区别于正式学习系统，可提供无意学习的效果。"[2] 诸如《天线宝宝》《芝麻街》《小小爱因斯坦》《大厨与小厨》《好欧天地》等由英国、美国制作的风靡全球的儿童节目的成功典范正是遵循着"多通道混合、故事化、情景化、少说教、尽情玩耍"的规则，于"无意"之中，发挥节目的教育功能。"玩乐"是最大目的，"学习"和"教育"只是副产品。"西方数十年的儿童发展研究和大脑发展研究的结论证明：'玩'对于儿童认

---

[1] 陈舒平：《儿童电视学》，北京广播学院出版社，2003，第20页。
[2] 刘威、恽如伟：《Edutainment概念起源和定义研究的综述》，《远程教育杂志》2009年第2期。

知、身体、情感和社会化的适度发展具有关键作用。"[①] 为娱乐优先，以玩耍带动其他媒介功能的实现提供了理论依据。

国内儿童节目制作所提倡的"寓教于乐"表面上看与Edutainment有相似之处，但实质上，"寓教于乐"是以"教"为根本目的，采用"乐"的形式以优化"教"的效果，本质上是遵循教育优先原则。国内多档儿童益智栏目直接办成了电视课堂或者知识竞赛，正是体现出对教育功能的强调，至于"乐"的形式则无关紧要。在成人视野中，"玩耍"往往被赋予消极的解读——耽误学习、性情顽劣、自觉性差，而全然没有意识到儿童在玩耍中所获得的认知发展以及身体协调、情感锻炼和社会交往能力的培养等收获。除了主观上的轻视，国内儿童电视娱乐化功能缺失或不足，还有一个客观原因在于"娱乐"并不是一件简单的事，而是一个很高的专业标准——让儿童通过节目获得快乐和愉悦需要充分研究儿童心理和认知特性，抛却成人的说教和成人界定的娱乐，完全以儿童为标准确立节目内容和形式，按照他们对于快乐的理解和需求指导创作。正如《天线宝宝》的主创安·伍德的总结："我们的创意来自孩子，如果你要为孩子制作一些节目，那么你首先要问问自己，孩子眼中的世界到底是怎样的。"[②] 公司制定的指导手册特别要求导演必须放弃传统的拍摄习惯，尽可能贴近儿童视角，从节目的创意阶段开始就进行反复测试，"任何导致儿童离开房间、转移视线的概念和创意都会被淘汰出局；而拍摄过程中制作人员也被要求不断与幼儿们接触，试图寻找出幼儿最可能被吸引的讯息、影响和话语。"[③] 因此，实现儿童节目娱乐功能的必由路径是对儿童天性的深入了解以及对儿童需求的全面关照。

国内儿童节目的突出特征之一是：直奔目的。通过节目对儿童进行教育，让儿童获得知识、行为或者道德的有益启示。表面上贴着"为儿童"的标签，而实际上，体现的却是"为成人"，为实现成人的功利性诉求的目的。因此，国内儿童电视节目创作最缺乏的是与儿童之间的情感交流，缺乏适合儿童的制作技巧。从节目的策划、选题、表现手法到流程设置等各个环节，都是为了导向某个道理或某个知识点，而节目中人物的出场、情节的发展因为承担着说明这个道理的功利性目的，而显得牵强附会、痕迹明显。

国内儿童电视严重偏向对成人期待的满足，突出强调教育功能，将儿童节目视为施教工具，传递知识性内容和成人世界认可的行为价值规范，以此达到教育儿童

[①] 陆晔、黄艳琳：《从新认识"儿童"——从〈天线宝宝〉看儿童媒介发展的理念和框架》，《现代传播》2005年第2期。

[②] BBC"天线宝宝"官方网站常见问题答疑：www.bbc.co.uk/cbeebies/teletubbies/information/faq。

[③] 同①。

的目的。由于对教育功能的过度偏向，儿童电视节目的其他几大功能相对被弱化：社会雷达功能的主要意义并非为儿童提供给他们成长的环境信息、满足儿童的知情权，而被置换成主要监视儿童的学习环境，对不利于儿童学习的环境因素及时曝光；协调和管理功能在成人话语的主导之下也改变了协调儿童与成人之间关系的本质内涵；娱乐功能由于被理解为与教育功能相对立的诉求而在有意无意之中被忽视了。由此导致了中国儿童电视节目功能的失衡。

第五节　商业化与泛娱乐化：成人价值观的倒灌

"媒介是存在于家庭、学校和社会并与儿童发生联系的一个重要的环境要素。在儿童成长过程中，大众媒介特别是儿童媒介将使儿童获取必要的和充分的信息资源、娱乐资源和知识资源，帮助儿童获得身心健康，发展其赖以生长的认识能力，并形成自己的意见和见解。"[1] 积极健康的内容信息能够帮助儿童形成良好的认知与完善的人格，引导儿童形成正确的人生观、价值观。

从全球范围的儿童电视产业来看，大部分儿童电视节目都兼具教育和产业的双重属性：一方面满足儿童的身心发展需求，给予儿童观众有益的引导和陪伴；另一方面满足自身的经济发展需要，以保证节目的正常经营和进一步发展。以国际知名的儿童频道品牌为例，无论是BBC还是尼克罗迪恩，虽然它们的运作方式不同，但其成功的保障条件却一致：健全的市场机制和知识产权体系，频道资金雄厚，节目制作精良并居于行业垄断地位。国际上的成功经验表明少儿节目的教育功能和产业属性其实并不矛盾。既具有社会公益性质又可以进行市场产业经营。二者兼备，发展兴旺。[2] 目前，国内儿童电视产业已开启市场化道路，但却一直未能在经济效益和社会效益之间找到平衡点，反而偏离了儿童电视促进儿童身心健康成长的正确方向，呈现出过度商业化和泛娱乐化倾向。

一、儿童电视的消费主义倾向

（一）消费社会与消费主义

消费主义源自于消费社会，关于"消费社会"，法国后现代哲学家让·鲍德里亚在《消费社会》中曾提到："今天，在我们的周围，存在着一种由不断增长的物、服务和物质财富所构成的惊人的消费和丰富现象，它构成了人类自身环境中的一种根本变化。恰当地说，富裕的人们不再像过去那样受到人们的包围，而是受到物的包

---

[1] 卜卫：《媒介与儿童教育》，新世界出版社，2002，第83页。
[2] 丁迈、田甜：《儿童电视节目与儿童心理需要的应对性研究》，《中国广播电视学刊》2004年第10期。

围……"① 这里所说"物的包围"指的是人们身处商品的世界，经济、政治、文化等各个领域都被商品消费占领，消费构成了人们生活的日常，社会已经进入到了以消费所构成的"消费社会"。处于消费社会中的人们于消费中所表现出来的文化即为"消费文化"。麦克·费瑟斯通认为，"消费文化的一个重要特征就是，商品、产品和体验可供人们消费、维持、规划和梦想。消费绝不仅仅是为满足特定需要的商品使用价值的消费，相反，通过广告、大众传媒和商品展示陈列技巧，消费文化动摇了原来商品的使用或产品意义观念，并赋予其新的影像和记号，全面激发人们广泛的感觉联想和欲望。"② 可见，消费文化通过媒介的助力，进一步激发人们的消费欲望。

鲍德里亚关于"消费社会"的论述是以西方资本主义社会为基石，但其所指涉的消费主义浪潮已悄然在中国兴起，并且已经渗透进中国普通大众的日常生活。20世纪80年代以来，我国百姓的物质文化水平有了极大提升，各类西方国家的商品、广告、外资企业等纷纷进入到中国，资本主义社会所孕育出来的消费文化改变着国人的消费观念和整个社会的消费结构，中国社会进入到鲍德里亚所描述的"消费社会"。在这被"物"所包围的"消费社会"里，消费主义深入到了大众日常生活的方方面面，在各个领域攻城略地、大肆入侵。而当这种消费主义渗透进文化传媒领域时，所表现出来的就是传媒消费主义倾向——"着眼于公众物质消费和精神消费需求欲望的创造"。③ "一方面，大众传媒的传播内容发生了转移，出现了大量'生活方式报道'，对受众实施物质生活消费的诱导。例如在传媒内容当中呈现休闲娱乐、购物旅游、服饰化妆、美食烹饪等消费内容。二是以大量的娱乐新闻和娱乐节目服务于受众感官和本能，供给受众以消遣享受。"④ 整个传媒业的消费主义倾向既集中体现了消费主义对传媒的渗透，又体现出了传媒自身对消费主义思潮的传播——通过大量文化产品刺激社会公众的物质消费和精神消费需求，进一步营造着"消费社会"的氛围，在潜移默化中刺激着整个社会的"消费欲望"。

（二）儿童节目中的消费主体与客体

中国儿童视听创作同样受到传媒消费主义大潮的席卷。一方面，儿童节目不断培养儿童观众的消费欲望，向广大儿童受众传递消费主义、享乐主义思想。儿童节目中普遍呈现漂亮华丽的服饰、五彩缤纷的玩具、新奇趣味的电子产品、绚丽夺目的儿童乐园、高大华丽的房屋住宅、风景优美的旅游胜地，等等，并且用鲜亮的色彩、动听的音乐、奇幻的影像和丰富的意境构建出充满诱惑力的商品世界，刺激儿

---

① 让·鲍德里亚：《消费社会》，成富、全志刚译，南京南京大学出版社，2006，第4页。
② 麦克·费瑟斯通：《消费文化与后现代主义》，刘精明译，译林出版社，2000，第165页。
③ 于筱：《谈儿童形象在当代影像中的符号化现象》，硕士论文，中央美术学院，2012。
④ 纪秋发：《中国社会消费主义现象简析》，北京理工大学出版社，2015，第127页。

童观众对这些花花绿绿的商品和服务产生占有欲。另一方面,儿童节目制作者们为了刺激和满足儿童观众的娱乐需求与消费欲望,不断制作出各种新奇、刺激、逗乐的儿童节目,以满足观众的视觉消费与精神消费。节目中的儿童成了被观看、被娱乐、被消费的"物"。正如鲍德里亚所说,"一切的影像都不在于意义的生产与价值的建构,只在于感性的狂欢和符号的消费。"[1] 儿童影像由于偏向于感性的狂欢和符号的消费,而部分丧失了文化意义与精神价值。儿童电视中的儿童既是"消费者"又是"被消费者",他们过早地脱离儿童乐园,陷入成人世界。

儿童电视之所以受到消费主义的渗透,主要有两方面原因:其一是时代环境,传媒消费主义的影响;其二是现实困境,市场竞争的压力所致。西方传媒消费主义思潮的涌入以及我国市场经济的发展,全方位影响到中国儿童电视的创作理念和盈利模式,儿童电视自觉不自觉地参与到消费欲望的生产制造和幻象满足之中。目前,国内儿童视听市场发展尚未成熟,面临着内部与外部的双重竞争。从内部来看,互联网发展背景之下,儿童日常生活休闲时间被大量网络游戏、聊天软件、娱乐信息侵占,有限的收视时间又被综艺娱乐、影视剧、广告等内容所侵蚀。收看儿童视听内容的时间份额越来越少。从外部竞争来看,电视台、视频网站、互联网电视等媒介的竞争升级,打着"儿童旗号"的海量的视听内容浮华炫目,崇尚商品消费,尤其在"眼球经济"时代,新奇、刺激、华丽的感官刺激被认为是快速获取注意力的不二法则。如此的竞争态势和创作理念迅速促成了商业元素、娱乐元素与儿童节目创作的捆绑。

1. 儿童作为消费主体

"诸如挪威、芬兰、荷兰等欧美国家明确规定,在儿童节目的播放中不允许出现商业广告。制作公共教育性儿童节目的传统也由此逐渐形成。由于政策保障、制作体系和对儿童教育的重视,欧洲一些国家制作的儿童节目在儿童纯粹性和教育性上,能够得到良好的保证。"[2] 但在中国,不掺杂任何商业广告,纯粹公共教育性的儿童节目难以生存,儿童节目中植入商业广告已经成为一种常态。儿童不再单纯是儿童电视的受益者,而成为节目制作者和商家共同追逐的消费主体。

根据国家统计局发布的《中华人民共和国2016年国民经济和社会发展统计公报》[3] 显示,2016年中国0~15岁(含不满16周岁)的人口有24438万人,占全国总人口的17.7%。于商家而言,这是一个庞大的消费市场。虽然儿童自身缺乏消费支付能力,

---

[1] 让·鲍德里亚:《消费社会》,刘成富、全志刚译,南京,译林出版社,2003,第132页。
[2] 尹红霞、何秋红:《从〈爸爸去哪儿3〉看儿童电视真人秀节目中童真的缺失》,《视听》2016年第10期。
[3] 国家统计局:《中华人民共和国2016年国民经济和社会发展统计公报》,2017年2月28日,http://www.stats.gov.cn/tjsj/zxfb/201702/t20170228_1467424.html。

但却能撬动其背后具有强大消费能力的家长,"中国儿童影响了68%家庭消费(在美国这一比例约为45%),年龄2~14岁的孩子,每年总共直接或间接影响了超过1200亿美元的家庭日用消费。"[1]儿童在家庭消费中所具有的显著影响力,顺势带动了儿童视听内容的商业价值。广告商与节目制作者方合谋打造出可爱、光鲜的儿童消费形象,并且通过荧幕中的消费主体影响儿童受众的消费观念,促成他们的消费行为,在现实生活中赢得更多的目标消费群体。

儿童是儿童电视中不可或缺的核心形象,同龄人的接近性和亲近感容易带给儿童观众心理陪伴,也容易产生行为示范效应。中国儿童节目中的儿童常常被浓郁的商业氛围所包裹,或是穿着光鲜亮丽的服饰,或是品尝着包装精美的零食饮料,又或者摆弄着各式各样的玩具与电子产品,儿童出场的场景通常被安排在风景奇美的旅游胜地,或是餐厅、酒店、商场、游乐园等消费场所……节目中展示的商品与消费场所,搭载在儿童节目中自然而然地进入到儿童受众的注意力范围,通过儿童身体力行的亲身参与,将渴望商品、消费商品、享受商品的具体步骤和环节悉数呈现,潜移默化地在儿童与消费之间建立起日趋稳定的关联。与此同时,时尚、流行、享乐等消费理念也在精神层面对儿童观众发挥影响力。荧幕中的儿童消费者被塑造成既有消费欲望也有消费权利的主体,并作为对儿童受众具有指导意义的"消费意见领袖",影响着广大儿童观众的消费心理与购买行为。

儿童对于同龄人尤其是大众媒体上具有明星光环的同辈人怀有强烈的心理认同与追随意愿。米德认为:"自我是由对泛化他人即他所属的整个社会群体的社会态度的组织所构成的,这些社会群体的态度进入个体的直接经验范围,并作为其自我的结构或构成要素包括在内。个体根据其他特定个体的态度和有组织的社会意义和影响,通过进一步组织和泛化这些态度而达到社会即无群体的态度,成功地采取这些态度。"[2]儿童时期正是认知成长时期,尚未形成成熟的、独立的价值观与立场,观看节目时缺乏一定的辨别力,作为儿童视听内容的接受个体,他们更倾向于接受自己认同的群体所带来的情感暗示以及所传递的商品信息,儿童节目中呈现的消费态度经由儿童本身所具有的强烈好奇心和模仿力而进入到现实生活中,并且直接进入个体经验范围。

中国家庭结构绝大多数为独生子女的三口之家,儿童缺乏家庭内的交流同伴,加上现代小区相对封闭的居住环境导致缺乏邻里之间的玩伴,儿童电视以及节目中的同伴就成为具有强效影响力的主体。

---

[1] 传力媒体:《中国儿童生活、消费与媒介接触习惯研究》,《中国广告》2006年第六期,第89页。
[2] 乔治·米德:《心灵、自我与社会》,赵月瑟译,上海世纪出版集团,2005,第124页。

儿童电视不断输出大量商品信息，并将其融入节目题材、故事、情景之中，传递出"消费什么""怎么消费""为何消费"的信息，以此影响儿童的消费认知与消费行为。中国传统文化历来推崇"勤俭节约"，家长、老师、社会以各种方式培养教育孩子养成这样的美德。然而，儿童节目所裹挟的理念将攀比性消费、奢侈性消费、炫耀性消费等错误观念渗透进儿童精神世界，一定程度上消解了"勤俭节约、进取拼搏、勤劳奋斗"的主流价值观。

例证：《童心撞地球》

这是金鹰卡通频道播出的一档儿童综艺类节目，由动画原片与儿童剧重新演绎相结合，以交叉剪辑的方式呈现，重新构建一个完整的故事内容。在2017年的《企鹅总动员》一期中，以美国动画电影《马达加斯加的企鹅》为故事蓝本，重新编排，由1个成人和3个儿童在演播厅共同演绎。以下就是穿着企鹅服装的4位演员表演的一幕场景：

（4个人站在一台售货机前）

大企鹅：菜鸟，这可不是普通的售货机，这里有最美味而且又营养的一种食物，叫作"喜多多椰果王"！（赞助商产品）

小企鹅：哇！

大企鹅：祝你生日快乐啦，小家伙。

小企鹅：谢谢。

大企鹅：所以接下来快去取你的礼物吧。

……

（演员们身边堆满"喜多多椰果王"商品礼盒）

大企鹅：科斯基，快来分析下现在的战况！

小企鹅：（打嗝）所有的状况都显示……抱歉，也许……我刚刚吃的"椰果王"太多了！

上述儿童剧表演部分紧随动画片《马达加斯加的企鹅》的某个片段之后，该片段讲述了4只企鹅站在自动售货机面前准备购买货物。随后，画面切向演播厅里的儿童剧：4只企鹅通过售货机购买商品。原动画片剧情里从售货机里购买的是一种美国儿童零食，而在儿童剧里则换成了中国商家生产的食品"喜多多椰果王"。整个节目剧情嫁接流畅，过渡自然，将剧情与广告混为一体。根据Richard Adler等人对美国全国科学基金会的12项实证研究结果进行汇总、分析、评估后认为：七八岁以下的儿童,几乎没有分辨节目和广告的能力。[1]事实上,混同节目内容与商品信息的做法违反了《中华人民共和国广告法》的相关规定。根据《中华人民共和国广告法》第十四条规定,"广告应当具有可识别性,能够使消费者辨明其为广告。通过大众传播媒介发布的广告应当显著标明'广告',与其他非广告信息相区别,不得使消费者产生误解。"利用儿童辨识能力不高的特点,在节目中植入广告,并且有意识隐藏广告标识,故意模糊广告特征的背后,正是节目制作方与广告商合谋,制造更多儿童消费者的企图。

除了在情节中植入广告之外,儿童节目从舞台布置、道具设计、情节设置、主持人台词、演员表演等多个角度全面调动视听符号,重复展现商品信息,将大量商业元素推送到儿童的注意力范围,加深儿童观众对商品的印象,刺激他们的消费需求。在本期节目中,节目制作方在演播厅的舞台上设置了大量"喜多多椰果王"商标元素,如舞台中央的LED大屏幕上显示着色彩艳丽的"喜多多椰果王"品牌标志,动态的视频画面使舞台充满活力;舞台左侧和右侧墙上都设置有"喜多多椰果王"字样,红色与绿色的搭配使标志醒目;节目中多次使用"喜多多椰果王"充当道具,如在道具铁笼里堆积了十几箱椰果王礼盒,在道具桌的显眼位置摆放了几罐"喜多多椰果王",让一只"企鹅"在舞台上端着一罐椰果王食用等;镜头语言多次以运动方式强调品牌商标,在节目一开场,使用推、拉、摇、移的动态镜头呈现整个舞台上共计6处的"喜多多椰果王"商标布置,并通过快速剪辑、动感音乐的手法渲染激动欢乐的节目气氛,极具视听冲击力。另外,主持人的串场台词多次提及商品信息。主持人燕子的节目开场语是:"童心飙演技,有你更有戏,这里是由很Q很清润的喜多多椰果王独家冠名播出的《童心撞地球》!"结束语是"今天参加的故事主角都将获得由喜多多椰果王提供的精美礼品一份,你也可以通过喜多多官方微信参与《童心撞地球》线下演员选拔赛"。此外,儿童剧演员也用极具感染力的表演展现对商品的渴望与喜爱。节目里的"小企鹅"都由儿童扮演,他们以惊喜的表情、手舞足蹈的动作、动情的语句展现出对"喜多多椰果王"的喜爱之情以及拥有它之后的欣喜之情,对于电视机前的儿童观众极具感染力和影响力,由此体现出同辈示范与鼓励消费的传播效应。

广告商品信息在节目中的全面渗透折射出其背后明显的商业意图。而商业氛围在儿童视听内容中的客观存在一定程度上改变了此类节目应有的本真、质朴和纯净。

---

[1] Richard.Adler,Gerald,S,Lesser,Lauren.K. Mefingof, Thomas.S.Robertson,John.R.Rossiter&Scott Ward. *The effects of television advertising On children :review and recommendations*.Lexington, MA:Lexington Books./Net Library online.

例证：《玩名堂》

这是金鹰卡通频道播出的一档益智玩具类节目，每一期节目都会向观众推荐2～4种儿童玩具，每天11点49分、17点25分和20点24分轮番播出，午间节目的播出时长在10分钟左右，下午和晚间均为5分钟左右。

（两位主持人拿着"爆兽"玩具）

主持人大鱼：爆兽猎人，爆裂出击！

（旋转爆兽蛋、变身）

主持人蜜蜂：哇！好厉害！其实啊大鱼，你知道我们的这个"爆兽猎人"可不只是"爆变"这么简单哦……比如说……

（主持人蜜蜂展现"爆兽猎人"新玩法）

主持人大鱼：哇，怎么瞬间又变成"爆兽蛋"了呀？

主持人蜜蜂：这叫作山外有山。集齐全套"爆兽蛋"，成为最强爆兽猎人！

（三个小朋友玩"爆兽猎人"的画面）

节目中，道具台上摆放着大大小小色彩艳丽、造型奇特的"爆兽猎人"玩具，两位主持人拆解组装"爆兽猎人"引起场内场外儿童观众的关注，同时不停使用"好厉害""最强爆兽猎人"等夸张的表情和语言突显玩具的趣味性，吸引孩子的注意力转向玩具。节目中，主持人还不断重复"集齐全套爆兽蛋，成为最强爆兽猎人"的广告语，号召小观众购买全套"爆兽"玩具，暗示儿童买齐的"爆兽"玩具才可以成为"最强"。孩子具有争强好胜的心理特征，尤其是现实生活中本身弱小的他们渴望通过自己能够操控的介质实现"强者"的梦想。如果购买所有的"爆兽"玩具，就能够成为小伙伴中的最强者，那购买玩具就成为自然而然的诉求。节目在主持人介绍完玩具之后，紧接着插入了三个小朋友挤在一起开心玩耍"爆兽"玩具的情景，传递出同龄伙伴都在玩这个玩具的信息。从主持人的语言煽动到同龄小伙伴的玩具示范，短短5分钟的节目处处显现着节目组的营销意图，无时无刻不在培养着儿童观众的消费欲望，儿童表面上在看"节目"，实际上是在看商业广告。

笔者统计了2017年12月25日到29日该节目介绍过的玩具：灵动系列玩具之英雄合体、灵动系列玩具之爆兽猎人、《激战奇轮3》之奇轮战车、庄臣熊熊变形车、熊熊爱兜风系列玩具、灵动玩具之熊出没、开心超人联盟正义机车侠、万代维克特利奥特曼奥特武装组合等。这些玩具大多是与时下流行的电影、电子游戏、动漫相结合的时尚产品，抓住了儿童追求新奇与流行的心理。具有很高的市场流行度和较高的售价。但是这些时尚流行的玩具中暗藏的"暴力元素"远远高于"益智元素"，基本以战斗、射击为主要预制场景，以"敌我"双方的激烈对抗为玩法。两位主持人用"奇轮战车"连续发射"子弹"将整洁的桌面弄得混乱不堪，小朋友拿着"爆兽猎人"玩具相互攻击。通过诉诸争斗和暴力的强刺激性环节引发儿童尤其是男孩的挑战感与兴奋感，潜移默化中可能养成儿童的攻击性人格和暴力倾向。

玩具是儿童成长中一种特殊形式的"教科书"，世界卫生组织儿童生长发育合作中心牵头组织的6岁以下儿童心理发育水平和家庭状况的调查结果表明，玩具对儿童的身体运动、语言、认知、社会性的发展都有促进作用。[①]玩具不仅能够提升儿童的思考能力和动手能力，还能够作为"小伙伴"陪伴儿童健康快乐成长。高压之下的家长们长期忙于工作，对孩子的陪伴越来越少，对于长期待在封闭家庭环境中的儿童而言，玩具便成了最好的情感寄托。作为儿童成长过程中不可或缺的"玩伴"，玩具应当发挥积极健康的正向作用，促进儿童智力开发、提高儿童动手能力，满足精神情感需要的作用，而不能添加暴力、色情等元素"污染"孩子的精神世界。显然，定位于4~14岁儿童的《玩名堂》栏目按照商业逻辑向儿童推荐对商家有利可图的玩具，一定程度上增加了儿童与暴力接触的机会。

以上两个案例具有一定的普遍性，儿童节目热衷于捆绑各种商业元素，全面呈现并刺激儿童在生活、学习、娱乐等多方面的物质需求。除此之外，更以潜移默化的方式培养消费理念，并且朝着日趋"高端、名牌、昂贵"的方向发展。

无论物质消费还是精神消费，儿童节目锁定城市儿童为消费主体，而广大农村地区、贫困地区儿童以及包括残障儿童在内的弱势群体则被排除在外。大多数儿童节目的参与者来自于城市家庭，场景以城市景观为主，内容主要展示城市儿童的游戏竞技、才艺表演、生活状态等。掺杂着商业性和趋利性的儿童节目必然选择迎合有消费能力的目标受众，在呈现对象、场景布置、项目选择和价值引导等方面表现出一边倒的趋势，其结果就是弱者更弱，缺乏消费能力的农村儿童、贫困儿童、残疾儿童等弱势群体在儿童专属的视听节目中集体"失声"，失去了在公共视野中被呈现、被关注的机会。对于城市儿童而言，缺失了对于同龄人的认知，对于整个社会而言，同样失去了一个了解这一群体的信息渠道。儿童电视所应当具备的公共服务职能在此种意义上是失职的。

2. 儿童作为消费客体

"人的消费从来就不是一种单纯的物质消耗行为，在全部人类文明的范围内，几乎所有的物质消费，都已经包含了'意义的消费'。"[②]儿童节目作为一种大众文化产品，本身承载着符号意义，满足受众信息需要与娱乐休闲的需要。随着消费主

[①] 许政涛：《幼儿园游戏与玩具》，北京师范大学出版社，2001，第128页。
[②] 李思屈：《广告符号学》，四川大学出版社，2004，第38页。

义在传统媒体与新媒体中的深度渗透，随着儿童电视商业化、娱乐化程度的不断加深，儿童视听内容正进一步扩大视听符号的消费意义，力图通过建构虚拟的儿童世界、塑造典型的儿童消费形象，满足不同成人受众的视觉消费和情感消费需求，使儿童成为被成人观察、评判、取乐的对象，成为被符号化、被景观化的客体。

在当前儿童选秀节目泛滥、儿童真人秀节目过度娱乐化、商业广告植入过量的状况下，关于"儿童被消费"的问题一度成为公众热议的话题。《人民日报》在2016年12月1日第19版上发表了一篇题为《别以娱乐之名消费孩子》的评论文章，批评某卫视节目用儿童制造舆论噱头，"以消费孩子的纯真作为哗众取宠的筹码"，"儿童成为年轻观众的消费对象"，该文章呼吁媒体"应该承担起责任，不要以任何理由和形式消费我们的孩子"。①

成人对儿童的消费始终建立在"儿童——成人"的二元对立话语之下，成人在这样的对立结构中处于绝对的优势地位。无论是节目观众、节目制作方、广告商还是家长，都在以自己掌握的霸权话语或直接或间接地引导控制儿童，让他们按照成人的愿望与期待在节目中扮演各种"角色"，塑造成人所期待的"儿童形象"，完成成人期望的"儿童行为"，最终达到成人的消费愿望与利益追求。

成人受众在儿童节目中寻求视觉消费与情感消费。来自工作与生活的双重压力使得成年人长期处于神经紧张与身体疲惫之中。儿童生活的无忧无虑引发成年人的羡慕和向往，怀旧情绪触动成年人对儿时经历的怀念。儿童节目中所呈现的欢乐场景、自由状态对于成年观众而言正是一种精神放松。丰富多彩、纯真快乐的儿童节目影像带来新鲜的视听感受，调剂着单调乏味的日常生活，同时又满足了成人对过往童年的美好追忆。参与节目制作或观看儿童节目的成年人习惯于高居"教育者""权威人士"的立场，批判和指导儿童的行为、习惯、思想，等等，在精神层面体会胜利者的愉悦和满足。

节目制作方和商家通过儿童节目实现商业合作。他们通常以儿童节目为载体，主要消费的是儿童的时间、精力与童真。儿童的主体性被成人话语消解，而被动成为制作方和商家营销策略中的一环。以当下热门的儿童真人秀节目、选秀节目为例。一方面，儿童参与节目录制的意愿大多不是主动的，在并不完全知晓详情的情况之下，由家长或者节目组带领进入录制进程，同时被要求其行为举止必须按照成人的规定进行，若有错位则会被立即纠正；另一方面，儿童在节目中表露出来的情绪起伏和冲突打闹是被重点捕捉的环节，经由节目组的刻意放大甚至扭曲，被作为戏剧冲突呈现在荧幕上，以此作为精彩看点吸引观众；而同时，儿童的性格特征被有意遮

---

① 曾凯：《别以娱乐之名消费孩子》，《人民日报》2016年12月1日，第19版。

蔽，为了突出趣味性或者某种预制的看点，后期剪辑环节常常刻意塑造某种性格类别，甚至采取贴标签、妖魔化的手段，达成实质上消费儿童的目的。

在一些家长眼里，孩子常常成为炫耀的对象。上节目被认为是"出色"的象征，媒体平台成了让孩子进入公众视野最直接、最迅速的途径。一举成名的孩子会为家长带来巨大的精神满足和丰厚的经济回报，成为向他人炫耀的资本。因此，大量家长争先恐后带孩子报名参加各类才艺选秀节目、益智挑战节目、儿童真人秀节目，以期踏上成功的捷径。

儿童本身蕴含着纯真、活力、希望、快乐等美好的意象，儿童视听内容本应还原这些特征，但是，在商业利益的驱使下，真实的儿童本性被压制，而成为成人消费的对象，甚至获利的途径。儿童作为一种消费符号，通过儿童节目的建构与传播，被进一步纳入到全社会的消费话语体系之中。

(1) 成人的功利主义

"功利主义"在《辞海》中的定义是："以实际功效或利益作为道德标准的伦理学说。"[①] 在《剑桥百科全书》中，解释为"以增进福利为核心的道德理论"。[②] 不同词典对功利主义的定义略有不同，但其核心特征直指追求利益。约翰·穆勒在《功利主义》一书中，提出功利主义是"道德基础的信条，实现最大幸福主义"。[③] 到了20世纪五六十年代，随着二战过后世界经济的复苏，功利主义在新的时代背景之下迎来了第二次发展契机，产生了现代功利主义。现代功利主义有两个主要代表派别，分别是行动功利主义和准则功利主义。行动功利主义主张直接以行为效果来确定行为正当与否，准则功利主义强调规则的规范和约束作用，只有持续遵守这种标准才能够获得最大的效用。总体而言，功利主义重在强调对利益的追求，对幸福的渴望。

随着经济全球化与文化多元化的发展，西方国家的功利主义思潮逐渐显现出其强大的影响力，其逐利特性与当下人们对物质利益的强烈追求不谋而合，逐渐渗入到政治、经济、文化等各个领域。普通大众的价值观念和行为方式不断丰富着功利主义的内涵，着眼于对金钱、权势的追求使得他们强调现实的、眼前的、实际的物质利益，强调个人身份和地位，同时崇拜权力，在日常生活中满足于肤浅的视听消费和感官刺激等都是功利主义的普遍注解。

商业化背景之下，儿童视听产业作为一条完整的产业链条，从投资、策划、拍摄、售卖到播出，各个环节都被挖掘出巨大的获利空间，成为追名逐利的场域。而原本应该掌握节目话语权的儿童，却成为成人功利主义追求之下的牺牲品。对广告商

---

① 夏征农：《辞海》（上），上海辞书出版社，1989，第1346页。
② 大卫·克里斯特尔：《剑桥百科全书》，丁仲华译，中国友谊出版社，1996，第1235页。
③ 约翰·穆勒，《功用主义》，唐钺译，商务印书馆，1957，第6页。

而言，儿童是"最佳产品代言工具"，利用孩子们在节目中做广告或品牌代言，更容易引起儿童受众的兴趣和欲望，从而达到产品销售目的；对节目组而言，儿童是"吸睛工具"和"吸金工具"，一方面节目组利用孩子制造各种刺激有趣的"卖点"吸引观众，另一方面利用节目的儿童受众来吸引商家投放广告；对成人观众而言，儿童则是"娱乐消遣工具"，天真童趣的孩子们满足了观众的感官刺激愿望和精神娱乐需求；甚至部分家长也把孩子当成了工具——利用孩子实现自己的"望子成龙"心愿，达到名利双收的目的。

马克思认为："环境以其自身独特的形象潜移默化感染人、熏陶人，使人在不知不觉中受到影响。"[①]生活在社会中的人，其价值观和行为方式或多或少都会受到周遭环境的影响。而对于正值认知发展阶段的儿童而言，环境对其精神成长的影响力更加显著。在功利主义的作用下，节目制作方、商家、家长、观众等成人一起合力为儿童构建了成人世界的名利场，带着孩子在成人的复杂环境中追名逐利，天真的儿童过早接触了成人世界对金钱、名望、身份地位的价值追求，在潜移默化中接纳成人的价值观，加速儿童"成人化"进程。

例证：《爸爸去哪儿4》

这是由5位成人明星和他们的子女共同参与的亲子类真人秀节目。节目中有一位3岁半的小女孩阿拉蕾，因其可爱的长相以及频繁说出与其年不相符龄的成人语句而深受观众喜爱。在某期节目中，孩子们单独外出做任务，一只成人扮演的"大灰狼"突然出现，与阿拉蕾进行了如下对话：

大灰狼：为什么来这里？

阿拉蕾：为了给……我弟弟小……给我弟弟赚钱，我妈妈要给我生小弟弟了。（一边哭泣一边回答）

阿拉蕾父母说过的一句玩笑话，却不小心让孩子听到并记在心中，参加节目时被"大灰狼"吓得慌乱失措，便在慌乱害怕中哭泣着说出了参加节目的"目的"——给即将出生的弟弟赚钱。事实上，3岁半的阿拉蕾，从《爸爸去哪儿》节目播出以后，确实开启了她的赚钱生涯。在该节目播出之后，阿拉蕾参加了诸如《爸爸去哪儿星闻萌播》《村长大揭秘》《零零大冒险》《小手牵小狗》等多档儿童电视节目，同时还参演神话剧《哪吒降妖记》，出演MV《美丽的神话》，拍摄《时尚芭莎》《南都娱乐周

---

① 《马克思恩格斯选集》(第一卷)，人民出版社，1995，第92页。

刊》《OK! Baby》等多家杂志封面，此外，还承接了大量的时尚走秀、广告代言。小小年纪的她常常出现在电视荧屏中，成了名副其实的小童星。这个年龄的孩子，应该与父母、老师以及同龄小伙伴相处，而阿拉蕾却更多地接触到娱乐圈的明星、编导、经纪人等，通过接代言、演节目、走秀等活动赚得高额的劳务费，成为名副其实的"小劳动力"。各个节目组争相邀请阿拉蕾，利用她的知名度以求博得更多的受众关注；广告商们邀请阿拉蕾代言各类商品，同样是希望利用其知名度和美誉度进一步开拓市场；广大受众乐此不疲地收看阿拉蕾参演的各种节目，以满足自己的娱乐需求。许多成人观众还组成了"粉丝团"，在网络上传播阿拉蕾的视频影像、照片、个人资料、行程动态等，以供"粉丝"们进行二次消费。而被大众忽视的是，3岁半的儿童尚处于长身体、学知识的重要阶段，本应该与小朋友嬉戏玩耍，在知识的海洋中汲取养分，而不应当被"赚钱""成名"所困，被迫参与各种商业活动，成为成人谋取商业利益的工具和娱乐消遣的对象。

近两年，以儿童为主要参与对象的综艺节目发展迅速，诸如阿拉蕾一样"一夜成名"的儿童明星不在少数。表面上他们是光鲜亮丽的小明星，但事实上，他们是娱乐产业的"低龄劳工"，是成人功利主义追求下用以开辟市场的商业工具。在各类节目、广告、杂志的背后，是实实在在的商业意图。这些"低龄劳工"必须履行与节目组的合同，在成人的指导下配合完成既定的工作任务，难以按照自己的意愿行事。

(2) 对儿童隐私的窥探

"隐私，又称私人生活秘密或者私生活秘密，指的是私人生活安宁不受非法干扰，私人信息保密不受非法搜集、刺探和公开。隐私包括私人生活安宁和私生活秘密。"[1] 为了防止来自外界的伤害和不良影响，儿童应得到来自各方的保护。作为独立的社会个体，他们有自己的小秘密，有不适合与人分享的私密信息，这些都属于个人隐私。《中华人民共和国未成年人保护法》第三十九条明确规定，"任何组织或者个人不得披露未成年人的个人隐私。"此条例明确表明未成年人同样具有隐私权，其隐私权也受到法律保护。

然而，国内的儿童节目中，窥探儿童隐私、侵犯儿童隐私权的问题比较普遍，但却没能引起成人社会的关注和重视。"人们珍视隐私的最终目的在于它确保了我们的自主权，体现了对个体身份的尊重。"[2] 儿童节目侵犯儿童隐私是对儿童个体身份的不尊重，没有将儿童作为独立的社会人来看待，体现了成人对儿童的话语霸权。

儿童节目对儿童隐私的窥探主要涉及身体特征、谈话隐私等方面。比如在节目

---

[1] 张新宝：《隐私权的法律保护》，群众出版社，2004，第7页。
[2] 马克斯·范梅南等：《儿童的秘密：秘密、隐私和自我的重新认识》，陈慧黠、曹赛先译，教育科学出版社，2004，第90页。

中随意公开儿童的身高体重、家庭情况等个人信息，或者为了逗观众一笑，不顾孩子的尴尬在节目中暴露小孩子七八岁还尿床的私密内容，有节目甚至将孩子在大街上随意小便、在浴室里洗澡的画面"零处理"呈现出来……这些打着制造"看点"的旗号，任意暴露儿童私人信息和身体隐私的做法，是对儿童极大的不尊重。一方面会伤害当事人的自尊心，使得儿童产生秘密暴露人前的愧疚、羞耻与尴尬；另一方面也会给收看节目的小朋友带来错误的示范，降低对个人隐私的保护与自身安全的防护意识。

例证：《放开我北鼻》

这是"腾讯"视频网站制作的网络综艺节目，以24小时跟踪拍摄的方式记录了4个成人明星和5个儿童之间的共同生活经历。2016年的一期节目是明星嘉宾给小男孩杰克森（Jackson）洗澡的内容。孩子没有穿衣服坐在小盆里，明星嘉宾作为"临时奶爸"担负起洗澡的责任。虽然节目组在小孩儿的隐私部位打上了马赛克，但是整个洗澡的过程被全程播放，坐在小盆里的Jackson泪眼蒙眬地盯着摄像机镜头。洗完澡以后，明星嘉宾又架着没穿衣服浑身湿漉漉的Jackson回到房间。视频"弹幕"中有网友评论说"你们有注意到小朋友的隐私吗"，该条"弹幕"获得了106个"赞"。

明星嘉宾帮助儿童洗澡的行为本身无可厚非，但是节目组却在卫生间安放镜头，全程记录下儿童洗澡的画面，这已经侵犯了儿童的身体隐私，被暴露的画面很可能给孩子带来心理上的不适感，造成精神紧张与心理羞耻。节目中还特意将这段私密内容剪辑到节目之中供观众收看，进一步暴露儿童的身体隐私。节目组利用儿童的身体隐私制造噱头，博取受众关注，全然不顾这样的操作可能给儿童带来身心创伤。类似的情况还有不少，《饭没了秀》节目里将儿童在街边撒尿的画面"零处理"呈现，《爸爸去哪儿》里把孩子洗澡画面、换衣服画面公开播出……这些内容不仅是侵犯了节目里儿童的身体隐私，也可能对荧幕前的儿童观众产生错误的示范效应，容易让儿童观众降低对自己身体隐私的保护意识，甚至降低对陌生人的心理戒备。

例证：《爱上幼儿园3》

这是金鹰卡通频道播出的一档幼儿成长观察节目。3位明星老师与13个初入幼儿园的儿童为参与对象，主要展现孩子们的校园生活。节目组将上百台摄像机隐秘安放在幼儿园的教室、宿舍和外拍场景的各处，摄像机24小时处于开机拍摄状态，让孩子们每日的一举一动都"全方位、无死角"地被记录下来。在一期节目中，5个小朋友到一家零食店"打工"，每个人分配了不同任务。其中一个小男孩负责守在"品尝区"，让来往的客人品尝零食。通过上方的镜头，观众清楚地看到小男孩偷偷摸摸地吃盘中的零食，还把零食藏进自己口袋，然后一本正经地引导客人来品尝。另一期节目中，一个小女孩不慎将饭菜洒落一地，导致一个小男孩踩到滑倒。当班长质问全班同学是谁洒了饭菜的时候，小女孩面不改色地说"不是我"，而这一切已经被镜头记录在案，展示给了全国观众。

儿童成长类真人秀节目普遍采用这种全天候24小时无死角的摄影机跟拍模式，儿童如同24小时被监视的"犯人"，一言一行都逃不过观众的窥视，毫无隐私可言。这档节目里，13个儿童全天处于节目组的镜头"监视"之下，不管是"循规守矩"还是"偷奸耍滑"都被全程记录下来，成为永远的影像资料。偷吃零食的小男孩以为没有人知道他的"秘密举动"，撒谎的小女孩以为自己能够"瞒天过海"，却不知事件发生的全程早就被安装在各个角落的摄像机拍得一清二楚，"小秘密"根本就无处掩藏。而这些"秘密举动"成了最好的节目素材，节目组刻意等待孩子们做出此类幼稚行为，然后把记录下来的素材剪辑成片形成故事化、戏剧化的节目看点，以童趣故事呈现给观众，博得观众一笑。除了这档《爱上幼儿园》节目外，《变形计》《爸爸去哪儿》《爸爸回来了》《妈妈是超人》等节目均采取24小时跟踪拍摄的手法。在这些节目里，有的儿童知道摄像机的存在，有的儿童则毫不知情，但无论如何，他们始终处于毫无隐私的全天监控之下，没有任何的私人空间。全天候的监控拍摄，满足了观众窥视儿童世界的心理欲望，但参与节目录制的儿童不仅没有得到应有的尊重，他们的隐私权也受到严重侵犯。

福柯在《规训与惩罚》中阐明了一种"全景敞视主义"，对因瘟疫而被隔离的人群状态做出定义："一种封闭的被割裂的空间，处处受到监视，在这一空间中，每个人都被镶嵌在一个固定的位置，任何微小的活动都受到监视，任何情况都被记录下来，权力根据一种连续的等级体制统一地运作着。"[①] 上文提及的24小时跟拍节目与福柯的"全景监狱"状态有惊人的相似之处，孩子们仿佛是生活在一个狭小的监狱之中，这里安装着无数的镜头，任何微小的活动都难逃镜头的捕捉，一切活动都被记录下来。儿童如同没有任何隐私空间的"犯人"，而观众就是那些窥视"犯人"的"偷窥者"。观众在这种窥探儿童隐私空间的行为中找到快感，以"长者""教育者"的姿态监察孩子们的各种行为，享受着这种高高在上的"监视"快乐，但这种"快乐"却是建立在侵犯儿童隐私的基础之上。被24小时监控的儿童如同电影《楚门的世界》里的"楚门"，是生活在虚拟世界里的被观众围观、消遣的对象。儿童处于缺乏自我保护、缺乏隐私意识的阶段，作为制作方，一方面应当在节目中严格规避侵犯儿童这个特殊群体的个人隐私；另一方面还应当积极利用节目平台，制作相关

[①] 米歇尔·福柯：《规训与惩罚》，刘北成、杨远婴译，生活·读书·新知三联书店，2003。

内容对儿童进行适当的、有效的隐私保护的示范和教育。

二、儿童电视的泛娱乐化倾向

《人民日报》社吕绍刚认为"所谓泛娱乐化，是指一股以消费主义、享乐主义为核心，以现代媒介电视、网络、电影等为主要载体，以内容浅薄空洞甚至不惜以粗鄙搞怪、噱头包装、戏谑的方式，通过戏剧化的滥情表演，试图放松人们的紧张神经，从而达到快感的思潮。"[①]传媒的"泛娱乐化"，即传媒领域的娱乐化倾向越来越广泛，电视、报纸、书籍、网络等多种媒介过分注重娱乐元素的运用，其生产的娱乐化内容越来越多，娱乐化程度越来越深。娱乐，本身是人类精神文化活动的重要组成部分，在日常生活中不可或缺。适当的娱乐活动可以为人类带来精神愉悦，让人们从疲惫的日常生活中得到适当的调整，但过度娱乐化的生活状态容易导致个人思想疲软、意志消磨，也容易造成整个社会的浮华、肤浅、奢靡风气。

当前的中国儿童视听产品，在传媒泛娱乐化倾向的影响之下表现出娱乐元素过量、内容低俗浅薄的倾向。对于儿童电视创作而言，娱乐本是必不可少的元素，富有趣味性、娱乐性的形式和内容更加符合儿童的收视心理和兴趣，这其中，娱乐元素的份额以及娱乐内容的深浅是至关重要的因素。娱乐过度，空洞浅薄甚至无聊低俗，则可能失去儿童节目应有的文化内核，难以起到滋养儿童精神的作用。

目前，儿童节目的主要类型：竞技节目、益智节目、选秀节目、真人秀节目普遍存在的一个问题是，停留在表浅的感官刺激与精神快感层面，重复着大量思想空洞、缺乏内涵甚至低俗搞怪的内容元素。儿童游戏竞技节目设置各种惊险刺激的挑战环节，比如凌空走钢丝、高台踢足球、探险神秘地道、乘坐故障电梯，等等，借助险象环生和悬念迭起提升收视率，参赛儿童却屡屡被吓得哇哇大哭甚至身体受伤。这样的创作理念违背了儿童游戏竞技节目的游戏本质和竞技精神，不仅没能够让孩童通过节目感受快乐，获得启发，反而让他们精神紧张、压力倍增、身体受损。儿童选秀节目中经常出现身着成人服装的儿童在舞台上说学逗唱、竞技PK、拉票晋级，节目组还刻意引导孩子与主持人嘉宾互相插科打诨，以各种搞怪逗趣的行为和语言取悦观众。成人选秀节目的模式被直接照搬套用在儿童节目之中。儿童真人秀节目特别强调节目的戏剧化、奇观化，通过炒作儿童"恋情"、设置矛盾冲突、制作舆论噱头等手段争夺收视率……事实上，以上种种乱象反映出泛娱乐化倾向在儿童节目中的遍地开花，其背后，是全民狂欢的社会背景，同时折射出忽视儿童群体作为特殊性、独立性存在，而被视作成人附属物的错误观念。

---

① 吕绍刚：《"泛娱乐化"为何屡禁不止》，《人民日报》2007年4月16日。

究其原因，需要从多维度进行分析。宏观上有来自于社会经济、社会文化、社会心理等多方面的综合影响，微观上来自于儿童视听产品制作方、受众的共同作用。然而最主要的原因则在于缺乏对儿童心理和需求的真正体察和研究，错误地将儿童的"游戏精神"等同于成人的"感官娱乐"。卢梭曾在他的经典著作《爱弥儿》中写道："儿童有其自身观察、思考和感受的方式，没有什么比试图用我们的东西取代他们的东西更愚蠢的了。"笼统地将成人化的刺激的、浅薄的、奢靡的甚至低俗的娱乐元素当作儿童的娱乐所需，这始终体现着中国儿童电视的成人立场与成人价值观。

（一）价值偏离：误导儿童受众

价值观是人们对价值的一般观点和根本看法，"是人区分好坏、美丑、损益、正确和错误，及符合和违背自己意愿等的观念系统，它通常是充满感情的，并为人的正当行为提供充分理由。"[1] 儿童时期是一个人价值观形成的关键时期，儿童会从生活所闻、所见、所感的各种事物和现象中形成属于自己的认识、评价，从而产生对万事万物的好坏、美丑、损益、正确和错误的价值判断。可以说，价值观对儿童的人生方向有着重要的引导作用，指引着他们形成人生追求、思维方式和情感表达。关注儿童的身心健康发展，必定要重视正确引领儿童的价值观方向。

按照吉登斯的社会学理论，"人的社会化要经历两个阶段。其一是初级社会化阶段，发生在幼年和童年早期，目标是学习语言和基本行为方式，主要执行机构是家庭。其二是次级社会化阶段，发生在儿童阶段晚期至成年期，学校、初级群体、工作单位和大众传媒是主要执行机构，目的是在社会互动中认同价值观、规范和信仰。综合起来，家庭、学校和大众传媒是儿童社会化的主要执行机构。"[2]

儿童的生理和心理尚处于由不成熟逐渐发展成熟的变化阶段，有着强烈的可塑性和从众性。但由于缺乏直接生活经验，许多日常认知、价值判断甚至人生追求都来源于其日常关注的电视、互联网等媒介内容，比如对"真善美""假恶丑"的评判很大程度上来自于儿童节目的影响。日常生活中，时常看到这样的案例：有些小女孩看到网络视频或者电视节目里浓妆艳抹、穿着暴露的女性受到众人爱慕和追捧，简单地认为这就是"美"，于是也开始模仿成年女性，悄悄给自己化妆，穿上母亲的高跟鞋、连衣裙。孩子从电视、互联网上获得关于"美"的判断，但他们往往无法分辨这些价值倾向正确与否，无法区分年龄和身份的不同，而容易全盘接受，简单地模仿成人的美丑选择。因此，对于可塑性强和从众性显著的特征，儿童视听媒介尤其应当注重儿童正确价值观的示范和引导。

在激烈的市场竞争中，大量儿童选秀类节目、才艺表演类节目充斥荧屏，由此

---

[1] 黄希庭等：《当代中国青年价值观研究》，人民教育出版社，2005，第5页。
[2] 吉登斯：《社会学》，北京大学出版社，2003，第26~27页。

产生了一批童星。给许多家长和孩子造成一种错觉，认为参加儿童节目是成名成星的最佳途径，也是通向成功，获取金钱和荣耀的快速通道。一些儿童节目的主持人、成人嘉宾在节目里毫不掩饰对功利的追求、对地位的渴望、对权力的吹捧，甚至将暴力、情色的内容带入到儿童节目中，这些成人的话语方式、行为准则和价值观念可能会在无形之中将儿童带入歧途。

例证：《零零大冒险》

这是央视少儿频道推出的一档益智挑战类少儿节目，由成人明星嘉宾和儿童共同参与竞赛。在2017年的一期节目中，两位儿童嘉宾阿拉蕾、优优和三位成人嘉宾组成"阿拉蕾队"，另外两位儿童嘉宾五龙、丫丫和三位成人嘉宾组成"五龙队"。以下是"阿拉蕾队"和"五龙队"在竞赛中展开的一段对话。

（规则说明：在甲队答题过程中，乙队可以使用道具"锁定卡"锁定甲队A、B、C、D答案中的一项，使甲队无法选择该选项，如若锁定的刚好是正确答案，则直接导致甲队答题失败。）

（阿拉蕾队上场前）

阿拉蕾：（恳求对手）你们别（用锁定卡）锁定我们好不好？你看我都哭了。

"五龙队"队员：姐姐绝对不锁定你们，好吗？你去吧！

（玩游戏时，"阿拉蕾队"成员被锁定）

阿拉蕾：（大哭）怎么办怎么办，我说她不要锁定我们，她骗我！她明明答应我了！如果她锁我们，我就锁他们！

……

"五龙队"队员：是因为阿拉蕾在安全地带，我们才使用了锁定卡，如果阿拉蕾在场上的话，我们是绝对不会用锁定卡的。

"阿拉蕾队"队员：来，我们换人！我们换阿拉蕾上！

（阿拉蕾队的队员要将阿拉蕾拖上竞技台）

阿拉蕾：（害怕得大哭）我不敢我不敢，我怕，我做不到！

"阿拉蕾队"队员：你上，他们就不敢锁定你！

阿拉蕾：不要不要……

对参加节目的成人嘉宾而言，这只是一个电视节目、一场竞技游戏，似乎可以在节目中采取各种手段以赢得游戏胜利、增加节目乐趣、博取受众关注。节目中，成人嘉宾们使出各类"坑蒙拐骗"的手段：例如故意说错误答案误导竞争对手、破坏游戏规则、吓唬女嘉宾，等等。成人嘉宾试图以这种逗趣方式制造节目的娱乐效果，节目组也特意将他们的"坑蒙拐骗"行为呈现出来，并以后期特效与趣味字幕做辅助，扩大节目的戏剧张力，增加节目的趣味性、娱乐性。但节目组却并没有考虑到成人嘉宾的行为可能会给参与节目的孩子以及收看节目的儿童观众带来错误的示范，甚至会影响到儿童观众的价值判断和行为准则。儿童本应该通过节目学习到正确的竞技精神、丰富的文化知识以及恰当的待人之道，但事实上，节目却呈现出对规则的违背，对承诺的破坏，为了胜利可以不择手段……这些扭曲的、错误的价值观念会误导儿童，甚至有部分儿童刻意模仿，比如节目里阿拉蕾看到对方出尔反尔锁定了自己的队员，便气愤地说"她锁我们，我就锁他们"。这本是一档以鼓励竞技精神、倡导文化传承为宗旨的儿童节目，为了制造节目的戏剧冲突与噱头看点，制作方却将一些不恰当的成人价值观念融入其中，虽然引来成人观众的欢笑，却可能牺牲掉节目初衷，使其偏离正确的价值轨道。

在娱乐大众的旗号下，当下的儿童视听内容中存在大量哗众取宠、本末倒置、指向错误的现象：比如某档知名的儿童真人秀节目，游戏比拼是为了赢得更豪华的大房子、赢得更丰盛的早餐，将游戏的目标赤裸裸地指向物质；某档游戏闯关栏目，主持人引导小男孩回家收拾输了比赛的妈妈，虽是一句逗趣孩子的玩笑话，但却可能带给孩子"重输赢，轻亲情"的暗示。这些或大或小，或有意或无心的错误引导，正一步步将儿童视听作品应有的价值导向带偏，带向"计较名利得失，注重名次高低，追求物质享乐"的错误方向。

（二）内容浅薄：奉行"娱乐至上"原则

"娱乐"在《现代汉语词典》中作为名词的解释为"快乐有趣的活动"。[①] "娱乐就是获得一种感情上和思想上的快感，包括模仿的快感，情感共鸣和宣泄的快感以及思辨和理解的快感，总的说来就是一种美的观点、美的感受得到满足的快感。"[②] 简言之，娱乐是一种活动，能够给人带来欢乐、愉悦。适度的娱乐在人类的日常生活必不可少，满足人们身体和精神的双重需求，使人得到身体的放松和精神的欢乐，促进人身心健康的统一。正如文化社会学家阿诺德·豪泽尔所说，"娱乐、放松、无目的的玩耍是生活不可或缺的一部分，从心理学和生理学上说，是保证旺盛的精力，刺激和强化活动能力所必需的。"[③]

学习和娱乐是儿童生活中最重要的部分，二者相辅相成。儿童通过适当的娱乐

[①] 中国社会科学院语言研究所词典编辑室：《现代汉语词典》（第5版），商务印书馆，2010，第1661页。
[②] 欧阳宏生：《广播电视导论》，四川大学出版社，2002，第190页。
[③] 阿诺德·豪泽尔：《艺术社会学》，居延安译，学林出版社，1986，第12页。

能够促进更高效的学习，强化其思维能力和情感认知。电视、互联网等媒介播出的健康的儿童视听内容，一定程度上能够将儿童从繁重的学习任务中解放出来，让他们通过荧屏感受大千世界的斑斓和乐趣。在给儿童带来快乐体验的同时，也潜移默化地将优秀的文化、丰富的知识、健康的审美等有利于儿童身心健康发展的内容传递给孩子。

然而，泛娱乐化影响之下的儿童电视过度强调娱乐功能，注重肤浅的、空洞的、片刻的休闲解压而抛弃了"真、善、美"的价值标准，使得无深度、无思辨、无审美的娱乐内容充斥荧幕。比如"吃货"小蛮、"小周立波"等儿童在才艺节目的舞台上胡吃海喝、模仿成人、滑稽表演，赢得观众满堂喝彩；成长类节目炒作儿童"恋情"，将儿童之间的纯真友谊解读为"告白""示爱"等成人情感，吸引大量成人观众评头论足；竞技挑战类节目设置各种惊险环节刺激观众感官神经，在没有护栏的五六米高台上让儿童挑战"踢足球登顶"，用孩子高超的运球技能取悦观众；儿童真人秀类节目展现多处奢靡浮华的生活图景，旅游胜景、豪华别墅、华丽服饰、明星嘉宾等元素堆积……娱乐的内涵在当下的儿童视听创作中被置换为浅薄空洞、粗鄙搞怪的内容，儿童在节目中的放松体验被简单地等同于感官刺激和低俗猎奇。

"美国学者乔治·格伯纳通过长期实证研究指出，电视在社会中的角色是'神话讲述者'和'控制性符号'。格伯纳说，人们从出生到死亡都会接触到电视，电视对社会的影响是到处存在的，并且是制度性的；但是，电视中展现的世界是歪曲了的，与真实的世界是完全不相同的，电视中所呈现的这种变形的世界造成了人们对现实世界错误的印象。"[①] 对于儿童而言，"变形"的荧幕世界对他们的影响更为显著，体现在思维方式、审美水平、日常行为等诸多方面。观看节目本身对观众的主动性要求并不高，观众只需要投入眼睛和耳朵的关注就能顺利完成收视，而空洞浅薄、媚俗刺激的节目内容更加难以调动儿童观众的主动思考和批判性思维。同时，儿童的分辨能力相对成人较弱，但模仿能力却很强，充斥荧幕的一些不良内容，如暴力游戏、同龄人炫富、成人低俗玩笑等元素未经过滤进入到儿童视野中，久而久之将成为儿童效仿的对象。

例证：《了不起的孩子》

这是"爱奇艺"视频网站播出的一档网络儿童脱口秀节目，每期节目邀请2~3位有才艺的儿童轮流进行访谈对话与才艺表演。2017年的一期节目中，节目组邀请了一位拥有超强记忆力的3岁"天才儿童"王恒屹。为了考验王恒屹的记忆能力，主持

[①] 郭镇之：《北美传播研究》，北京广播学院出版社，1997，第258~282页。

人在节目现场教他朗诵了一首古诗并要求他当场背诵。

（孩子记忆完毕开始背诵）
王恒屹：《送崔九》，归山深浅去……
（孩子背不出来诗，在舞台上玩闹）
主持人：你表现好点儿啊，你表现不好，我们有办法……女嘉宾，你有办法吗？
女嘉宾：我当然有办法啊！你怕不怕我！我知道他怕什么，有困难找保安！保安！
（穿着制服的保安走上舞台）
王恒屹：（惊恐）不行了，不行了有点儿！（立正姿势，敬礼动作）
（现场观众和主持人哈哈大笑，保安离开）
……
主持人：你赶紧把它念出来，不然保安又上来了。
王恒屹：（紧张）《送崔九》，归山深浅去……完了后是……
主持人：然后是保安要上场！
（主持人再教孩子念诗，孩子没有跟着念）
主持人：保安！保安！
王恒屹：（惊恐）不行不行，我……让他下去！（立正姿势，敬礼，两眼泪花）
主持人：你赶紧把它背出来，他（保安）就下去了！
王恒屹：（快速背诵）归山深浅去，须尽丘壑美，莫学武陵人，暂游桃源里！

主持人了解到王恒屹害怕穿制服的保安，便故意多次呼叫保安吓唬孩子。孩子因为恐慌而竭尽全力背诵诗歌，向观众展现"过目不忘"的本领。观众乐于看到孩子惊慌失措所展现出来的逗趣状态，节目组也借此提升娱乐效果。3岁的孩子一边敬礼一边操着东北味口音呼喊"不行了，不行了"时，现场观众皆鼓掌大笑。舞台上主持人每呼叫一次保安，现场观众就会跟着喝彩鼓掌，王恒屹的窘态被当作乐子，但这种"威胁"可能带给他的心理阴影却被成人忽视了。儿童对"穿制服"的保安普遍存在畏惧心理，该节目可以借此进行认知引导，让孩子理解制服是一种职业的外在符号，以便大家识别。也可以告诉孩子们，保安、警察等能够在危险的时候保护人身安全，遇到危险时应该向这些穿制服的人求助。但这期节目却塑造了保安可怕、可恶的形象，进一步加剧了儿童对这一群体的恐惧。错误的暗示或许会对现实认知产生误导，甚至可能造成错失求助机会的遗憾。

为了尽可能呈现节目的戏剧效果，王恒屹敬礼的画面被后期剪辑特地制作成了身体发抖的特效，配上悲壮的音乐，重复剪辑呈现他惊恐的表情，以夸张的手法展现儿童的这种"憨傻"状态，娱乐观众。"爱奇艺"视频网站上播放到此段落时，"弹幕"数量急剧增加，多是诸如"太好笑了"，"这个小孩太逗了，我要再看一遍"之类的网友评论，这期节目也成了目前本季《了不起的孩子》节目点击量最高的一期。事实上，原本展现3岁小天才超强记忆力的才艺表演环节，最后却在编导、主持人、后期编辑、现场观众的合力之下变成了一幕拿孩子取乐的"滑稽喜剧"，浅薄空洞的节目只是赢得观众的片刻欢笑，但却带给王恒屹小朋友深深的心理伤害，带给儿童观众错误的示范。

例证：《一年级·小学季》

这是湖南卫视播出的一档校园真人秀节目，由两位明星嘉宾分别担任实习班主任和实习生活老师，主要展示一群小学一年级新生进入校园之后的学习与生活状态。节目里除了表现孩子们日常趣味生活以外，还有一条贯穿整季节目的小男生与小女生之间的"感情线"。诸如"李昊煜告白安淇尔""西蒙子搭讪小苹果惹王梓璇神伤""西蒙、李昊煜各出奇招示爱小苹果"等节目主题宣传语层出不穷，以成人话语营造出孩子们之间纷繁复杂的"暧昧气息"。在某期节目中，西蒙子在给全班小朋友分糖的时候多给了"小苹果"安淇尔一颗糖，后期剪辑用浪漫的音乐、纷飞的特效"爱心"、重复慢放镜头等手法营造出浪漫气息，同时将旁边另一个小女生王梓璇不开心的镜头穿插其中，营造出"吃醋"小女孩形象，形成一段错综复杂的"三角恋"情节。节目的片尾，特意剪辑出王梓璇坐在车上说"我觉得西蒙子很帅所以喜欢他"的画面，最后以"西蒙子搭讪小苹果惹王梓璇神伤"为宣传语进行本期节目主题的宣传营销。在整个11期节目中，两个男孩西蒙子、李昊煜和两个女孩小苹果、王梓璇之间的"情感"故事一直被当作"看点"刻意制造、大肆宣传。孩子一个小小的关怀举动、一次单纯的示好、一段简单的友谊，在编导和剪辑的刻意放大和人为塑造之下，变成了一幕幕低俗浅薄的低龄版"校园爱情偶像剧"。

目前，在电视和网络平台上热播的儿童真人秀节目，虽然都以儿童为主要参与对象，但并非以儿童为主要收视群体。表面上，大多数儿童真人秀节目的受众定位是"合家欢"综艺节目，适合孩子与父母一同观看，然而在实际制作中，成人立场明显，主创者往往以成人视角和价值选择为导向，迎合成年受众的收视兴趣。

儿童真人秀节目近年来成为国内儿童节目泛娱乐化的"重灾区"，尤其在节目当中设置"男女话题"是目前众多儿童真人秀节目的常用套路。节目组深知成人受众乐于看到懵懂儿童上演"纯情爱恋、青梅竹马"的戏份，因此故意营造儿童之间的"暧昧气息"，以期取得更高的收视率，引发更多的话题讨论。甚至在《爸爸去哪儿》第四季中,节目组刻意炒作"实习爸爸"董力和女儿"阿拉蕾"之间的"恋情",引来了民众的一场伦理大辩论。《人民日报》也对此发表了批评文章,批评其为社会带来的不良影响。儿童真人秀节目为了满足受众的感官刺激和低俗趣味,越来越空洞浅薄、粗鄙戏谑,既忽视了儿童节目应有的文化内涵和审美意义,又极容易误导电视机前的儿童受众,让正处于身心发育阶段的儿童受到不良影响。

儿童真人秀节目里出演的"真人"是儿童,但却是为了"秀"给成人受众观看:有的节目"秀"孩子们的天性童真,用儿童幼稚的行为和话语娱乐观众;有的节目"秀"矛盾冲突,用曲折离奇、戏剧夸张的情节刺激观众感官神经;有的节目"秀"明星生活,将明星家庭的生活点滴呈现在电视荧屏,满足受众的好奇心和窥视欲;有的节目"秀"小男孩与小女孩之间的"恋情",满足观众的情感欲望……事实上,这些节目内容既不对接儿童的收视兴趣,也不对位儿童的收视需求。儿童电视建构出的这场"媒介狂欢"以满足成人受众娱乐需求为宗旨,恰恰忽略了可能给儿童身心健康造成的负面影响。

"娱乐至上"的节目创作理念过分追求节目的娱乐效果,挤压了儿童电视主要应具有的教育功能、雷达功能和陪伴功能。肤浅空洞甚至低俗浅薄的节目内容不但违背了儿童视听的创作初衷,而且使得儿童节目的文化价值与教育意义丧失殆尽。超出儿童认知水平和日常生活经验的大量视听内容,过早地将儿童塞进成人的审美经验、价值选择之中,客观上将加速儿童的身心早熟。同时,长期被娱乐大潮所包围,这种虚幻的娱乐狂欢极易让人迷失自我,导致思维僵化,审美流于浅薄与低俗,耽于享乐,丧失意志与奋斗精神。

1995年,电视史上第一次"电视与儿童"世界高层会议在墨尔本召开,"在这次会议上,与会者达成了这样一种共识,即单纯的'保护主义'观点并不能从根本上解决问题,重要的是必须确立'儿童的权利'意识。也就是说,少年儿童虽然是未成年人,但他们作为社会的'小公民'同样拥有从传统和新兴媒介上学习有益的知识和文化、享受健康的娱乐的权利。只有普及了这种权利意识,并通过国家行政和社会手段建立保障这种权利得以实现的制度,才能够变'害'为'利',使电视成为少年儿童的良师益友。"[①] 对于中国而言,儿童视听创作中普遍存在的消费主义倾向和泛娱乐化倾向问题是对儿童权利的极大侵害。改变这种现状,切实可行的举措是多管齐下,包括国家层面的行政手段干预、社会层面的大众监督以及行业层面的媒介自律。

[①] 曹丽萍:《从"保护"到"权利"——首届世界"电视与儿童"高层会议概况》,《国际新闻界》1995年71期,第14页。

第四章

比较视野中的国外儿童视听创作

童年是人生中最接近本真状态的宝贵阶段,在市场化和商业化的浪潮中,如何尊重儿童的天性和可塑性、保护儿童的童真和好奇心是世界各国儿童视听内容创作者需要共同面对的核心议题。各个国家不同的文化背景、制作理念以及制作水平决定了儿童节目的水平差异。国外儿童视听创作起步较早、经验丰富且制作精良,相比较而言,观摩和研究这些作品,将有助于中国儿童电视开阔视野、汲取教训、探索更加优质的创作路径。

本章将中国儿童节目纳入比较视野之中,着重分析优秀的儿童节目播出平台、节目定位、表现形式及指导思想等多个视角的"国外经验",多维度关照介质平台和内容文本,以期探索西方儿童视听创作的先进经验,为中国提供比照和学习的理想范本。

第一节 国外儿童节目播出平台的典型范例

放眼世界范围内的优秀儿童视听资源,虽然是多渠道并存的播出格局,但主要集中在传统电视频道和各大综合以及专业网站。其中,以美国、加拿大、英国、日本、澳大利亚和爱尔兰为主要代表。本章将聚焦两大平台,梳理和总结上述几个国家在儿童视听创作领域的布局和经验,以期从播出渠道角度呈现出国外儿童节目的创作框架。

一、传统的电视播出平台

在所有的儿童节目传播渠道中,电视目前仍然是儿童接收视听内容的首选。国内一项关于4~6岁幼童观看电视时长的调查结果显示,约有45.7%的儿童每天看电视1小时,34.8%的儿童每天看2小时,有9.5%的儿童观看时长甚至高达3小时;平均每个孩子每天收看电视1.67±0.67小时。[1]

---

[1] 杨焕兰:《儿童看电视引发的问题及对策的探讨》,《当代学前教育》2008年第3期,第41~42页。

从全世界范围来看，专业儿童电视频道的创办始于20世纪70年代。世界上第一家儿童频道是1979年开办于美国的尼克罗迪恩儿童频道，如今它已经发展成为一家全球领先的儿童节目知名品牌，在美国本土以及世界各地开办了各具特色的尼克儿童频道；英国的第一家儿童频道TCC开办于1984年，经过二十余年发展，英国本土的儿童频道数量已经领先世界；而日本、德国和澳大利亚的儿童频道则肇始于1997年，这三国分别于该年创办了托尼恩（TOON IN）、孩子们（Der Kinder Kanal）和福克斯儿童频道（Fox Kids）。笔者将在本章中对各国的少儿电视频道进行梳理。

（一）美国

20世纪70年代末，美国有三家主要的商业有线电视网络：哥伦比亚广播公司（CBS）、全国广播公司（NBC）和美国广播公司（ABC），均开设有专业的儿童频道。这三家公司（CBS、NBC、ABC）在长期的经营实践当中积累了丰富而专业的用户数据库，例如特定的人口统计数据、收视数据等。节目的细分化投放方式日趋成熟和科学。其旗下的少儿频道虽然处于初创阶段，但也受其影响，尊重调查数据对节目创作的指导价值。80年代中后期，尼克、卡通频道等专业化程度较高的儿童频道脱胎于广播公司、娱乐传媒集团，它们一方面整合既有的儿童节目资源，从三大无线电视网络中购买或模仿其节目，发挥其母体的资源和渠道等优势，增设节目版块和子频道；另一方面，儿童频道的设立往往纳入企业发展战略轨道，投入大量人力财力，创作精品节目，延长其母体公司在电视、广播、娱乐等产业系统的产业链，一定程度上，实现"反哺"母体的目标。

1. 尼克罗迪恩儿童频道（Nickelodeon）

它是美国也是全世界第一家专业儿童频道，于1979年正式运行（但它的历史可以追溯到1977年运行的风车网络）。开办初期，该频道节目因为资源有限而招致受众不满。20世纪80年代到90年代初，频道丰富节目资源，包括儿童教育节目、原创动画节目、儿童真人秀、游戏节目、谈话节目以及电视剧和喜剧小品等，还有面向家庭、青少年和成人的深夜经典栏目《尼克晚间》（Nick At Night）。此外，尼克罗迪恩儿童频道还运营四个独立于主频道的专业数字子频道：尼克幼儿频道（Nick Jr即原Noggin），该频道针对学龄前儿童特别开设，播放儿童喜爱的动画片并运营着一个在线儿童游戏网站；尼克动画频道（Nicktoons），主要播放动画片；尼克音乐频道（NickMusic），该频道播放的主要内容包括音乐剧以及来自青少年流行歌手的音乐节目；还有一个频道在日间播放尼克青少年节目（TeenNick），在夜间为90年代的观众提供节目尼克斯普拉特（NickSplat）。以作为联结父母与学前儿童平台的尼克幼儿频道（Nick Jr）为例，它致力于为2~5岁的学龄前儿童提供节目，家长也可以从中获取育儿技巧。数字化技术的成熟使得电视节目的传播更加灵活，该频道适时推出了节目点播、回放等互动功能，适龄儿童可以随时回看自己喜爱的内容并根据喜好设置播放清单。尼克罗迪恩在丰富节目内容的同时按照内容、播出时间、受众年龄等因素为儿童受众有针对性地提供内容，市场细分战略也成为其成功的重要因素之一。

2. 卡通频道（The Cartoon Network）

该频道于1992年开始运行，并在其两个姐妹频道的支持下，很快成为发展最快的儿童频道，开播五年便赢得美国观众的广泛欢迎。该频道最初仅播放特纳广播公司制作的动画片，从1995年开始播放类似于尼克儿童频道的自制儿童节目。卡通频道重视对目标受众的专业研究，从学龄前儿童到成年人都做了人口统计学的分析以便精准定位受众群体。卡通频道被认为在20世纪90年代的美国动画复兴中扮演了重要角色，动画片经其传播之后重新流行起来，并且还诞生了许多新的动画形式。以脍炙人口的《大力水手》和《飞天小女警》为例，它们不再简单模仿迪士尼动画，一味追求高成本、大制作的华丽场景，而是采用低成本的制作策略，通过精心策划的情节和音响等效果来弥补视觉上的不足，这样一种"有限动画"的制作理念被广为认可。[①]该频道还有很多著名的儿童栏目，例如：《图纳米》（Toonami）、《半夜奔跑》（the Midnight Run）、《图恩哈德》（ToonHeads）和《太空大侠》（Space Ghost Coast to Coast）等。这些节目不仅在少年儿童中广受欢迎，在成人观众中也引起了较大反响。卡通频道另外还运营着一个主要播放华纳兄弟公司系列动画及卡通频道经典动画的子频道Boomerang。

3. 迪士尼儿童频道（The Disney Channel）

该频道始创于1983年，最初是一个收费频道。1997年转型之前影响力十分有限，播放的内容也仅限于经典的迪士尼电影和动画短片以及针对家庭观众所播出的传统节目。1997年之后该频道改变以往的节目模式，重新调整为早间为学龄前儿童播放教育节目，午间播放儿童情景剧以及系列动画，晚间则推出了丰富多彩的儿童剧和音乐剧等内容。2002年迪士尼儿童频道再次进行改革，"砍掉"了大部分儿童教育和综艺类节目，只保留了其动画系列。迪士尼频道同时运营着三个子频道，其一是迪士尼青少年频道（Disney Junior），该频道于2012年开播，主要播放面向学龄前儿童的动画节目；其二是迪士尼XD（Disney XD），面向年龄稍长的青少年；另一个是自由频道（Freeform），一个面向年轻观众的现场直播频道。迪士尼频道创办之初所播出的以家庭为导向的儿童综艺已经逐步被淘汰，取而代之的是高品质的动漫电影和动画连续剧等节目。

---

① 郭兴：《美国动漫发展对中国动漫电影的启示》，《电影文学》2011年第22期，第63~64页。

这三家儿童频道在长期经营实践当中积累了丰富而专业的用户数据库,例如特定的人口统计数据、收视数据等,儿童节目的投放可以根据不同群体的需求划定专门的收视对象。

美国的儿童频道不仅起步早、数量多,而且在规模上也傲视全球。大量儿童频道不仅在本土生根,还大举开拓海外市场,在一些国家甚至主导了当地的儿童节目收视。发展到一定规模后,美国的儿童频道开始重视市场细分,按照受众年龄、节目内容等因素划分出子频道,满足儿童受众多样化需求。以迪士尼频道为代表的经典儿童频道经久不衰的一个重要原因是坚持顺势而变,迪士尼儿童频道经历了几次大的变革,每一次变革都有壮士断腕般的勇气与决心,砍掉前景黯淡的节目,投入大量资源创建原创团队,研究受众市场,不断尝试新的节目元素和形式,美国儿童视听的传统平台因此长期保持着与时俱进的动力和活力。

(二)加拿大

加拿大因其特殊的历史传统而存在英语和法语两种官方语言,故其儿童频道也主要分为英语和法语两大类。根据加拿大"儿童电视联盟"的统计数据,该国的电视节目中,约有67%使用英语,其余33%使用法语。近年来为推广法语,该国政府主动引导儿童节目频道以法语作为主要语言。因此语言学习也是加拿大儿童频道的一项重要功能。

加拿大的英语专业儿童频道主要由科勒斯娱乐公司(Corus Entertainment)和DHX传媒公司(DHX Media)两家运营。Corus Entertainment旗下的儿童频道有青年电视(YTV)、树屋(Treehouse)和天线卡通(Teletoon),除此之外还有经过本土化改版之后的卡通频道、迪士尼频道及其旗下的两家子频道、尼克罗迪恩儿童频道等;DHX公司经营着家庭频道(Family Channel)和儿童频道;此外,还有独立于这两家公司之外的唯一一家英语儿童频道。

在法语儿童频道方面,有Corus公司运营的卡通频道(Télétoon)和法国迪士尼频道(La chaîne Disney)、DHX公司运营的法语版本的家庭儿童频道(Télémagino)、TVA集团运营着面向学龄前儿童的频道(Yoopa)以及贝尔传媒(Bell Media)经营的面向青少年群体的频道(Vrak)。

加拿大的儿童频道一方面保持其特殊的语言传统,承担起语言教育的重要使命。另一方面,以开放的姿态迎接来自其他国家的优秀节目资源,例如美国的尼克罗迪恩等国外儿童频道通过本土化改造,与加拿大传统文化和受众需求进行深度融合,既起到了同行示范的牵引作用,又增添了市场竞争活力。同时,加拿大本土儿童频道近年来通过节目创新也收获了大批儿童观众,逐渐发展壮大。

（三）英国

英国主要的少儿频道有英国广播公司儿童频道（CBBC）、英国广播公司幼儿频道、迪士尼英国频道、卡通电视网和尼克卡通频道。在CBBC开播之前，迪士尼英国频道、卡通电视网和尼克卡通频道都已经正式播出，它们不约而同地定位在播放商业回报较高的卡通片上。

英国的儿童电视频道主要由英国广播公司（BBC）和英国独立广播公司（ITV）两家运营。其中英国广播公司旗下有面向学龄前儿童的CBeebies频道和面向6~13岁少儿的CBBC频道；英国独立广播公司旗下有CITV少儿频道，剥离原有的其他节目，成为专门的少儿频道。

CBBC作为英国乃至世界范围内最有影响力的少儿频道之一，其目标是要给英国的孩子提供多样化、高质量的电视节目。CBBC的节目类型除了卡通片之外，还包括儿童影视剧、新闻、游戏节目、教育节目等。CBBC开播之前，美国节目占据了英国少儿电视市场的半壁江山，迪士尼英国频道、卡通电视网和尼克卡通频道的母公司都是在美国颇具实力的传媒集团。这些频道虽然声称要通过本土化来吸引英国观众，但实际播出的大都是美国频道播过的节目，以好莱坞手段包装出来的冲击性画面和大团圆情节来吸引观众。CBBC的努力一定程度上改变了这样的局面。

英国儿童电视频道将独立自主作为其长期坚持的战略，其创作团队、节目制作、受众市场调研都表现出较强的独立性，既不依赖国外尤其是美国所生产的儿童节目，也不依赖大量播出的娱乐节目，而是专注于儿童节目的创作，依靠高质量、内容丰富的节目吸引儿童受众的关注。

（四）其他国家

除美国、加拿大和英国之外，在儿童频道运作方面深耕多年的还有爱尔兰、日本、澳大利亚等国，这些国家的儿童频道均起步较早，积累了丰富的运营经验。

爱尔兰为儿童提供专业电视服务的频道是RTÉjr，它创办于1998年。从1998年到2010年间每个工作日的7:00~17:30播放儿童节目，该频道在2010年由The Den改回RTÉjr的名称，随后播出的爱尔兰语儿童节目（Cúla 4 Na nÓg and Cúla 4）受到孩子们的广泛喜爱。此外还有商业性的儿童广播电视频道TV3。

澳大利亚的儿童频道主要包括本土的澳大利广播公司我频道（ABC Me）、澳大利广播公司儿童频道（ABC Kids）、儿童联合频道（KidsCo）以及迪士尼儿童频道及其子频道XD频道（Disney XD）和青年频道（Disney Junior）、幼儿频道（CBeebies）、尼克罗迪恩儿童频道及其子频道小尼克（Nick Jr.）、卡通频道及其子频道回力标（Boomerang）等。

日本本土的儿童频道主要有日本放送协会（NHK）旗下的教育电视（NHK

Educational TV)、儿童频道(Kids Station)等；来自海外的儿童频道也在日本占据了半壁江山，如尼克罗迪恩儿童频道〔目前成为动画频道(Animax)下的一个节目版块，名为"尼克时间"(Nick Time)〕。

（五）国外优秀儿童电视频道的总体特征

以美英加等国为代表的国外儿童电视频道之所以能够实现良好的社会效益，同时在全球儿童视听市场影响力广泛、经济收益良好，其主要原因在于它们在市场定位、节目策略、商业和教育的平衡等方面长期坚持精心地设计并且执着地践行。

1. 制定严格的差异化细分战略

国外儿童电视频道大多在进入市场之前就明确了本频道在儿童视听市场中的定位。以尼克儿童频道为例，其在最初进入市场时，对包括迪士尼等竞争对手在内的市场环境进行专业化的实证研究，并朝着差异化竞争的方向持续发力。受益于当时美国官方的广播电视政策，尼克儿童频道播出的以公益、绿色为主题的儿童节目不仅降低了成本，还赢得了家长的信任与儿童受众的好感。

反观与尼克儿童频道同期运营的某些竞争对手频道，由于缺乏对目标受众的研究和细分，贪大图全的思维之下将频道设计为广域覆盖的平台，受众包括全年龄段（0~18岁）以及他们的家长，反而丧失了方向感。播出的内容虽然以教育性为目标，但是内容和形式都不够儿童化，资讯信息的丰富程度也相对较低，同时大量商业广告的插入使得儿童频道的对象化特征愈加模糊。

尼克向全年龄段延伸依托的是尼克品牌的整体效应，持续为节目供给端注入财力和人力，保障节目数量和品质，细分观众年龄段，并以此为依据设计节目版块，主要分为：低幼版块，针对2~5岁儿童；尼克卡通版块，满足6~11岁核心人群对动画片的需求；周六"晚间尼克"和"尼克青少"(Snick)版块，针对9~14岁学龄儿童的周末娱乐需求；尼克晚间版块，10点之后和深夜时段，为父母一代的成年人重播情景喜剧。这一思路的践行，是以细分化策略实现全年龄段覆盖为目标，仍然在总体上保持对象化媒体的显著特征。

2. 节目策略与品牌精神相契合

优质的节目内容是儿童频道经营成功的基础，是实现一切品牌衍生市场价值的前提条件，没有精品旗舰节目，就没有一个有价值的儿童电视品牌，更没有产业化的可能性。[①] 西方儿童电视频道现有的精品品牌经历了一个漫长的发展历程，始终重视原创精品节目的开发，鼓励个人创造性的发挥，重视研究目标观众，精准掌握儿童观众的需要，建立起适合企业文化的节目生产制度，等等，都是通过实践探索出来

---

① 张菁：《电视少儿频道的品牌建构和节目策略——以美国少儿频道尼克罗迪恩为例》，《南方电视学刊》2014年第4期，第116~119页。

的有效经验。精品原创节目就像是儿童频道的灯塔,指引了节目制作的方向,同时成为显著的频道品牌识别标志。

重视节目与受众的密切关联、尊重创作者的原创作品,是西方儿童频道共有的节目制作理念;而尊重和理解儿童,则是它们对儿童这个特殊群体的基本态度。以尼克儿童频道为例,产品策略自始至终都坚持为少儿带来有趣、多元、亲近社会的儿童节目。尼克在长期的探索中发展出自己的原创节目生产机制,形成了委托制作——放权主创——研究团队把关——制片人审核——观众反馈测试等多个环节共同搭建的"创作者主导"机制。

3. 在商业性和公益性之间谋求平衡

商业性与公益性的平衡,一直以来都是困扰儿童频道的难题。西方儿童频道大多数是以出售广告时间盈利的商业电视频道,但与此同时它们并未搁置节目的公益诉求。受制于制作水平以及节目预算,三大电视网在初创阶段制作的儿童节目多为玩具类卡通片,甚至有些采用重口味和暴力来博取眼球,节目中甚至出现了毫不掩饰的暴力打斗镜头。然而,以尼克为代表的新兴专业儿童频道并没有向商业市场妥协,因此在创办初期就区别于三大电视网,确立了不掺杂电视暴力的儿童频道的定位,试图打造为强调儿童权利、增长儿童心智的频道形象。在纯粹的商业性节目与公益性的健康儿童节目之间探索突破口。尼克儿童频道最初从加拿大和英国的公共频道购入真人电视节目《今天的特别之处》(*Today's Special*)、动画片《神勇小白鼠》(*Dangermouse*)等具有教育意义和公益性质的儿童节目;从1983年开始在其播出线中引入广告,而广告的收益为尼克创作出更多的精品节目奠定了基础。

这三家主要的儿童频道从公益类教育节目的生产中探索出维持商业性与公益性达成平衡的"三件法宝":儿童幽默与儿童赋权、节目以孩子的视角认识世界、拒绝暴力和性的内容,[①]在商业利益面前坚守儿童频道的品牌根基。

二、新兴的互联网播出平台

美国报纸《芝加哥论坛报》前总编杰克·富勒曾指出:"新媒介通常并不会消灭旧媒介,它们只是将旧媒介推到它们具有相对优势的领域。"互联网、大数据等新兴科技的日新月异推动了媒介生态环境的变化。就儿童节目而言,网络的发展分流了一部分儿童受众,使得电视逐渐丧失在儿童受众中的绝对优势地位。根据美国皮尤研究中心2015年发布的美国青少年智能手机与社交媒体使用情况的统计报告,有近92%的受访青少年表示自己每天都会上网,且其中绝大多数(94%)使用移

---

① 张菁:《电视少儿频道的品牌建构和节目策略——以美国少儿频道尼克罗迪恩为例》,《南方电视学刊》2014年第4期,第116~119页。

动终端上网。

欧美等国除了保持传统优势,继续打造成熟的电视平台之外,开始逐步加强新媒体平台的探索。联合国教科文组织将新媒体定义为"以数字技术为基础,以网络为载体进行信息传播的媒介",它涵盖了所有数字化的媒体形式,包括数字化的传统媒体、网络媒体、移动端媒体、数字电视、数字化报纸杂志等。笔者选取儿童视听网站以及移动端媒体两种平台,对国外新媒体平台中的儿童节目及其传播特征进行梳理和呈现。

(一)儿童视听节目专业网站

传统少儿电视频道因时间和地域的限制与受众的即时需求之间形成矛盾,而互联网的出现则弥补了这一缺陷。网络平台中的儿童节目随点随播的特点真正实现了时间和空间上的灵活传播,给予儿童受众极大的选择权。此外,互联网极强的交互性也在儿童节目网站中得到了很好的体现,儿童观众对于节目的反馈变得十分便捷。

"看国外"(www.kguowai.com)网站以其收录的全球儿童网站数据为基础,对国外儿童网站进行了梳理。其中"国外十大最受欢迎儿童网站"包括了在线尼克儿童节目门户网站(Nick.com)、美国公视儿童网(PBS Kids)、Nickjr.网站、企鹅俱乐部(club penguin)卡通网(Cartoon Network)、儿童视频网(Youtube Kids)等。除企鹅俱乐部是一个大型多人在线儿童游戏网站外,大部分最受欢迎的网站均建立在传统的儿童视听节目基础之上。以美国公视儿童网(PBS Kids)为例,该网站内容以美国公共广播电视的儿童节目为脚本,面向儿童受众的需求,让孩子们在耳熟能详的卡通人物带领下,以主题任务为驱动进入到不同的主题版块当中。[①]

电视频道时代的尼克罗迪恩、NHK、BBC等儿童节目巨头面对新媒体发展的汹涌浪潮并没有束手就缚,在长期实践探索中形成了两种主要的儿童网站建构模式:

一方面同以YouTube为代表的门户网站展开积极合作,并针对少年儿童受众进行特别的编创,推出儿童专属的YouTube Kids网站。儿童版的YouTube相较于普通版界面操作简单、文字按钮更大、配色更加鲜艳,此外儿童版还移除了评论功能,网站借助人工智能技术设置了一名活泼可爱的节目向导,帮助孩子们进行节目的选择,这一系列的设计都更易于儿童用户的使用。电视频道时代的儿童节目巨头主动将节目资源投放至视频门户网站,不仅凸显了其作为资源生产者的核心优势,更有助于形成多方协作、跨界联动的新格局。

---

① 张红岩、张军辉:《国外优秀儿童网站对我们的启示》,《当代学前教育》2009年第3期,第43~46页。

图4-1　YouTube Kids图标

另一方面大力打造以儿童节目为脚本的自有专属平台。用户黏度在儿童视听品牌建构中起到重要作用,如果仅仅依靠网络门户平台,将其作为自创内容与受众之间的唯一渠道,久而久之将对网络视频门户网站产生严重依赖,并受到渠道资源的制约,原创团队作为内容生产者的自身价值却难以实现。尼克罗迪恩频道的母公司维亚康姆集团（Viacom Group）倾力打造在线儿童节目网站Nick.com,依托尼克罗迪恩频道丰富的内容资源,将传统电视频道中从节目内容生产、技术架构到节目投放与网站建设有机结合,以孩子们喜闻乐见的动画、儿童剧形象为主线,延伸到在线游戏、在线儿童视听节目、儿童博客等多样化服务。尼克罗迪恩凭借其在传统的儿童电视频道领域中的深耕,加之在互联网新媒体领域的不断探索,Nick.com在1993年便成为6~14岁儿童群体中点击率最高的儿童网站。

（二）儿童视听的移动终端平台

多样化的新媒体凭借其平台优势为儿童视听内容提供了多元化的渠道选择,原本仅仅依靠电视频道和传统门户网站播出的内容,如今可以在手机、平板电脑等多种"屏幕"上呈现。传统互联网向移动互联网的转向是技术进步的必然趋势。相对于传统互联网而言,移动互联网最大的优势,在于能够结合用户需求和终端的不同功能特性,提供更加具有用户针对性的专属服务,儿童节目可以实现全方位、多渠道、最大化影响受众的立体化传播。国外传统少儿频道凭借内容生产和资源储备的强项,与拥有先进技术的移动客户端、视频网站、IPTV、互联网电视等新媒体渠道形成良性互动,构建起以少儿频道为主体,电视、电脑、手机、平板等移动终端融合构成的"一云多屏"平台。①

移动端互联网平台的儿童视听传播不仅具备儿童网站资源共享和交互的优势,在信息反馈、收看收听以及参与的便捷性上有了新的突破,真正做到了对时间、空间的突破。

谷歌公司于2015年在全球最大的视频网站Youtube中推出了YouTube Kids服务,同时推出了Youtube Kids的IOS和Android版本,为孩子们提供了一个可以多屏互动、

---

① 马俊华：《移动互联网背景下电视节目的呈现方式及传播特点研究》,博士学位论文,安徽大学,2015,第22页。

非常便捷和安全的儿童节目收视渠道。在Youtube Kids的节目内容中，除了经过严格筛选的用户上传内容，谷歌公司还与迪士尼儿童频道、尼克罗迪恩频道、梦工厂等多家内容提供者合作，创建了丰富多彩的儿童节目内容库。

在版块的设计上，YouTube Kids将内容划分为四个简洁明快的部分，分别为展示、音乐、学习、探索（Show、Music、Learning、Explore），并且为家长提供了贴心的监控功能。在移动端的App设计中，也采用了鲜艳的色彩、大尺寸交互和定制化等符合儿童心理的设计。

图4-2　Youtube Kids平板端界面

尼克儿童网站（Nick.com）在其主页导航栏的显眼位置设置了网页和移动端的引导，指导用户便捷地从移动端的应用商店中下载App以便在手机或平板等移动终端上使用。尼克的移动端并不是简单地将网站内容复制到App中，而是细分内容的深度定制，例如尼克洛迪恩游戏（Nickelodeon Play）——主要是视听资源的传播以及基于视听资源简单打造的小游戏，如指尖的海绵宝宝等；《忍者神龟突变体》（*Teenage Mutant Ninja Turtles*）——一款忍者神龟主题的闯关游戏App；《爪子巡逻》（*Paw Patrol*）——通过NICK Jr.电视节目中的小狗Paw形象在空中执行巡逻任务的游戏情节，培养孩子数学技能的教育游戏App；此外还有《微光和闪耀》（*Shimmer and Shine*）、《海绵宝宝方裤》（*Spongebob Squarepants*）等以尼克儿童频道旗下的卡通形象为脚本打造的益智游戏类移动端应用程序。

图4-3　尼克罗迪恩nick.com网站导航栏

日本NHK基于儿童视听资源打造的移动平台较为强调其教育意义。如专门为学校服务的NHK FOR SCHOOL中将内容资源按照直播课堂、影像回放、答疑等版块呈现，此外该移动应用程序中还有"电子黑板"一项，进入该版块后有社会、科学、算数、英语等模块资源供使用者选择，为孩子营造出模仿课堂教学的学习情景。NHK在儿童视听内容移动端的探索过程中还形成了"内部业务孵化""新媒体内容收费"等模式，在互联网时代的媒介融合发展潮流中，以创新意识、市场意识、数据意识为指导，实现了儿童视听内容在新老媒体中的良性互动。

（三）国外优秀儿童网络平台的特征分析

笔者选取了美国公视儿童网（PBS Kids）、Seuss博士的站点（www.seussville.com）、儿童空间（www.kids-space.org）、迪士尼儿童站、活力公园等点击率和关注度和受欢迎程度都比较高的国外优秀儿童视听网站及移动平台，尝试从网站及App界面设计、内容、结构等角度出发对其特征进行归纳。

1. 以儿童为中心的内容设计

儿童视听网站及移动端从儿童视角出发，立足于儿童实际，在丰富内容资源的基础上，打造出了信息量大、主题鲜明、极富特色的儿童新媒体平台。在界面设计和内容结构上充分考虑儿童的接受习惯和需求，不仅方便儿童受众收看进而参与节目，更能促成儿童电视频道和其他新媒体平台的良性互动。美国公视儿童网以美国公共广播电视的儿童节目为基础，结合儿童受众的心理特征，将学习内容设计成生动有趣的故事，网站在故事中增加了词汇的读音、语法和例句等，孩子们从中不仅能够学习到文字的技巧，更能锻炼听说读写的能力。网站注重交互设计，强化儿童受众与节目之间的互动，例如：以儿童喜闻乐见的卡通形象引导，以主题任务为驱动，在卡通形象的引导下进入各个主题版块，如《狮子仔》（*Between the lions*）采用动画、歌曲、游戏等形式练习英语发音；《数学小先锋》（*Cyber Chase*）通过数字运算与逻辑推理使怪物阴谋不能得逞的探险游戏来锻炼儿童数学技能；此外还有结合了儿童频道中《天线宝宝》节目的同名趣味游戏Teletubbies，通过对丁丁、迪西、拉拉和波儿日常生活的展示，激发孩子们天马行空的想象，并且示范出应对日常的生活技巧和学习能力。

2. 符合儿童认知的结构设计

儿童用户的操作能力和知识水平有限，儿童网站和应用程序的界面设计和结构设置必须尊重儿童的认知规律，通过设计顺畅的浏览环境降低儿童接触新媒体的难度。综观"十大最受欢迎儿童网站"及YouTube Kids等几款较为成熟的少儿视听应用，笔者将其在结构上的特征概括为以下几点：

第一，引人注目的首页界面。这些优秀的儿童视听网站大多数采用情景图片或动画作为首页的主要视觉元素，符合儿童的喜好与认知特点，并能很好地激发儿童的好奇心，吸引他们深入到网站的内容中。Suessville.com（Suess博士的站点）将一副旅行游园的情景图放置在首页，访问网站的儿童只需滑动鼠标就能在美丽的Suess庄园里任意畅游，到达不同主题的目的地，甚至还可以通过探索发现神秘的庄园宝藏，如《游乐场》（Playground）——提供适合儿童参与的在线小游戏，《传记》（Biography）——将设定的"庄园主人"的生平展示给孩子们。不仅如此，还有一些散落在庄园各处的经过精心设计的"配角"，持续吸引着孩子们探索的好奇心。

第二，在页面布局上，"Suess博士"网站充分考虑到孩子们的浏览习惯，尽可能少地使用滚动条，免去不必要的操作，实现"所见即所得"。

第三，导航菜单的设计。国外儿童网站及移动端打破传统网站单调、死板的导航菜单形式，设计出鲜活的导航模式，也是其深受儿童喜爱的原因之一。儿童的思维是活跃同时又跳跃的，独具匠心的菜单设计不仅要能满足孩子们的奇思妙想，还要能够给孩子们"意外之喜"。儿童空间（Kids-space）在其网站及App中将导航菜单以一个简单又温馨的储物柜的形式呈现。柜子里摆放有代表着各种活动的物品：如向导小熊（guidebear）、特别活动（specialproject）、创作项目（creativeactivities）等。以创作项目为例，点开代表它的音符，紧接着就会有儿童画廊、空中音乐会和故事书等子项目浮现出来，孩子们可以根据自己的兴趣选择去欣赏全球的儿童美术作品、音乐创作或是原创的儿童故事。

第四，文字的占比。供成人浏览的网站通常采用大量的文字来传递更多的信息，但对于儿童而言，大量冗长、抽象、深奥的文字会消减其对于网站的浏览兴趣。因此在儿童节目网站中，文字的运用需要特别的设计。迪士尼网站学前儿童版块的文字使用有以下特色：采用少量的基本文本用以讲述故事或解释；设计出色彩鲜艳、样式卡通的文本作为标题；坚持采用图文并茂的方式向儿童传递信息。例如，PBS Kids网站最新首页——通过浇水和转盘游戏引导儿童探索感兴趣的版块。

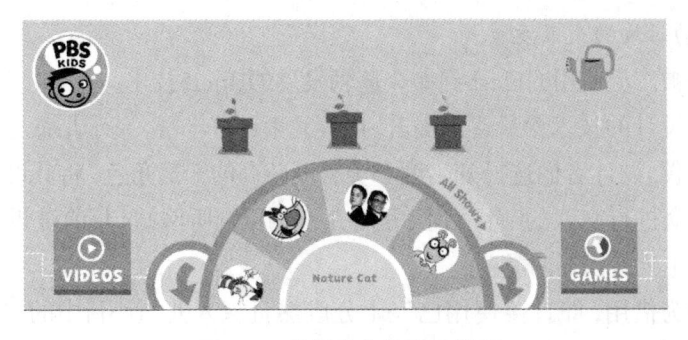

图4-4　美国儿童公视网首页

3. 鲜艳明快的色彩搭配

色彩不仅仅传递美感,更是重要的信息载体。辨色力又称颜色视觉,是指区分色彩差别的能力。儿童出生不久即拥有了辨色的能力。心理学家斯塔普利斯在监测婴儿心理发展时曾进行过这样一项试验:给婴儿看两个颜色不同的圆盘,发现三个月大的婴儿注视彩色圆盘的时间是注视灰色圆盘时间的两倍,儿童具备对彩色的视觉偏好。[①]优秀的儿童网站及移动端在设计中体现出对这一规律的尊重,注重色彩的使用和搭配,符合儿童的审美情趣,通过色彩的运用吸引儿童的注意力。"活力公园"(Kindle Park)以打造3~6岁儿童学习乐园为目标,在其网站及移动客户端中,主界面的背景均采用天蓝色,辅之以艳丽明快的绿色、黄色等色彩,此外在版块的设计中也选用了五彩斑斓的图案和标签,第一眼便能吸引儿童的注意力。"爱问儿童"(Askforkids)是一个专为儿童打造的视听节目及学习内容的搜索引擎,该搜索引擎在其主界面中同样采用了亮丽的蓝色背景、黄色的导航栏以及引人注目的五彩文字,这些鲜艳的配色与卡通的菜单样式一同将儿童带入丰富多彩的视听世界。

图4-5 Kindlepark引导登录界面

4. 生动活泼的交互元素

从过去被广泛使用的Flash到如今蓬勃发展的Html5技术,国外儿童视听网站及移动端交互设计的技术含量逐渐提升,内容元素趋于丰富。基于儿童与卡通形象之间的情感关联,设计者们选择知名度和美誉度较高的卡通角色,将其设置为网络平台与儿童受众进行交互的节目元素,引导儿童浏览视听网站。目前被诉诸交互功能的卡通形象主要有以下两类:

第一种为借用,即直接使用已经十分成熟且深入儿童心目中的卡通形象,如

---

① 张书喆:《初探0~3岁幼儿家庭绘画引导策略》,《艺术品鉴》2017年第3期。

muppets.go.com网站中使用的"木偶"形象即来源于动画片《太空木偶历险记》;第二种是自主创作,即网站及移动端根据平台特性和内容特征自主设计的交互卡通形象,例如PBS Kids中活泼可爱的"Kids"形象、"suess博士站"中的"suess"向导形象以及www.wonka.com网站中的"wonka"向导形象等。卡通形象不仅是视听内容和网站品牌的"代言人",还可以在儿童浏览过程中起到导航作用,再配以活泼的动画设计和音乐,整个界面变得新鲜而有趣。

除了采用卡通人物形象进行交互之外,动画短片被广泛使用。例如BBC学前教育版块www.bbc.co.uk/schools/中所设定的学习任务全部采用Flash动画短片的形式,既可以按照年龄,也可以按照主题或者科目搜索,无论是游戏、歌曲、听读单元,只需点击进入,都有相应的图文和发音;儿童站点(kidscom)中包括游戏、学习、儿童社交等模块均以Flash动画进行导入,情节生动、造型活泼的Flash短片及其简单高效的交互方式十分易用且使儿童乐在其中。

图4-6　BBC学前教育页面中的Flash动画运用

第二节　国外儿童视听节目的文本解析

英、美、日等西方国家儿童节目制作的起步较早,在长期的实践和研究中积累了非常丰富的经验,"儿童本位""儿童精神"等理念已经根植于节目之中,节目制作手法也充分表现出对儿童的多维度关照。

一、节目定位

科学实验和调查研究是英、美、日等国家儿童节目创作的依据,并且贯穿于从前期制作到后期效果测试的全过程。依据调研数据,西方国家的儿童电视将儿童群体科学地进行细分。皮亚杰在认知发展理论中将儿童的认知发展划分成四个阶段,这一理论为获知儿童认知心理机制提供了指导,同时也是制作面向不同年龄段儿童节目的理论基础。

　　加拿大在儿童节目的制作方面一直处于世界领先的位置,其中一个重要的原因是对目标儿童受众全面调研和精准定位。加拿大的"青年媒体联盟"(The Youth Media Alliance,即原"儿童电视联盟",简称ACT)作为一个公共的、独立的监督机构在其中发挥了重要作用。该机构根据加拿大儿童电视节目的监测数据,以五年为一个周期,全方位对本国的儿童节目质量做一次总结,为全国的儿童电视制作团队提供权威数据,推动加拿大儿童电视节目制作水平的不断提升。

　　通过整理和分析儿童电视联盟所发布的数据,笔者发现该机构在节目监测中,十分重视节目类型、节目来源、节目内容、节目语言使用等方面的统计。笔者根据ACT调研报告对收集到的2010~2014年五年间的数据进行了汇总:

表4-1　2010~2014年加拿大儿童电视节目类型统计

	影视剧	戏剧	教育节目	卡通片	其他
学龄前儿童	20%	8%	6%	61%	5%
6~12岁儿童	60%	10%	2%	24%	14%

表4-2　2010~2014年加拿大儿童电视节目内容统计

	自然环境	社会规范	社交	游戏	学习
学龄前儿童	3%	0%	43%	22%	32%
6~12岁儿童	3%	12%	29%	36%	20%

　　从节目类型看,面向不同年龄阶段儿童,加拿大的儿童频道提供了区分度较大的节目类型。根据表4-1我们可以看出,面向学龄前儿童提供最多的是卡通片,而到了6~12岁阶段的儿童,儿童影视剧则占到了较大的比重。

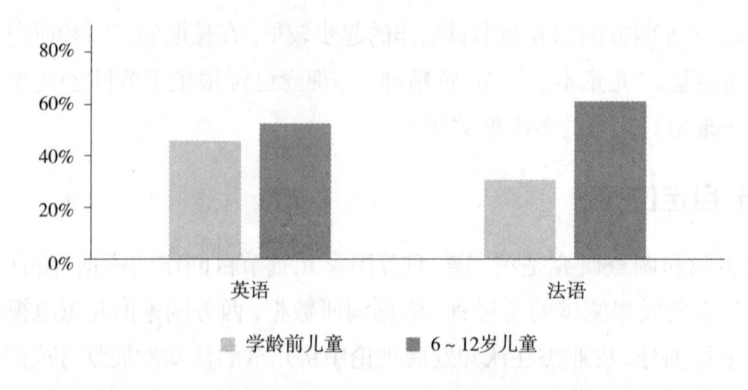

图4-7　加拿大不同年龄段儿童电视节目语言使用情况

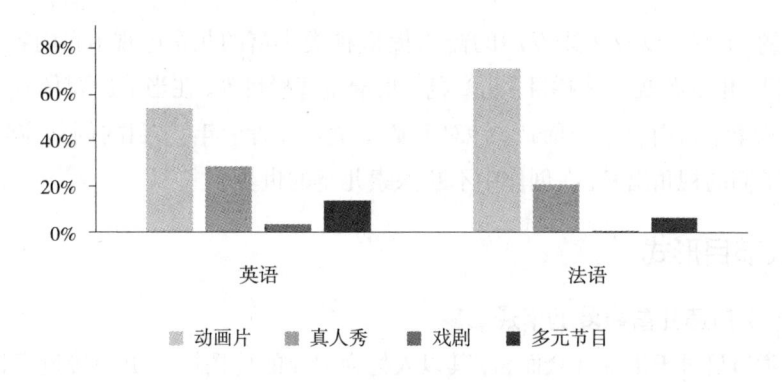

图4-8 加拿大不同类型节目语言使用情况

从节目语言的角度来看，加拿大拥有英、法两种官方语言的特殊国情在儿童电视节目中也有体现。图4-7和图4-8反映出，从学龄前到6~12岁这个阶段中，使用法语的节目占比显著上升，并且大多卡通片都选择使用法语，针对不同语言使用的儿童受众群体的特征，制播特定的儿童节目，不仅满足了受众的需求，还提供了较为理想的语言学习环境，很大程度上鼓励了孩子们对于第二语言的学习。

从节目内容的角度来看，我们可以依据表4-2将加拿大儿童节目内容大致分为自然环境类、社交类、社会规范类、游戏类、学习类五个类别。其中社交类和学习类的比重相加占比超过总数的一半，加拿大的儿童节目在资源分配中对于社会生活和学习给予特别的重视。根据统计数据，按照内容分类进行节目投放，是对拥有不同喜好和收看目的的儿童受众精准投放的举措。

近年来，借助各种新媒体平台播出的优质的国外儿童节目，其专业化与对象化特征日趋显著，将内容或服务锁定在婴幼儿、儿童或青少年群体，其节目边界更加清晰。英国广播公司面向不同年龄阶段的儿童开设了幼儿频道（BBC-CBEEBIES）、儿童频道（BBC-CBBC）、青年频道（BBC-BBC3）三个不同的少年儿童节目频道，分别面向5岁以下、6~13岁、13岁以上的青少年受众群体，每个频道针对该年龄阶段少儿的心理特征播出具有不同侧重点的节目。以儿童频道（BBC-CBBC）为例，该频道节目偏重于教育功能，节目内容一般含有丰富的知识，比如配合低年级教学的历史、地理、数字、外语和音乐等节目。

除英国广播公司儿童频道之外，尼克卡通频道、卡通电视网、迪士尼英国频道等具有全球影响力的少儿频道也做到了节目的精准定位。美国探索亲子频道（DiscoveryKids）的儿童节目主要面向13~19岁的少年儿童；维亚康姆旗下的尼克罗迪恩频道儿童节目的主要目标受众在2~15岁间，相对来说覆盖范围较广，但其频道内部针对不同年龄段受众设置差异化的栏目；台湾东森幼幼台将目标观众设定在0~7岁之间。除了针对不同年龄阶段儿童的专设频道之外，它们还为满足孩子们的各种各样的"口味"以及未来发展的需求提供种类丰富的儿童电视节目内容,如儿童新闻栏目、儿童游戏竞技栏目、儿童剧、儿童益智栏目等。在当前的媒体环境之下,优质的儿童节目内容十分稀缺。针对低龄儿童以及青少年,节目的创新应当更加注重从孩子们的视角出发,在创作中不断探索儿童的世界。

二、节目形式

(一)打造儿童喜爱的卡通形象

儿童节目对于儿童观众而言,其以人物为中介的传播模式更加接近于日常化的信息接收方式,鲜活的、熟悉的、可感知的屏幕形象能够成为连接电视媒介与儿童观众之间的沟通桥梁和儿童所信赖的屏幕投射。人物媒介形象的建构是一个再创造的过程,作为节目的内容元素之一,形象塑造不仅是儿童节目制作的一个重要侧面,更是节目制作和社会教育观的直接体现。儿童节目中塑造小朋友们喜闻乐见的形象,不仅有利于节目通过这一形象深入到小朋友当中,获得儿童受众的喜爱,更对儿童节目甚至儿童频道品牌的塑造有很大帮助。因此从优秀儿童节目中所塑造的各种人物形象出发,分析各类形象的话语格局,对于我们把握和借鉴其儿童节目制作经验很有裨益。

以我国台湾地区的东森幼幼台为例,1999年台湾举行大地震之后的义卖活动,当时的台长陈瑞祯发现,在与周边厂商联合举办的义卖活动中,为募集救灾款所设计的卡通形象得到小朋友们的强烈喜爱。卡通形象的魅力启发东森幼幼台萌生自行设计卡通形象的想法,通过这些独创的、携带东森文化基因的卡通"偶像"来强化频道的品牌。设计师回归儿童的日常生活经验寻找灵感,发现水果不仅是儿童经常接触和食用的健康食品,并且各种水果的外形特征鲜明,色彩丰富,深受小朋友喜爱,东森频道因此打造了自己的标志性"水果形象家族",塑造了台湾小朋友的第一偶像——"西瓜哥哥"和"蜜蜂姐姐"。随后,东森幼幼台在自制律动节目《YOYO点点名》中,"苹果姐姐""香蕉哥哥""西瓜哥哥""水蜜桃姐姐"悉数亮相,与孩子们一起在节目中舞蹈。《YOYO点点名》播出之后在台湾小朋友中受到了空前的欢迎,而这几位卡通角色也成了东森幼幼台的标志。

世界儿童电视节目的先行者美国尼克罗迪恩儿童频道在节目人物形象塑造上更是别出心裁。2005年春天,该公司将佛罗里达州迪士尼乐园附近的一个酒店房间重新命名,一律冠以尼克罗迪恩儿童频道的名字。在为孩子们准备的单独卧室中装饰有尼克罗迪恩频道广受欢迎的卡通形象——海绵鲍勃(Sponge Bob Square Pants)。此外,在早饭期间,会有装扮成该频道节目卡通形象的表演秀,另外公司还设置了一家名为"卡通尼克"的饭店和一个依据尼克罗迪恩频道内容设立的名为

"尼克材料"的零售商店以及为孩子看护人所设置的"尼克休息室"。这一系列的举措将尼克罗迪恩频道的特色放大,不仅给孩子们带来别开生面的快乐体验,更强化了尼克罗迪恩在孩子心中的品牌形象。

(二)直线叙事手法与故事化内容讲述

世界各国的儿童观在漫长的历史进程中不断发展进步,对于儿童的认识也逐渐接近其"本真"面目。儿童的世界是纯净的、诗性的、童话的、梦想的,是一个建立在自我中心基础之上,不受成人世界复杂的规律和规则约束的世界。对于儿童来说周遭的一切都无比新奇,而儿童看待世界的视角也尤为单纯。迪士尼在儿童节目的生产中遵循简单、直接的原则,其故事情节相对单一,观念直接,拒绝烦琐的直线性叙事模式。"以时间线索的顺序发展为主导,以事件的因果关系为叙述动力,追求情节结构上的环环相扣和完整圆满的故事结局。"[1]

迪士尼电影公司在编剧选材、表现手法上独辟蹊径,旗下的动画电影享誉全球。以深受全球少年儿童喜爱的动画电影《疯狂动物城》为例,创作上遵循"越简单越好"的精神(Simple is the best),贯彻于这部动画的始终。体现出迪士尼儿童节目的突出特征:第一,强化情节。迪士尼动画故事在结构特征上基本都遵循了其他内容元素忠实于情节结构的原则,而在情节结构的选取上,"冒险"和"绑架——跟踪——解救"这两种情节主线最符合儿童的心理期待,也最能够吸引他们的持续注意力,因此是迪士尼动画最热衷的情节母题。第二,寓言化。迪士尼动画通常将原作中的人物主人公设定为动物,拟人手法将动画所要刻画的性格特征表现得更加纯粹和突出,对于孩子们来说,现实世界中通常缺乏语言能力的动物以这样一种形式出现,会给故事带来更多的意外之喜,也给观众带来更多的乐趣,与此同时,影片所蕴含的教育意义也潜移默化地传递给观者。第三,突出的叙事焦点。动画电影《疯狂动物城》专注于主人公兔子朱迪想要成为一名警察的愿望这一主线,驾轻就熟地沿着"主人公遭遇困难——面对困难——迎难而上——解决困难"这一模式层层推开,向孩子们呈现了一段打破成见、实现自我的情节主线。

儿童节目是一门深刻的叙事艺术,精彩的故事情节和讲述手段是优秀儿童节目的基础,喜闻乐见的节目在叙事手法上必须从儿童的心理需求出发,符合儿童的兴趣特征。

---

[1] 李显杰:《电影叙事学:理论和实例》,中国电影出版社,2000。

三、节目内容

（一）尊重儿童需求

施拉姆在《我国儿童生活中的电视》中首先使用了"儿童是电视的用户"这一概念。作为典型的对象性节目之一，儿童节目是对儿童受众收视需求的对接，它以儿童受众为目标对象进行专门化设置。在儿童电视节目当中，儿童被置于传播终端的位置，作为信息的接收者，儿童的个体特征和差异化需求决定了儿童电视栏目在节目定位、内容选材及表达路径等方面都要有明确的体现。"儿童本位"理念不仅承认儿童是电视节目的接收者，还强调了其接收的主动性，儿童的兴趣爱好与认知水平在节目中必须得到尊重和表达。《天线宝宝》这部被誉为"迄今为止对儿童最有影响力的节目"在全球范围内做出了极好的示范。

首先，节目结构与儿童的媒介选择。"天线宝宝"每一期的节目都划分为两个看似独立的部分——虚拟的"宝宝乐园"世界与真实的世界。节目进行中将两个世界巧妙地融合起来：首先拍摄幼儿实际的生活情境，实地记录1~4岁孩子的日常生活。随后，编导根据拍摄的实际内容撰写想象世界"宝宝乐园"的脚本。这是一种前所未有的开创性做法，创作者建构"宝宝乐园"的依据是儿童的心理特征和他们的期待，在这个世界里，有笑脸如婴儿的太阳公公，有一望无垠的草地以及在节目开始和结尾冒出来唱歌说话的滑稽喇叭……而节目的主角则是四只蠢萌、圆圆滚滚、头戴造型各异的天线、肚子上有显示屏的"天线宝宝"，反复说简单的词汇，跟随音乐节奏扭动身体。《天线宝宝》与其他儿童节目相比而言内容元素非常简单，但对于初出襁褓的婴幼儿受众而言却是生动、可爱且新奇的，符合其特定的心理成长阶段，因此对婴幼观众具有强大的吸引力；天线宝宝的名字——"丁丁""迪西""拉拉""波波"，就如同孩子们心爱的玩具或宠物的名字，极大地增强了孩子们的认同感。在整个节目比例的安排上，虚拟世界"宝宝乐园"的部分远远大于现实生活记录的部分，充分放飞儿童的想象力。但"幻想世界"部分又能够在"真实生活"空间中得到体现和回应，因此兼顾了对现实的认知和对幻想的满足，符合儿童的认知需求和能力。

其次，内容设置与"儿童本位"精神。儿童文学理论家班马认为："游戏精神"是"玩"的儿童精神，也是儿童美学的深层基础。[①] "天线宝宝"特别注重低龄儿童收视对象的媒介需求。儿童的世界有自己独特的话语体系，"天线宝宝"模仿儿童话语特征，在单纯的嬉戏玩乐中，用富有创造性和感染力的言语营造出一个专属低龄

---

① 俞义：《简论儿童文学中的"游戏精神"》，《沈阳师范学院学报（社会科学版）》2001年第6期，第55~58页。

儿童的话语空间。在节目的整个流程中,"儿童"成为绝对的主角。笔者在本文第三章曾指出"成人本位"在儿童节目中的典型表现之一,即在形象塑造过程中所形成的刻板印象:成人与儿童形象的二元对立。四个天线宝宝所用的语言均为儿语化语言,词汇大多来自12~18个月儿童所能表达出的第一个口语单词,例如"妈妈""睡觉""你好""慢点""快"等;在肢体语言方面,天线宝宝四个主角的举手投足都极其缓慢夸张,一个简单的"你好"手势,一个宝宝做上两次,四个宝宝依次做过,在儿童观众的脑海里留下深刻的印象。传统儿童电视节目中,成人总是被塑造成"指导者"的形象,通过示范性的言行对"无知"的被指导者——儿童进行教育,而在"天线宝宝"中,儿童是虚拟和现实两个世界中永恒的主角。

再以《比克曼科学世界》为例,该节目被誉为西方的"十万个为什么",是全球最具规模的青少年幽默科教影视作品之一,几乎囊括了中小学阶段的全部自然科学基本知识。[①]该节目中,主持人兼主角"比克曼博士"身穿鲜艳的服装,留着令人瞠目的发型,配备一只小老鼠作为助手,通过喜剧演员及卡通形象的表演,以实验的方式讲解科学知识。相比单纯说教,这样一种形式有效地调动起少年儿童的观看兴趣,知识内容也更加容易被理解和吸收。

卢梭在西方教育学经典论著之一的《爱弥儿——论教育》中指出:"在万物的秩序中,人类有它的地位;在人生的秩序中,童年有它的地位;应当把成人看作成人,把孩子看作孩子。"这就是对儿童最根本的尊重。"天线宝宝"的精神就是"简单""玩乐""儿童主角",体现出对童年地位的最根本的尊重。无论从节目架构还是内容选择上,都从儿童的角度和需求出发,将儿童视为独立个体,承认儿童的独立人格,尊重他们的话语体系和媒介需求。

(二)内容差异化

在儿童节目市场竞争日益激烈的当下,节目内容同质化问题无论在国内还是国外都非常突出。创新节目形式,坚持差异化竞争路线是保证收视效果的关键。保罗·拉扎斯菲尔德指出,在人人都批评电视节目品质低劣的时候,其实更有建设性的工作是去实践优质的节目。[②]国外的少儿节目除了在表现形式上的创新之外,还充分利用少儿偏爱的电视元素、增加节目的吸引力。

以英国广播公司CBBC儿童频道为例,该频道从受众参与入手,在原有的互动设计基础之上,特别增添参与环节:让观众准备一则笑话、唱歌或者模仿动物的叫声作为礼物与节目当中的卡通形象进行交换。而英国独立少儿频道(CiTV)在与

---

① 了了:《比克曼的世界,有你更精彩》,《当代学生》2002年第22期。
② 陆晔、黄艳琳:《重新认识"儿童"——从BBC"天线宝宝"看儿童媒介发展的理念和框架》,《现代传播》2005年第2期,第31~35页。

CBBC的竞争中，将直播秀引入儿童节目，开创了"周末上午直播秀"（SMTVlive）栏目，获得了广大儿童受众的欢迎。此外，世界上第一家儿童频道美国尼克儿童频道以NOGGIN为基石，针对不同儿童收视群体以栏目版块的形式派生出尼克晚间（1985年）、尼克儿童（1999年）、尼克儿童游戏和运动（1999~2007年）、少年尼克（2002年）和尼克卡通（2002年）等多个频道，尽可能地满足节目受众差异化的需求。我国台湾地区东森幼幼台自创的律动节目《YOYO点点名》也是一档优秀的创新型节目，按照儿童的心理、生理特征特别编排了一些舞蹈动作，配合多元风格的音乐旋律，充分调动孩子们的肢体参与，让其在自由的摆动和扭动中，感受音乐之美。与此同时，节目中设计了超人、狮子和长颈鹿等动物的卡通形象引领儿童起舞，营造出欢乐、热烈的参与氛围。因此，《YOYO点点名》最终发展成为台湾地区亲子幼教节目的第一品牌，不仅受到儿童观众的喜爱，同时得到了政府、家长和教育工作者的充分认可。

再以Cbeebies儿童厨艺节目《我会做饭》（*I Can Cook*）为例，这档开播于2009年的少儿节目以培养孩子们的认知能力和生活技能为目标，透过主题技法的呈现、具体技能的示范教学，让小朋友在轻松气氛里，循序渐进地享受学习厨艺的乐趣。在潜移默化中，教导小朋友对各种食材的认识与尊重，使他们更加珍惜食物，也能从亲自烘焙出的成品中，获得别具意义的成就感。这档节目成功的因素是多元的：其一，节目目标清晰，彰显对孩子生活技能的重视。当下儿童节目种类中提升儿童生活技能尤其是烹饪技能的节目极少。出于好奇心和求知心理，少年儿童对于食物的来源、制作方式甚至饮食文化抱有极其浓厚的兴趣，*I Can Cook*敏锐地发掘了这一空缺，通过环环相扣的情节设计，让小朋友从最基础的食材认知开始，经过主持人的引导、解说，一步步地了解食物的制作过程，并亲自动手尝试制作。收视数据和社会效应都反映出该节目不仅获得了业界好评，还在对孩子生活技能的培养、对于劳动的感知与尊重方面发挥着积极的影响。其二，活动规则新颖独特，各种元素巧妙混搭。随着近年来国外儿童视听创作的繁荣，各种形式与类别的少儿节目层出不穷，其中的佼佼者通常在互动性、参与性、创新性、话题性等方面表现出彩。在*I Can Cook*中，这样的节目设计融合了食材采购、烹饪过程的菜式创造、烹饪过程中的语言表达和人际沟通等元素，将对新事物的认知、想象力的发散和展现、观点的碰撞在轻松愉快的节目氛围中融聚，牢牢地吸引着孩子们的注意力，为儿童观众带来新鲜的体验。

（三）恰当的文化价值植入

文化价值观渗透于生活方式、文化艺术和意识形态之中，对人们的实践活动产生影响力。儿童节目作为文化艺术的一种，自然体现出文化价值观的影响。迪士尼公司前任首席执行官迈克尔·爱斯纳认为,儿童最需要文化营养,在儿童的世界里同样有正义和光明,"麦当劳"式的快餐不仅对于儿童生理健康有害无益,对于儿童心理健康更是有百害而无一益。[①]迪士尼作为从美国本土生长起来的西方动画和儿童节目的典型代表,其文化产品中自然也不可避免地包含了美国的文化价值观。我国素有"文以载道"的文化传统,儿童节目承载着向儿童传递人生观、价值观的重大使命,如何在尊重儿童的主体地位、关照儿童天性的前提下实现这一目标是儿童视听创作不可回避的问题。本文以迪士尼动画为例,向读者展示文化植入在儿童节目创作中的重要作用。

美国文化强调个人价值、追求民主自由、崇尚开拓和竞争、推崇理性和实用,重视个人的奋斗过程和追求个人价值的最终实现。[②]个人主义的价值观在迪士尼的很多作品中都有体现。迪士尼的动画电影《小美人鱼》讲述了一个关于"爱"的故事:主人公美人鱼爱丽儿怀揣梦想,坚信爱情,为了与王子相爱,爱丽儿勇敢冲出海底世界,战胜魔咒,最终有情人终成眷属。整部电影剧情曲折跌宕又温馨有趣,所传递的坚定梦想、勇敢追求、自我主宰命运的精神也悄然植入孩子们心间。

风靡全球的动画片《猫和老鼠》,看似幽默、恶搞的激烈情节中暗含了机会均等的价值观。该动画片以拟人化的猫鼠竞争故事告诉孩子们即使身体弱小,只要内心强大,努力争取就能把握机会获得成功。迪士尼的另一部代表作《狮子王》中辛巴的经历向孩子们传达了正义终将战胜邪恶、乐于助人、与人为善等理念,这种寓高尚情怀于儿童喜闻乐见的节目形式中的创作手法无疑体现了儿童节目制作者对于文化境界的追求,同时体现出对儿童成长的人文关怀。

多元化是美国的文化特色,这个历史不算悠久的移民国家拥有自己独特的文化价值体系。根植于这种文化土壤而生长起来的迪士尼公司在全球的动画、电影、儿童栏目等领域长期处于文化市场的领先地位。这首先与他们所秉持的创作理念和文化坚守密切相关。对于儿童视听创作而言,本国丰富的文化资源和价值体系是节目得以生长和发展的沃土。

四、指导理念

(一)儿童本位

受到成人话语的挤压,儿童视听节目所应当彰显的儿童主体地位的话语空间被严重压缩。理想化的儿童信息平台应该是权力均等、言论自由的视听空间。美国现代教育家克伯屈曾指出"不能把儿童的现在只作为要达到某种遥远未来的手段",尼

[①] 黄未:《从迪士尼的成长看少儿电视发展的方向》,《视听纵横》2008年第3期,第72~74页
[②] 曲琳:《浅析美国文化价值观对迪士尼动画的影响》,《价值工程》2012年第15期,第298~299页。

尔·波兹曼1994年在其《童年的消逝》一书的再版序言中提到,儿童自身才是保持童年的一股力量,儿童不仅懂得他们和成人不同的价值所在,更关心二者之间的界限,因为这个界限意味着保证那些之于儿童非常重要的东西不会消逝。[1]联合国《儿童权利公约》将青少年的媒介参与权利概括为三点:媒介接近权、有益信息知晓权和媒介参与权。对于儿童节目而言,无论是创作还是播出,都应遵循儿童本位的逻辑,尊重儿童主体价值。

儿童新闻节目是最理想也是最具典型性的儿童媒介参与平台,此类节目制作环节相对简单,同时作为信息发布平台能够为儿童提供意见表达的机会和可能,因此国外的主要儿童频道都开设有相当数量的儿童新闻栏目。从1979年英国广播公司开办世界上第一个儿童新闻节目《新闻巡览》至今,国外的儿童新闻节目从创作理念到制作手法都日渐成熟,涌现出一大批儿童全程参与制作,且深受儿童喜爱的精品节目。例如美国有线电视新闻网的《CNN儿童新闻节目》、美国独立制片厂制作的《尼克新闻》以及葡萄牙的《儿童记事本》,等等。这些知名儿童新闻栏目的共同特点即以孩子的视角提供新闻,而并非居高临下地灌输观点;节目中重点关照普通人的生活,为孩子们提供"不了解的事情",而不是将主流新闻简单化。美国儿童新闻通讯社CE(即Children's Express,以下简称CE)是一个以儿童为创作主体的组织,由一群8~18岁的少年儿童组成,笔者将以此为例对国外儿童媒介参与的成功模式进行分析。

《儿童权利公约》将儿童参与家庭、文化和社会生活的程度划分为八个阶梯。按照儿童媒介参与阶梯作为标准来判断,CE已处于第八阶梯——即儿童策划,并以主体身份邀请成人一起讨论,并一起做出决定。[2]不仅保证了儿童的主导话语权,又在成人的辅助下很好地解决了因为儿童自身社会经验和知识水平的局限在节目制播中所遇到的问题。既优化了儿童新闻节目的质量,又强调了儿童的主体地位以及最终的决策权。

首先,从CE工作团队的组成来看,在纽约CE的75名职员中,仅有3名成人,且这三人要经过儿童允许并且获得儿童的喜爱,即由儿童所选择。他们的任务主要是协助CE的运营以及整理新闻稿,并没有参与选题和采访活动的权利。而CE对于孩子们则是完全开放的,只要有做新闻的兴趣,不论写作或交际能力是否出色,只需简短的培训便可成为CE的记者或编辑。这正符合CE成立的初衷——并非为培养记者而生,而是要让孩子们收获社会参与的兴趣和能力。[3]

---

[1] 尼尔·波兹曼:《童年的消逝》,吴燕莛译,广西师范大学出版社,2004。
[2] 曾娅妮:《儿童新闻节目与儿童如何互动?》,《南方电视学刊》2011年第1期,第57~61页。
[3] 章凤珍:《从儿童电视新闻看儿童媒介参与权的实现与满足》,博士学位论文,广西大学,2012。

其次，从报道内容上来看，CE报道的主题包括青少年心理问题、校园生活、性取向、种族主义、儿童和家庭生活、儿童救济等与儿童生活有关的事件，但并不仅限于此，成人新闻当中的政治议题、战争等问题也是他们关注的对象。CE在新闻制作当中的一个理念是"孩子们为包括成人在内的所有人制作"（By children for everybody），即并非仅仅为满足儿童手中的新闻需求，更要得到成人世界的重视。CE的报道对社会产生巨大影响的事例也屡见不鲜，例如CE伦敦站曾经在新闻中大胆揭露英国彩票站的非法行为，在英国社会中引发巨大震动。

从CE的人员参与和报道内容的选择上能够判断出儿童在其中掌握了绝对主动权，在节目制播的各个环节起到了决定性作用。儿童从自己的视角出发，按照自己的理解发声。但由于儿童社会经历和能力经验等方面不可避免的不足，为了更好地解决实际问题，孩子们对成人发出邀请，以获取启发性的指导。CE的努力和成绩在一定程度上改变了成人在新闻世界中占据绝对主流位置的现状。儿童和成人都是世界上的一分子，儿童的声音应当被更多地聆听。正如一个曾在CE任职的孩子所言，"CE不仅大大影响了世界了解孩子们的方式，而且也影响了孩子们感知世界的方式"。

中国媒介传播与青少年发展研究中心主任卜卫女士认为："如何适应儿童的变化，俯下身来倾听孩子们的声音，鼓励他们积极参与电视节目，才是当今青少年电视节目成功的关键。"西方的儿童节目制作模式广泛接受儿童作为节目策划者、制作者甚至决策者的做法，这种以儿童为核心、从孩子的视角看世界从而带动孩子以他们自己的方式来思考的节目设计为儿童开拓出更加开阔、自由的视听空间。

（二）快乐标准

媒介的四大基本功能之中，教育功能体现出明显的成人意志。西方国家的儿童节目同样具有教育功能，但与我国所不同的是，其秉持娱乐优先的原则，通过儿童节目创造故事情境、组织游戏或者表演，在潜移默化中实现教育的功能。美国学者罗伯特·海曼（Robert Heyman）于1972年首先提出了"Edutainment"的概念，从字面上拆解来看，该单词由"education"和"entertainment"组合而成，意味着娱乐中也可以接受教育，体现了英美等西方国家儿童节目的功能诉求。欧美的《天线宝宝》《芝麻街》《小小爱因斯坦》《好欧天地》、日本的《啊！设计》以及韩国的《爸爸！我们去哪儿？》等风靡全球的儿童节目的成功典范正是遵循了"故事化、玩耍优先、说教第二"的理念。"娱乐推动学习""以娱乐带动其他媒介功能的实现"成为西方儿童节目制作的重要准则。

尼克儿童频道总经理汤姆·艾克米（Tom Ascheim）曾表示：快乐是第一标准。我们从不奢望让教育变得快乐，我们要做的是，让快乐变得有教育意义。传播学大师施拉姆的一项研究表明，儿童观看儿童节目是出于自身的需要，而儿童的需要可以分为三种：第一是娱乐需要；第二是资讯需要；第三是社会实用需要。因此，对于儿童来说，收看电视节目最主要的目的是获得娱乐，而不是资讯的获取。[①]

《爸爸！我们去哪儿？》是韩国MBC电视台推出的一档明星亲子真人秀节目。节目于2013年1月6日首播，每集约90分钟。播出数集后收视率便突破10%，并且稳定持续攀升，受到了广大观众们的好评和喜爱。作为一档明星代际沟通的纪实节目将视角对准亲子关系，邀请五位明星爸爸与孩子在乡村生活两天一夜。作为一档关注亲子沟通与儿童成长的节目，它很好地践行着"Edutainment"的理念，让孩子以及电视机前的儿童观众在玩乐的氛围中培养审美、学习礼仪以及学会沟通。孩子们在节目的游戏和玩乐中认识到新事物，从模仿到认知到表达的这一过程潜移默化地让孩子们体会成人的心理变化，并逐渐引领孩子去感悟作为一个个体所应当具有的素养，比如人道主义情怀、个人的权利与义务等。以礼仪培养为例，孩子们去老乡家里寻找食材的场景，他们往往是直接冲进别人家，大声呼喊"给我大米"，与人见面打招呼的时候双手仍然插在裤兜里……这些细节都表现出孩子们日常行为的散漫和对礼仪的生疏。经过节目所设置的教导、示范、训练环节，在节目的后半段，孩子们去伙伴的家里做客，会感谢主人的招待；在别人说话的时候不再吵闹随便打断别人，需要插话时学会了使用"打扰一下""不好意思"等礼貌用语。整个过程并没有呆板的说教、严厉的惩罚，但孩子们在节目所营造的氛围和同伴的相互影响之下，慢慢地都发生了一些变化，逐渐变得谦虚有礼，有度有节。

即便是在以教育为主要内容的节目中，国外少儿节目在创作中同样偏重于少年儿童品德素养的熏陶而非知识性内容的灌输。英国广播公司一档名为《好玩小天地》的栏目，在某个圣诞节前的一期节目中，小朋友凯文（Kevin）因为生病而无法和小伙伴们一起在雪地里玩耍，他感到又焦急又难过。节目组借此启发式向孩子们提问：假如你因为生病而不能和其他小朋友一起玩耍，感到十分孤单的时候会怎么做？孩子们顿时沉默了，大都表示自己会很难过。当主持人进一步提及圣诞节生病的Kevin，孩子们换位思考体会到Kevin的感受，纷纷提议带上礼物去看望他。节目通过情景设置和启发式思考让孩子们领悟到：与朋友们一起就不会孤单。在随后的堆雪人环节中，他们进一步领略到，面对困难时朋友间互帮互助的重要性。

家庭和儿童休闲设施设计领域的国际权威专家Randy White曾撰文指出适合于儿童、具有发展能力的"玩"应该具有如下七点特征：令身心非常愉悦（Highly pleasurable）、注重过程多于结果（Process-oriented, non-goal directed）、儿童自

[①] 周新星、吕岚：《尴尬的儿童电视——浅析我国儿童电视存在的问题》，《青年记者》2007年第2期，第58~59页。

发自导式（Child-initiated and self-directed）、促发想象力的（Activity of the mind, imaginative）、不受任务和成人强加规则的影响（Free of imposed tasks or adult-imposed rules）、分享式的（Hands-on/participatory）、开放式的（Open-ended）。[①] 在《天线宝宝》《芝麻街》等优秀儿童节目中，所有剧情以"玩乐"的形式展开，快乐是节目送给儿童观众的第一份礼物；而关于"教育"的目标则并非是明确的，孩子们往往沉浸于节目中，跟随并模仿小主人公的行为，并在玩乐中天马行空，肆意放飞想象力与创造力。在每一期节目的环节安排中，孩子们大部分时间在室外玩耍，处处洋溢着欢声笑语。即便是在室内，节目也是以小游戏的形式呈现，比如在做洗澡游戏的同时，孩子们认识了手、脚、头等身体部位。在模仿——认知——表达这个环节中，潜移默化地发挥着节目内容对孩子们的影响。上述七点特征也在其中表现得淋漓尽致。如此一来，真正体现了"edutainment"理念的实质内涵。

任何一个社会中，儿童节目不仅仅是满足教育和娱乐等需求，延续社会文明、传承社会文化亦是其重要的职责所在。对于国外儿童节目成功经验的探索鞭策着我们正视与国外同行之间的差距，发现问题并取长补短，促进我国儿童视听内容创作的不断创新发展。

[①] 陆晔、黄艳琳：《重新认识"儿童"——从BBC"天线宝宝"看儿童媒介发展的理念和框架》，《现代传播》2005年第2期，第31～35页。

第五章

儿童本位：儿童视听创作的根本理念

改变成人话语在儿童节目中的把控地位，改善儿童视听创作中的异化现象，首先有赖于建构正确的儿童观，而关于儿童观的形成与价值确立是一个历史的过程，梳理这段历史有助于我们进一步认知儿童观建立的自然生理法则以及社会文化因素。儿童精神是儿童文化以及一切儿童言行的内在依据和生成动力，理论视野中的现代儿童观确立以及儿童精神的解读，都必须融汇到儿童节目创作之中，成为指导节目策划、设计、制作的根本性理念，避免理论研究与实践操作之间的脱节，实现"儿童本位"在儿童电视创作中的话语主导地位。

第一节　儿童观的历史建构与价值确立

培利·诺德曼在《阅读儿童文学的乐趣》一书中曾说："有关儿童与童年的想法，都是社会意识形态的一部分。"成人对待儿童的态度，养育孩子的习惯，培育儿童的目标以及父母与孩子之间关系的建立，等等，都不仅仅由生理的自然法则所决定，而包含着社会和文化建构的因素。社会意识形态和文化关系在人类历史发展的不同阶段表现出不同的特征，因此儿童和童年的文化命题也是一个历史的建构，在不同历史时期呈现出不同的文化含义。大卫·帕金翰也认为：童年是一种社会性建构的观念。童年被建构有一个前提，即"儿童"不是一个纯粹由生物学所决定的自然或普遍的范畴。"在不同的历史时期、不同的文化与不同的社会群体中，儿童曾被以不同的方式看待，也以不同的方式看待自己。"[1]

一、西方儿童观的历史发展轨迹

原始社会时期，儿童并不是一个脱离于成人的独立存在。在许多原始部落中，新生婴儿被视作父母的隶属物品，父母掌握着生杀予夺的大权。列维·布留尔在《原始思维》一书中记录了原始民族和部落杀婴、弃婴（特别是残疾儿童）或杀婴献祭

---

[1] 大卫·帕金翰著：《童年之死》，张建中译，华夏出版社，2005。

等现象。原始社会对孩子的教育内容包括宗教信仰、军事教育和生产技术，而与儿童本身的特殊需求无关，这是由于原始社会的人们把控自然的能力极其有限，许多自然现象无法解释，同时对自身命运深感惶恐，因而宗教信仰盛行；而军事教育传授使用武器和作战方法、锻炼强健的体魄以应对外来的威胁；由于生活的需要，儿童也必须掌握生产技术，比如美洲印第安人的儿童从四五岁起就学习使用弓箭，既能够捕猎，又能用于作战。原始社会的儿童被要求与成人一道面对严峻的生存挑战，因此，尚不具备将儿童作为独立群体的社会文化条件。

古希腊时期并没有关于儿童文化的直接论述，但是从古希腊的人性观以及教育实践中都能够窥见儿童观的萌芽。古希腊哲学家普罗塔格拉将人置于宇宙中心，强调对人的尊重。苏格拉底主张对人性的理解、对个人主体的尊重，他反对迷信传统、信仰权威，并提出了"认识你自己""照顾你的心灵"的观点，认为人可以通过自我反省和教育手段发掘出内心"善"的因子。苏格拉底的观点经由他的学生柏拉图论述成为完整的西方性善论，为日后卢梭"发现儿童"铺垫了基础。在柏拉图的代表作《理想国》和亚里士多德的《伦理学》中，教育都被认为是一种实现社会宏伟蓝图和完善个体生命成长的必要手段。柏拉图主张重视胎教，重视儿童游戏。亚里士多德强调教育的意义，并提出按照儿童的年龄分段划分教育阶段的观点。古罗马时期的养育理念和教育思想体现出对儿童的尊重和敬畏：当时的罗马人就已经意识到营养对于孩子健康成长的重要，规定了一系列儿童养育措施。在教育方面，实行分年龄段教育，重视游戏对于儿童的意义，并开始思考如何教育下一代的问题，在实施教育中主张宽容和理解，认为"从人的本性出发，理解并尊重教育者和受教育者的精神的独立性，以达到人的幸福……"，"教育不是对好奇的动物的训练，而是在人成长中起辅助作用的培养。"[1]

欧洲的中世纪历经千年，被视为西方文化发展的中断，对于儿童文化而言，也是一个漫长的冬眠期，人们对于儿童文化以及童年的认识遭受神学观与宗教观的遮蔽。"原罪说"成为当时教会的重要教义之一，也成为成人虐待儿童的堂而皇之的理由，儿童被认为是内心邪恶、胆大妄为的小坏蛋，必须要加以权威和高压式的严厉管教才能帮助他们摆脱愚蠢的言行。《旧约》中的箴言写道："愚蠢缠在儿童心中，正义棍子可以使之远离愚蠢。""与其让棒子闲着，不如拿它教训他，这才是爱孩子。""棍子与责罚带来智慧，让孩子自行其是。"……法国历史学家菲利普·阿里耶斯（Philippe Aries）在《儿童的世纪》一书中提出"中世纪没有儿童、没有童年"的观点，另一位著名学者埃利亚斯在《文明的进程》一书中指出，中世纪，人们缺乏对于

---

[1] 让·皮埃尔：《古罗马的儿童》，张鸿、向征译，广西师范大学出版社，2005，第79页。

儿童的认识，童年与成人之间几乎没有什么区别。

但也有质疑和辩驳的论调，例如莎哈（Shulamith Shahar）在《中世纪的童年》中明确指出："在中世纪中后期（1100~1425）存在着一种童年观。""当时有了童年的概念，也存在儿童教育的理论和标准。"但实际上，中世纪的世界观本质上是神学的世界观，禁欲主义笼罩之下的儿童观是扭曲的，儿童并没有被当作独立的群体看待和尊重。儿童期，如阿里耶斯所说，是一个隐形的阶段。因此，不可否认的是，即使中世纪的确存在着"童年观"，也与"发现儿童、尊重儿童"本体意义上的当代儿童观大相径庭。

文艺复兴时期，人们从基督教的精神统治中挣脱出来，人文主义兴起，秉持着以人为本的世界观，朝着个人主义、利己主义和享乐主义方向发展，与基督教神学视角统治之下的蒙昧主义和禁欲主义分道扬镳。儿童在这一时期开始拥有一种"特殊而尊贵的地位"。对儿童的早期教育受到前所未有的重视，最具代表性的是16世纪20年代的伊拉斯莫提出的一系列教育思想，他认为，婴儿必须在吃奶的同时就吮吸教育的甘露，"除非他没有延误地受到细致入微的教导，否则他将成为一个好吃懒做的畜生。"[1]虽然天主教和新教同样提倡对儿童的教育，但他们倾向于原罪的观念，试图对儿童的直觉行为加以压制，与作为人道主义者的伊拉斯莫的出发点截然不同。

到了18世纪中后期，启蒙时代在文艺复兴时期对"人"的发现的基础上，正式发现了"儿童的价值"。卢梭是"发现儿童"的第一人，在被誉为开辟西方教育新时代的《爱弥儿》一书中，卢梭指出儿童有权利做真正的儿童，成人应该按照儿童的天性来抚养和教育他们，儿童只有在顺其自然的状态下才能够幸福地成长。这一论点与"文艺复兴时期第一位教育家"夸美纽斯提出的师法自然、"种子论"的观点相似，在《大教育论》中，夸美纽斯认为："人是自然的一部分，人的教育就必须依据自然的本性和儿童的年龄特征进行教育。"儿童教育的要点就是尊重儿童、信任儿童、体恤儿童。卢梭进一步发展了夸美纽斯的儿童教育观，提倡在自然的前提下进行儿童教育，特别强调了儿童期的独立价值，将童年看作人生的独特时期，并具有重要的价值和意义，儿童天然的好奇心是学习的最佳动力，应当尊重儿童的天性和需要，给予他们探索发现的机会，相信儿童自身的力量，因此，儿童早期教育不应操之过急，而提倡采取消极的教育态度，重要的是"爱护儿童，帮他们做游戏，使他们快乐，培养他们可爱的本能"。[2]卢梭的儿童教育思想对后来整个西方世界的儿童教育产生了极其深远的影响，使人们第一次意识到童年的独立品质，影响到儿童教育内容的设

---

[1] 施义慧：《近代西方童年观的历史变迁》，《广西社会科学》2004年第11期。
[2] 卢梭：《爱弥儿》，李平沤译，商务印书馆，1978，第73页。

置。卢梭这种"纯真、自然的童年观"虽然遭受到来自教会、道德学家等多个方面的挑战与否定,但都不能阻止它沿着历史的轨道阔步前进,并对后期儿童观的演进产生了深刻影响,开启了现代儿童文化观的发展。

19世纪末20世纪初,深受卢梭观点影响的浪漫主义儿童观开始在上层和中等阶级中被普遍接受,强调童年是纯真的理想状态以及社会需要保护儿童使其免受成年人腐化的影响。而另一种新的童年观在浪漫主义的基础上侧重强调童年的情感价值而否定了在19世纪初被普遍利用的儿童的经济价值。由于儿童的圣洁和情感价值使得20世纪初雇佣童工、利用儿童谋利成为一种社会禁忌。由于经济价值的式微和情感价值的增强,儿童逐渐步入家庭和社会的中心位置。正如埃利亚斯在《文明的进程》一书所言,文明进程已经将童年和成年分开,童年的主要任务就是保持纯真的本性,独立于成人世界免受他们的腐化影响。20世纪被西方称为"儿童的世纪"——一个承认儿童独立价值,尊重儿童特性并对之进行自然主义教育的新的世纪。这一时期涌现出了大量关注儿童、关心教育的各界人士:例如裴斯泰洛奇(Pestaozzi,1746~1827)提倡所有儿童都有机会接受教育,鼓励儿童在学习中的主动行为;生物学家出身的德国教育家福禄贝尔(Froebel,1782~1852)于1837年开办了世界上第一所真正的幼儿教育机构,并且重视活动和游戏在儿童教育中的积极作用;瑞典女作家兼教育家的爱伦·凯(Ellen Key,1849~1926)在1900年新世纪到来之时完成了《儿童的世纪》(The Century of the Child),书中倡导的自然主义教育法则对当时的"新学校"运动起到了指导作用,并发展成为后来的"儿童学"理论,产生了广泛影响;欧洲杰出的女教育家玛利亚·蒙台梭利(Maria Montessori, 1870~1952)对儿童的理解已经超出了卢梭时代,她提出了"精神胚胎""有吸收力的心智""敏感期"等围绕着儿童本能与天性的新概念,充分重视儿童成长的本能需要,主张教育是为了"follow the child"(跟随儿童),为儿童发挥自主性和能动性提供机会;美国教育家杜威(1859~1952)提出"儿童中心论",来自成人世界的教育应该围绕儿童这个中心转动。杜威对蒙台梭利的教育模式提出改进方案,希望以此改变美国课堂长期以来被教师和书本操控的传统,还儿童更大的自主空间。

20世纪之后,世界各国对于儿童的认识都在向前迈进,"儿童教育理论蓬勃发展,继蒙台梭利和杜威之后,涌现了苏霍姆林斯基的全面和谐发展理论、赞科夫的教学促发展理论、皮亚杰的建构主义观、维果斯基的发展的社会文化理论以及马拉古兹的项目活动课程理论,等等。"[①] 同时,世界各地的儿童教育组织遍地开花,"儿童为中心"的社会意识在法律、医疗、教育等各大社会机构得到认可,儿童成为成人

---

① 钱雨:《儿童文化研究》,博士学位论文,华东师范大学,2008,第45页。

世界普遍关注和保护的对象，西方儿童文化在经历了几个世纪的漫长旅程之后终于体现出对儿童主体的真正尊重。但不可否认的是，在儿童与成人两种文化之间仍然存在着冲突与对立，工业社会以及后现代社会所遵循的技术理性和工具理性使得儿童被视为成人征服自然、主宰社会的"工具"。洛克的"白板说"虽然颠覆了中世纪盛行的儿童原罪理论，但却将书写白板的权力交到成人手中，按照成人的需要塑造儿童。斯宾塞提出儿童期是成人准备期的观点历经几个世纪仍然影响甚广。1960年美国学者舒尔茨提出的人力资本理论认为儿童受教育是一种将为成人带来收益的投资。

总而言之，西方对儿童的发现和认识经历了漫长的历史时期，具有进步意义的儿童思想与观念作为主流推动着西方儿童观的前进，1989年11月20日，联合国大会通过了《儿童权利公约》（UNCRC），规定了儿童享有生存权、发展权、受保护权和参与权四项基本权利，儿童作为"权利的享有者"有其独立的内在精神、生命意义和独立价值，新的世纪开创了儿童的世纪。

二、中国儿童观的历史嬗变

历经了漫长的封建思想统治的中国儿童文化观有着不同于西方国家的发展进程，并且呈现出自身的特点。历史上中国的传统文化以及近现代西方文化都对中国儿童观的形成和演变发挥着重要的影响。纵观其发展脉络，大致分为古代、近代与现代三个时期。

中国古代经汉武帝"罢黜百家，独尊儒术"之后，经过历代王朝的推崇与整合，孔子的儒学思想实际上占据着统治地位，成为我国传统文化的代表。儒家文化思想包括家国思想、伦理思想和纲常思想，强调伦理道德和等级观念。孔子在关于"礼"与"孝"的伦理建构中，确立了儿童与成人之间的等级划分，并为古代社会成人对待儿童的看法和行为提供了文化依据。孔子非常重视礼制，以"克己复礼为仁"奠定了儒家的基本思想，认为普天之下合乎儒学所提倡的"礼"，那就等同于实现了"王道"，达到了"大治"。《礼经》就是对亲亲、尊尊、长长、男女有别的礼制记载，礼的功能在于辩异，在尊与卑、贵与贱、男与女、长与幼之间划分了严格的等级差别，其中作为幼者的儿童必须对作为长者的成人保持恭敬和顺从。"君君、臣臣、父父、子子"将人与人之间的等级进行严格划分，个人在社会中的位置被"礼"所预设，而不得有"越位"行为，否则，就是"犯上"，就是"作乱"。儿童在"尊卑有别、长幼有序"的等级序列中被置于次等和下级，儿童在中国古代被视作"童蒙""童昏""无知"的群体，幼儿时期被认为是"蒙昧时期"。《易经》的《蒙》卦："亨。匪我求童蒙，童蒙求我。初告，再三渎，渎则不告。利贞。"儿童的前途虽然是远大光明的，但是需要接受成人的教育。因此，不是成人有求于儿童，而是相反，儿童有求于成人。"屯"象征物之初始，喻作人的婴幼时期，而幼儿时期在古代被认为是"蒙昧时期"，因此《易经》之中《蒙》卦之后紧接着就是《屯》卦。在"礼"论的基础上，"孝"论进一步强化了"长者本位"的观点。宗法制家族是中国封建社会最基本也是最重要的构成单元，这种以血缘关系为基础，按辈分构成等级的文化结构强调幼者应该顺应长者，儿童必须依附、服从于成人，进一步强化了儿童的弱势地位和关于儿童蒙昧无知的认识。因此，中国古代封建社会"对于儿童多不能正当理解，不是将他当作缩小的成人，拿怪经贤传尽量的灌下去，便将他看作不完全的小人，说小孩懂得甚么，一笔抹杀，不去理他"。[1]

除了等级制度的影响，中国古代儿童观还受到功利主义教育观的影响，儿童体现自身价值的最普遍、最重要的途径便是通过读书求取功名。中国古代功利主义思想产生于先秦时期的"义利之辩"。"与孔子'罕言利'不同，墨子大谈讲'利'而不害'义'，杨朱则唯自'利'是图，法家则是唯君主之利是从——三种功利主义伦理学说分别体现了'为民''为我'与'为君'的价值取向。"[2] 发展至宋元明清时期，"经世致用"已经成为主要的思想取向。功利主义肯定追求利益的行为，同时倡导以正当的或者道德的手段而非不择手段的方式谋取利益，所谓"正其谊以谋其利"。儿童观与儿童教育理念也受到功利主义的影响，因此，儿童读书作为谋取功名的手段被当时社会所普遍认可，并且鼓励儿童勤学苦读。古代文学作品中树立了大量的勤奋刻苦的儿童形象，以《三字经》为例，这本家喻户晓的启蒙读物列举了古人以读书为进身阶梯，勤勉好学，终至扬名的故事："昔仲尼，师项橐，古圣贤，尚勤学。赵中令，读鲁论，彼既仕，学且勤。披蒲编，削竹简，彼无书，且知勉。头悬梁，锥刺股，彼不教，自勤苦。如囊萤，如映雪，家虽贫，学不辍。如负薪，如挂角，身虽劳，犹苦卓。"[3] 激励儿童为实现忠君扬名显亲的人生目标而勤奋苦读，催促儿童从小立志向："尔小生，宜早思，尔小生，宜立志。玉不琢，不成器，人不学，不知义……蚕吐丝，蜂酿蜜，人不学，不如物。"[4] 为了实现所谓的人生理想，儿童的活泼、好玩的天性被视作虚度光阴，受到成人的压制和管束，"勤有功，嬉无益"。"头悬梁、锥刺股""凿壁借光"之类的故事努力为儿童塑造勤学的榜样形象，而完全置儿童的身心发育、自然天性于不顾。因此，中国古代社会等级制度以及功利主义之下的儿童观视儿童为附属于成人的非独立存在，儿童的精神需求和独立价值不被尊重。

---

[1] 周作人：《艺术与生活·儿童的文学》，河北教育出版社，2002，第162页。
[2] 钱雨：《儿童文化研究》，博士学位论文，华东师范大学，2008，第17页。
[3] 李逸安译注：《三字经》，中华书局，2009。
[4] 同[3]。

晚清时期，中国面临民族存亡的危急时刻，基于救亡图存的迫切愿望，部分先进知识分子意识到儿童对于民族未来、国家前途的重要意义："少年强则国强，少年独立则国独立，少年自由则国自由，少年进步则国进步，少年胜于欧洲则国胜于欧洲，少年雄于地球则国雄于地球！"① 儿童对于国家民族的重大意义引发了对儿童地位的思考，中国两千多年封建伦理制度之下的"父为子纲"以及等级制度之下的"儿童蒙昧无知"的观念遭到猛烈的抨击，梁启超的《卢梭学案》借卢梭的"天赋人权"强调了儿童作为人，具有与成人平等的权利："彼儿子亦人也，生而有自由权，而此权，当躬自左右之，非为人父者所能强夺也。"② 重识儿童的主体地位掀起了对儿童教育和关注和研究：国内各大报刊纷纷刊载相关的讨论文章，20世纪初清政府实行"新政"改革，中国第一个癸卯学制在全国范围内颁行。1902年颁布的《奏定蒙养院章程及家庭教育法章程》提出尊重儿童的年龄特点和身心需要，选择适当的教育内容与方法，这是一种全新的教育理念，体现出对儿童的重视："保育教导儿童，专在发育其身体，渐启其心知，使之远于浇薄之恶习，习于善良之范。蒙养院保育之法，在就儿童最易通晓之事情、最所喜好之事物，渐次启发涵养之，与初等小学之授以学科者迥然有别。"③ 章程还规定教导的科目有游戏、歌谣、谈话、手技，等等。

五四时期的新文化运动对以儒学为核心的封建文化发起了激烈的批判，一大批先进知识分子从儿童心理发展和人性论的视角出发，斥责扼杀儿童个性与独立的纲常礼教，批判传统的注入式教育：胡适现身说法，对中国的"孝"论进行了批判，在《新青年》五卷三号的随感录里热切期望中国新生的一代能够改变依从品性，成为真正"将来的'人'的萌芽"。鲁迅发出了"救救孩子"的激情呐喊，并提出了"幼者本位"的思想，批驳在中国盛行数千年的"长者本位"观，提醒人们："对于子女，义务思想须加多，而权利思想却大可切实核减，以准备改作幼者本位的道德。"陈独秀在《近代西洋教育》中严词批判了中国传统教育"所谓儿童心理，所谓人类性灵，一概抹杀，无人理会"，指出中国教育的改革之路应该效法西洋，尊重儿童……五四时期的中国文坛涌现出大量崇拜儿童、渴慕童真的倾情之作，表现儿童纯净无邪的美学精神成为五四文坛的一大特色，鲁迅、萧乾、萧红、郭沫若、刘半农、周作人、丰子恺等大批作家、知识分子都有描写儿童、盛赞儿童的创作。

关于儿童的发现，具有划时代意义的事件是周作人发表于《新青年》第五卷第六号上的《人的文学》，通过对西方发现人、妇女和儿童的历史脉络的梳理，周作人

---

① 梁启超：《少年中国说》，陕西师范大学出版社，2010，第5页。
② 钱雨：《儿童文化研究》，博士学位论文，华东师范大学，2008，第24页。
③ 同②。

阐释了自己的人道主义思想,并深入探讨了儿童问题。作为中国儿童的发现人,中国儿童文化的奠基者,他大胆地提出了"祖先为子孙而生存""子孙崇拜"的观念,肯定了儿童的"独立和价值",旗帜鲜明地强调了儿童的人身权利,彻底批判并否定了传统的儿童观,为当代中国儿童观注入现代内涵。与此同时,来自西方的日趋成熟的儿童观促进了中国社会对于儿童的进一步理解和尊重,尤其值得一提的是杜威的"儿童中心论"所产生的影响。1919年5月1日至1921年7月10日的两年间,杜威多次到中国高校演讲,传播他的儿童教育理念和"儿童中心主义",他认为:"儿童的世界是一个具有他们个人兴趣的人的世界,而不是一个事实和规律的世界。儿童世界的主要特征,不是什么与外部事物相符合这个意义上的真理,而是情感和同情。"[1] "儿童的生活是一个整体、一个总体……凡是在他的心目中最突出的东西就暂时对他构成整个宇宙。那个宇宙是变化的和流动的,它的内容是以惊人的速度在消失和重新组合。但是,归根结底,它是儿童自己的世界,它具有儿童自己的生活的统一性完整性。"[2] 杜威不仅承认儿童的独立意义和价值并且十分强调儿童思维世界中有别于成人的兴趣性、情感性、多变性、流动性、新奇性和幻想性。基于这一道理,杜威批判以书本为中心、教师为中心的旧式教育观,倡导以儿童自身的活动、即时的本能、自发的兴趣为中心,开展对儿童的教育。杜威本人后来承认这一思想中存在对儿童"过于热情的理想化"和"教育失控"的失误,尽管如此,它在当时仍然是影响整个世界的崭新的儿童观和儿童教育观。[3] 杜威的访华使得中国的儿童观登上一个新的台阶:胡适作为杜威的学生,在中国宣扬"儿童中心主义";鲁迅受到杜威变"教师中心"为"儿童中心"的启示,提出变"长者本位"为"幼者本位"的思想;郭沫若在中国第一次响亮地提出了"儿童本位"的观念,1921年1月15日发表于《民铎》的《儿童文学之管见》一文中指出:"儿童文学,无论采用何种形式(童话、童谣、剧曲),是用儿童本位的文字,由儿童的感官以直塑于其精神堂奥,准依儿童心里的创造性的想象与感情之艺术……其所不同者特以儿童心理为主体,以儿童智力为准绳而已……故就创作方面而言,必熟悉儿童心理或赤子之心未失的人。如化身而为婴儿自由地表现其情感与想象;就鉴赏方面而言,必使儿童感识之时,如出自自家心坎,于不识不知之间而与之起浑然化一的作用。能依据儿童心理而不用儿童本位的文字以表现,不能起此浑化作用。仅用儿童本位的文字以表示成人的心理,亦不能起此浑化作用。"[4]

---

[1] 杜威等:《学校与生活:明日之学校》,赵祥麟等译,人民教育出版社,1994。
[2] 赵祥麟等编译:《杜威教育论著选》,华东师范大学出版社,1981,第76~77页。
[3] 冯乐堂:《"儿童本位论"的历史考察与反思》,《四川大学学报(哲学社会科学版)》1997年第2期。
[4] 郭沫若:《儿童文学之管见》,引自《文艺论集》,上海光华书局,1927。

郭沫若分析的虽然是儿童文学的功能和本质、创作与鉴赏，但其核心术语"儿童本位"折射出对儿童主体地位的认同以及对儿童生命特性的尊重，亦是现代儿童观的本质内涵。从西方的"儿童中心主义"到中国的"儿童本位思想"，显示出中国正是以一种开放的文化视野和兼容并蓄的姿态迎接世界上先进文化思想，五四时期以后，中国的儿童观保持着与西方先进儿童思想的精神契合。发现童年、尊重童年的现代儿童文化观在这一时期的中国初步确立。

三、儿童观的价值确立

"童年的概念是文艺复兴的伟大发明之一，也许是最具人性的一个发明。童年作为一种社会结构和心理条件，与科学、单一民族的独立国家以及宗教一起，大约在16世纪产生，经过不断提炼和培育，延续到我们这个时代。"[1] 与作为生物学范畴的婴儿期的存在不同，童年的存在是一种社会产物、一个文化命题，经过几个世纪漫长的探索和提炼进程，逐步确认了对于儿童与童年的认知和态度，确立了儿童观的价值内涵，标志着儿童文化作为一种有别于成人文化的独立文化形态而获得社会认同。进入新的世纪，无论在西方，还是在中国，关于儿童与童年的认知都包含两个方面的价值构成：一是儿童作为文化的主体，二是儿童作为权利的主体。

（一）儿童作为文化的主体

作为人类历史上第一个"发现儿童"的创始人，卢梭在《爱弥儿》中向世人宣告："儿童不同于成人，儿童有自己的文化。"儿童被视为一个独立的群体，童年被作为具有独立价值的人生阶段，首先必须在文化层面上获得肯定，得到主体性尊重，才能从成人文化的遮蔽中显现出来。关于儿童文化，刘晓东认为："儿童文化是儿童表现其天性的兴趣、需要、话语、活动、价值观念以及儿童群体共有的精神生活、物质生活的总和。"[2] 边霞认为："儿童文化是儿童自己的文化，以儿童自己的思想和行为来决定其价值和标准的文化。"[3] 儿童被确立为文化主体，作为这种独立文化的核心概念，在现代儿童观的视野中被解读出以下内涵：

1. 儿童具有独立的文化形态

现代儿童观的核心内涵是对儿童文化的认同与发掘。儿童文化形成于人生的初始阶段，因而是最自然、最纯净、最本真的文化形态，与成人文化功利、世俗、复杂的形态相比，更加接近人的本质，也更符合理想层面的文化追求。基于儿童身心发育的特征，儿童文化在本质上是一种活力文化，充满着生机和多种可能性。

---

[1] 尼尔·波兹曼：《童年的消逝》，吴燕莛译，广西师范大学出版社，2004，第2页。
[2] 刘晓东：《儿童文化与儿童教育》，教育科学出版社，2006，第34页。
[3] 边霞：《儿童文化与成人文化》，《学前教育研究》2001年第3期。

儿童文化是发展着的。儿童期是个体生长发育最为迅速的时期，从0到18周岁的这个阶段被大致分为婴幼时期、幼儿期、学龄前、少年、青少年等多个时期，即使在同一个分段时期也因为在生理、智力以及社会化程度上所表现出来的迅速变化而呈现出极为明显的差异。儿童文化与儿童的身心发育特征密切关联，在"知、情、艺"等各个方面表现出发展变化的成长性特征，因此，儿童文化不是一个一成不变的范畴，而是紧随文化主体的成长而融入新的文化元素，这个推陈出新的过程亦是儿童文化逐渐向成人文化转变的过程。

儿童文化是诗性的、童话的、梦想的。儿童世界是一个建立在自我中心基础之上、不受规律和规则约束的世界，他们精力旺盛非凡，满怀探究的热情。波尔·阿扎尔曾经描绘成人和儿童的不同，成年人的心灵"由于承受了过多的印象，其胶片已经用旧，感受度完全迟钝了……不管怎么说，成年人不是自由的，他们成了自身的俘虏。……"然而，"儿童的天国与此是何等不同啊。住在这个王国的人们简直就像是与成人不同的另一个人种……"在自由放飞的想象力世界中，儿童文化充满了童真童趣，充满了新奇和创新。儿童将世间万物主观化，无论动物、植物，还是一切成人世界认为没有生命的物体，在儿童的世界里都被赋予了生命和灵性，即儿童的泛灵化倾向。儿童以强烈的主观感受和感性主义把握世界，儿童眼中的客体世界不再是机械、呆板的，而是被隐喻式地注入了儿童的生命意识、主观意愿和情感意识。以儿童为主体的文化因此是诗性的、自由自在向四面八方伸展着的。

儿童文化追求至真至善至美。儿童文化是非功利性的，儿童既不追求物质回报，也不计较个人得失，只是执着于他们眼中真善美的世界，关于真善美的内涵由他们自己定义而与成人的认定无关。曹文轩曾经评价道：儿童的独特目光能看出成年人已经看不出的东西。因为成人早已失去了这种目光。"这种目光是美丽而宝贵的。它是造物主对人还处在童年时代的恩赐。这样的目光是感人的，因为它呈现给我们的是那样一个世界，没有卑下，没有恶气，没有丝毫的怀疑。有的只是纯真、美好与善良。而这一切汇合在一起，便形成一种力量———一种使我们这些已经受了生活与历史污染的灵魂而感到震撼的力量。"[1]对于孩子单纯的心灵而言，判断的标准只有一种：好的和坏的——好人与坏人、好吃与不好吃、好玩与不好玩，他们羡慕强者而同情弱者，以他们的方式表达本真的情感，他们为日夜走动的钟表指针担心："会不会累，会不会脚痛？"他们以为鸡蛋破了，小鸡的家没有了，并为此而感到难过。儿童是天生的艺术家，利用一切时机创造和欣赏他们眼中的"美"，那些飘落的树叶、不起眼的小石头甚至破碎的零件都是他们发现的"美"，而这一切通常被成人斥责为

---

[1] 曹文轩：《目光清纯看世界》，《我的世界——随父母旅居加拿大记》，新华出版社，1998。

"脏东西""没用的东西"。

儿童文化需要得到成人文化的滋养但不是被替代、改写。进化的一个基本事实是,物种越复杂,其童年期越长。在所有的物种中,人类的童年期持续时间最长,几乎占据了整个生命周期的1/3。[①]在身心特征上表现为行动能力受限、神经系统发育延迟。因此,儿童需要得到成人的保护和照料。在文化层面上,儿童文化需要得到占据强势地位的成人文化给予足够的尊重和支持,才能获得充分生长的空间。美国现代教育学家克伯屈在《学习的现代理论》中强调:"不能把儿童的现在只作为到达某种遥远未来的手段。"换言之,童年的价值在于其本身,儿童作为独立的主体需要得到尊重,而不仅仅被简单地当作弱小群体得到身体上的照顾;虽然儿童正处在成长阶段,但他们作为独立的个体,有自己的感情和对事物的见解,这一切都应该得到所有人的尊重。另一方面,儿童往往对成人世界充满好奇和向往,但受到认知能力的局限,难以正确理解成人文化中的某些内容,成人有责任向涉世未深的儿童进行阐释和引导,并根据儿童的身心特点,选择成人文化中的精华部分,使儿童的文化视野得到拓展,并丰富儿童文化本身。但需避免的是,在对弱小儿童的保护过程中,由于保护过度而产生的以成人的读解代替儿童的思考、以成人文化改写儿童文化的情况。

2. 儿童具有自己的哲学精神

儿童与成人的思考习惯大相径庭,他们不受现实的约束,自由自在,天马行空,热衷于刨根问底,时常提出哲理性的问题,并做出哲理性的推理和评论。儿童具有其本体的精神世界,并且以自己特殊的方式进行表达。雅斯贝尔斯(Karl Jaspers)指出:"我们可以从孩子们提出的各类问题中意外地发现在哲学方面所具有的内在禀赋。我们常能从孩子的言谈中,听到触及哲学奥秘的话来。"[②] 美国哲学家马修斯(Matthwes G.B.)发现儿童时常表达出许多有趣而富有哲理的想法,甚至按照自己的方式进行推理,受此启发,马修斯第一个完整提出"儿童哲学"的概念,并着手将儿童哲学确立为一门独立学科进行系统研究。

哲学对于儿童而言并不是件高深、遥远的事,往往来自于对现实生活的困惑和好奇以及儿童天然所具有的质疑精神。因此他们常常热衷于对一些现象发生的原因以及事件的来龙去脉刨根问底。

马修斯经常在不同的场合引用一个发生在自己4岁女儿萨拉身上的例子:小萨拉站在楼梯上看父亲给家里的猫喷洒驱跳蚤粉。她看了一会儿,问:"爸爸,弗拉非(猫的名字)怎么会有跳蚤的呢?"父亲说:"哦,她一定是和其他猫在一起玩的。跳

[①] 杨宁:《幼态持续:发展的原发性和早期教育》,《西北师范大学学报(社会科学版)》,2002年7月。
[②] 卡尔·雅斯贝尔斯:《智慧之路》,柯锦华译,中国国际广播出版社,1981,第2页。

蚤就从别的猫身上跳到弗拉非身上。"她接着问："那其他猫怎么会有跳蚤的呢？"父亲有点不耐烦："哦，其他猫肯定也是和别的猫一起玩的。跳蚤就从那只猫身上跳到最后和弗拉非玩的这只猫身上。""可是，"萨拉停顿一下，热切地说，"爸爸，这事总不能一直这样吧，没完没了的。只有数字这一种东西可以这样没完没了的。"①关于第一只跳蚤的争辩与哲学中对于宇宙起源的追问有着相似的视角。现实生活中，在成人们看来理所当然的常识性问题，也往往被儿童的好奇心和天然的质疑精神所捕捉，成为他们追问的话题。儿童的哲学往往从对现实生活的迷惑与困惑开始。在《哲学与幼童》一书中，马修斯举了6岁男孩提姆的例子。这个孩子一边舔罐子一边忧心忡忡地问："爸爸，我们怎么知道现在不是在做梦呢？"他爸爸不知该如何回答他。不过，他又舔了几下罐子后，用自己的逻辑解决了这个问题。他说："要是现在是做梦的话，我们就不会问这是不是梦了。"罗素曾经说过："逻辑上讲，全部人生都是一场梦的推断并非是不可能的。我们在梦中自己创造了眼前的一切事物。"笛卡尔也在他著名的《沉思》一书写道，他是如何对自我的存在产生了质疑。他试图说服自己就在"这里，坐在炉火边上，披着长袍，手里拿着纸"。可是他又突然想起，他经常也会梦见自己在"这里，坐在炉火边，披着长袍，手里拿着纸"，尽管他其实躺在床上！当认真思考这个问题后，他大为震惊地发现，甚至无法找到有说服力的证据来推断自己究竟是醒着还是睡着。最后，他通过"我思故我在"的经典论述结束了他的迷惑。这和提姆的结论极其相似。马修斯认为提姆的结论完全可以和经典哲学家的观点相媲美。②

儿童的许多关于"哪里来的？""这是为什么呢？""怎么回事？"的提问常常令阅历丰富的成年人都难以做出合理的解释和令孩子们信服的回答，而面对这些问题，大人们通常表现出的消极态度，如讥讽、不回应、训斥等让孩子们渐渐冷却了探究的热情，放弃了哲学式的思考和敏锐，而选择成人式的现实主义思维和寻常定式逻辑。而恰恰在这个转化过程中，我们错失了儿童宝贵的探索精神和思考习惯。基于此，马修斯建议生活在科学世界里、自以为是的成人们在儿童面前要放下架子，卸掉优越感，用心倾听儿童的问题及想法，并做出积极回应。正如《危机中的儿童》的作者，普利策文学奖获得者克尔斯扭（Bert Coles）在马修斯书的序言中说："在我与美国及国外的儿童打交道的这么多年里，我有时会听到儿童说出令人惊奇的名言警句。我也会被孩子的提问窘住，甚至击败。然而，多数成人依然对儿童的能力、思维与反思持怀疑态度。他们甚至没有认真倾听儿童的话——这就是马修斯在他的《与

---

① 钱雨：《儿童文化研究》，博士毕业论文，华东师范大学，2008，第52页。
② 同①，第53页。

儿童对话》中希望改变的现象。"[1]

（二）儿童作为权利的主体

儿童获得独立的权利，与成人享受同等的法律地位，是现代儿童观的核心价值之一。蒙台梭利在《童年的秘密》中《儿童的权利》一章中就指出，儿童生产人类自身，因而他的权利更需要得到承认。

儿童作为权利的主体，首先是指儿童接受教育的权利。无论西方还是中国，虽然在古代和近代时期，儿童教育都历史性地存在着，但并不是所有儿童都平等地获得接受教育的机会，并且当时的教育理念、方式方法也与当代儿童教育观相去甚远。直到20世纪中叶以后，随着现代儿童观的初步形成，受教育才成为儿童的普遍权利，各个国家政府以法律法规的形式规定确保了儿童的这种权力，并对提升教育质量做出了相应规定。儿童拥有受教育权的深层次含义指向儿童在教育设计中的中心地位，夸美纽斯提出了他的自然主义儿童教育观，主张应该依据自然的本性和儿童的年龄特征进行教育。"教师的使命是培植，而不是改变。"[2] 瑞典杰出的教育家艾伦·凯界定20世纪是"儿童的世纪"是基于"一个成人了解儿童的特点并以此为依据进行教育的世纪"。

儿童作为权利主体的一个标志性事件是1989年11月20日联合国大会通过的《儿童权利公约》（以下简称公约）。这个公约将儿童定义为18岁以下的男孩和女孩，明确指出儿童作为一个独立的人，平等享有"人"的全部权利：生存权，全面发展的权利，免遭有害影响、虐待和剥削的受保护权，全面参与家庭生活、文化生活和社会生活的权利。《公约》通过确立保健、教育以及法律、公民和社会等方面的服务标准来保护儿童的上述权利。[3] 至今为止已有191个国家正式签署了《公约》，这是有史以来得到最广泛接受的国际人权条约，也是人类社会迄今为止对儿童权利和童年生命最高、最完整的价值定义，它意味着"儿童权利"和"童年"概念成为一个世界性准则。

儿童的媒介权利作为一项重要的内容在《儿童权利公约》中被专门提及，《公约》第12条提出："缔约国应该确保能够形成自己看法的儿童有权利对影响儿童的一切事项自由发表自己的意见，对儿童的意见应该按照其年龄和成熟程度给以适当的重视。"第13条进一步指出："儿童应有自由发表言论的权利，此项权利应该包括口头、书面和印刷、艺术形式或儿童选择的任何其他媒介，不论国界，寻求、接受和传递各种信息和自由的权利。"

---

[1] 钱雨：《儿童文化研究》，博士毕业论文，华东师范大学，2008，第54页。
[2] 夸美纽斯：《大教育论》，傅任敢译，教育科学出版社，1999，第138页。
[3] 谭旭东：《论童年的历史建构与价值确立》，《涪林师范学院学报》2006年11月。

简言之，儿童媒介权利具体包括三方面内容：媒介接近权、有益信息知晓权和媒介参与权，赋予儿童获得并表达意见的自主性，使得"媒介"这个公共信息平台能够为儿童所享，促进青少年"分享和参与文化与社会生活"权利的积极实现。

第二节 "儿童本位"视野下的儿童精神

由于表达能力和话语空间的所限，儿童往往不能进行正确而完整的自我表达。另一方面，成人不同于儿童，在习惯性思维和强势话语的主导下，成人往往疏于对儿童进行客观、全面的认识和了解。因此，长时期以来，对儿童的认识存在着片面、偏见和刻板化的偏差。现代儿童观虽然确立了将儿童视为独立个体的态度立场问题，但对儿童的正确认知还需要以儿童本体为核心，进行深入的解读，以此为儿童栏目制作提供最重要的关于目标受众的依据。

儿童精神是儿童文化以及一切儿童言行的内在依据和生成动力，另一方面，儿童期的精神内涵有别于成人的精神世界，但又是成人精神的生长源泉。儿童精神的独特内涵主要体现在以下几个方面：

一、自我中心化

儿童在处理自我与外部世界的关系上，表现出以自我为中心的精神倾向。著名的瑞士心理学家皮亚杰于1923年在《儿童的语言和思维》一书中最早提出了儿童的自我中心化（Egocentrism）概念。儿童精神的自我中心化状态表现为：儿童完全以他自己的感知，乃至情感、想象、观念等为中心，从自己的视角或立场看待周围世界一切，他没有也不能意识到需要从另外一个角度去观察、审视和对待外在的物和事。[1]

自我中心主义是儿童精神的中心特征，贯穿于个体成长的整个过程，只是在不同的发展阶段，呈现出不同的水平或形式，认知发展理论对儿童中心化的阶段性特征给予了充分的研究，皮亚杰将儿童的成长期大致划分为四个阶段：感知——运动阶段（0~2岁）、前运算阶段（2~7岁）、具体运算阶段（7~11岁）、形式阶段（12~15岁），在成长期的十余年间，儿童都是"处于自我中心化状态和真正社会化之间的中间地位"。[2] 其总体发展趋势是儿童的自我中心化呈现出由强到弱的变化，相应地，"去中心化"或"脱中心化"显现出由弱到强的趋势，儿童在这个"去中心化"过程中逐步完成了"社会化"的进程。

---

[1] 丁海东：《儿童精神：一种人文的表达——论儿童精神的人文性》，博士学位论文，山东师范大学，2005，第46页。
[2] 皮亚杰：《儿童的心理发展》，傅统先译，山东教育出版社，1982，第41页。

儿童精神为何会呈现出自我中心化特征？传统精神分析学派（弗洛伊德主义）和新精神分析学派的理论都指出，人类在个体成长的初年，主要受到与生俱来的本能、冲动与欲望的驱使，即人格结构中的"本我"受"唯乐原则"的控制，倾向于"本我"需求得到最大限度的满足，而自然而然地选择尽可能地逃避"超我"（后天社会文化的规范）；哲学人类学认为儿童正处于自然的、自在的、单一的、本能的生命阶段，在他们身上留存着从人类祖先那里秉承而来的自在的、先天的、本能的生命原动力，构成了儿童自我中心化的根源。

儿童自我中心化的意义在皮亚杰的认知发展理论中被所认为起着平衡儿童内部主观世界与外在客观世界的作用——儿童的"每一种心理一开始总是把世界吸收到一个以自我为中心的同化[①]过程中去。只是到了后来，通过对现实进行补偿性的顺应[②]，他才达到平衡"。[③] 种族进化的"幼态持续（neoteny）"理论认为，儿童自我中心化所表现出来的本能冲动、感性化的言行方式与情绪表现，为儿童由"个体化"向"社会化"的转变预留了必要的缓冲期，为适应将来复杂的成人社会提供了充足的学习机会；在后现代主义的视野下，儿童自我中心化被视为对儿童的封闭性保护，这种"适当的封闭才能维持系统的无序和有序的动态平衡，保证儿童在'社会化'的同时又不失自己独立'人性'，保持'真我'的色彩"。[④]

二、整体混沌性

儿童是自然、本真的，他们表里如一、言行一致、全身心投入的表现一方面令成人深深喜爱，并深感可贵；另一方面引导研究者去探寻其后的精神原动力。

从生物学角度分析，儿童的思维与行动、逻辑与感知等心智结构尚未分化，尚未充分成熟，并且表现为年龄越小，越不成熟。在儿童的精神世界里，主体与客体、幻想与现实、人为与自然等相互对立的元素常常相互交织、渗透在一起，难以区分。儿童精神呈现出整体混沌性的明显特征。福禄培尔曾经这样描述儿童精神的混沌状态：在儿童面前，"出现的一个外部世界，尽管总是由同一些事物按照同一种结构组成，然而对他来说，最初是由处于迷雾般的、无形的黑暗和杂乱无章的混沌状态

---

① "同化"和"顺应"是个体求得与环境之间的平衡，实现自我与环境相互作用的两种基本方式。"同化"是个体将外部环境及信息纳入自我原有的认知结构（图式），而"顺应"是改变自我原有认知结构以使自我与外界要求相一致。

② 同①。

③ 丁海东：《儿童精神：一种人文的表达——论儿童精神的人文性》，博士学位论文，山东师范大学，2005，第50页。

④ 王海英：《负责思维视野下的儿童观》，《学前教育研究》2004年3月。

的、甚至幼儿本身和外部世界也相互混合的那种虚空构成的。"①

儿童精神的整体性一方面表现在儿童把握世界的精神倾向以感性为主，感性思维的主要构成元素是幻想的、直觉的、主观的、模糊的、冲动的、热情的。而成人则相反，经过后天的教化和规范，更加偏重于现实的、概括的、客观的、准确的、冷静的理性精神，因此，成人精神的特质之一是精准的、分化的。另一方面，儿童往往以一种自然的整体心智结构，不分内外，不分主客，带动所有的功能感官去感知和建构关于外界的讯息。加登纳曾描述："一个听音乐或听故事的儿童，他是用自己的身体在听的。他也许入迷地、倾心地在听；他也许摇晃着身体，或行进着，保持节拍地在听；或者，这两种心态交替着出现。不管是哪种情况，他对这种艺术对象的反映都是一种身体的反应，这种反应也许弥漫着身体感觉。"② 这种儿童最自然、最擅长的整体感知方式将儿童的视觉、听觉、触觉甚至味觉等所有感觉通道全部调动起来，将节奏、韵律、动感等审美元素揉入其中，实质上也是艺术同感或审美统觉得以实现的最佳途径。正如罗丹对自己创作时的感受一样："我不但以自己的大脑、紧缩的眉头、扩张的鼻孔和紧缩的嘴唇进行思考，而且我的胳膊、后背和大腿的每一块肌肉都在思考，我的紧握的拳头和脚趾都在思考。"③

儿童具有的整体混沌的精神特质使得儿童天然地选择了以一种感性的情感投入，以身心体认、整体卷入的感知方式去把握这个世界，领悟人生的美好，实现着自我与世界的统一。

三、潜意识化

人类个体精神的发生发展过程必然经历着"一个从不自觉的无意识状态，向自觉的有意识状态的过渡"。④儿童处于精神发生的初期，由于心智结构尚未成熟，主客体之间缺乏分化，原发性决定了其精神世界与生俱来携带着潜意识的特质。⑤自觉的、客观性的意识是生命发展到一定阶段的产物，因此儿童尚未形成自觉的意识系统，正如皮亚杰所言："儿童还没有建立体系。他所具有的体系乃是无意识的或前意识的，这就是说，这种体系是不能够系统阐述的或尚未系统阐述过的，因而只有外在的观察者才理解它们而他自己从未对于这种体系进行过'反省'。"⑥

---

① 福禄贝尔：《人的教育》，孙祖复译，人民教育出版社，2001，第32页。
② H·加登纳：《艺术与人的发展》，兰金仁译，光明出版社，1988，第119页。
③ 罗伯特·鲁特·布约沃尔德等：《天才的13个思维工具》，李国庆译，海南出版社，2001，第1页。
④ 朱宝荣：《心理哲学》，复旦大学出版社，2004，第21页。
⑤ 丁海东：《儿童精神：一种人文的表达——论儿童精神的人文性》，博士学位论文，山东师范大学，2005，第72页。
⑥ 皮亚杰：《儿童的心理发展》，傅统先译，山东教育出版社，1982，第86页。

潜意识是人类精神系统的两大构成之一（另一大构成是"意识"），是人自身不能自觉进行或控制的精神层面，不具备意识的认知能力，但具有强大的心理能量。弗洛伊德、荣格、佛罗姆等心理学家都曾论及过潜意识的非自觉性、非逻辑性以及隐秘性，尽管如此，潜意识仍然是深藏于意识背后，左右着人类心理和行为的内在驱动力。在人类的儿童时期尤其是早期，由于心智发育不够充分而表现出潜意识化尤为明显的精神趋向。"儿童的年龄越小，他的意识的发育程度也就越低，也就越深地被他自己本能的先验的内容所占据。"①众多的教育理论都关注到这一点，蒙台梭利关于儿童的"吸收性心智（absorbent mind）"理论认为，"所有儿童天生具有一种吸收文化的能力"，尤其是处于感知——运动阶段的3岁前的儿童，他们的成长受到自然的、天性的潜在力量的驱动，使得低幼儿童具有强烈的感受能力，而儿童自己并未意识到这种能力的存在，无意识地吸收着成长环境中的各种文化养分，从而"利用周围的一切塑造了自己"。维果斯基的儿童学习阶段理论也指明了儿童潜意识的存在对于学习方式的影响，认为：儿童倾向于"按照他们自己的大纲进行学习"，具有一种无意识、不自觉的"自发型"特点，在儿童不断成熟的过程中，才逐渐渗入接受他人间接经验的"反应型"学习方式。

儿童时期是原发的潜意识功能最为活跃的人生阶段，在儿童身上通常表现出难以抑制的个人情感、无意识的学习效仿能力、非节制的情绪表达，等等。生活中，家长常常抱怨孩子"不听话""不懂道理"，事实上，在儿童眼里，他们对所谓的反映事物规律和行为准则的道理、规范并不会产生自觉的认知兴趣，也可能根本不具备读解的能力，因为这些成型于成人世界的道理、规范诉诸人的意识进行说教，而儿童的精神世界主要受到潜意识的控制。因此，对儿童采用诸如环境陶冶、情境暗示、榜样示范、动之以情等间接的、暗示的方式，更容易被儿童接受。

四、诗性逻辑

逻辑是人类理解世界、把握世界的一种思维方式。成人的逻辑是严格的、科学意义上的概念性逻辑，表现出抽象性、概念化的特征，追求形式上的统一和严密的逻辑规范。这种逻辑形式中的主体与客体之间的界限分明，是建立在主体的自觉、理性的意识能力充分成熟基础之上的对客体的把握。

而儿童则不然，他们把握世界的逻辑并不是准确、客观、抽象的概念逻辑，而是充盈着个人感性色彩和直观经验式的诗性的逻辑。最早提出"诗性逻辑（logic of imagination）"概念的是意大利哲学家维柯（G.Vico, 1668~1744）。他认为，"在人类

---

① 刘晓东：《儿童精神哲学》，南京师范大学出版社，1999，第277页。

远古时代甚至延后至荷马时代,人们的记忆力强,想象力奔放,但是思维能力不发达,而且推理能力越薄弱,感觉和想象也就成比例地越旺盛。这种感觉力和想象力的智慧表现形式,就是'诗'"[1],康德将"诗"喻作"想象力的自由游戏",而诗人华兹华斯认为"诗"就是"强烈情感的自然流露"。儿童的心智分化不够充分,自觉的理性意识和抽象概括的能力不够成熟,他们以自我为中心,在认知上对主客体混沌不清,并且受到与生俱来的潜意识倾向的强烈影响,无意识地吸附着周围世界的文化养分,同时自由地向外界传递出携带着儿童自然天性的各种欲望、需求和想法。儿童思维拒绝理性逻辑的限定和概念世界的束缚,正处于"记忆力惊人、想象力奔放、创造力旺盛"的特殊时期,因此,儿童思维表现出充满感性色彩、浪漫主义和审美意蕴的诗性逻辑的特性。

以诗性逻辑把握世界使得儿童得以无拘无束地自由探索,随心所欲地自由发挥,天马行空地大胆想象,使得儿童的世界有别于成人充满了奇思妙想和自由快活。不仅如此,诗性逻辑本身就是人类精神文化弥足珍贵的财富,"成为矫治当今成人社会技术理性和机械、僵化、功利和冷漠之弊病的一剂良药。"[2]

五、游戏性

无论古代还是现代,无论西方还是中国,儿童都天然地青睐游戏活动。这是由于儿童首先受到自身原发性生命力量的促动,在游戏中获得机体本能需求的满足。人类早期的经典游戏理论(如剩余精力学说、生活预备学说、复演学说等)特别强调儿童身上天赋的、本能的生命力量融汇成为游戏以及游戏精神的原始动力;传统精神分析学派将人格中"本我"对"唯乐原则"的天然追逐视作游戏活动的生发动因;觉醒理论(亦称内驱力理论)把游戏视作为维持机体最佳觉醒水平的途径。但是,仅仅锁定儿童先天性生物力量的角度解释游戏生发的原因也是不周全的。社会文化历史学派的游戏社会起源论关注到游戏的社会文化属性;新精神分析主义认为游戏实现着个体的生物性与社会性的双重需求;认知发展学派主张游戏平衡着主观个体与客观世界之间的关系。在游戏之于儿童的意义问题上,增加了对社会因素及文化背景的关注,随着人类社会文明的进展,照料儿童、保护儿童成为现代社会的文化范式和法律规定,无须参与生产性劳作的儿童得以尽情沉浸于游戏活动之中,因为游戏全面满足了儿童内部需要及精神动机。儿童的需要表现为从生理性——心理性——社会性的渐次提升,具体体现为生存、安全的需要——探究、想象与理解

---

[1] 丁海东:《儿童精神:一种人文的表达——论儿童精神的人文性》,博士学位论文,山东师范大学,2005,第87页。

[2] 同[1],第93页

环境的需要——表现自我、获得肯定的需要，基于这些需要，逐渐形成了儿童的游戏性动机，包括：活动性动机、探究性动机、成就性动机以及亲和性动机，等等。[1]儿童的生理、心理和社会性需要在游戏中不断得到满足，成为儿童快乐童年生活的重要构成，正如弗洛伊德认为的："游戏能帮助儿童发展自我力量。通过游戏，儿童可以解决本我和超我之间的冲突。游戏是由愉快原则促动的，它是满足的源泉。游戏也是缓和心理紧张和使儿童掌握大量经验的净化反应。"[2]

游戏活动充分实现了儿童的多种需要，也是实现儿童潜能的最佳路径。游戏精神不是狭义地停留于儿童游戏活动中的精神内涵，而是包容了儿童精神的全部特质，贯穿于儿童生活的整个过程之中。首先，游戏精神体现着儿童的自我中心化，儿童完全以个体的观念、情感和兴趣作为观察和理解外在事物的依据，游戏精神正是将个体的需求、意愿、观点置于话语的中心地位，以儿童原有的认知结构（图式）去同化外界环境及信息，使儿童得以按照自我的主观愿望控制和调配外部世界。其次，游戏精神是一种主客体融合的整体精神，与儿童精神的整体混沌性相呼应。儿童以一种感性的情感投入和整体的身心卷入的特殊方式去对待万事万物，表现为热情的、直觉的、幻想的生命体验。再次，潜意识倾向也被纳入游戏精神的实质性内涵之中。游戏精神体现着原发的生命特质，游离于人自觉进行和控制的精神层面，也由此对应着潜意识的精神力量。同时，由于潜意识元素的作用，儿童精神充满了浓郁的隐喻意味，允许现实世界被纳入主观世界之中，进行大胆的想象、比拟和象征化改造，成了一个意义与规则被"颠覆"了的新的世界。最后，游戏精神是一种极具感性色彩的诗性逻辑，抛却理性逻辑的束缚，那种无拘无束、随心所欲、天马行空的自由与浪漫充溢其间，成为一种快乐、自在的精神表达。

第三节 "儿童本位"理念与儿童视听创作的融汇

儿童本位理念的核心是对儿童主体地位的认同，承认儿童具有独立的存在价值、生命意义和内在精神，并享有专属的权利。成人有义务为儿童能够按照自己的心理、生理发展需要提供必要的精神与物质保障。但现实之中，成人总是容易犯的一个错误是："经常注意的总是儿童的明天，他将来的生活。现在从来没有被严肃地考虑过……"[3] 由于对儿童"现在"存在意义的忽视，成人以自己的行为规范、意识形

---

[1] 刘焱：《幼儿园游戏教学论》，中国社会出版社，1999，第174页。
[2] 黛安·E.帕普利等：《儿童世界》（上），人民教育出版社，1981，第430页。
[3] 蒙台梭利：《儿童教育》，《现代西方资产阶级教育思想流派论著选》，张丰译，人民教育出版社，1980，第90页。

态以及逻辑思维方式堂而皇之地替代儿童本身的力量,儿童处于被弱化的地位,美国现代教育家克伯屈在《学习的现代理论》中也明确指出"不能把儿童的现在只作为到达某种遥远未来的手段"。因此,重申"儿童本位"理念的实践价值有着紧迫的现实意义。"儿童本位"在儿童电视创作中的践行首要实现儿童包括接触和使用媒介在内的各种权利,在具体的节目中呈现他们独有的话语体系和行为方式。

在成人话语的挤压之下,儿童缺乏彰显主体地位的公共话语空间。儿童童贞的心灵、幻想的王国、想象的世界、独立的思考需要得到展现的载体,儿童节目正是这样一个理想的信息平台,儿童视听创作者如同影像游乐场的建造者,用视听符号为儿童创造出一个独立的世界。这个专属世界的构建有赖于将儿童本位理念与影像创作实践融汇在一起,尊重儿童的精神特质,遵循儿童的认知规律和接受能力,契合儿童的情感需要与媒介需求,唯有如此,儿童才能够在这个影像世界中收获美感和乐趣。儿童本位理念指导下的儿童节目创作是对儿童对象的多维度关照,渗透于节目制作中的各个环节和整个流程,具体体现为:儿童作为节目的参与者、被表现者、接受者和使用者所获得的主体性表达与尊重。

一、儿童作为参与者:实现儿童的媒介参与权利[①]

社会进步在儿童观上的重要体现是国际社会逐渐认可"儿童具有独立的人格和独立的存在价值"。西方教育学经典论著之一《爱弥儿——论教育》中,卢梭认为:"在人生的秩序中,童年有它的地位。"换言之,童年的价值在于其本身,儿童作为独立的主体需要得到尊重,而不仅仅被简单地当作弱小群体得到身体上的照顾;虽然儿童正处在成长阶段,但他们作为独立的个体,有自己的感情和对事物的见解,这一切都应该得到所有人的尊重。在这一理念的推动下,1989年,联合国颁布了《儿童权利公约》,中国政府于1992年正式签署了这项公约。《儿童权利公约》第12条提出:"缔约国应该确保能够形成自己看法的儿童有权利对影响儿童的一切事项自由发表自己的意见,对儿童的意见应该按照其年龄和成熟程度给以适当的重视。"第13条进一步指出:"儿童应有自由发表言论的权利,此项权利应该包括口头、书面和印刷、艺术形式或儿童选择的任何其他媒介,不论国界,寻求、接受和传递各种信息和自由的权利。"

以联合国《儿童权利公约》"分享和参与文化与社会生活"的理念为起点的青少年媒介权利,具体包括三方面内容:媒介接近权、有益信息知晓权和媒介参

---

① 曾娅妮:《儿童新闻节目与儿童如何互动?》,《南方电视学刊》2011年第1期。

权。其中的媒介参与权赋予儿童表达意见的自主性，使得"媒介"这个公共信息平台能够为儿童所享，发表特殊群体的独立意见。儿童媒介参与关乎儿童"分享和参与文化与社会生活"的权利的实现，并且直接影响到儿童节目的传播效果，体现儿童价值观。

顾名思义，儿童媒介参与是指儿童作为客体或主体对节目制作环节的介入，通过节目发出自己的声音，表达自己的见解，对节目发挥实质性功用。儿童媒介参与度的高低折射出成人社会对他们的尊重，也决定着儿童表达权实现的程度。在各种类别的儿童节目中，儿童新闻节目是最理想，同时也是最具典型意义的儿童媒介参与平台，一方面制作环节相对简单，便于儿童操作；另一方面作为信息发布平台为儿童的意见表达提供了机会和可能。比如儿童作为被报道对象出现在节目之中，或者作为主创人员如小记者、小主持人等参与节目制作。本文以儿童在新闻节目中的参与为例，分析儿童媒介参与的现状与以及与西方发达国家的差距。

世界儿童节目的当代特征之一是专门为儿童制作的新闻节目。这一理念在1994年召开的慕尼黑国际青少年电视节目会议上提出，得到包括美国、日本、英国、荷兰、德国、奥地利等在内的世界各国儿童电视的积极响应。1995年，上海有线电视台创办中国第一档儿童新闻栏目《小小看新闻》，以此为起点，全国各地相继开设儿童新闻栏目，特别是2003年广电总局要求各省市创办少儿频道的政策出台之后，各个少儿频道都开设有至少一档新闻类栏目。

设置儿童新闻节目的根本原因在于儿童观众好奇、探索和求知的心理刺激了他们对信息的渴求，研究表明：认知世界、了解外界信息是儿童使用媒介的最主要目的之一。中央电视台青少部一项关于"儿童与电视"的调查研究结果支持了这一判断：约有70%的儿童收视的目的之一是为了获取信息、增长知识。另一方面，在满足信息需求的各类媒介渠道中，少年儿童选择电视媒介的比例占53.5%、其他各类媒介的比例总和未超出一半。这是由于视听节目具备视听兼备、图文并茂、家家普及的特点，降低了儿童接触和解读信息的难度。一般而言，儿童受众受到知识文化水平、社会交往范围以及独立自主能力的限制，难以通过书报、新闻杂志以及新闻网站等其他媒介途径获得信息，而成人模式的新闻节目从内容题材到播报方式超离了他们的认识水平。"少儿新闻是以少年儿童为报道对象和收视对象的新闻。"[1]度身定做的儿童新闻栏目以其通俗易懂的儿童化语言、生动形象的画面、轻松活泼的节目形式成为儿童观众了解信息最有趣、最有效也是最常用的途径。

从文化层面上讲，专门为儿童创办新闻节目的前提是对儿童这个特殊群体的尊

---

[1] 陈舒平：《儿童电视学》，北京广播学院出版社，2003，第82页。

重——将儿童视作独立的信息主体，其具体内涵有二：第一，儿童有知晓信息的权利和需求，但其内容不仅仅局限于儿童的世界。因此，节目以满足儿童的信息需求为主旨，题材内容涉及儿童所生存的这个世界的诸多方面，而不仅仅是未成年人的话题。第二，儿童有表达意见的权利和需求，希望向外界传递关于自己的信息，而另一方面是表达对于外界的观点和看法。第一个层面的儿童作为受众，被动接受着由成人模拟所谓的"儿童视点、兴趣、认知程度"而制作出的新闻节目，事实上，这就是目前中国儿童新闻节目的普遍现实，尽管制作者们宣称具有多年的儿童媒介经验，再加上日渐盛行的受众调研，对目标观众已经十分了解，但实际上，国内儿童新闻节目收视率和满意度偏低的客观事实有力地表明：儿童的信息知晓权利并未从儿童新闻节目中得到很好的满足。第二个层面的信息表达权利由于成人话语的实质性把控而难以得到真正实现。儿童新闻节目作为连接儿童与外部世界的桥梁在实践中却又被设置"重重关卡"，阻碍了儿童信息交流的顺畅进行，这些障碍主要来自于成年人的猜测性判断与替代性思考所导致的节目与目标受众之间的隔膜。一般而言，儿童节目制作的依据是收视率调查报告和儿童心理学、教育学等相关知识，但不可否认的是收视数据的误导性和儿童理论的滞后性本身就不能够成为儿童节目制作的完全指南，再加上制作者对收视数据的盲目崇拜和对儿童理论的一知半解，使得制作出来的儿童节目不尽如人意。

那么，儿童新闻节目制作究竟应该遵循怎样的逻辑？而在节目制作中被一再重申的"儿童本位"到底体现在哪里？儿童在儿童媒介实践中发挥着怎样的作用？由此凸显出的一个问题是——儿童作为主体在节目中的参与度与话语权问题。

参照国际儿童救助会联盟亚洲分部所编辑的《促进儿童权利——儿童权利公约培训手册》中的"儿童参与阶梯"标准（如下表），我们对儿童在新闻节目中的参与程度做出具体划分：

表5-1 儿童参与阶梯标准

阶梯1	操 纵
阶梯2	装 饰
阶梯3	象征性参与
阶梯4	成人决定，但事先通知
阶梯5	成人决定，但咨询儿童意见
阶梯6	成人策划，但与儿童一起做决定
阶梯7	儿童策划，并由儿童自己做出决定
阶梯8	儿童策划，邀请成人一起讨论，然后做出决定

第一个阶梯——操纵

从选题、策划到采、摄、编、播，成人意见发挥着决定性作用并包办一切，儿童观众难以读懂信息并从中获益，更无从发表自己的意见。这一阶梯中儿童参与程度几乎为零，完全被动接受由成人制作的儿童节目。当前，从世界各国的媒介实践来看，完全置儿童主体于不顾的儿童新闻节目几乎不复存在。

第二个阶梯——装饰

儿童有机会参与一些节目制作或参与节目制作的某些环节，例如被要求唱歌、跳舞、展示各种特长，等等，或是被安排为小记者、小主持人成为儿童节目的标志性符号等，但儿童自己并不明白这些事项的意义，也不知道他们是否有权利选择参与、如何参与，以及在参与过程中如何表达自己的意见。作为"装饰品"的儿童点缀着节目"看上去很美"，具备儿童节目的明显识别标志，但儿童仅仅处于附属地位，他们表达意见的权利不被认可，仍然由成人掌控着节目制作的话语权。

第三个阶梯——象征性参与

在节目中，可能会直接呈现儿童的声音和想法，但是他们的意愿并没有真正被重视或对节目产生实际作用。类似于第二阶梯的"装饰品"，参与了节目制作，也占据了屏幕一席，但只是在成人的影响和指挥下表演着"规定动作"，而儿童的本性无从彰显，儿童的意见也没有产生实际影响。属于这种情况的节目不在少数，例如大量的儿童新闻节目启用小主持人出镜，但却只有儿童的面孔，而缺乏儿童独有的语言、视角和播报方式。

第四个阶梯——成人决定，但事先通知儿童

儿童的主体性在这一阶段开始得到体现，在节目策划或者制作之前，儿童得以知晓关于节目的相关信息，比如设置何种类型的节目、节目的题材选择、儿童参与的环节构成、参与的方式，等等，并且可以进一步了解他们为什么要做这些事情，他们可以决定是否参与。例如某电视台策划的《暑期变形记》让分别来自城市与乡村两个家庭条件迥异的孩子交换居所，实地体验对方生活。报名参加节目的孩子事先被告知交换的家庭、交换的时间以及相关规定，如不能携带手机、电脑、游戏机等电子设备及通信工具，不可携带现金及银行卡，可自带换洗衣物、书本等。在征得孩子同意的情况下，节目组才能够进行拍摄。形象地讲，这个阶梯的儿童参与如同面对一道选择题，儿童拥有"读题"和选择的权利，尽管这是一道由成人出的题，成人决定着一切，但相比前三个阶段儿童完全被动接受的状况，总归是有了一点进步。

第五个阶梯——成人决定，但事先征询儿童意见

呈现在儿童面前的节目，从类型、内容到表现形式都是由成人设计并确立的，但与第四阶段所不同的是，这个决定不只是成人的思考，而是包含有儿童的智慧，在征询了他们的意见，并认真分析之后，最终做出节目的具体规划。儿童的主体性得到进一步彰显，从这一阶梯开始，儿童真正参与到节目的制作中。从当前中国儿童媒介的实践来看，各家媒体几乎都开始有意识地征询儿童的收视意愿，通过专业媒介调查公司、儿童教育机构、科研团体、儿童公益性组织开展定期的或者专项调查，实时掌握儿童的真实意愿和需求变动，并吸纳儿童所提出的建议。例如儿童新闻节目的调查问卷通常会问及：

你希望了解哪些方面的信息呢？教育、军事、娱乐、政治、经济、文化还是其他？

你希望谁来主持新闻节目呢？叔叔、阿姨还是哥哥姐姐、弟弟妹妹，或者自己的同龄人？

你希望信息是从成人新闻中选编加工还是大人专门为儿童采集，或者儿童自己采集呢？

你希望他们在哪里播报节目呢？演播室、校园还是新闻现场？

你希望儿童新闻节目有多长呢？1分钟、5分钟、8分钟、15分钟还是更长？

……

问卷调查的统计结果通常会对儿童新闻节目的制作产生直接影响，儿童初步参与制作环节，并得以表达自己的意见。

第六个阶梯——成人策划，但与儿童一起决定

成人根据自己多年的媒介经验，提出想法和方案，但并不直接付诸实施，而是交予儿童，向他们解释策划的缘由、目标、可行性、进程等具体细节，儿童在掌握基本信息之后，从自身的角度出发，提出自己的见解和建议，与成人共同商讨节目的具体实施方案。最终的执行方案不是由成人或儿童单一一方决定的，而是综合了双方的智慧。从这一阶梯开始，儿童进入节目的决策层面，拥有实质性的话语权。与根据调研报告了解目标受众并制作节目相比较，由儿童直接参与设计的节目更能够真实地表达孩子们自己的意愿，并听到他们真正的想法。例如东方电视台的《少儿新闻》由成人策划选题、采访领域，让孩子们参与讨论，并交由儿童自己拍摄、自己撰稿、自己配音，以他们的视角看待这个世界。

第七个阶梯——儿童策划，并由儿童决定

这是一个具有重大意义的转折，儿童取代成人而成为节目的决策者，全权负责节目从策划、制作、宣传到播出的各个环节。成人在其中扮演辅助角色，从资金、技术等方面给予必要的支持，帮助儿童实现自己的想法。儿童的主体性地位得到真正实现，在此意识指导下所制作的新闻节目能够真正体现出儿童的兴趣、判断和理解。

第八个阶梯——儿童策划，并以主体身份邀请成人一起讨论，并一起做出决定

从第七阶梯开始，儿童全面掌握了制作播出的各个环节，选择具有童真童趣的视角，以儿童能够理解的方式通过节目平台发出自己的声音，真正体现了儿童的主体地位。但是，受到阅历和学识的限制，儿童在新闻节目制作中不可避免地表现出一定的片面性、盲目性，也可能遭遇很多超出他们年龄和解决能力的问题。因此，在保证儿童主导话语权的前提下，以节目主人翁的身份邀请成人参与讨论，从他们那里汲取多元视点以及建设性意见。应该说这是一种理性而周全的做法，强调儿童的主体性参与不能够矫枉过正，不能简单等同于"撒手不管"，为了避免由于儿童年龄特征所导致的种种问题，有必要邀请成人参与到选题策划、报道深度、技术实现等多个环节的商讨，这样做，有助于优化儿童新闻节目的信息传递和观点表达。需要强调的是儿童的最终决策权，成人的意见需要得到儿童的理解和认可，而不能采用各种隐性或显性的手段强制儿童接受。

总体而言，处于一、二、三阶梯的节目中出现了儿童形象，但儿童并非节目主体，尚未得到应有的充分尊重。从第四阶梯向上，儿童参与的程度逐渐提升并得到优化。那么，当前儿童媒介参与的普遍状况怎样？现象背后折射出怎样的文化价值观念？

美国文化学者尼尔·波兹曼将童年视为一种社会结构和心理条件。20世纪80年代初，波兹曼提出了"电子媒介正在让童年消逝"的论断：电视的符号形式无法保证童年世界存在所必需的社会和知识的等级制度，而成为"一览无余"的媒体，使得儿童过早进入成人世界，并且消磨了儿童不同年龄段之间的界限。但笔者对这一著名论断另有新解，反而认为：正是由于电视视听符号的传播特性——直观、形象、低门槛，使得儿童参与其中成为可能。而"童年的消逝"恰恰可以理解为是对当前儿童媒介参与现状并不理想的真实写照——儿童的主体话语权是被遮蔽的。在这一现状的背后，密切关联着不同文化视野下的儿童观和教育观。培利·诺德曼在《阅读儿童文学的乐趣》中曾引用了夏哈尔的一句话："养育孩子的习惯、教育方针，和父母—孩子的关系，都不是单由生理法则所决定，它们同样也是被文化所建构出来的。"[①]

目前国内儿童新闻节目的普遍操作模式为：成人+儿童，以成年人为主。从节目创办阶段起，其动机就裹挟着复杂的因素：第一是对目标受众的照顾，创办者宣称儿童新闻栏目是"专为儿童所享的信息平台"，譬如中央电视台《新闻袋袋裤》的宣

---

① 谭旭东：《论童年的历史建构与价值确立》，《涪陵师范学院学报》2006年11月，第17~23页。

传语为"一个以少年儿童的视角解读新闻,分析时事,提供全方位信息服务的儿童新闻栏目";浙江电视台少儿频道《小智情报站》自称为"紧扣时代脉搏,关注社会热点,提供切实帮助,孩子的视角,独特的诠释"。但是,在实际操作中,这个由成人搭建起来的儿童信息平台并没能真正实现上述目标,更谈不上儿童意见的顺畅表达。第二个因素来自管理层,国家广电总局明文要求各个省、市需在规定的时间之内开办专业少儿频道,新闻信息节目的设立是响应"少儿节目应具有知识性、教育性、信息性"的政策要求的必要设置。第三是市场因素,儿童受众好奇、求知心理所激发的对信息节目的需求是儿童新闻节目的收视保障,也是广告收入的保证。而同时,相比起儿童综艺类、影视类节目,新闻节目的制作成本相对低廉,确保了节目收益的最大化。上述三个因素中,后两者在实践中表现出更大的影响力,儿童主体在其中几乎未能享有话语权。

进入节目制作阶段,从策划、选题到采访、拍摄、后期、播出的各个环节,成人编导决定着话题选择、切入角度、表现形式、话语尺度等具体操作。尽管各档儿童新闻节目的宣传语不乏"儿童视角""儿童心理""满足儿童""服务儿童"等以"儿童"为核心的字眼,但成年人主导的制作模式决定了对儿童视点、心理、认知程度的关照只能通过间接的猜测和模拟完成,而在实质上仍然是由成年人为儿童代言,是"成人为儿童制作"(by adult for children),并非儿童意愿的真实体现,也谈不上儿童作为主体在新闻节目中的真正参与和意见表达。以"儿童参与阶梯"的分层标准来衡量,当前中国儿童新闻节目中的儿童参与止步于第五阶梯,即表现为被操纵——装饰——象征性参与,逐步提升为成人决定,但事先通知——成人决定,并征询儿童意见。不可否认,受到世界范围内尊重儿童权利思潮的带动,中国儿童的媒介参与度呈现上升趋势,但同样不能忽视的一点是,参与度并没能突破"成人决定,成人把控"的临界点,中国儿童的媒介参与仍然是在成人设定的框架内,按照指示完成"规定动作",也因此,我们在儿童新闻节目的小主持人、小记者以及接受采访的青少年身上,看到明显的成人痕迹:原本活泼天真的少年儿童却正襟危坐,拿腔拿调地播报新闻,而评论新闻以及发表看法的立场和观点也来自成人世界。

我们一方面可以认为"儿童成人化"是儿童渴望成长、向往成人世界而产生的自觉效仿,而另一方面必须看到由于成人话语在儿童节目中的实际把控,使得儿童的自由发挥空间和主动创造力受到抑制,儿童自己摸索的媒介参与方式不被鼓励也得不到认可,迫不得已的情况之下只好选择模仿成人模式。在中国儿童媒介参与程度受限的背后,折射出中国传统文化和传统儿童观对儿童视听创作的影响:中国传统文化的核心理念是"和"文化:强调个体与社会、国家的同构性。在道德层面,要求个体遵照"君君、臣臣、父父、子子"以及"父慈、子孝、兄爱、弟敬"等伦理规范约束自己，有意无意之中养成了儿童易于顺从、趋同的心理。① 处于成长期的儿童个体，其独立行动能力和认知水平本来就受限，再受到传统文化的长期影响，成人意识和成人权威的双重压抑，儿童不得不隐藏个性，遵从既定文化和秩序强加的规范，这不但束缚了儿童的自由发展，也忽略了儿童的个体价值。在中国传统的儿童观里，未成年人缺乏独立存在的价值，被视为需要按照成人文化的要求进行模塑和规训的对象。社会普遍追求的培养目标和共同认可的"好"孩子标准是"听话""乖巧"——易于顺从、趋同于成人的引导。鲁迅曾说："中国的一般趋势却只在向驯良之类——静的方面发展，低眉、顺眼、唯唯诺诺才是一个好孩子。"在这样的观念框架之下，儿童需要朝着成人期望的方向成长，同样，儿童节目也需要按照成人设计的模式制作。但事实上，中国传统的"好孩子"标准，无视儿童的独立人格，压抑了儿童的自然天性。正如鲁迅所言"驯良之类并不是恶德，也许简直倒是没出息了"。

　　进入21世纪，受到中西文化交流的影响，人们逐渐意识到信息时代所需要的勇于创新、大胆探索的个人素质，是传统的儿童观、教育观所难以胜任的。现代"好孩子"的标准越来越明确地指向敢于挑战权威、敢于质疑、大胆探求、不趋同、个性张扬、具有灵性的"真孩子"。② 尊重儿童的主体价值，放手让孩子完全参与节目制作的各个环节，则正是朝着"真孩子"的方向，培养勇于担当、勤于思考、敢于表达、张扬个性的新世纪"好孩子"。西方媒体的尝试对改进中国的儿童媒介参与状况有着积极的启示意义。

　　目前国际社会基本认同的童年概念包括三层内涵：第一，必须将儿童当"人"看，承认儿童与成人一样，具有独立的人格，而不是成人的附属品，更不是家长的私有财产；第二，必须将儿童当"儿童"看，认同童年阶段的独立价值，而不能仅仅将它看作是成人的预备，尊重儿童的天性并保护它们得到充分的彰显；第三，儿童正处于成长发展阶段，成人应当负责任地为其提供与之身心发展相适应的生活，儿童个人权利、尊严应当受到社会保护。20世纪90年代以来，联合国儿童基金会积极推动儿童对媒介的参与，践行着对儿童的独立性和主体价值的尊重。基金会特别强调儿童对新闻节目制作的实质性参与，强调是真正意义上从选题、策划到采、摄、编、播等各个环节的深度参与。

　　目前，全球已有超过2000多家媒体响应，力求为儿童开辟一片在公共媒介上发出自己声音的平台。1975年起，美国、英国和日本都相继设立了CE（Children's Express）组织。CE类似于一个小小通讯社，由儿童全程管理包括新闻选题、组织采

---

① 齐学红：《儿童：一个悖论式的存在》，《教育科学研究》2005年第11期。
② 张丽：《好孩子 乖孩子 坏孩子——兼论中国民间文化中的儿童观及其演变》，《教育导刊》2005年10月号下半月。

访、撰稿、编辑、审稿等新闻制作的所有环节，采制工作是独立的，最后的稿件交由大众传播媒体来播发。CE改变了以往"由成人为儿童制作（by adult for children）"的思维定式，旗帜鲜明地表明CE的宗旨是"由儿童为所有人制作（by children for everybody）"，而不仅仅局限于"儿童为儿童制作（by children for children）"。"其目的不仅让儿童了解自己的生活，也要让成人或全社会听到儿童的声音，通过大众媒体让儿童的声音进入主流社会或决策层。"[1]纽约CE的任务基本有三条：第一，提供不同背景的儿童的观点、经历和感受，发现儿童的重要性；第二，通过赋予儿童的责任感使他们的声音成为一种强大的力量；第三，放大儿童和青少年的声音、经历来教育社会。[2]由此可见，联合国儿童基金会强调儿童参与媒介的根本目的是给予孩子们发挥潜能的机会，鼓励他们以自己独特的品性、丰富的想象力以及独立的认识和判断，更多更大胆地参与社会，发表对整个世界的看法，简言之，重视儿童作用于社会，而不仅仅是社会作用于儿童。因此，在美国、英国、日本、荷兰、德国等国家的少儿新闻中经常包括政治选举、武装冲突、能源危机、两性关系、金融风暴等成人关注的话题，并能听到少年记者和儿童观众对这些问题的理解和判断，突破了传统"儿童新闻"概念的框定。传统儿童新闻认为："儿童新闻，主要是反映社会、家庭、学校与儿童有关的新近发生的、适合于儿童理解和接受的事件。传递一些活动、游戏、娱乐、学习等方面的信息。"[3]简言之，"与儿童相关"是关键概念。在CE模式里，儿童不止局限于学校、家庭等空间，不再固守于活动、游戏、娱乐、学习等领域，而是与真实世界的政治、经济、文化、战争、灾害等现实问题密切相关，大大拓展了儿童的视野。对照"儿童参与阶梯"，CE模式达到了第八梯——由儿童策划，以主体身份邀请成人参与讨论，以儿童为主体做出最终决定。这是儿童媒介参与的最高也是最理性模式：看孩子表演，让孩子做主，成人与儿童和谐相处。

　　媒介参与权赋予儿童表达意见的自主性，使得"媒介"这个公共信息平台能够为儿童所享，真正实现联合国《儿童权利公约》所提倡的让儿童"分享和参与文化与社会生活"。同时充分尊重儿童特性，发掘儿童潜能，从这个视角出发，也符合现代社会关于"好孩子"的培养目标——率真、个性、敢于挑战权威、大胆探求、勤于思考、充满灵性的自然之子。

---

[1] 卜卫：《媒介与儿童教育》，新世界出版社，2002，第40~41页。
[2] 新浪博客：《让孩子们发出自己的声音——对少儿电视新闻节目的评析》，2007年4月13日，http://blog.sina.com.cn/s/blog_4bcfc5ec01000928.html。
[3] 陈舒平：《儿童电视学》，北京广播学院出版社，2003，第82页。

二、儿童作为被表现者：回归儿童的真实媒介形象

儿童，是儿童电视栏目最主要的表现对象：儿童新闻栏目重点关注"儿童身边的事"，其他的诸如儿童游戏竞技栏目、儿童综艺栏目、儿童谈话栏目、儿童益智栏目等节目中，儿童都是作为节目的构成元素直接被表现。对于儿童观众而言，不仅因为同龄人在屏幕上的出现而产生对节目的亲近感，并且通过儿童的电视形象解读出社会所认可的关于儿童的价值内涵，从而影响到对自我形象的认知和建构。

但是儿童的电视形象是由成人塑造的，在表现儿童的过程中，一方面受到成人认知局限或心理暗示的影响，无意之中歪曲了儿童的本真面目，比如单亲家庭中儿童形象往往被描述成：性格孤僻的、行为偏激的问题儿童，可怜的、悲惨的社会边缘人群，等等。这些消极的形象置现实生活中孩子的积极面貌于不顾，不仅固化并加深了人们的偏见，还可能进一步弱化这个特殊群体的社会地位。而另一方面，由于成人的主观刻意，采取简化和类型化的方式塑造成人所认可的儿童形象，用以实现教育说服的功能——由成年人的儿童观、教育观来定义儿童的电视形象：赋予儿童低能、无知、依赖等内涵，为成人监督、教育儿童制造合理的借口。如所谓的差等生，往往因为学习成绩不理想而招致好逸恶劳、品性恶劣的评价，现实生活中"差等生"的兴趣广泛被贴上不务正业的标签，乐于助人被理解为江湖义气。如此带有偏见的形象塑造不仅在学生中人为地划分三六九等，造成对部分孩子的自尊伤害，而且错误地树立了"万般皆下品，唯有读书高"的成才标准。即便是树立的积极正面的儿童形象也往往是在"成人本位"的统摄之下，被纳入范本的范畴，其意义在于向儿童观众示范和推广成人社会认可的行为规范和价值取向。这些儿童形象通常具备"高大全"的特征——成绩优秀、品德高尚、兴趣高雅、能力出色，通常还有一身绝活，学习爱好两不误——如此"十全十美"的儿童显然超离了儿童的真实存在，即便存在，也并不具备普遍意义和推广价值。

被成人话语所把控的儿童形象呈现出单一化、功利化的偏差，遮蔽了儿童形象的真实性、丰富性和童趣色彩。不仅疏远了儿童观众与儿童电视角色之间的距离，并且掠夺了儿童的公众形象获得正确表达的应有权利。儿童本位的核心精神是对儿童独立性的肯定，包括对儿童本真形象的塑造。儿童的真实面貌与他们所处的年龄阶段相关——心智功能尚未充分成熟，行为能力有限，因此儿童是天真的、幼稚的、贪玩的、好奇的……这是儿童未成熟的状态，而并非成人本位视野下所认定的缺陷。恰是这些源自于儿童特质与天性的外在形象将儿童与成人区别开来，使儿童成其为独立于成人的群体而应当得到尊重。那么，儿童作为被表现者，如何获得正确的形象建构？

首先要做的是改变成人中心主义对儿童形象的刻板化、功利性、概念式的描绘，全面关照儿童在现实生活中的真实面貌，建构一个本真、丰满的儿童形象。"获奖者"是儿童节目经常关注的对象，摄像镜头习惯性地捕捉到他们在某一方面所具有的才能，展示他们出类拔萃的一面，但能够获奖的毕竟只是少数儿童，对他们的过多展示可能挤占对更多普通儿童的关注，造成注意力资源分配不均。还有可能窄化对"好孩子"的定义，重新回到成人的判断标准。获奖儿童也是儿童，他们身上同样具备作为一个孩子所特有的天性，比如紧张、动摇、退却……在展示获奖儿童风采的同时采用"降格"处理的方式，还原他们的童真童趣，才能够使他们的形象更加饱满有趣、真实可信，也才更加具有亲近感。例如，天津市电视台曾经为"十佳津门童星"拍摄专题片。其中一位同学是数学奥赛冠军，按照传统的制作思路，冠军同学的成功是塑造榜样，对儿童进行教育的绝佳机会，于是，冠军同学勤奋努力、刻苦钻研的精神应当被给予特别强调，该同学好学、苦学的场景应该是画面内容的主要构成部分。但是，这种套路化、模式化的形象塑造显然遮蔽了儿童天性活泼的一面，该片编导抛开思维定式的束缚，暂时将冠军同学的成绩和光环放置一边，而切入他的学习生活，试图还原一个生动鲜活的儿童形象。通过采访，编导了解到这位同学认为学校使用的数学教材内容和形式都太过陈旧，枯燥乏味，于是经常和同学们凑在一起将书本中老套的、呆板的数学应用题，改编成具有时代感、幽默感的数学应用题。在这些看似"不务正业"的行为当中，编导们敏锐地捕捉到小主人公真实而富有童趣的一面，与获奖材料中的冠军同学简直判若两人，小主人公在改题过程中极其自然地表现出了他的才智和淘气，他与同伴们一起改题时的嬉笑甚至打闹的场景极其生动地反映出这个年龄段儿童的聪明和顽皮，编导们完整地记录下了这一过程，还真实地抓拍了小主人公听到获奖时那种只有儿童才有的毫无遮掩的喜形于色的表情。在场的老师提醒他要谦虚、要低调。他仍然得意地说："我没有办法不骄傲！"成片时，这个片子的题目就叫《我没有办法不骄傲》。尽管与传统的儿童形象塑造模式有所差别，但是比起"我的成功应该归功于我的老师和父母以及同学们的帮助，我所取得的成绩是微不足道的，我将继续努力，争取更大的成就……"等类似的套话、空话，"我没有办法不骄傲"显得更加真实可信。一个自然鲜活而富有童趣的儿童形象只有搁置成见与套路，贴近儿童的真实生活，通过细心的捕捉才能够获得真实的展现。

除了依靠镜头画面的选取、视听符号的组合等手段之外，塑造儿童形象还非常倚重对视觉形象的阐释，通常采用解说词、情景设置等方式为儿童形象注入特定的内涵。儿童本位理念在儿童形象的阐释层面要求以儿童的本体特征为依据，在儿童的自然天性、心理诉求与情感方式的框架之下，解读各种儿童形象的本体意义。日常的学习生活中，儿童经常表现出对家长指令的抗拒，比如不坚持练钢琴，不完成奥数作业，不按规定记背英语单词……孩子们的种种逆反行为被成人理解成是缺少吃苦精神的表现，被塑造成不思进取的负面形象，同时也是一个亟待改造的儿童形象。如果懂得儿童的心理发展条件以及他们的兴趣所指——儿童不在于寻求真理而更倾向于欲望的满足，或许就会对儿童产生不同的看法。对于天性好动的孩子而言，要让他们屈从于指向未来的各种功利性目的，而不得不因此忍受眼下客观存在的种种身心障碍，并且无奈接受自己既不喜欢也不情愿的来自成人的软硬兼施，这显然是对儿童独立人格的否定。儿童的未来是经由生活、成长与经验的改造，得以循序渐进积极发展的过程，不是我们平常意义上的"玉不琢不成器"式的人为扭曲。① 例如，前文提及的《宝贝加油》栏目，小选手们在进入挑战项目之后，往往流露出畏难、胆怯、惊恐等情绪，许多孩子止步不前，最终放弃。在"磨砺孩子"的名义下，编导们做出了"胆小、怯懦、娇气"的解读，并认为这些都是儿童身上需要克服的"毛病"，由主持人、教练、家长组成的指导团就是要帮助儿童直面挫折、战胜自我。而转向儿童的角度，挑战任务由于超出了儿童的日常经验和心理承受能力，才使得小选手在电视镜头前惊呼乱叫、失声痛哭，这正是儿童不加掩饰的真情流露，从孩子们痛苦的表情和惊恐的神态当中解读出来的应当是孩子的率真和脆弱，并引申出对成人意志的谴责。

在处理儿童与成人形象的关系上，应当把握儿童主体的原则，成人形象为儿童形象的积极建构服务，而不是相反，儿童形象成为成人施教的工具。儿童电视栏目中总少不了成年人的身影：家长、老师或是主持人，我们所熟悉的场景通常是成年人扮演着日常生活的指导者、知识的权威、儿童规则的制定者的角色，对儿童学习生活的方方面面起着指导者、引领者的作用，换言之，成人形象总是正面的、首要的。儿童本位的儿童形象塑造则要扭转这种局面，让儿童重回中心位置，成为儿童生活世界的主角，由他们自己探索世界、发掘奥秘，由他们自己为自己设计成长路线，制定快乐法则。英国广播公司（BBC）制作的低幼儿童节目《天线宝宝》(Teletubbies)设计了四个圆圆乎乎、头顶天线，身载屏幕的宝宝形象——丁丁(Tinky Winky)、迪西(Dipsy)、拉拉(Laa Laa)、小波(Po)。

他们都是科技"结晶"，节目中并未出现过他们的爸爸妈妈，《天线宝宝》创作者的考虑是：父母来自成人世界，通常也是规则、权威的代表，"天线宝宝没有爸爸

---

① 杜威：《民主主义与教育》，王承绪译，人民教育出版社，1990。

妈妈，当初的设计可能是想要把权威、纪律等东西拿掉"。节目的整个架构由幻想的和真实的两个世界构成，在幻想乐园里，四个宝宝是绝对的主角，他们安排自己的生活起居，通过四个宝宝之间以及与最要好的伙伴吸尘器"噜噜"之间的交往，学习掌握生活技能和社会交往的能力。通过天线宝宝头上的天线、胸前的屏幕以及大风车转转转，节目里还呈现出一个真实的世界，这个世界的主角仍然是孩子们自己，每集一个儿童话题，如，儿童过圣诞、宝宝穿衣服、小朋友做巧克力，等等，以儿童的真实行为和语言来结构全篇，无一例外的是镜头的中心永远是儿童，画面的配音采用童声独白的方式。在节目中偶尔出现的成人仅仅是作为配角，担任儿童演奏会的拉幕员，接受儿童记者的受访者，或是将孩子们送往游玩目的地的司机角色……

20世纪美国教育家杜威曾说："生活就是生长，所以一个人在一个阶段的生活和在另一个阶段的生活，是同样真实、同样积极的，这两个阶段的生活，内容同样丰富，地位同样重要。"[①] 本真的儿童形象是儿童所处年龄阶段特有的表达，即便是天真、不成熟、有缺憾，但同样丰富和重要，理应得到尊重。

三、儿童作为接受者：基于认知发展的分段定位

儿童栏目是典型的对象性节目——以儿童受众为目标对象的专门化设置。与传统的"传者本位"理念相比较，对象性节目偏重对受众的关注，尊重受众的认知能力、收视兴趣，在节目宗旨和价值选择上改变了以往传者本位的视点和主流文化的宣教，而以受众本位和大众文化为传播据点。与其他类别的对象性节目相比较，儿童栏目是对儿童受众的收视需求的对接。儿童被置于儿童栏目传播终端的位置，作为信息的接受者，他们的个体特征与特殊需求决定了儿童栏目的节目定位、形式特征以及内容选材等具体的呈现方式。"儿童本位"理念不仅肯定儿童是节目的接受者，并且强调其接受的主动性，全面关照儿童特有的精神、情感、思维和身心条件。在节目制作中具体体现为尊重儿童的认知发展水平，按照儿童发展的不同阶段进行分段定位，满足儿童的特殊兴趣，并且积极回应儿童的精神需求。

儿童受众是一个指向0~18周岁年龄段的庞大的群体，按照其间的阶段性特征，大致可以划分成四个时期：0~2、3岁的婴幼时期、3~6、7岁的学龄前阶段、7~12岁的青少年时期以及12~18岁的青春期，这是个体生命周期中成长变化最快的人生阶段：从一个嗷嗷待哺的婴孩，到开始学习最初的生存技能，学走路、学说话、学会自己拿筷子吃饭，再到开始认识这个世界，展开自己的社会交往，开始系统的学习，进入青春期之后，个人的知识系统初步建立，情感需求发生微妙的变化，对社会参

---

① 杜威：《民主主义与教育》，王承绪译，人民教育出版社，1990。

有了更加强烈的愿望并具备独立的能力。这18年的生命历程是一个人生理心理状态逐步走向成熟的时期，也是发展变化最显著的阶段，并且越是靠近低幼，差异性越明显。国外儿童节目针对儿童期不同年龄段差异化明显的特征，进行了细致化的分段定位。例如英国的BBC公司为5岁以下儿童设立了CBEEBIES（幼儿频道），为6~13岁儿童专门开设了CBBC（儿童频道），而BBC3（青年频道）则是为16~34岁青年观众开设的青年频道。相比而言，中国的儿童电视定位过于宽泛，例如中央电视台少儿频道的目标受众定位包含了0~18岁整个儿童期，具体的儿童栏目定位也比较模糊，如著名的少儿栏目《大风车》是一档针对3~14岁小朋友的杂志型节目。

笼而统之的儿童节目定位显然不能对接处于不同成长期，各个年龄段儿童受众的差异化特征和需求。定位模糊的问题在中国儿童电视创作中比较普遍，既是不专业、不敬业的表现，也导致了管理层和儿童观众两头都不满意。中国儿童栏目创作由于定位不准确而陷入了发展瓶颈，一方面，结构设置失衡，各年龄段节目资源严重不均：低幼节目屈指可数，学龄前节目呈"爆炸式"发展，而青少年节目和青春期儿童节目乏善可陈。另一方面，由于缺乏明确的定位和统一的指导思想，制作过程中时常发生偏移现象，编导自身也可能并不清楚到底指向青少年还是青春期儿童，或者同一档栏目上一期指向学龄前儿童，这一期则发生了变化。更有甚者，在制作播出的过程中，栏目定位一改再改，最后完全颠覆了创办之初的栏目定位。例如中央电视台少儿频道的《成长在线》栏目定位于："为孩子提供成长咨询，为父母合格的家庭教育提供前瞻服务，是一档让孩子做好孩子、让父母教好孩子的栏目。"[1]一档栏目既要满足孩子成长的需要，又要为家长提供教育资讯？殊不知，在教育的问题上，中国的家长与孩子常常处于各自不同的立场，要想通过一档儿童服务栏目调和双方分歧、满足两种需求恐怕是一项难以完成的任务。仅就儿童一方而言，成长的烦恼在不同成长时期有不同的问题所在，这档"提供成长资讯"的栏目怎能兼顾从出生到18周岁的所有困惑？栏目于2003年12月28日与央视少儿频道一起开播，面向"零至十八岁成长期的少年儿童家长和中小学生"[2]，播出三年之后，于2006年8月3日改版，将目标受众定位于6到12岁的儿童及家长。如今的《成长在线》虽然对外宣称仍然是家教服务类栏目，但实际内容已经从谈话节目变为儿童才艺展示的综艺类节目，参与展示的儿童从小学、初中到高中、大学各个年龄段都有，家长完全退出了演播室。

按照儿童本位的观点，儿童的兴趣爱好与认知水平必须得到认可和尊重，在不同年龄段所表现出来的差异化特征则需要分别予以关照，在儿童节目中实施分段定

---

[1] http://bugu.cntv.cn/life/children/chengzhangzaixian/videopage/index.shtml
[2] http://www.hudong.com/wiki/%E6%88%90%E9%95%BF%E5%9C%A8%E7%BA%BF

位的制作原则。

(一) 低幼节目 (零至两三岁)

国内外的多项追踪调查表明:绝大多数婴儿出生后两三个月就开始接触电视节目,最初是无意识地扫一两眼,稍大看到电视里有食物,婴儿伸手抓,或用手指着自己的嘴向父母示意;一岁左右的婴儿看到有趣的画面会笑,或者随着音乐手舞足蹈;一岁半左右的婴儿已能蹒跚着走向电视机,自己开电视;两岁婴儿对电视有了连续注意。[①] 王春燕等对学前儿童收视状况的调研结果表明,约有44.3%的幼儿在一岁之前已经开始看电视,到三岁时,这个比例迅速上升至82%。尽管文化学者、教育学者以及众多家长对电视内容以及由此对儿童产生的负面影响提出了诸多批评,强烈呼吁"关掉电视",特别应该让低幼儿童离开电视,但是一个不可否认的事实是,儿童是在以电视为主的大众传播媒介的伴随之下成长的,与其无谓地消极防御,不如正面应对婴幼儿的年龄特征,为他们度身定做适宜的低幼节目。

零至两三岁阶段,大脑和机体的发育刚刚开始起步,婴幼儿认知的水平和手段十分有限,主要依靠自己的感觉和知觉动作来认识外部环境,对色彩与声音十分敏感,信息认知模式以具体事物为载体。儿童发展理论将0~3周岁界定为感知运动阶段,儿童以自我为中心,缺乏可逆思维与守恒能力。这一阶段的儿童以无意注意为主,注意力难以集中也难以持续,只有当对象物具有鲜明的形式特征时才会引起儿童的关注,低幼儿童对新信息的接受能力有限,在好奇心得到满足之后,会转而寻找新的兴趣点。

基于这个原理,低幼儿童节目首先应当在节目的形式手段上下足功夫。以视觉符号为例,造型设计不必囿于现实生活,采用想象力丰富、比较夸张的、圆润的角色较易引起小观众的注意,比如BBC的《天线宝宝》中设计的四个圆圆乎乎的天线宝宝,头上有天线,胸前挂屏幕,小观众感觉到既神奇又可爱、亲近。低幼节目的颜色设计应当十分用心,婴幼儿对颜色的感知能力与生俱来,喜爱明亮的颜色和波长较长的暖色,如红色和黄色。喜欢不同色彩之间的鲜明对比,但一次不能安排过多的颜色。眼动实验表明,婴幼儿看电视时的注视点集中于荧屏对角线的交叉位置,因而,节目的主体信息应置于画面中间位置,并且镜头必须跟定一个焦点对象,特别适于用小景别(大特写、特写、近景、中近景)镜头来突出主体。在听觉方面,婴儿喜欢高频率的乐音,如女性和儿童的声音。研究者通过实验总结出七种能够吸引儿童注意的声音类型:"改变音量、特殊的音效、笑声、女人的声音、小朋友的声音、奇怪的声音及乐器演奏的声音。"[②] 音乐和音响使得节目极富审美与情感的丰富表现力,例如美国

[①] 卜卫:《谈谈婴幼儿的媒介接触》,《少年儿童研究》1995年第2期。
[②] 王隽:《婴幼儿电视节目制作思想之个案研究》,硕士学位论文,华东师范大学,2008,第19页。

针对0~3岁低幼儿童制作的《小小爱因斯坦》系列节目，音乐音效是每一期节目中必不可少的元素，为了适合婴幼儿聆听，对经典曲目、童谣以及传统民谣等进行重新编曲，突出简单、欢快、优美的特点，常常引起小观众肢体的参与，一边收看一边手舞足蹈。音乐音响还被用作教导基本技能的方法，通过将实物与声音同时出现，帮助幼儿建立联想，了解实物的视听特征。

按照布鲁纳的认知理论，"儿童的信息表征模式遵循'动作表征——图像表征——符号表征'的发展过程，也就是一个由具体到半具体再到抽象的过程，从低级向高级，从简单到复杂的发展轨迹。"[①] 婴幼时期的认知模式以对象具体、内容简单为主，因此低幼节目的内容选题不适合做抽象的话题和复杂的概念，也不宜采用刻板、空洞的说教手法，而适合从儿童身周围熟悉的事物中寻找知识原型，以分解的、具体的、细化的手段将新事物、新信息并入幼儿已有的图式之中，成为他们新知的一部分。例如教宝宝自己做力所能及的事情的节目，通常有以下几种表现方式：

A. 育儿专家做客演播室，以讲座或者接受访谈的方式提醒家长，2岁以后宝宝的肢体动作能力已经比较灵活自如，家长应该及时挖掘和锻炼孩子的动手能力，这对于提高孩子的自理能力和培养他们的独立意识有重要的作用。另一方面，又告诉宝宝们，自己动手是一件既有趣又有意义的事。——显然，对于低幼儿童而言，"自理""独立"等都是一些抽象的概念，超出他们的理解能力，育儿专家是他们所不熟悉的陌生人，专家们的专业性和权威性对他们而言没有任何意义。再加上以讲座、谈话这样间接的、符号化的方式进行，视觉信息十分有限，难以吸引孩子们的注意，也无从让他们达成这是一件"既有趣又有意义"的认知。

B. 编导将动手能力的锻炼和自理能力的培养这些抽象的概念具体化为一件件生活小事，比如自己穿衣服、系鞋带可以锻炼小手的灵活性，自己走路可以锻炼身体，等等，并告诉孩子们自己的事情自己做才是一个好孩子。——比起上一种，B思路是一种进步：细化概念的做法符合低幼儿童依赖具体事物获得感知的特性，将抽象的概念转化为孩子们熟悉的、具体的事物，有助于儿童建立具体的感知，顺利完成同化过程。但明显不足的是，采取主持人讲述的方式仍然阻断了孩子们的亲身参与，再加上主持人的说教味十足，简单地为"好孩子"下定义，这一点也易于引起孩子们的逆反。

C. 主持人在节目中亲身示范，或者树立一些"小标兵"，请小朋友给电视节前的小观众示范如何穿衣服、系鞋带，等等，主持人一一讲解每个动作的要点，最后，不忘总结做这些小事的深远意义。——这是在前面两种做法基础之上的又一次进

---

① 王隽：《婴幼儿电视节目制作思想之个案研究》，硕士学位论文，华东师范大学，2008，第21页。

步：从抽象概念到具体细节，由空洞说教到形象展示，更加接近幼儿的认知习惯和能力范围，为小观众提供了一个具体的感知对象和模仿范本。但仍然不足的是，这种做法将认知对象剥离于现实情景之外，本来有趣、生动的事情被孤立成为认真、严肃的教学内容，一板一眼的动作分解和要点讲解全无趣味和快乐可言，难以吸引以无意注意为主要特征的婴幼儿的注意力。

D. 镜头走进小朋友的日常生活，拍摄他们吃饭洗手、穿衣穿鞋等真实场景，可能会有饭粒洒落、纽扣扣错、鞋子穿反的现象，可能会因为力不从心而烦躁，因为屡试屡败而沮丧，捕捉这些表现幼儿真实能力和自然天性的细节镜头，甚至无须解说，让镜头"说话"，孩子们的童真童趣就生动地跃于屏幕，从这样的节目中，小观众看到了自己的影子，接触到了具体的感知对象，并且发现了其中的乐趣，没有了大人的说教和指导，孩子们可能自愿尝试节目中小朋友正在做的生活小事，反而能够自在轻松地接受"做自己力所能及的事"。编导如果急于教会孩子们掌握某项小技能，不妨将镜头分别对准一岁、两岁、三岁的小朋友，呈现他们在同一项技能上所不同的技巧和水平，让小朋友自己去分辨和学习，采取含蓄的范本树立的方式应该比前面几种说教的、指令的方式更加生动、有效。

需要特别注意的一点是节奏的把握。教育专家指出："重复是幼儿认知事物最重要和最基本的方法。"低幼节目应当尽量放缓节奏，并适当重复，对幼儿的认知能力协调一致，《天线宝宝》《花园宝宝》《小小爱因斯坦》等低幼节目，常常不厌其烦地重复一些词、短语和短句，大人们感到无比单调、无趣，甚至觉得弱智，但实际上，这就是孩子们建构自己话语体系的过程，因此孩子们总是看得津津有味，并随着节目一遍遍地重复那些词、短语和短句。

（二）学龄前儿童节目（三至六七岁）

3岁以后，儿童的心智能力有了第一次飞跃：认知范围从感知阶段的具体对象中解放出来，认知水平明显提升；语言能力快速发展，自我表达更加自如。儿童认知发展理论将这一时期定位为前运算阶段（前逻辑阶段），最显著的进展是儿童逐渐挣脱了对具体认知对象的完全依赖，开始频繁地借助表象符号（语言符号与象征符号）来指代外部世界，同时，主动地将外界信息和具体动作进行内化，内化的过程并非简单复制，在头脑中形成照相式的直接再现，而是舍弃细枝末节，提取本质性的概念在大脑中进行储存和再建构，完成信息认知的过程，也初步显示出信息加工的能力。但儿童在自我与外界之间取得平衡的主要手段仍然是同化——以自己既有的认识结构（图式）同化外部信息，表现出明显的自我中心倾向。

象征符号与语言符号在这一时期开始介入到儿童的认知中，例如，做游戏时，儿童拿树枝当金箍棒，用废纸箱做小汽车，拿香蕉当月亮，树枝、纸箱和香蕉被儿童赋予了象征意义,与被象征的金箍棒、小汽车和月亮联系在一起。再比如,儿童已经懂得"心"形表示"爱",也明白拥抱、亲吻、陪伴、鼓励就是父母对自己的"爱",正如2011年中央电视台春节联欢晚会的一首儿童歌曲的曲名《爱我你就抱抱我》。象征化的过程即是客观事物(意义所指)的分化,皮亚杰认为这意味着思维的发生,同时标志着符号系统开始形成。初步掌握的符号能力极大地拓展了儿童的认知范围和能力。相应的,儿童电视栏目的选题范围可以超出具体的感知对象和儿童熟悉的情景,而拓展至包括科学、探秘、古代、外国等远离儿童现实生活世界的各种各样的话题。但是,这一阶段的儿童思维以表象思维为主,尚不能进行运算思维,并且具有不可逆性,缺乏守恒结构。因此,儿童节目中表述超离儿童熟悉范围的选题时,应尽可能采用形象的语言、具体的动作或者拟真的情景等等手段,辅助这些题材的内容设计。比如,学龄前儿童开始对生活中的奇妙现象产生浓厚兴趣,最喜欢问的问题是"为什么?"——"轮子为什么能往前开?""氢气球为什么能飞?""企鹅为什么不怕冷?"……许多在成人看来理所当然或者不曾注意到的现象都成为他们感兴趣的话题。目标对象为学龄前儿童的科普类节目应该为他们特别设计参与实验、动画演示等环节,主持人应尽量采用比喻、模仿等形象化的手法对科普知识进行说明,尽可能选用儿童熟悉的事物作喻体,用简明扼要的讲述帮助小观众解疑释惑。

学龄前阶段儿童的语言表达能力进入一个飞跃期,所掌握的词汇量剧增,同时能够理解结构比较复杂的句式,基本上能够自如并且准确地进行自我表达。因此,他们已经完全能够胜任儿童栏目嘉宾的角色,在节目中亮出自己的独特见解。这个年龄段的儿童初尝词汇丰富的成就感,往往乐于用语言表达自己的情感和认知。另一方面,由于没有学业的压力和社会规则的约束,孩子们童言无忌,常常语出惊人,令人捧腹,其语言本身就能够成为节目的一大亮点。国内儿童栏目普遍重视儿童语言的审美价值和娱乐价值,将其作为重要的节目元素加以开发利用,主持人总是不失时机地把话筒伸向小选手、小观众,或者栏目组设计固定环节让小宝贝们充分言说,自由表达。如深圳卫视的《饭没了秀》栏目就是一档以宝宝的语言为笑源,力捧儿童的另类思维,彰显童言无忌的节目。参与节目的小朋友以四到六岁为主,正是充分挖掘了这个年龄段儿童的语言能力和天真的特性。但是站在成人的视角,编导们对儿童语言的展现往往掺杂着不纯动机,比如在话题设置、话语引导的过程中,故意导向成人认为的幽默和搞笑的效果,而恰恰忽视了儿童自由表达的权利。

自我中心主义虽然贯穿儿童成长的整个时期,但在三至七岁这个阶段表现得尤为突出,这是因为一方面由于天性因素的强大作用力,儿童自控能力依然十分有限;另一方面由于儿童的个体语言能力、肢体能力获得迅速发展,在进行自我表达的过程中显得更加自如。他们总是认为自己的观点是对的,并认为其他人也有同样的看法，不能将自己与他人的思想区分开来。"不像我们成人一样过着理智的生活。"[1]他们总是按照自己的理解和需求选择对外界信息的吸收，"儿童的思维依赖于他的兴趣和活动，而不是兴趣和活动依赖思维，不是寻求真理而是只求欲望的满足。"[2]因此，外界的信息和规则对他们的影响十分有限，这个年龄段的儿童经常会依照自己的理解"改造"游戏规则，甚至自己创造发明一些新词语、新说法。"自我中心主义"并不是指向贬义的内涵，而应当予以尊重，在儿童栏目中应当设立宽松的节目规则，减少程序性设计，给予儿童充分展示自我的机会，体现儿童本位的创作理念，同时将儿童的自我中心意识设计成为节目出"奇"出"趣"的看点所在。深圳卫视的《饭没了秀》的周六版块"魔力宝宝找妈妈"，栏目组只是设定了大的流程框架，其余部分交给四位小朋友，其中两位从深圳出发，去一个陌生的城市与当地的两位小朋友碰头，再共同找到自己的妈妈。整个过程的主角都是这四位小朋友，他们独自面对曾经由父母包办的一切生活细节，如换登机牌、托运行李、接机、买礼物、买菜、照顾小宠物、问路，等等；自己处理人际交往中遇到的问题和烦恼，如遭到别人的冷遇，面对同伴的哭泣，初到异地他乡的生疏感，等等。大人被安排在配角位置，只提供参考意见和必要的帮助，比如告诉误机的宝宝如何重新办理登机手续，小兔子要吃的萝卜白菜在哪里有卖，等等。在"寻母"过程中，很少有成人指手画脚的痕迹，甚至很少有家长的身影，儿童得以从自己的角度观察世界——这是一个有别于成人视野的充满童趣也充斥着困惑的世界，用电视的手段展现这个世界是对儿童主体地位的彰显；儿童得以按照自己的方式和情感处理问题——可能略显稚嫩，但朴实感人，也往往出人意料，使得儿童节目因为这些元素而清新脱俗；儿童用他们独特的感受建构起自己的认知框架——这是儿童探索世界，形成独立判断的必要步骤，对于广大的小观众而言也有启发意义。

（三）青少年（学龄儿童）节目（七至十二岁）

青少年时期是低幼儿童期向青春期过度的一个承上启下的时期，尽管依然保留着前一个阶段的心理特征和思维惯性，但从六七岁开始，人的智力、情感、社会关系或者个人经历等诸多方面都出现了新的组织形式。皮亚杰将这一阶段命名为具体运算阶段，儿童能够透过事物的表象总结本质层面的内涵，具备初步的逻辑思维能力，也能够通过逆向性和互反性两种可逆性的运算图式达到守恒，开始具备理解、分析以及抽象认知的能力，能够看懂"声画分离"的画面，并开始主动记忆概念和印象深刻的事物。这一阶段是儿童各种能力逐渐完善的时期，对于最终完成社会化进程起到至关重要的作用。

---

[1] 皮亚杰：《儿童的语言与思维》，傅统先译，文化教育出版社，1980，第137页。
[2] 同[1]，第93页。

处在这个年龄段的儿童对外界充满了探知的欲望，学龄期获得极大提升的文字语言水平使得他们具备主动获取信息的能力。因此，满足儿童的信息需求是儿童节目设置的必要考虑。儿童新闻栏目正是基于这一目的成为各个少儿频道最主要的节目类型。国外少儿新闻栏目的目标受众主要集中在八至十六岁年龄段，我国少儿新闻也大致遵循了这一规律，大多儿童新闻栏目将收视对象锁定在8岁以上，基于21世纪儿童的媒介经验丰富，视野开阔的特点，一些儿童新闻节目已经将受众定位提早到了6岁。根据这个年龄段儿童的信息需求和认知特性，儿童新闻类栏目应当特别关注两个问题：一是新闻信息量，二是表现方式。信息量问题与数量有关，但更重要的是题材范围，"儿童新闻就是与儿童有关的新闻"这样狭义的理解局限了儿童新闻栏目的采集范围，事实上，儿童的兴趣范围远远超出了三点一线的学习生活和学校、家庭狭小的空间范围，而投向了科技、军事、经济、文化、环保等宽广的领域，并关注世界各国的发展。儿童的这些兴趣点显然应该成为国内儿童新闻栏目选材的依据和参考。关于表现形式的问题，处于具体运算阶段的青少年，他们的逻辑思维和运算方式仍然依赖具体的事物、物体或过程来进行，处于初级水平，因此儿童新闻节目的形式应当区别于成人新闻类节目的形式特点，充分尊重儿童的心智水平和认知能力，采取生动活泼、浅显易懂的手段传播信息。新闻最典型的传播机制是告诉人们世界上发生了什么，事情的意义。但是儿童新闻最显著的要点是建立关联——儿童与新闻事件之间的关联：新闻事件对于儿童意味着什么，有什么意义？用于阐释新闻的语言和概念是否在儿童的认知范围之内，是否能够被他们理解消化？有效地建立起意义与符号之间的关联，儿童才能够被新闻信息所吸引，促成儿童主体意识和社会责任感的形成。

这一阶段的儿童步入正轨的学校学习阶段，明显感受到学业的压力和成长的烦恼，在重压面前，儿童人格结构中的"本我"反而显现出强大的力量，受到"唯乐原则"的把控，儿童倾向于尽可能逃避"超我"（后天的、外在的规范），而追求"本我"获得最大程度的满足。轻松愉悦的节目内容对于他们而言是对学业重压的释放，也是对困惑情绪的调剂。比如在游戏竞技类节目中体会紧张刺激和成功的喜悦，在科普类节目中探索世界的奥妙，在综艺表演中获得美的享受，其中的魔术表演令人惊叹魔法世界的神奇。这三大类栏目是国内学龄期儿童栏目的最主要构成，如浙江少儿频道的《百校对抗赛》、央视少儿频道的《异想天开》《芝麻开门》、上海哈哈少儿频道的《好奇探长》《眼睛大学堂》、济南少儿频道的《成长喷嚏》……

既然是对紧张生活的调剂，学龄期儿童不再希望儿童节目继续重复学校的教育模式，也拒绝再看到枯燥和乏味的内容。因此，儿童栏目应当以快乐为诉求，抛弃严肃说教，采用幽默风趣、滑稽夸张、想象力丰富的表现手法，为儿童观众搭建一个丰富多彩、快乐美好的课外荧屏世界。

（四）青春期节目（十二至十八岁）

12岁以后，儿童进入中学阶段的学习，心智发育趋于成熟，思维的过程逐渐挣脱了对具体事物的依赖，能够凭借语言文字、概念等抽象的符号进行演绎推理，在头脑中重建事物和过程来解决问题，得出结论。甚至能够自行设定假设前提，并根据检验的结果来验证自己的判断，这是标准的科学研究思维过程。这个阶段的儿童不仅能够应对自然科学的命题，还开始思考关于民主、公平以及价值观等抽象的社会学命题。皮亚杰称这个阶段为形式运算阶段，意味着"个体思维进入成熟期，其思维能力的典型特征是'抽象的'而非'具体的'、是'可能性的'而非'亲历性的'、是'逻辑的'而非'经验的'"。[1]儿童的认知能力因此到达了一个全新的高度，对媒介信息的选择也表现出不同于前面三个阶段的需求特征。

抽象思维、逻辑思维能力的发展使得儿童的视野范围和认识水平获得极大拓展，不仅主动关注自然科学与社会科学领域的话题，并且开始了有深度的思考。那么，国内的儿童电视节目是否有针对这个年龄段的专门设置？如果有，青春期的儿童节目是否满足了他们对广度和深度的追求？目前国内以中学生（12~18周岁）为目标对象的儿童栏目主要有两大类：一是参与体验类栏目。儿童参与到节目设置的规定场景和规则中，参与的过程即节目的内容。例如中央电视台少儿频道的《快乐体验》《英雄出少年》、天津台的《成龙计划》、哈哈少儿频道的《哈哈总动员》、浙江少儿频道的《金味百校对抗赛》……；另一类是情景剧栏目，以表演的方式展现中学生生活的原生态。例如央视的《银河剧场》、天津台的《中国制造》……这两大类节目的设置本身无可厚非，但从青春期儿童思维特性的角度来看，并没能很好地关照这一时期的认知需求。儿童受众转而收看成人节目中的相关栏目，如新闻报道、人物访谈、深度报道、专题栏目，等等。

青春期儿童的思维能力接近成人但又不等同于成人，其收视行为有别于其他年龄段的儿童，形成了特殊的收视特征。第一，体现在收视时间上，中学阶段面临两次升学的压力，再加上各种课外辅导和兴趣培养的挤占，用于收看电视的时间所剩无几。王颖关于初二学生电视接触量的调查表明，一周几乎没有看电视的占到了近一成，只能接触1~2次的学生有一半之多，能接触3~5次的比例有近三成。[2]也就是说中学生接触电视的机会十分有限，并且随着年级的上升，学业压力增加，看电视的次数和时间将更加减少。第二，有限的收视时间又有多少分配给了儿童栏目呢？调查表明，中学生最喜爱的几大类节目为动漫节目、综艺娱乐、影视剧、体育节目，儿

---

[1] http://www.tvu.sh.xj.cninfo.net/media_file/rm/ip3/kanjw/2005_03_25/jyxlz/jyxlz02/html/07.html
[2] 王颖：《初中生电视媒介使用方式对情绪激活影响的实证研究》，硕士学位论文，东北师范大学，2008。

栏目被认为是小孩子看的节目而被大多数中学生排除在收视范围之外。第三，媒介渠道丰富是信息时代的特征，相比起传统的印刷媒介（报纸杂志）和电子媒介（广播电视），网络以其交互特征、海量信息、不限时空等优势成为成长速度最快的大众媒介，以网络为平台推出的各种信息模式在一定程度上实现了话语权力的均等，对于思维活跃、表达欲强而又尚未掌握主流话语权的青春期儿童而言，网络上的各种论坛、博客、播客是最佳的信息渠道和话语平台。从这个角度讲，青春期儿童接触儿童栏目的机会被新兴媒介进一步挤占。

在各个年龄段的国内儿童栏目中，针对青春期儿童的栏目是最薄弱的一块，一方面专门化的内容设置相对比较单一，另一方面，目标受众数量减少，青春期儿童逐渐退出了儿童电视的收视群体，有限的收视时间投向了非儿童题材和类型的电视节目。或许是基于这个原因，英国广播公司的青年频道BBC3将目标受众定位为十六至三十四岁这样一个宽泛的年龄段，根据青春期年龄段儿童的思维水平与成年人相当的特点，将其纳入同一个对象范围，同时解决目标受众的规模问题。而中国曾经一度忽视的"关照青春期儿童的收视特性与需求"的话题在儿童本位理念的启示下，应当成为业界和学界共同探讨的课题。

| 第六章 |

真善美：儿童视听创作的价值取向

价值取向属于哲学的范畴，它是指主体基于自己的价值观在面对或处理各种矛盾、冲突、关系时所持有的基本立场、态度以及所表现出来的价值取向。价值取向具有实践品格，它的突出作用是决定、支配主体的价值选择。[①]

学者宋振文最早将价值论的观点引入中国电视传播领域，在《电视传播价值论》一文中，他提出，在电视传播中，主体是人，客体是电视传播的功能属性。[②] 视听传播场域中多种力量和价值观博弈的结果决定了节目的价值选择。根据上述概念，视听内容传播活动中的价值关系为：视听内容的从业者和受众构成内部系统，社会环境、广告商、其他组织构成外部系统。两个系统共同作用，构成视听传播的价值主体，而传播的功能属性则是价值客体。

第一节 儿童视听创作的价值选择与"真善美"的内涵

一、儿童视听创作的价值选择

儿童视听行业的竞争加剧，触动了同行之间对于注意力资源的争夺态势，通过制造大量噱头，以绚丽的视听语言建构儿童媒介影像奇观，甚至不惜弄虚作假、掺杂大量粗俗、媚俗的内容元素，从而扭曲了儿童视听本应遵循的价值取向，不断冲击受众的心理接受下限，出现了价值取向偏离、社会效益让位经济利益的趋势。不可忽视的是，消费文化的盛行使得我们的日常生活和社会文化被各式各样的物质所包围，媒介生产与文化同样被卷入到商业资本的漩涡之中，收视杠杆撬动儿童节目向感官刺激和商业利益倾斜。儿童节目创作与接收的两大价值主体沉浸在各自的利益诉求中，而使得儿童视听创作本身应具有的功能和属性出现了错误的偏移。

真善美是社会文化和文明发展的方向，是人类的基本价值原则。童年是人的一生中一个特定而特殊的阶段，与成人世界保持着明显的差异，不同于成人世界中可

[①] 吴桢婧：《马克思主义中国化进程中的价值取向》，《湖南社会科学》2011年第6期。
[②] 田佳和：《从生活服务类节目看电视传播功能扩展》，硕士学位论文，吉林大学，2015。

能存在的低俗、功利、虚伪、丑恶……，儿童世界是纯真、善良、美好的。一个人在儿童时期接触的信息、行为、意识形态将会影响到他们心智成熟以后的行为习惯、价值观念。

　　作为精神文化产品，儿童视听节目除了满足受众的娱乐需求外，尤其应当将真、善、美的价值取向贯穿其中。社会科学领域普遍认同："真、善、美是主客体的统一：真是主体认识与客体相符合；善是人的行为与主体利益相符合；美是客体特性与主体本质力量的和谐统一。"具体到节目创作中，"真"主要包括两个层面：一是现象的真实，节目必须以社会现实为基础，通过影视艺术的手段反映社会现实；二是本质的真实，节目除了真实反映社会现实，还应深入挖掘社会现实背后的精神朝向，透过节目反映社会、时代的精神文化内涵。善，即合目的性，指节目不能一味追求感官刺激博取眼球，满足少数人的私人利益，而应该符合多数人的共同利益并对社会发展具有积极的意义和影响。美，首先是通过具有审美价值的形式与内容的和谐统一，实现对美的追求，通过内在美和外在美二者的统一，才能完成真正意义上的美。

二、儿童视听创作"真善美"的基本内涵

　　作为陪伴儿童快乐成长的重要工具，儿童节目在儿童的社会化过程、人格塑造、价值观树立等方面都发挥着重要作用。但在当下的媒介实践中，成人世界复杂的游戏规则、功利、欲望、虚伪丑陋的一面频频掺杂在儿童视听内容中，甚至为了制造冲突、刺激感官、迎合收视而更加冲突性地直接呈现，这样的行为表达无疑是对儿童世界的一种粗暴撕裂，也使儿童节目在价值选择上严重错位，强调儿童视听创作的"真善美"因此而显得更加紧迫和重要。

（一）儿童视听创作的"真"

　　儿童时期处于人生的初始阶段，受到行动能力、认知水平和思维模式的限制，儿童并不能轻松地完成对现实世界的认知，媒介是连接儿童和社会的重要纽带。根据《媒介与儿童——2013年中国城市儿童媒介素养状况调研报告》显示，全国城市儿童家庭中，普及率最高的媒介是手机（97.8%），其次是电视（97%），然后是电脑（95%），但使用频率最高的媒介是课外书（95.5%），其次是电视（93.7%），然后是电脑（86.7%）。千禧一代被多元媒介设备全面包裹，经由媒介呈现的外部世界的万千景象，是儿童建立起对外部世界感知和认识的基础，儿童视听内容如果有所偏颇则势必会影响儿童对客观世界的真实认知。

　　当代儿童身处一个被技术包围，现实和虚拟相互交织的世界。作为生活在一个被信息环绕、被互联网包裹的社会，生活方式和沟通方式也被彻底重构：面对面交往逐步被即时通信工具所代替；纸质阅读大部分被电子阅读所代替；社交活动逐步

被网络游戏所代替；实地购物逐步被网络购物所代替……开放共享的互联网打破了时空限制，给儿童提供了一个无限延伸的虚拟世界，儿童被置于一个新的交流空间：一方面在互联网构建的虚拟环境中，事物以数字化的形式呈现，以逼真形式实现了对触觉、味觉、嗅觉等多种感官的延伸。另一方面，虚拟环境也并非完全脱离现实环境，虚拟环境中的事物都是以现实世界为原型，是现实事物的虚拟再现。虽然虚拟环境带有现实印记，但与真实可感的现实世界有巨大差异，儿童并未建立起独立的思考能力和清晰的分辨能力，长期游离于现实和虚拟环境之间，容易混淆现实世界与虚拟世界的界限。因此，儿童视听"真"的首要基本内涵是真实、客观反映当代儿童的生活环境，帮助儿童区分现实环境和虚拟环境。

此外，成人世界充满人情世故、矛盾冲突，虽然儿童世界纯洁无瑕，但一味挑选烂漫、阳光正面的话题，摈弃曲折、磨难，对儿童的未来成长并非有益，甚至可能导致逃避现实、散漫、冷漠等不良趋势。因此，儿童视听创作"真"的第二要义是呈现真实世界的人情世故、矛盾冲突，勾勒出现实世界的真实面，但更重要的是做到全面剖析，深度阐释，培养儿童透过表象认知事物的复杂性，使儿童更好地完成社会化。

真实地反映客观世界应当把握好"度"，儿童节目是儿童学习社会规范、进行社会交流的平台，因此，儿童节目的"真"还体现在主动屏蔽和过滤色情、暴力、犯罪等不良信息。儿童节目尽可能真实反映现实世界，为儿童提供正确的参照和模仿对象，这并不意味着不加过滤地映射现实世界的一切内容。当前，部分儿童节目中掺杂着色情、暴力、犯罪等内容元素，并且通过色彩鲜艳的画面和故事化的叙事手段进行传播，刺激儿童感官。儿童善于观察和模仿，但缺乏鉴别力和分辨力，难以依赖个人的毅力来抵挡这些不良内容对他们思想的冲击和侵蚀。研究表明，电视暴力对儿童影响极大并且多为负面影响，据统计，美国儿童在5岁以前接触的电视暴力画面的平均时间已经超过200小时，到14岁时，他们将从电视中目睹1.3万人被杀，到18岁时，将平均看到20万次暴力动作，1.6万次谋杀。另外还有无数打头、攻击、伤害和流血的场景，即使在公共电视网络中，暴力场景也比实际生活中多得多。[1] 因此，儿童节目有责任和义务主动屏蔽和过滤色情、暴力等不良信息，为儿童净化屏幕。

（二）儿童视听创作的"善"

1. 传授知识，启发智慧

在商业运作下，节目制作方一味追求感官刺激博取眼球，满足少数人的私人利益，将节目变得庸俗、低端，甚至让儿童节目变成满足大人视听娱乐的工具，这已让

---

[1] 陈舒平：《儿童电视学》，北京广播学院出版社，2005。

"善"与儿童视听创作渐行渐远。

"善"作为儿童节目的根本目的,首要含义是传授知识,启发儿童智慧。一方面,传播能够激发儿童想象力和创造力的内容,儿童世界色彩斑斓、天马行空、充满想象,儿童对一切事物都充满着好奇,所以,遵循儿童的认知发展规律,把握好儿童对世间万物充满好奇的心理,多创作能激发想象力和创造力的内容,创造广阔的想象空间,培养儿童的创造性思维和创新能力是儿童节目的应有之义。例如,在《妈妈是超人》第四季的节目中,明星妈妈邓莎带着儿子参加了节目,在某集录制时正值冬季,由于屋外风太大,又下起了雪,大麟子怕外面的一盆巨大的盆栽树"感冒",一直苦苦请求外婆将其搬进室内:"外婆,快救救大树吧!它们在外边太孤单了。"但是外婆却拒绝了,于是,大麟子向邓莎求助。在孩子们心目中,所有的事物都有生命,懂感情,能够感知冷暖,而彼此之间亦可成为亲密无间的朋友,尽管大树在恶劣环境下仍然可以生存,但是童真、想象力却经受不住过多的否定和忽视。节目组在这一情景中加强剪辑,对比外婆和邓莎的不同态度,外婆坚持称"大树就是要经风雨",并把窗帘拉上,不再让大麟子看到风雪中的大树,邓莎则遵循大麟子的意见,站在孩子的角度,将大树视为孩子心中的伙伴,将其搬进屋中,最终大家都认可了大麟子妈妈的做法。两种选择可能都有各自的理由,但通过两者的对比诠释,以及最后的行为抉择,一方面让受众感受到孩子的善心善举,另一方面将一种善意的理念传递给受众,呼吁大家尊重孩童的天性,保护他们的想象力。

2. 传递善意,引导儿童向善

儿童节目是伴随儿童成长的"玩伴",将人类美好的情感蕴含其中,引导儿童向善,这是儿童视听创作理当承担的文化功能。

儿童处于一个快速变动的成长阶段,是身体发育、智力发展、人格塑造的关键时期,也是价值观、人生观的萌芽期,在儿童阶段形成和塑造的人格和品质将会对儿童的一生产生重要影响。而儿童节目是儿童了解外部世界的重要窗口,参与了儿童成长的整个过程,在儿童心中具有相当高的权威性、信任度。在传达善意方面,儿童视听创作应当设计积极向善的节目内容元素,融汇高尚的人文精神与道德情怀,在尊重儿童主体价值的基础上,用儿童接受、理解的形式,将内容传播给儿童,有助于润泽儿童心灵,引其向善。以美国尼克频道《你好,凯兰》儿童节目为例,这是一档辅助学龄儿童学习中文的教育类节目,在提供中文学习的同时特别侧重品格教育,帮助儿童理解、学习道德品格。《你好,凯兰》通常采用主人公凯兰和她动物朋友相处过程中发生的一个个小故事,以情节叙事、情景展现的方式来体现学龄儿童阶段的情绪问题,如自我、嫉妒、宽容,等等,节目通过分析因果关系的方式去解决这些问题。例如,其中一集要传达的是"学会宽容、理解他人"的主题,但并未采用教育类节目最常用的说教式方法——刻板僵硬地将一个固定的结论，向儿童受众灌输，而是通过讲述故事的方式，让儿童受众在具体的故事情节中，领会怎样宽容、理解别人，并以此引导他们树立良好的道德品格。所以，通过转换思维，让儿童在故事情节、真实体验、同龄人经历、偶像行为等过程中亲自体验或者换位感受，或许胜过千言万语的说教。

此外，儿童节目的"善"不仅仅作用于儿童身上，还作用于呼唤社会的善意。儿童节目通过各种形式引导儿童向善的同时，也在用儿童的"善"呼唤人性的温暖和善意。现代社会，竞争压力大，成年人囿于成人世界的游戏规则而疲于奔命，时常感到焦虑和抑郁。成年人在成长过程中，逐渐被现实改变，有些时候难免失去本真、难免打破道德规范和社会准则，在内心欲求和现实束缚的双重挤压之下，成年人时常感觉到无奈和痛苦。孩子与成人虽然生活在相同的物理空间，但却暴露在不同的社会环境中，孩子们被保护着长大，接触的往往是同年龄段的孩子或者以保护他们为使命的成年人。即使遇到危险，也较少单独面对，孩子们还没有机会真正接触到社会的压力和负面。正因如此，孩子们的世界单纯美好，人类的美德在孩子们身上得到了最大的彰显和展示。约翰·洛克在《人类理解论》一书中说，儿童天生带着有一点像"白板"的大脑来到人间，是后天的经验在这块白板上留下印记。[①]儿童节目的受众不仅仅是儿童，其还受到许多儿童的父母及中青年群体的关注。通过儿童节目可以将儿童单纯美好、童真童趣、善良可爱的一面呈现出来，与成年人世界的虚伪、复杂的游戏规则形成鲜明反差，让成年人暂时忘记生活的压力和痛苦，获得心灵的安慰和救赎，通过儿童群体的"善"去呼唤更多人的"善"。

（三）儿童视听创作的"美"

1. 追求儿童视听创作的形式美、内容美

"美"是儿童视听的根本追求。从古至今，人类从未停止追求美的步伐，儿童也不例外，进入幼儿园开始集体生活后，他们的美感意识也开始慢慢发展。儿童处于心智发展的初期，思维比较简单纯粹，因此，鲜艳的色彩、轻快的声音都能触动他们的感官刺激，通过感知运动不断提升他们的认知能力和审美水平，并能够带给他们精神享受。

从生物意义和法律意义上看，儿童属于独立的个体。但是在日常生活和思想判断上仍然依赖成年人，因而儿童还不是完全独立的社会人，对善恶美丑也没有独立的审美价值判断。随着年龄的增长以及与社会的联系和交往日益密切，一方面，儿童需要培养良好的审美情趣愉悦身心，滋养精神；另一方面，也需要提高审美价值

[①] 李琦：《多元媒介环境下的我国儿童电视节目研究》，博士学位论文，华东师范大学，2012。

判断能力，对外部世界的善恶美丑进行辨别和评判。儿童节目作为培养儿童审美观念、文化精神、道德意识的最重要的载体之一，通过形式美、内容美培养儿童的审美情趣，帮助他们在认识事物中提升审美水平，也在提升审美水平过程中提升认知能力，实现儿童节目对"美"的根本追求。

形式美即要求遵循儿童的审美规律来设计节目的片头、灯光、色彩、舞美、节目包装，等等，构造具有高度视听审美价值的情境。在儿童的诗性世界中，形象思维占据主导，儿童喜欢鲜艳明亮的色彩、优美动听的音乐、婀娜多姿的舞蹈、明快的节奏……所以，形式美作为实现儿童节目美的要素之一，是在把握儿童审美特点的基础上，利用儿童熟悉的卡通元素、绚丽的舞美灯光搭建舞台，再配合鲜艳明快的画面、轻快的歌曲以及童真童趣的字幕来制作节目，让儿童在愉悦的审美体验中主动吸收内容。

内容美即在取材上追求优秀品质，传播高品位内容。具体而言，内容美有两方面要求：其一，把传统文化和美学符号与节目内容相结合。我国历史源远流长，文化博大精深，在中华文化宝库中有大量的文化精粹，将其融入儿童视听创作中，不仅能够开阔儿童视野，并且有助于向孩子们传递优秀的民族文化传统。尤其是当下儿童所处的信息环境，具有全球化、多元化的特征，整体呈现良莠不齐、鱼龙混杂的特点，融合优秀民族文化和美学内涵的儿童视听内容将有助于儿童提升辨别力，树立文化自信。

其二，内容美还要求在专业研究的指导下选取、制作节目内容。我国的儿童视听创作者往往着眼于节目制作领域的专业性，但对儿童这一群体的心理需求、思维方式、认知结构等缺乏系统深入的研究，导致儿童节目不能较好地满足儿童受众的视听需求。英美、包括日本的儿童视听制作机构长期保持与各个相关领域专家的密切合作，分别在节目制作前期和后期进行专业化分析和测量，以此确保儿童节目真正能够对接儿童的审美需求。以《芝麻街》为例，其制作的工作流程为："教育顾问——确立目标——调查研究——制作——调查研究——播放——调查研究——第二次播放——教育顾问"。具体而言，就是在节目制作的前期邀请各个领域的专家学者，分析节目的对象及其心理需求、认知结构等；然后根据专家分析的结果，确立节目的具体目标和形式，由美国儿童电视制作中心（CTW）采用心理实验和测量方法，收集观众对样片的注意和理解方面的资料；再由CTW以外的人员通过问卷、访谈等方法进行现场调研，估计样片对观众所具有的吸引力和可理解性；最后以教育理论和系列研究结果为依据，制作出能为观众理解并能保持观众注意力的电视节目。再如日本NHK儿童教育节目《啊，设计》，节目提案后与儿童研究机构、日本设计领域大师沟通协商，根据专家和大师的分析来进行节目流程设计，经过六年的研讨，节目才播出,节目完全是根据儿童的认知、需求、喜好来制作的,将专业的设计知识通过儿童便于接受和理解的方式呈现,深受儿童受众的喜爱。

2. 培养儿童审美情趣

儿童从小看到的事物,感受到的人情,接触到的信息内容,甚至不经意间听到的音乐,都可能潜移默化地影响儿童日后的审美志趣和能力。儿童视听文本作为儿童的信息窗口,肩负着培养儿童审美情趣的重任,特别需要在以下方面有所作为:其一,培养儿童对外部世界善恶美丑的辨别和判断。通过节目内容引导儿童观察和感受自然万物中的生命形象,感受现实世界的运行。其二,培养儿童对美好事物的发现和创造能力,审美能力不仅局限于对事物的审美判断,更重要的是建构、塑造自己独特而正确的审美能力。儿童节目通过融入优秀的音乐、文学、造型艺术等传统美学元素,培养孩子们在欣赏美好事物的同时,促生和升华儿童的审美水平。

湖南卫视的《变形计》也是一档致力于以美好、高尚的情感引导的节目,该节目是2010年开播的生活类角色互换真人秀,每期分别在城市与农村各挑选一名少年,进行为期一个月的角色互换体验,节目聚焦家庭教育、贫富差距、成长环境、学习机会等社会问题,通过城乡两位少年的真实故事,挖掘人与人之间的情感。参与节目的农村少年大都是家境贫寒的留守儿童,不仅早早独立并且还要承担起照顾弟妹、老人的重担,农村少年表现出超乎年龄的懂事与坚强带给观众极大的触动。而参与节目的城市少年大都具有都市儿童的通病:网瘾、暴力、拜金、厌学,等等,他们在节目制定的规则下深入农村地区参加"体验"和"改造",在体悟生存的艰难以及爱的含义后逐步蜕变,其间体味到真善美的真实内涵,受众通过观看节目跟随节目主人公一起进行"体验"和转变,尤其是变形成功后仿佛也得到了心灵救赎。《变形计》通过真实展现城市少年和农村少年的体验过程,城市少年的蜕变过程,挖掘人与人之间最真实的感情,触动着儿童受众内心最柔软的部分,给予其美好、高尚的情感引导。

狄德罗说过:"真善美是紧密结合在一起的,在真和善之上加上一种稀有的光辉灿烂的情境,真和善就成了美了。"[1] 真善美作为儿童节目的价值取向不应该将它们割裂,真和善是美的基础和前提,而美是真和善的统一,通过真实反映儿童社会生活、精神面貌,并丰富文化内涵和精神意蕴,实现儿童节目"善"的目的,再辅以精良的制作,让儿童受众在愉悦的审美体验中感悟其精神价值,实现对美的追求。

---

[1] 张琳琳:《论欧洲中世纪骑士文学的美学精神》,硕士学位论文,黑龙江大学,2010。

第二节 儿童视听创作中的"真善美"表达

不同于其他类别对象性节目，儿童视听节目的受众是缺乏成熟的独立价值判断和逻辑思维能力的对象群体，因此，儿童视听创作尤其应当重视平衡经济效益与社会效益之间的关系，娱乐功能与教育功能之间的关系。从内容到形式，真正建构符合儿童受众特性和需求的视听产品。

一、避免过度商业化

目前，我国少儿频道的广告经营模式主要有三种：一种是不独立承担广告招商，由电视台整体负责经营的模式，如北京电视台青少频道、上海东方电视台少儿频道等；一种是相对独立的经营模式，由频道自己承担广告经营，但频道在市场中不是独立法人，无须承担市场风险，如天津电视台少儿频道、海南电视台少儿频道等；还有一种是完全独立经营的模式，即频道在市场中拥有法人地位或频道与社会上其他公司组成合资公司，如杭州电视台少儿频道、湖南金鹰卡通频道等。[1]不管采取哪种经营模式，多数频道普遍存在经营困难的现实问题。尤其是近几年来网络媒体的快速发展以及大众娱乐产品的扩张，进一步挤压了儿童视听产品的生存空间。迫于生存压力，儿童视听创作和经营都呈现出过度迎合市场、唯收视率至上的普遍现象，生产出了文化品位偏低、文化内涵缺失等质量偏低的儿童视听内容。

1947年，霍克海默和阿多诺在《文化工业：作为大众欺骗的启蒙》一书中提出"文化工业"的概念，他们认为文化工业受满足大众需要的商业力量的操控，其生产出来的是以消遣和娱乐为目的的大众文化，并不是真正的文化和艺术，文化工业控制了大众日常生活、思想意识，使之成为"单向度"的人。大众媒介和消费主义成为当今中国社会文化的两大标签，两者相互协作共同塑造了当代中国社会文化图景，消费文化拓宽了媒介的报道领域，为其带来巨大的经济效益，而媒介文化在消费文化的渗透下不断偏离其原有功能，媒介逐渐成为商业资本的傀儡。大众文化的商业性使其具有巨大的包容性，可以吸纳一切具有商业价值、消费潜能、娱乐价值的资源，具有公益色彩的儿童节目也未能幸免，被吸纳到大众文化的商业体系之中，文化工业正企图通过媒介来影响儿童的精神消费和审美选择。

1995年3月，71个国家的代表在澳大利亚的墨尔本召开史上首次"电视与儿童"世界高层会议，这次会议制定少儿电视宪章，对少儿节目提出了七项原则，明确地提

---

[1] 《中国广播影视报》2004年10月12日。

出了"去商业化"原则。[①]

为了扶持儿童频道、儿童节目的发展，我国相关管理部门曾多次给予政策、资金支持，虽然一定程度上暂时缓解了经营难题，但"公益性和商业运作"之间的矛盾仍旧没有得到根本解决。实际上，儿童节目的双重属性并非绝对矛盾，公益属性并不排斥商业属性，一定程度的市场化运作不但可以获取相应的资金维持运营，还能开发出视听内容的品牌价值，提升节目知名度，其中的关键是要平衡好社会效益和经济效益之间的关系，把握好商业化的度。纵观国际上成功的儿童频道、儿童节目的经验，无论是迪士尼、尼克罗迪恩、BBC还是NHK，尽管运作模式各不相同，但是其制作的精品儿童节目既具有良好的社会效益，又能开发出巨大的商业价值。BBC、NHK儿童频道虽然属于公共频道体系，不依靠广告收入，但其通过优质节目内容建立起节目品牌，下属公司借助品牌效应，开发延伸产品获得丰厚的利润，为频道发展提供资金支持；而迪士尼、尼克罗迪恩儿童频道通过市场化经营获取丰厚利润的同时，也保证了品牌的社会效益。我国儿童节目可以借鉴其经验，在公益理念的指导下，合理地进行市场化运作。

（一）改变单一的节目评价机制

目前，我国电视节目、视听内容质量的评判标准通常集中于收视率、市场份额等指标，片面追求收视率一定程度上导致了我国电视节目商业化泛滥。儿童节目被卷入大众文化生产中的一系列负面效应早已显现，各儿童视听创作平台为了迎合市场，攫取受众眼球，不断降低视听内容的质量，内容庸俗化、低俗化倾向、成人化倾向等问题在我国儿童节目中普遍存在。在商业化泛滥的环境之下，儿童受众也将浸染在庸俗化、低俗化的媒介环境中，形成错误的价值取向。

高收率、高市场份额的儿童节目并不代表高质量的节目，以收视率判定成败的单一节目评价机制是限制我国儿童视听作品健康发展的最大制约因素，产品评价机制事关节目的生存和发展导向，只有建立科学、合理的节目评价机制才能更好避免我国儿童视听内容的过度商业化。

美国儿童视听内容在节目制作质量和技术设备方面都处于世界领先地位，除了强大的技术和资金优势，还有一个关键因素是其健全合理的节目评价体系，经过多年发展，美国视听领域现已形成以"收视率""市场份额""反映的市场数量"等作为客观指标和以"满意度""节目质量"等作为主观指标的多维评价体系共同组成的科学系统。美国电视的主体是商业性质，但也存在一定比例的公共电视，相应地，这一评价体系也包含两个维度：一个是商业性质电视评估体系，另一个是公共电视

[①] 李琦：《多元媒介环境下的我国儿童电视节目研究》，博士学位论文，华东师范大学，2012。

评估体系，两个性质的电视评估目标大相径庭，各有侧重。商业性质电视追求商业利润，评价目标侧重经济效益，而公共性质电视追求公共利益，评价目标侧重社会效益。对于儿童电视节目评估，美国采用的是以儿童满意度为核心的电视品质比率，将节目影响、节目诉求、节目内容、节目感官重点等因素作为评估标准，测量儿童对各个因素的满意程度。该评估方法最大的优势是直接了解儿童对节目的感受，以儿童对节目的满意程度作为节目生产和制作导向，彰显了"以儿童为本"的理念，也实现了节目内容同儿童兴趣、需求的完美对接。为完善合理的评价标准，我国的儿童节目可以参照借鉴美国的电视评价机制，将单一的评价机制转变为多维评价机制，形成以"儿童为核心"，以"收视率""市场份额""点击率""互动率"等为客观指标，以"节目质量""满意度""节目影响力"等为主观指标的评价机制，此外，还应拓展评价主体，除了儿童受众外，还应兼顾教育专家、节目专家、内容员工等多元主体，使评估机制更为完善和合理。

（二）打造节目品牌，建立多元盈利模式

品牌不仅是一个产品的标志，更代表着一种无形的资产，任何品牌都要经历投入、成长、成熟、衰退的生命周期。一个成熟的节目品牌意味着拥有规模庞大的客户群和他们投注的忠诚度，品牌价值在不断地改进或创新中持续增长，同时，其品牌影响力也能够超越产品本身而长期作用于市场和用户。

品牌营销现在已经广泛运用于各个领域，儿童节视听创作同样应该借鉴品牌营销的思路，走品牌化发展道路，通过提升节目内容质量，制作精品内容建立起节目品牌，再挖掘品牌价值延伸产业链，建立多元盈利模式。从产业的角度看，电视媒体产业存在两条产业链：一条是节目产业链，一条则是依托节目品牌而形成的延伸产业链，这两条产业链都建立在视听内容生产的基础上，视听内容质量与两条产业链的发展密切相关，只有高品质的节目内容质量才能保证视听内容产业链良性循环的发展。

由于机制原因，我国传统媒体行业一直存在一个较大问题，过度依赖广告收入维持经营，使得其发展陷入一种恶性循环："缺乏资金支持导致视听内容研发、制作水平低下——导致收视率低下——广告收入低下——影响到视听内容研发、制作水平。"单一盈利模式不仅使得整个电视行业陷入低水平、低质量、高重复率制作的困境，还使得整个行业商业化泛滥，形成了不良风气。目前，我国的儿童节目主要依靠广告收入和政府的部分资金支持，收益好的儿童频道勉强能够维持运营，但多数频道都难以做到这一点。

施拉姆曾表示："儿童越来越成为受尊重的对象，他是一个特别的产物，有他不同的本质和需求，他们需要与成人世界分离并受到保护。"而儿童节目的商业属性

正侵蚀儿童的诗性世界,消弭成人与儿童的界限。消费社会的功利性、商业性与儿童世界纯真、美好存在冲突,试图以商业取向包装和改变儿童现象并非个案。儿童过早地接触成人世界的游戏规则、生存逻辑,在潜移默化中,儿童天然的想象力、好奇心、独立的人格、创造性思维被成人逻辑所取代,孩子的个性化发展受到极大限制。

我国儿童视听制作机构具有弘扬优秀文化和创造经济效益双重职责,两者之间,社会效益应当居于首位,只有维护好社会效益才能实现更大的经济效益。商业化泛滥是目前我国儿童节目制作机构存在的最大的问题,国家新闻出版广电总局相继出台各项政策和措施引导和规范制作机构回归职业定位,在公益观念的指导下,通过建立多元节目评价机制和打造节目品牌,建立多元盈利模式实现良性发展。因此,我国儿童节目应当在公益理念的指导下走品牌化道路,建立多元盈利模式。视听内容质量是品牌化战略的关键因素,节目研发和制作更是高质量视听内容的关键环节,我国儿童视听产业可以分为四个产业环节:节目研发、节目制作、节目发行、节目传收。节目研发、节目制作一直是我国视听内容制作的薄弱环节,而这两个环节又是提升节目内容质量的关键。

儿童节目通常有两种获利途径,一种是广告收入,另一种是通过高品质的内容售卖节目版权。在节目延伸产业链层面,儿童节目通过高品质的内容建立起品牌,然后通过开发节目相关周边产品延长产业链,通过延伸产品的多个领域所获得的利润可能远远高于节目本身所产生的经济价值,以此实现品牌价值的最大化。迪士尼公司是品牌战略的典范,通过高品质的动画建立起享誉全球的品牌,然后借助品牌效应,开发动画相关服饰、玩具、图书、酒店、主题乐园等一系列延伸产品,通过延伸产品不仅获得巨大的利润,也进一步巩固了迪士尼品牌。我国的少儿频道的品牌化道路开始尝试借鉴迪士尼模式,其中最具代表性的是东方卫视少儿频道打造出的"哈哈"品牌王国,首先制作了一系列高质量的"哈哈"系列精品栏目,形成频道品牌,再把产业触角延伸到节目以外的众多领域,通过多元盈利模式的建立实现频道良性循环,其中包括创办哈哈网站、哈哈俱乐部、《哈哈画报》等,开发与栏目相关的图书、服装、玩具等。为了进一步扩大影响力,东方卫视少儿频道还进行跨媒体合作,与炫动卡通开发智力游戏,发挥多媒体联动效应,获得了广大青少年的喜爱。

二、避免泛娱乐化倾向

美国传播学者施拉姆将儿童收看电视的主要心理动因归纳为:娱乐、获得信息以及社会效用。相应地,主要的收视需求集中在:娱乐需要、认知需要和交往需要。

三种需求在儿童生活中的地位并非均等,其中娱乐需要占据了很大的份额。[①]

波兹曼在《娱乐至死》中说,现在最大的问题"不在于电视为我们展示具有娱乐性的内容,而在于所有的内容都以娱乐的方式表现出来"。庄子认为"至乐无乐"。古希腊哲学家伊壁鸠鲁把人生的快乐和幸福视为最高的善,视为人生追求的目标,但他也认为真正的欢乐在于内心的宁静和平和,消除灵魂的紊乱,而并不是感官的满足。[②]"泛娱乐化"在儿童节目中的广泛存在,总体上可以归为两类:一类是儿童成为"取悦"大人的娱乐工具;另一类是,过分追求满足儿童的感官刺激。

面对这种现象,合理的娱乐形式显得尤其必要:娱乐既不能迎合儿童对于感官刺激的需求,也不能迎合成人猎奇、消费儿童的心理。儿童节目和有儿童参与的节目的制作都必须要遵循儿童成长的身心发展规律,进行合理的引导,传达出与儿童年龄及心智成熟程度相适应的正确理念。《爸爸去哪儿》第五季第11期的游戏设计,合理简洁易于操作,又为儿童的真实反应留有空间,同时以趣味游戏为主的方式,体现亲子共同参与的特点,营造了一种其乐融融的氛围。在游戏过程中,爸爸与孩子共同完成,当陈小春为了快速完成任务没有注意到游戏规则抱起杰斯帕(Jasper)冲向终点的时候,杰斯帕自觉地对爸爸说:"不对,你应该背着我。"这种对游戏规则的尊重是通过一次次的游戏参与,一次次示范纠偏,潜移默化带给孩子的影响。在"跳麻袋,运窝头"环节,节目组鼓励孩子和爸爸在遵守规则的同时去探索新的游戏方法,有的爸爸尝试一次叼起多个馒头跳向终点,既富有创意又彰显智慧,其他组的爸爸和孩子争相学习效仿,在风趣幽默的轻松氛围中更好更快地完成了游戏。游戏结束之后的排名虽然有先后之分,但并不是节目着重强调的部分,被凸显的更多是引导孩子们享受和爸爸一起亲子游戏的乐趣,鼓励孩子们分享奖品和参与的快乐。由此可见,合理的娱乐形式可以通过环节设计给孩子自由发挥的空间,保护他们的创造性,同时用规则去约束孩子们的行为,划定正确和错误的界限,以期帮助他们构建适当的规则意识。

娱乐化设计和形式只是儿童视听创作的辅助元素,是为了更好地体现此类节目的"童真童趣"。创作中要为儿童有预判、有目的地预留充分的、自由的表现空间,尽可能减少成人干预,让孩子直面不同的人物和情景,在自然状态中流露出属于儿童的本真状态。

主持人良好的素养也是适度娱乐的保障。儿童节目的主持群通常由栏目主持人与木偶、玩偶共同搭档串场。在中国儿童小观众心中,月亮姐姐、金龟子姐姐、董

[①] W.Shramm,J.Lyle&W.13.Parker: *Television in the Lives of Our Children*, California:Stanford University Press,1961.

[②] 亶晓婕:《我国电视儿童节目泛娱乐化表现及对策研究》,硕士学位论文,河南大学,2011。

浩叔叔、鞠萍姐姐、红果果、绿泡泡是闪耀的明星，各种玩偶、木偶是他们亲切的玩伴，具有举足轻重的作用。利用好这一点，儿童视听创作应该将主持人塑造为展示美、传递美、示范美的载体，具体而言，儿童节目主持人首先应当具有鲜明的个性、健康的心理和健全的人格；在穿着方面，要符合儿童的审美需要，可以衣着鲜艳但是不宜过于成熟裸露；在语言方面，应该用与儿童平等对话的态度和语气和孩子们沟通，尽量不过多使用叠词如"吃饭饭""穿衣衣"等夸张幼稚的词汇，同时避免引导儿童讨论儿童不宜的敏感话题；在职业追求上，做好知识储备，构建自己的知识框架，尽量避免出现知识性的漏洞和错误，尽力为儿童观众示范美好的形象和丰富的内涵。

"泛娱乐化"与"商业化"往往相伴相生，明星成为儿童节目嘉宾名单中的常客，体现出显著的娱乐特性。本身具有娱乐效应，同时又深谙娱乐之道的明星嘉宾自觉不自觉中可能夹带成人世界中的娱乐话题和娱乐方式进入儿童节目的录制进程中，对于明星资源，应当注重挖掘明星本人正面的引导力量，寻找明星家庭平凡的经历与情感困惑，以此通过节目平台建立起普通大众与明星之间的沟通和交流，而不只是制造噱头，刻板营造娱乐氛围。

另一方面，节目内容的丰富与创新也有利于规避"泛娱乐化"倾向。作为未成年人的儿童虽然在儿童视听创作的技术运用、规律把握等方面有所欠缺，但并不影响他们基于儿童的视点发现和表达不同于成人的观点和意见。制作方可以通过为他们提供相应的平台和技术支持，鼓励儿童参与到创作进程之中，通过创意策划、采访调查、文案撰写等具体环节表达儿童自己的心声和主见。经由儿童主体参与创作的节目，反映的是儿童视野中的内心世界和外部世界，较少被泛娱乐化和过度商业化浪潮所侵染。在内容选材、形式表达、价值选择等方面都更加接近儿童本真。

三、"真善美"的内容与形式表达

儿童视听创作的终端产品是由外在表现形式和内在题材内涵共同构成的节目文本，"真善美"的价值取向终究要体现在具体的内容与形式表达之中。

（一）真：真实反映世界，还原儿童本真

阎欢在《电视与未成年人心理》一书中提出："少儿电视节目的良性传播是以未成年人受众心理需求相对应为前提的。"[1] 儿童视听所反映的真实要与儿童的接受能力、认知能力和心理发展阶段相适应。通过视听文本，为儿童受众建构一个认知外部世界和了解自身的平台。

---

[1] 阎欢：《电视与未成年人心理》，中国传媒大学出版社，2009，前言。

1. 呈现有选择的真实，有探索的真实

学者陈昌凤认为，电视媒体对未成年人的影响主要表现在两个方面，一是认知发展，一是人格发展。并且这种影响会带来两种效果，一是显性的效果，一是隐性的效果，我们尤其要注意后一种效果所潜在的负面影响。[①]

对于成年人来说，暴力、性等冲突可能是电视剧情发展的助推剂，但是媒介暴力对儿童影响重大且多为负面影响。美国大众传播媒介研究者杰罗姆·辛格等人对3~10岁的美国儿童调查后发现，年幼的孩子对不真实的东西所产生的恐惧同真实东西给他们造成的恐惧完全一样。儿童在幼年时期如果经常暴露在恐怖情节和氛围之中，受到暴力行为的强烈刺激，将会对暴力行为感到麻木，并且难以区分视听作品中的暴力恐怖与真实世界的差别；部分儿童节目打着"惩恶扬善"的虚名粉饰暴力行为，间接传递出"暴力是解决争端的有效手段""有正当理由使用的暴力就是正义的"等错误信息，甚至会进一步诱发儿童的主动暴力行为。孩子从视听作品中感知到的恐惧将一直延续到11岁以后，他们能够进行抽象思考，学会辨别臆造和现实的不同，才会慢慢地减弱。基于此，儿童视听创作中对暴力、色情等不利于儿童接触和理解的内容应当彻底过滤。与此同时，也要避免另一个极端，即在儿童视听内容中营造一个与现实世界大相径庭的"完美世界"。孩童虽然处于成长阶段，但是终将成长为一个独立思考、自主判断、自我负责的成年人，为儿童打造一个"道德真空"，一个超离现实障碍的虚幻世界并不能够有助于他们的成长。因而，儿童视听文本对现实的反映既要有所屏蔽和选择，又要有所导向和担当。

"电视呈现给儿童的经验远远超过了他们所能直接体验的限度，电视使他们看到了真正的而不是想象的、从未接触过的社会角色：教授、侦探、律师、南非人、古代人，等等，并且进一步了解每一类人行为规范的特点。儿童通过模仿社会角色来体验各种行为规范。作为一座桥梁，电视将儿童与社会联系起来。"[②]《尼克新闻》作为一个成功的美国儿童电视新闻节目，在向儿童展示真实世界的探索中是很好的范例。《尼克新闻》不回避诸如战争、贫穷、艾滋病等这些成人世界的矛盾和痛苦，他们认为关键是引领孩子们用积极向上的视角直面世界。在战争议题中，摄制组曾前往阿富汗秘密采访女生学校，了解阿富汗女童的真实生存状态；在探讨中东局势的节目中，邀请来自巴基斯坦和以色列的儿童进行对话，讨论他们如何才能成为朋友；对待恐怖主义、艾滋病、重大灾害等沉重的话题时，《尼克新闻》也是尽量以孩子的视角，用孩子自己亲历的故事向广大小观众展示一个真实的世界。

儿童视听创作对"真"的追求一方面体现在尽可能真实、客观地反映当代儿童

[①] 陈昌凤：《电视媒体对未成年人的影响》，《电视研究》2004年第8期。
[②] 李琦：《多元媒介环境下的儿童与儿童电视》，中国广播电视出版社，2014，第46~79页。

所处的社会环境,真实地呈现社会生活状态、工作状态、学习状态。另一方面是让儿童不断学习社会规范,参与社会交流和意见表达。挪威广播公司的儿童节目《捕鲸对不对?》直面挪威海地区居民大量捕杀鲸鱼的现象。当地居民因此与"绿色和平组织"发生了激烈的冲突。节目中直接呈现了双方的对立,但是并没有做出谁对谁错的直接判断,而是辅助儿童自己收集资料,主动追问答案。节目组将主动权全部交给儿童,让三名儿童组成拍摄队,自行进行采访、拍摄、参与捕鲸的全部过程,孩子们在当地采访渔民,随船出海拍摄捕鲸的过程,他们发现挪威海域的鲸鱼过多,大量鲸鱼吃掉了其他鱼种,严重破坏了当地的生态平衡,同时,捕鲸给当地居民带来一定的经济回报,有利于当地的经济发展。一举两得的捕鲸行动并不能简单地予以否定。孩子们在节目中得出结论:"绿色和平组织"的行为有点过激,在挪威海捕鲸是可行的。但需要保持数据监控,掌握挪威海地区的生态状况,及时做出相应的调整措施。

儿童节目不仅应该探讨我们能为孩子做什么,也要通过展示现实世界来培养孩子们的责任感,儿童能为这个世界做什么,正是孩子们真正关心的话题。

2. 真实展现儿童面貌,还原儿童本真

蒙台梭利曾指出:"儿童的发展有其自身的规律,倘若我们想促进他们成长,那么关键是我们应该遵循规律,切忌随心所欲,强其所难。"[①]儿童节目作为儿童童年的"玩伴"之一,无疑应当遵循并体现儿童的成长规律。

儿童是儿童视听文本最重要的表现主体,其纯真的形象应该得到尊重并予以表现。儿童节目真实展现儿童面貌,体现在着重表现儿童简单率真、无拘无束、充满童趣的天性,而不是迎合成年人虚伪、狡猾、扭捏作态的预设。

首先,儿童日常生活的体态样貌和真实着装,是儿童节目真实性的一种体现。如今,儿童服装造型成人化倾向比较严重,小女孩踩着高跟鞋,涂着大红唇,穿着吊带裙或是露背装;小男孩打着西装领结,穿着皮鞋,向成年男性形象靠拢,全然不见儿童活泼可爱、清新纯真的样子。出现在某个卫视综艺节目中的一位"小胖弟",脸部浓妆艳抹,身着渔网袜、露背镭射装,大跳性感舞蹈,引发不少儿童观众竞相追捧,同时还引爆节目收视率,但却有失孩子真实的状态,无益于儿童心理健康。

其次,彰显儿童年龄特征的言行举止也是实现儿童节目真实性的重要一环。在话语表达方面,儿童简单直接,常常天马行空、不加思考地表达出所见所闻,虽然逻辑跳跃,缺乏理性,但这是儿童本真的样子。儿童世界色彩斑斓充满想象,儿童对一切事物充满好奇,儿童节目应当在尊重儿童的创造性和想象力的基础上,如实记

---

① 蒙台梭利:《蒙台梭利幼儿教育科学方法》,任代文译,人民教育出版社,2001,第486页。

录孩子的奇思妙想和童言童语，真实还原儿童本真。浙江北仑区广播电视中心的广播综艺节目《童言无忌说慈孝》，节目采访不同年龄阶段的孩子对慈孝的看法，孩子们的童言童语虽然充满无厘头，甚至有些答非所问，但未经成人的引导和粉饰，充满了童真童趣。节目将孩子们的话语真实展现出来，孩子们充满童心的真挚话语，取得了良好的传播效果，并荣获2014年浙江省广播少儿综艺二等奖。

此外，"真"还体现在行为举止和形象塑造方面。儿童处于性别意识懵懂到萌发的阶段，尚未形成成熟的性别认知。而视听节目中，错误的性别观念、过分强调男童女童的性别特征，刻意淡化性别之间的差异、故意男扮女装或者女扮男装等性别错置的行为均不符合儿童节目创作的真实性要求，也不利于儿童生理、心理发展。另一方面，儿童视听创作中的另一种"失真"现象是成年人按照自己的意志通过节目为儿童观众树立榜样，企图以此"改造"儿童的言行举止、思想认知。通过设计、包装、剪辑等手段，将儿童塑造成"高大全"的完美形象。真实的儿童不是完美无缺、完全符合成人期待的，儿童节目需要协助儿童们认知真实、客观的世界，耐心地带领他们理解、经历生活中本有的锻炼和挫折，需要摈弃成年世界的浮夸，从儿童的"本真表现"出发，回归儿童本真，帮助儿童健康、快乐成长。

3. 均衡议题，避免分化

真实世界里客观存在的各种问题和境况，现实生活中各种境遇的儿童主体在儿童视听创作中应该得到相对均衡的呈现和关注。

进入21世纪以来，农村留守儿童的巨大规模和快速增长引起了各界的关注。2000年全国农村留守儿童规模为1981万，2005年迅速上升至5861万。与此同时，留守儿童占所有儿童的百分比从 2000 年的8.05%上升到2005年的21.72%。短短五年间，农村留守儿童增长了近2倍，成为一个规模庞大的群体。根据《中国2010年第六次人口普查资料》，全国共有27891万0~17岁的儿童，由此推算，全国留守儿童规模为6972.75万，农村留守儿童为6102.55万。五年间，全国农村留守儿童增加了242万。[1] 2012年9月教育部公布的《2011年全国教育事业发展统计公报》显示，2011年全国义务教育阶段在校生中进城务工人员随迁子女共1260.97万人，这较之于2010年增加了93.79万。[2]

农村青壮人口大量进城务工，农村地区成为老弱病残的留守之地。家中老人艰难地承担起对孙辈的生活照应，但无力给予充分的课后陪伴和教育引导。当前境况

---

[1] 段成荣、吕利丹、郭静、王宗萍：《我国农村留守儿童生存和发展基本状况——基于第六次人口普查数据的分析》，《人口学刊》2013年第3期。

[2] 中华人民共和国教育部：《2016年全国教育事业发展统计公报》，2016年，http://www.moe.gov.cn/jyb_sjzl/sjzl_fztjgb/201707/t20170710_309042.html。

之下，儿童节目是弥补现实缺憾的有效途径。但是，农村儿童看到的节目却充斥着城市生活的精彩光鲜、绚丽多彩，与他们所处的真实境况形成强烈反差。另一方面，农村儿童渴求得到的心灵安慰和精神陪伴却难以寻觅。

曾经获得中国电视创意大奖的《变形计》是一档少有的将镜头对准农村儿童的儿童真人秀栏目。节目宗旨秉承"换位思考"的理念，让农村孩子和城市孩子互换身份，真正深入到对方的生活场景和人际关系之中，通过一个月的交换生活，实现"深入不同环境，体验不同人生，达到改善关系、解决矛盾、收获教益的目的"。但是事实上，镜头和戏份仍然是以城市儿童为主，用戏剧化的冲突激发城市孩子身上的顽劣，再采取剪辑的手法做出对比效果，以表现城市孩子在节目帮助下获得的"改变"。节目因此获得收视率和满意度的双丰收，甚至出现了某些城市孩子通过《变形计》摇身一变成为"网红"大肆捞钱的情况。

而农村孩子所遭遇的现实状况和生活困境在大众传播平台却无人问津、鲜有提及。这种议题上的不均衡不可避免地在农村孩子心中留下难以磨灭的伤害。而为数不多的"三农题材"儿童节目中，农村生活被表现为单调乏味，粗糙混乱，繁重的农活和简朴的条件成为反衬城市光鲜的背景。镜头一方面对准农村孩子进城后的欣喜和幸福，一方面大肆渲染城市孩子初入农村时对于农村生活的嫌弃和厌恶，这实质上是对农村孩子的一种隐形伤害。人为地造成了一种城乡撕裂，节目没有相对均等地为农村和城市分配话语机会，也没有从平等的角度去对待两个不同的地区和人群：面对农村，表现出居高临下的姿态去挖掘艰难困苦的一面；面对城市，倾向于过度包装，展示都市生活精彩纷呈的一面。在这种单向性视角的引导之下，城乡之间的环境壁垒、情感障碍不但没有得到缓解，反而可能进一步加剧。

另一个涉及留守儿童且颇具影响力的栏目《闪亮的爸爸》存在同样的问题。节目中，留守儿童被设置为"明星爸爸"的陪衬，他们的真实困境和精神需求缺乏被关注和表达的机会。节目着力表现明星光环，而孩子则成了可有可无的配角。

某种意义上讲，农村儿童更加需要摄影镜头的停留，更加渴望看到与之相关的儿童节目题材。这是对中国客观存在的特殊儿童群体真实媒介需求的真正关照。制作者需要深入乡村，以及社会各个阶层、各个角落，用平等的视角对待这里的孩子，近距离反映他们生活的真实处境和客观困难，同时捕捉他们生活中的乐趣，探索与他们相处的方式。比如跟拍乡村孩子与大自然的亲密接触，去爬山、野营、捉鱼、游泳、赶集，等等，忠实记录、真实呈现，让儿童视听文本成为展示的平台，让不同阶层和环境下的孩子能够互相张望，了解彼此陌生的环境和状态，架起沟通的桥梁。同时，不论生长在农村还是城市，不同的只是他们的成长环境和经济条件，但是他们面对着相似的成长困惑：与父母之间的沟通屏障，和同学之间的相处难题，面对懵懂爱情的彷徨，对外部世界的陌生和渴望，等等，这些话题都可以进入到儿童视听的选材范围，在更深层次的思考层面展开探讨和沟通。

4. 建立儿童受众反馈机制，实时改善节目内容

受众反馈是媒介再生产的重要一环，直接而真实地传递出受众的媒介需求满足状况和对媒介文本的评价。但是，传统媒体时代严重依赖收视率作为评判标准的做法已经难以适应互联网时代的受众需求。针对儿童受众的专项调研和信息反馈在中国长期缺席的现状也亟待改变。儿童受众反馈的方法众多，制作者应当结合自身条件和节目特点选择最有效果的反馈方式，形成良性互动，根据儿童的需求进行积极有益的调整和探索。

国家新闻出版广电总局少儿频道课题研究组曾做过一项针对学生的抽样调查显示：24.1%的被调查者认为当前少儿频道的节目不能满足自己的需要，22.4%的人认为节目内容重复，16.1%的人认为少儿节目成人化现象较为普遍，14.4%的人认为节目形式雷同。这是一份以课题形式呈现的儿童受众调查结果，具有一定的阶段性、滞后性。儿童视听创作领域需要建立起长期性的、规律性的反馈机制，以反映儿童受众的真实需求，并为节目品质提升寻找依据。

以成人为受众的节目一般是通过收视数据系统和受众在"弹幕""两微一端"的主动参与完成受众的反馈。对于尚难以做到主动参与的儿童而言，除了收视数据之外，缺乏更加多元化的渠道表达儿童受众对于节目的想法和评价。英国媒介教育学家大卫·布金瀚（David Buckingham）曾经指出电视与儿童的关系是一种典型的单项因果过程。[1] 那么如何能够建立准确的儿童与媒介之间的因果关联？如何获取儿童对于节目的真实想法和需求呢？国外的一些经验为我们提供了参考，法国儿童电视台成立儿童咨询组织（儿童电视俱乐部），定期征询儿童观众意见，与儿童保持长期联络。美国广播公司通过计算机互联网络的在线信息与儿童及家长保持热线联系，这种联络是双向的：一方面，电视台通过网络介绍电视节目的内容和特色以及观看建议；另一方面家长和儿童可以通过网络发表自己的见解，提出问题、建议和要求。[2] 通常采取的具体方法还包括：

（1）实验法。由专家借助一定的实验设备和方法获取儿童的受众情况。比如，目标儿童佩戴眼动仪，跟踪追寻他们目光停留时间最长的画面和情节元素，以期判定儿童的兴趣点，并在后期的节目制作中加以放大。或者使用脑电波仪进行检测，记录儿童在观看节目中脑电波最为活跃的镜头，分析其中对儿童产生影响的要素；

---

[1] David Buckingham: *Children talking television: the naking of television literary*, London: the Farmer Press, 1993, p.15.

[2] 罗宜虹：《从受众收视需求看儿童电视节目的制作》，《东南传播》2009年第五期，第108~110页。

或者记录儿童在观看不同节目要素时对应的脑内活跃的区块,分析节目内容对儿童脑功能的刺激和塑造。采取实验的方法能够最为精确地把握电视节目对于儿童的影响,以便在节目制作中对儿童的兴趣、心理等有更详尽的把控,尤其是寓教于乐的电视节目,在环节设计、儿童参与、环境选择、后期处理的各个层面使得教育功能能够得到最大彰显。

(2) 观众来信。传统媒介时代,部分儿童栏目或频道为了拉近媒介和儿童之间距离而设立的"观众来信"平台,由于操作烦琐和儿童文字表达能力有限的原因,难以为儿童节目制作提供真正有效的参考意见。大多数观众来信都是出于热心和好奇心,是一种自发的、偶然的互动行为。互联网时期利用相对成熟的观众来信基础,可以开辟出多元化的渠道,比如开辟专门的电子邮箱或者网站,鼓励使用文字、图片、录音、短视频等多种方式,征集儿童以及相关人员的真实意见。此举一方面可以丰富节目内容,在节目中直接呈现各种形式的意见表达,另一方面真正实现及时互动,给予儿童真实参与的机会,倾听孩子们的心声。

(3) 评价主体多元化。与儿童在物理与心理距离上保持近距离密切接触的群体及专业人士包括:儿童心理学家、教育家、教师、家长、儿童视听创作者、儿童服务提供者,等等。由于他们非常熟悉并且非常敏感儿童的需求和变化,因此,与这个群体进行定期的话题分享、焦点讨论、问卷调研……,记录结果、分类整理,建立题材资料库,以便在适当的时候采用这些数据。哈哈少儿频道总监杨文艳将哈哈少儿频道节目品质的保证归结于"三圈模式",即专家、编导、受众三方都加入到节目的创作和传播中,专家根据专业知识提供教育大纲;编导根据大纲和自身节目制作经验进行节目生产;目标受众通过反馈来完善节目。[①] 同时可以为儿童节目的评价建立一个长效评价机制,把主观评价和客观评价都纳入其中,客观评价指标除了保留原有的收视率、市场份额等收视指标之外,还可以引进重播率、网络在线、下载观看的点击率和互动指数等指标,甚至可以借鉴爱奇艺的"绿镜"体系的想法,即利用大数据平台统计观众重复观看的片段和观众跳过的片段来获得受众的反馈。

(4) 借助新技术。互联网的出现改变了传统媒介时代从传者到受者的线性传播模式,受众的能动性被激发,理论上,传受双方的互动性将大大提高。但目前,我国儿童的媒介参与程度仍然偏低,成人话语把控的痕迹仍然比较明显,儿童在信息反馈端的作用力也十分有限。VR、AR等新技术的介入,有助于开辟内容反馈的新途径。西方国家大多建立了儿童节目反馈机制,通过与儿童受众的联系了解视听内容的传播效果,努力接近儿童受众真正的观看喜好。借助VR、AR技术的可穿戴设备、

---

① 王晔:《当"少儿"遇到"卡通":从同质化竞争到差异化整合》,《中国电视》2010年第5期。

大数据、传感器等技术，突破传统信息反馈渠道，开辟出儿童视听反馈的新路径，同时更加及时便捷，而且反馈将从意见层面深化到人体生理与心理层面。清华大学教授彭兰在《移动化、智能化技术下新闻生产的再定义》一文中预言，未来随着可穿戴设备与人体相关的传感器技术的发展以及成本的降低，不仅使得用户反馈机制更为及时便捷，而且用户的反馈也将更为准确，从意见层面深化到人体生理与心理层面。传统的用户意见反馈，可能受到某些外界因素的干扰而失去真实性和参考价值，但是人的生理数据难以编造和失真，其所提供的反馈就会更真实。尤其对于儿童受众群体而言，可能受到表述能力、表达渠道以及自由度的限制，在传统信息反馈系统中难以提供直接、真实的反馈意见，新技术通过儿童自身所采集到的数据信息将更加具有说服力和参考意义。

5. 给予儿童体验式参与的机会

当下儿童的成长环境具备几大突出特征：一是被父辈、祖父辈的多重关怀所包围，二是现代交通工具代步，三是被电子产品全面裹挟，四是被繁重的学业所挤压……儿童很少有机会能够与自然环境相接触，更缺乏条件亲自参与各种生活和学习场景的切身体验。

体验式教育是一种全新的培训和教育形式，它最早源自库尔特·汉恩的外展训练学校（Outward Bound），其理念是：通过野外训练让参加者提升生存和人际能力，改善人格和心理素质。教育者依据德育目标和未成年人的心理、生理特征以及个体经历创设相关的情景，让未成年人在实际生活中体验、感悟，通过反思体验和体验内化形成个人的道德意识和思想品质，在反复的体验中积淀成自己的思想道德行为。

基于体验式教育的形式特征和丰富内容以及通过体验所带给儿童的正面影响，儿童视听创作可以通过节目平台设计制造这种体验机会，给予儿童机会，暂时离开熟悉的日常生活环境，进入到有新意、有挑战、有竞争、有发现的体验环节。体验式教育的主要形式是"间接体验—直接体验—反思体验—体验内化"等体验方式的结合。

"间接体验"又称为角色体验。采用模拟的社会和生活，为未成年人设计多个角色，模拟农场、工厂、商店、机关和相应岗位的情景，让未成年人去参与间接体验。儿童节目拍摄场地可以设计为"职业体验馆"的形式，让3~7岁左右的儿童扮演警察、护士、烘焙师、老师等这些具有显著职业特征的角色，承担这个职业赋予的职责和动手实践。也可以利用假期，由儿童视听制作结构组织"军营夏令营"，孩子们离开父母长辈的照顾，同素不相识的小伙伴同吃同住，像军人一样接受训练，完成任务。用影像记录的方式，全程跟拍孩子们在模拟军营中所接受的封闭式训练。

"直接体验"是在规定的场所，布置明确的任务目标，未成年人以本色身份进入到规定场景中，通过克服一定困难和阻碍去完成有关"使命"。这一类体验虽然将儿童从现实生活和日常环境中剥离开来，但同时也剥离了周遭环境和亲朋好友可能提供的帮助，让儿童独立面对、独自判断。在体验的进展过程中表达出儿童的真实想法、真切感受，反映出真正的问题。儿童真人秀类节目如《爸爸去哪儿》《变形计》等即是此类设计的直接体验。

"反思体验"强调引导体验者对体验中的心理感受、情感体验、行为变化、活动过程及效果等进行深层次思考，强化体验效果，促进他们的自我认知与评价。引导体验在亲子类栏目中较为常见，在节目中通常会设置的游戏竞赛环节，通过观察和沟通，引导孩子对待输赢的正确态度，缓解失败对他们产生的打击。而对于获胜的孩子，一方面与他们分享胜利的喜悦，一方面引导他们分析获胜的原因，鼓励他们再接再厉。成年人在"反思体验"的整个过程中不是管理者、指导者，更应该如同知心朋友和好老师，不强迫儿童接受某个观念和结果，而是引导他们自己思考、判断，"体验"是达成深入思考的途径。美国儿童节目《一起玩吧，接受健康挑战》的某一期中，小男孩过关斩将，进入到最后的山顶速降环节，但是面对难度较大的任务，男孩甚至未做尝试便选择了放弃，最终挑战失败。教练及时出现在男孩身边，仔细地询问他决定放弃的原因，关切地了解他的真实感想。当得知"害怕、恐惧"是他坚持到底的最大障碍时，教练并没有叹息和责备，也没有一味盲目地鼓励他要克服自己的恐惧，战胜困难，而是肯定他懂得客观地评估自己的能力，不莽撞、不逞能，而是理性放弃的做法。并借此引导更多的儿童观众认真思考困难与能力之间的关系。教练进一步鼓励这个男孩说"挑战的目的不一定是完成任务，只要有进步就是成功"。及时安慰孩子的受挫情绪，并且引导孩子们自己去总结思考成功的真正意义。

"体验内化"是体验反思的深化和提升，强调要明确体验活动的外部行为与内部过程之间的关系，借助外部活动促进、深化内部体验。体验可以使参与者广泛接触社会，品味劳动的艰辛，体验人间的温情，增强社会责任感。《变形计》的节目设计希望做到的就是这种体验的内化，让城市孩子在乡村的生活体验中实现自我的反思和提升。体验的传播效应不仅仅局限于节目拍摄播出期间，也不仅仅局限于参与体验的主体，而是通过体验的品牌效应扩散到更广泛的范围和更持久的时空。

6. 借力媒介技术，提升传播效果

互联网传播时代的技术创新促进了儿童视听文本的制作形式和收视效果的极大提升，儿童节目的创作获得更加丰富多元的表现形式，儿童受众获得前所未有的逼真性、体验性的尝试。目前，正在逐渐进入到儿童电视创作中的新技术主要包括：

虚拟现实（virtual reality，简称VR）是一种利用计算机模拟创建三维动态空间虚拟世界的新技术，受众戴上相关设备可以进入虚拟世界，产生身临其境的感觉。该技术可逼真还原视觉、听觉、力觉等感官，带给用户超越现实的感官体验。增强现实（augmented reality，简称AR）是一种利用计算机模拟生成图像、视频、文字等信息的技术，通过机器拍摄或输入现实场景，将虚拟世界与现实世界的事物结合起来，实现虚拟和现实的交互，以增强用户的现实体验，延伸其感官功能和认知空间。

VR、AR技术其实在20世纪就已经出现，但由于技术壁垒被搁置，近几年，随着互联网技术、可穿戴设备技术的蓬勃发展，VR、AR技术重获新生。影像流传播时代，受众希望信息以更加生动、有趣的形式出现，借助其独特的优势，AR、VR这类可视化技术在儿童节目将焕发新的活力。首先在观念层面，传统媒体时代，电视台凭借其资源、技术等优势垄断了节目生产，受众只能被动地接受电视台生产、传送的节目；而在新媒体时代，电视媒体享有的优势被互联网逐步瓦解，视听内容市场竞争更加激烈，以百度、阿里巴巴、腾讯（BAT）为典型代表的互联网巨头纷纷进军视频媒体行业，进军视听内容制作领域。阿里巴巴收购优酷土豆、百度收购爱奇艺、腾讯旗下的腾讯视频，BAT包揽了目前最大的三家视频网站，凭借BAT的用户资源、资本，视频网站节目能更好地与用户爱好、需求对接，视听内容异彩纷呈，种类繁多。随着视听内容制作渠道的增多，整个视听市场未被开发的空白领域逐渐减少，对于儿童视听创作而言，积极运用新技术，以儿童受众为中心，加强受众互动，将有效提升受众体验。

AR、VR等新技术一方面显著增强了儿童的收视新鲜感，实现与儿童受众的高度互动，加强儿童受众的参与感和体验感。另一方面与儿童精神的自我中心化、诗性逻辑、游戏性等特征高度吻合。传统视听制作技术提供的视听信息只能留存于受众眼前的画面，而VR技术360度全景镜头模式将改变这一视觉局限，受众通过可穿戴设备能够扩展身体可以到达的区域，视听内容的影像传播方式、内容空间以及影像的意义空间都极度扩大。VR技术充分还原现场，儿童受众戴上可穿戴设备可以全方位"置身"现场，从观众变为参与者。计算机创造的虚拟三维动态空间的超现实感官体验符合儿童充满感性色彩、浪漫主义、审美意蕴的诗性逻辑，VR技术"游戏"属性对天生青睐游戏的儿童具有天然的吸引力，儿童受众戴上相关设备沉浸其中，从各个角度观看和"参与"到视听场景中，减少来自他人的影响，允许儿童受众按照自己的思维方式去理解和接受内容，VR技术不仅可以使得视听内容实现良好的传播效果，一定程度上能够重新还原儿童的主体性和人格独立。2015年脸书（Facebook）

旗下的欧库乐（OCULUS）公司制作的第一部虚拟现实动画片《亨利》（*Henry*）获得艾美奖，该片通过计算机生成虚拟三维动态空间，并以声音作为场面调度，受众不再是局外人，借助VR头盔以自己的兴趣视点和角度进入到主人公亨利的空间，参与到故事情节中，与他进行互动，成为他的朋友。通过沉浸到场景之中，受众容易产生"共情效应"，通过沉浸式的体验，受众与动画片的主角亨利共同建构了故事。国内的一些节目制作者也开始尝试将VR技术运用到节目中来，例如深圳卫视的《极速前进》第三季，2016年的《年代秀》，2017年春晚都通过VR技术将受众带入节目现场进行"虚拟体验"，极大地提升了受众的互动体验。

借助AR技术将信息资源叠加到真实事物中，通过互动式、沉浸式多媒体呈现模式来进行"深度开发"和"主动参与"，从而延伸和强化受众的直接现实体验。AR技术在有限的"视听内容叙事空间"和无限的"互联网空间"之间架起了一座虚拟桥梁，受众通过人机互动界面，将获取更多的海量内容。儿童节目往往受时长的限制，在有限的叙事空间中传达的内容相对有限，借助AR技术，受众通过人机交互界面，可以自由获取更多的内容。同时，受众也可以通过多种方式参与内容制作，例如，谷歌公司研发了可视化搜索工具Goggles，用户在新闻现场中扫描相关物品时，该照片或者视频先被新闻网站识别，Goggles帮助确认事实后，允许用户根据该照片对与之相关的新闻条目中的照片、视频、背景等信息进行补充。此外，荷兰开发了AR浏览器Layar，在GPS技术支持下，受众可以根据实地扫描现实物体，对自己感兴趣的地方任意增加"信息图层"，并且可以将这些内容上传到服务器与他人共享。儿童视听文本的制作也可以参考上述做法，充分利用儿童对视觉信息的敏感和偏好，允许儿童参与到信息增效与核实的生产环节，增加受众互动体验的同时使得儿童节目能够更好地体现儿童解读信息的主动性。

（二）善：善用媒介，传递善意

儿童视听内容为儿童描绘社会图景、传达社会价值观念，并提供儿童社会化学习的范本。作为儿童社会化进程中的公共文化产品，儿童视听文本承载并传递正确的价值观念是其义不容辞的社会责任与担当。

1. 提供家庭共享平台，营造亲情氛围

家庭是儿童生活的据点，也是儿童社会性发展的起点。家庭的陪伴和引导是儿童健康成长的必要保障。但是当代社会亲子现状的典型特征是陪伴缺失，交流不畅。代际之间缺乏充分的共处和沟通时光。传统观念影响下的育儿节目呈现出内容单一、过于说教的特点。但却曾经长时间受到家长的倍加推崇，儿童节目被认为是消磨共处时光，进行代际交流的替代品。

事实上，调整传统儿童视听创作的思路和家长逻辑，改变观念和内容定位，儿

童视听文本能够有效地实现沟通亲子双方的功能。为儿童营造有情有爱的家庭氛围，最初的尝试是邀请家长和孩子共同参与节目录制，并引发屏幕前更多父母孩子的共同观看、共同讨论热潮。例如中国教育电视台的《成长不烦恼》栏目，家长和孩子一起进入节目现场，各自陈述想法和困惑，并以访谈的形式由专家协助解读在教育过程中各个家庭遇到的普遍现象和具体问题。访谈调解形式的制作手法呈现了日常生活中实际存在但难以交流的客观问题，家长或许能有所受益，但这种形式因为易落刻板、过于说教而难以得到儿童受众的接受。

以儿童视听节目为代际共享和交流沟通的平台，传递创作方的善心善意，势必要了解儿童最迫切的需要，重视儿童受众的喜好。《妈妈是超人》《爸爸去哪儿》等栏目将核心要义定位于"陪伴"。认为陪伴是父母给予孩子最好的礼物，邀请孩子与父亲或母亲一同参加节目，一同经历生活中的点点滴滴。没有专家说教，没有节目组的现身指导，而将镜头聚焦在家长与孩子的相处模式和过程。记录并传播亲子相处时光，不仅是对参与者亲子时光的真实记录，还能在更广泛的受众范围内示范亲子相处的美好，并引发更多关于代际相伴、代际沟通的社会讨论。《妈妈是超人》中饺子妈妈包文婧和拥有一对混血宝宝的马雅舒两位母亲，代表了生活中两种不同教育方式的母亲，饺子妈妈包文婧是"甩手掌柜"，饺子从小由姥姥带大，妈妈在成长中处于缺位；马雅舒是一个"溺爱妈妈"，事无巨细地担心着孩子，对孩子过度保护。在节目中，制作方呈现着她们的育儿状态，而节目设置的环节给了她们发现问题和自我调整的可能。饺子妈妈包文婧在饺子的一次崩溃大哭后明白自己对孩子的陪伴太少才是他们之间没法沟通的真正原因。她一直以为的"饺子不乖"其实是一种误解，孩子的"情绪崩溃"只是不知如何与妈妈相处所转化出来的一种"恐慌"。而马雅舒和孩子的相处则是女儿不断占据上风和妈妈无奈妥协的重复上演，女儿任性，妈妈过度保护，两个人在这段关系中都没有找到合适的位置，直到马雅舒与家人的一次剧烈的争吵才让她反思自己，思考如何改变自己的教育方式，对孩子放手，和女儿一起共同成长。

改版后的《变形计·平行世界》也看到了家庭在儿童成长中不可替代的重要作用，并尝试以家庭为单位实现"互换"的节目创意。同时选取家庭经济状况相匹配的参与者，用典型案例映射现实，第一期是农村的"致富带头人"和城市"中产阶级"两组家庭互换，关照到了农村和城市两个不同的环境背景下儿童的成长；另外，两组家庭都是四口之家，分别有两个孩子，能够反映出二胎政策的时代背景下产生的现实困境；他们在自己人际圈的地位相当，都能够给孩子提供较为优越的家庭成长环境。然而，不论是在农村还是城市，即使在物质条件丰厚的情况下，儿童依然面临着与大多数同龄人相同的成长困惑。全新的改版强调了在环境因素之外，家长在孩子成长中的作用,孩子的成长不是一个孤立的事件,家长需要在各个方面为孩子塑造独立的人格、健全的心智,这就首先要求家长是一个人格健全、价值观正确的成年人。在言传身教中,用自己的行为去规范孩子,斧正孩子;换位思考,和孩子一起扛起成长的压力,一起体味生活的滋味。

图6-1 《变形计·平行世界》海报

图6-2 《变形计·平行世界》人物海报

这一类节目虽然不是以儿童为主要目标受众,但是儿童的参与和亲子共处是节目内容的主体部分。优质的亲子节目应该具有广泛的启发意义,对于参与节目的儿童是一个真实的记录,对于屏幕前的儿童观众是一种现实的行为参照,家长在观看节目的时候也能有思考和体会,反思自己教育模式的问题所在,将典型案例呈现在媒体上,为广大受众提供旁观者的视角去审视自己在亲子教育中的正误。

家庭参与、亲子互动不仅体现在节目的录制过程中,也可以表现在收视环节。国外的儿童电视专家十分肯定儿童和家长组成的家庭收视"集合"概念。央视—索福瑞的调查报告显示,央视少儿的《智慧树》栏目的观众群中,有45%以上是孩子家长。这是受众与传播者、传播内容的良性互动带来的积极转向,在一定程度上能够促进家长、儿童、电视三者之间的互动,增加家长与儿童之间的亲切感。[①]

---

① 罗闪、刘怡:《儿童电视节目的人文内涵和对象意识》,《电视研究》1998年第8期。

2. 培养媒介素养，引导儿童善用媒介

美国心理学家怀特说："正如在以前的几百年里，儿童应该在家庭完成的社会化过程由学校完成一样，20世纪下半叶，儿童应该在家庭和学校完成的社会化过程由媒介尤其是电视来完成了。"① 信息时代，媒介呈现出多元性、伴随性和接触人群低龄化的特点，多元媒介的共同发展消解了过去单一媒介处于统治地位的格局，媒介发展的多元带来了选择的多元，意味着没有任何一种媒介占有绝对优势。伴随性消解了电视与受众之间的双约定关系，人们不再局限于在电视上准时准点收看电视节目，媒介移动性和灵活性的增强为受众提供了更多选择：比如进行回看或跳播，收看感兴趣内容的剪辑，等等。据笔者观察，很多儿童在观看视听内容的同时，还做着其他事情，比如玩手机游戏、刷社交媒体，等等。儿童的媒介伴随性使用现象也说明了媒介接触的低龄化趋势。据美联社报道称，儿童从一出生可能就与电视结下了不解之缘，6个月大的婴儿可能就会对视频游戏产生兴趣，而刚学会走路的小孩子就会经常拿着游戏机玩来玩去。美国另一家研究机构也发现，2岁以下的儿童当中三分之二的人每天都会看一个小时的电视，另外有的儿童还会玩电子游戏，将近一半的4~6岁的儿童房间里有电视机，而超过8岁的儿童当中，看电视加上玩电脑的时间每天平均竟然达到了6.5小时。②

在媒介包围的环境中成长，信息获取和社会化进程都严重依赖媒介供给的当下，儿童如何看待媒介，如何使用媒介等相关的媒介素养问题显得尤为重要。

儿童视听创作在儿童的媒介素养培养方面应该有所考虑和担当，体现出传媒人对这个特殊接受群体的特别爱护。首先应当保持内容选择上的界限意识，对于可能对儿童安全和成长带来隐患的内容要特别提示，例如冒险的行为不可模仿，危险的区域不能前往，与陌生人的交往要特别警惕，等等。对于儿童节目中交织出现的成人的世界和虚拟的世界需要做出适度的提醒和解释，对于隐形在儿童视听文本中的广告要做出鲜明的标识。帮助儿童正确理解广告，树立正确的消费观。再则，在媒介的接触和使用方面，着力引导儿童广泛使用多元化的介质平台，包括书本、艺术品、传统媒体，积极参与社会实践，成为信息的主动获取者，并从中受益，而不是被动地任由媒介占据个人的大部分时间精力，迷失在信息轰炸之中。

3. 回应儿童需求，设计趣味化

儿童视听创作的前提是尊重儿童作为独立的文化主体，尊重其独立的个体特征和文化需求。儿童时期是人生初始阶段，保持着儿童自然、纯真的状态，但另一方

---

① 方建移：《社会教育与儿童社会性发展》，浙江教育出版社，2005，第94页。
② 中华网：《儿童看电视利弊共存年龄和电视内容成为关键》，http://news.china.com/zh_cn/news100/11038989/20060601/13368223.html。

面在判断力上有所欠缺，缺乏对善恶美丑的辨别；儿童世界是诗性的、童话的，凭感觉直觉认识事物，缺乏理性思考，他们对世间万物充满好奇，喜欢新鲜的事物但是缺乏耐心；他们精力旺盛、想象力丰富，但以自我为中心，不受规则约束，注意力也不容易集中；儿童学习能力强，善于模仿他人。儿童也有自己的哲学精神：儿童思维天马行空，随着年龄的增大，儿童与社会的交往越密切，了解世界、认识社会的欲望也越强烈，对现实生活充满困惑与质疑，热衷于刨根问底。此外，儿童作为权利的主体，与成人享受同等的法律地位，也享有媒介接近权、有益信息知晓权和媒介参与等权利。

受其特性的影响，儿童在儿童视听文本的接受过程中主要表现出以下心理需求：第一，娱乐需求。20世纪60年代，美国传播学家施拉姆通过实证研究发现了居于首要位置的娱乐需求。施拉姆认为，节目内容能够促动儿童产生兴奋和喜悦等积极的情绪感受，并且能够通过娱乐宣泄负面情绪，一定程度上，媒体提供的娱乐能够帮助儿童排遣因为个体的弱小而产生的各种无助和低落心情。第二，幻想需要。儿童思维天马行空，充满着想象力。儿童节目为观者提供了丰富的信息来源，儿童以此为基点，按照自己的理解和发挥去理解、勾画自己的幻想世界。由于儿童的认知范围、经验世界有限，在幻想的世界里能够突破现实约束，自由创造超离现实的梦想世界，比如通过与节目主人公的角色置换或者任意的角色配制，满足其情感体验和幻想需求。最典型的例证便是小女孩总是心怀"公主梦"，小男孩总是怀揣"英雄梦"，因此《白雪公主》《冰雪奇缘》《超人》《钢铁侠》等影片中的角色不仅深受孩子们喜爱，并且成为他们自我角色设定的投射目标。第三，社会交往的需要。同成年人一样，儿童也是社会成员之一，有自己的社会交往需要，在成长中逐步完成社会化进程。媒介一方面为儿童展示了社交示范，另一方面为儿童提供了社交信息和交流对象。

与内容创作一样，儿童节目的形式设计同样需要重视儿童的主体特性和媒介需求，以全方位体现创作者对儿童的尊重。日本儿童电视教育节目《啊！设计》在节目形式上的独具匠心，为我们提供了有益的参照。这是一档日本NHK频道播出的以7~11岁儿童作为收视对象的教育类栏目，旨在传达设计乐趣、启发儿童设计思维、培养儿童设计观点。首先，节目名称简单有趣。"啊"是日语片假名的第一个发音，便于儿童发音和记忆，同时也一语双关，让儿童受众感受设计的乐趣。其次，节目版块视听元素丰富、色彩鲜明、生动有趣。《啊！设计》每一期15分钟，每期6~7个内容版块，每个版块不是采用说教的方法来对抽象的设计进行讲解，而是将抽象的设计转化成色彩丰富的视觉语言，通过镜头画面和背景音乐相互映衬的方式来展现事物，鼓励儿童观众发挥自己的想象、调动主动参与去理解画面中的事物。例如，在"设计的观察"这一版块,将平常生活中常见的物品(水果、杯具、雨伞等)从不同的景别与角度展现物品的多样形态,没有文字解说,通过画面镜头让受众直观感受每个物品的设计。节目还在各个版块灵活运用舞蹈、动画等方式构筑生动有趣的情境,辅助阐释设计的观点,引导儿童观看和理解。另外,版块形式新颖,寓教于乐。儿童对世界万物都充满好奇心,喜欢刨根问底,节目充分抓住这一特性来设计节目形式,不仅形式新颖,还能充分启发儿童思维。节目中有一个固定版块"天马星空",这一版块通过动画,采用男女对话的方式对日常生活中事物的设计提出问题,然后引导儿童揣摩如何通过设计去解决这些问题。节目注重运用比较的方法,启发儿童从不同的角度进行思考,真正起到了训练思考、活跃思维的作用。其中的特色版块"素描",每次邀请12位性别、年龄各不相同的人对同一个物品进行素描,12人在物品外延围成一圈,每个人从各自的角度进行描绘,最后统一展示,参与者和观看者都得以能从不同的侧面和维度认知、感受同一事物,培养他们多角度的习惯。互动设计也是这档节目的"重头戏"。节目在每个固定版块结束之后,都会留下与当期主题相关的问题和任务,引导儿童、家长将思考的兴致和亲自动手的愿望一直延续到节目结束之后,提升他们对于设计的兴趣。为了更好地加固传播效果,节目组开发出丰富的衍生产品,包括书籍、影像资料、道具、工具,等等,满足儿童和家长在设计方面的知识需要和实践需求。

(三)美:传承文化、传递美感

1. 儿童视听承载文化传递

文化传承是大众传媒的重要功能之一。童年是人生的初始阶段,但却不仅仅是成长的"预备期",这个阶段的儿童具有独立的主体价值,同时也承担着文化吸收和传承的重要使命。儿童节目是实现这一目的的最理想、最普遍的文本形式。

从儿童节目的视角出发,直接传输文化内容,并以体现儿童特性的形式降低文化内容的接受难度,在收获高收视率的同时,有效地实现文化传递的功能。以湖南卫视的《天天向上》栏目为例,专门开辟了一个名为"中华礼仪之美"的小版块,一位名为"二毛"的男孩,身着汉服,拜师学"艺",每集向师父请教不同的礼仪、风俗、工艺等与传统文化相关的知识。节目形式活泼,采取夸张演绎,戏剧化和喜剧的方式将知识融汇其中。篇幅设置精炼短小,符合儿童的接受能力。节目目标明确,但又不显露出说教痕迹,在儿童以及更多的成年人范围中有趣生动地传授了关于中国传统文化的知识。

但是,目前国内儿童视听创作中,能够设定明确的文化传递目标,设计丰富有效的手段,并且提供儿童参与的节目却是凤毛麟角。反观邻国韩国,即便是娱乐取向的综艺类节目都深挖民族文化的精髓,体现出明显的文化烙印。例如,济州岛的"海女文化"不止一次被运用在《奔跑吧》(Running Man)、《我们结婚了》等王牌综艺中,使得本来即将面临消亡的"海女产业"实现了从第一产业农业到第三产业服务业的跳跃,探索出文化产品助力实体产业发展的有效路径。近几年我国也涌现出像《中国成语大会》《中国诗词大会》等文化传承的节目,节目寓教于乐,只是这类节目的受众定位并非儿童,目前国内仍然缺乏真正为儿童创作的承载传统文化的节目。

传统文化与工艺相结合,游戏设计与知识传播相结合,是儿童视听创作在文化传递进程中的有效路径。以我国的折扇工艺为例,常见的手法是单纯地展示或者讲解这项即将失传的手工艺,对于儿童观众而言,都可能因为过于抽象、与己无关而难以产生兴趣。事实上,以工艺承载文化,以游戏参与的方式输出知识,在本质上更符合儿童的信息输入习惯和兴趣。因此,不妨设计小朋友们跟随手工师傅学习制作折扇的环节,在这期间穿插介绍折扇的背景资料、历史演变等信息,其中讲解制作工艺的部分可以实地拍摄手工艺师傅的制作方法和孩子们的学习过程,再辅以CG技术制成动画同步演示。制作过程结束后进一步引导孩子们进入绘制环节,著名的折扇图案背后尘封的历史人物、故事、传说等也水到渠成地得到展示和演绎。由儿童全程参与的这个传统手工艺的文化节目,通过儿童的亲身体验建立起传统文化工艺与现代儿童和受众之间的关联,在信息和情感层面触动更多的文化关注。

对于地方频道而言,本土化策略有助于扬长避短,发挥自身优势。地域特色的传统文化所特有的亲切感和互动性能够进一步拉近与儿童之间的距离,激发他们对于家乡文化的认同和喜爱。山东电视台少儿频道的《谁不说俺家乡好》节目,设计为儿童参与比赛的形式。儿童在节目中展示具有山东地方特色的曲艺杂技、地方戏曲、民间舞蹈等多种传统文艺形式。孩子们不仅成为艺术美的传播者,无形之中也实质性地承担起传承和保护非物质文化遗产的重担。广东南方少儿频道另辟蹊径,将自己定位为一个"富有本土人文内涵并兼容时尚文化特色的专业频道"。其特色主要体现在语言上,以粤语为主,突出了粤文化的本土特色,同时穿插普通话和英文表达,并且设计大量文化互动环节。央视—索福瑞调查数据表明南方少儿频道已经成为近五年来广东少年儿童的首选频道。

2. 科技元素丰富内容,增强美感

在电子技术和设备"浸泡"下成长的孩子对科技具有强烈的兴趣和敏锐的感知。相比孩子们对于科技的好奇和需求,国内儿童视听文本中所能提供的科技资讯却少之又少,科幻小说也极少能搬上荧幕。制作技术和设备的限制是造成这一现象的客观原因,而主观因素则在于创作中想象力缺乏和还原力不足。

与国内儿童科普节目的萧条相反,国外有很多广受欢迎的科普节目,如《比克曼科学世界》将场景设计在科学实验室，主要人物有科学家比克曼，美丽的女助手，老鼠，还有两只准时在南极收看《比克曼科学世界》的企鹅玩偶。每期节目围绕一个主题讲解科普知识，以第一期节目《降雨和火山》为例，比克曼用夸张的肢体语言和问题"下雨放晴后，小水坑哪儿去了？"引入讨论的主题：什么是降雨。节目创作遵循一个宗旨：把看不见的抽象原理具象化，用生活中最常见的物品来演示。解释"蒸发—降雨"这一过程的原理时，水蒸气的上升用保鲜膜表示，比克曼一边爬梯子一边撕拉更多的保鲜膜；凝结过程是把保鲜膜贴在已经预先存好水的一个大的保鲜膜团块中（表示云朵即凝结好的水蒸气），然后实现降雨——将保鲜膜团中预存的水挤出来。火山喷发的演示是用一个樱桃夹心派，持续给它加热，直到里面的夹心受热喷发出来。显然，这样的呈现方式更容易让艰涩转化成易懂，让抽象还原为具体，儿童得以通过可感、可触、可思的方式真正消化理解复杂的科学知识。

在节目形态的创新方面，日本、德国等处于科技前沿的国家有丰富的制作经验。日本儿童科普节目《飞翔吧！科学君》在节目播出的同时也开发了一款动作游戏《飞翔吧！科学君 地球大探险！挑战神秘的稀有生物》，让孩子们通过游戏的方式强化科普知识的记忆和内化。德国1973年创办的科普节目《和老鼠在一起》从身边常见却难以被察觉的问题入手，不把孩子气的问题当作笑话，而是作为节目的切入口，节目组曾在一次面向儿童的问题征集中征集到了超过7.5万个问题，足见其影响力之大，受欢迎程度之高。在2013年，节目定下了新的内容——"打开大门"，探索橡皮糖工厂大门背后的知识。让科普走出演播厅，走进真实的场景，儿童得以跨域演播室的仿造和差距，距离科学和实践更进一步，切身感受科技之美。

3. 丰富视听形式美感

"美感是客观对象的审美属性引起人的情感反应的心理状态，是感受、知觉、想象、情感、思维等心理功能在审美对象的刺激下交织而成的心理状态，它有种种特征，但最终的结局或效果却是一种特殊的快乐。"[1] 儿童节目不仅仅是一种媒介产品，还是一个具有典型美学价值的艺术作品。

儿童节目形式美感的提升首先要注重灯光、色彩、舞美等视听元素的运用。在人的视觉世界中，色彩是情感的象征，它能传达人的情绪以及心理状态，是人的内心世界外化的表现。[2] 在儿童的诗性世界中，理性思维尚未成形，丰富的色彩、优美的灯光、绚丽的舞美等形象化的视听元素更能吸引他们的注意。学者周月亮在《影视艺术哲学》中说："灯光是意识形态，就是感觉、色彩、色调深度、气氛的操作者……光本身也是叙述的工具。光线不仅仅停留在视觉的基本感受方面，它还具有调动观

---

[1] 欧阳宏生：《电视艺术学》，北京大学出版社，2011，第32页。
[2] 刘明：《浅谈儿童节目美术设计的情趣性》，《辽宁广播电视学刊》2014年。

众的情绪、启迪人的思想,使人们在精神上得到很大愉悦与满足的功能。用光线营造气氛、形成光线的艺术感染力,是光线体现画面美的魅力所在。"[1] 光线,作为视听手段中的一种,与其他各种元素一起成为儿童视听创作体现形式美的重要构成。现代技术的迅猛发展使得电视艺术的灯光、色彩、舞美等视听元素能够突破传统节目的局限,呈现出绚丽多姿的视听效果,不仅能够更好地吸引儿童的注意,还能渲染气氛、调动情绪,更好地传达内容和主旨。

其次,重视儿童节目各个构成环节的设计和包装。以片头设计为例,既要符合内容定位,又要塑造独特的风格。片头是儿童节目的名片,是运用形象化手段诠释节目定位、提示内容并成为独特视听内容风格的一个部分,儿童节目片头要充分调动声音、画面、文字、色彩、动画、特效等元素,用独特的创意、新奇的形式塑造出独特的风格。好的片头设计不仅能用创意带给受众视听享受,吸引受众注意力,还能彰显出节目理念和特色。例如,《爸爸去哪儿》第二季的片头采用了动画的方式,运用丛林、海洋、天空多个场景展现了爸爸一路带着孩子相互帮助,一起突破重重难关,最后在蓝天中快乐地翱翔。整个片头色彩鲜艳,音乐轻快、活泼,音画和谐统一,不仅突出了第二季的主题——冒险,也传达出节目组希望孩子在和父亲的"冒险"中能成长的理念,《爸爸去哪儿》的片头如今已经成为节目的一个标签。与片头相呼应的节目构成部分是后期包装,儿童视听文本的后期包装要充分体现儿童受众特征,从儿童的审美视角出发进行风格设计。要善于调动动画、影像等多种视听手段来丰富视听内容的情境,将蒙太奇的叙事手段与充满童真童趣的字幕相结合,美化画面,营造氛围,实现儿童受众对视听内容的美感体验。但形式的设计最终都是为内容服务的,不能因为过度追求形式的新奇、技术的绚丽而失去了儿童节目该有的纯真、乐趣。

---

[1] 曹莹莹:《审美视域下本土真人秀节目研究》,硕士学位论文,辽宁师范大学,2015。

| 第七章 |

游戏精神：儿童视听创作的精神内核

儿童喜欢游戏是亘古不变的真理，这是儿童永恒的天性，也是人类生命原发性力量的直接显现。游戏伴随着儿童成长的整个历程，对儿童的心理成熟、社会认知以及生理机能等各个方面发挥着积极的影响。在游戏中，儿童进入一个剥离于现实生活的"新天地"，一个交由儿童自行"打理"的世界：孩子们在游戏中进入一种社会关系。他们首先要完成自我确立，并确立自我与社会的关系，在与玩伴的共处中，学习竞争、合作、妥协等社会交往技能，并且自行处理各种问题。游戏是想象力的身体力行，儿童丰富的想象力在游戏中获得了现实表达的机会，儿童投入全部感官与肢体参与游戏进程，给孩子一种力量感和主体意识。游戏中往往设置有各种不同的角色，这种角色的扮演给予儿童丰富的社会体验，摆脱了现实生活中弱小者的角色局限，而得以体会父母、老师、警察、总统等各种各样的社会角色。日本心理学家小口忠彦这样描述游戏："儿童具有一个可资利用的活动领域，在这个领域中他的动机并非为了适应现实，恰恰相反，却使现实被自己所同化。这里既没有强制也没有处罚，这样一个活动领域便是游戏……"[1]

正是由于这是一个儿童"可资利用"的领域，儿童是游戏的主体，挣脱了外界的束缚，因此我们看到游戏中的儿童往往是自由自在的、欢乐开怀的、恣意舒展的，这是我们在现实生活中以及从儿童节目中所感到陌生的儿童形象。现实生活给予儿童重重保护的同时又制定种种规则，按照成人的期望形塑儿童，所以儿童是压抑的、不快乐的，表现出逆反甚至抗拒。那么，儿童电视节目呢？是什么导致了儿童在节目中拿腔拿调地说话，一本正经地表演，忧国忧民地思考？又是什么原因造成了中国儿童电视的严肃有余而活泼不足？——是节目制作者出于成人的思维惯性而有意识地过滤了儿童的本真面目？还是因为儿童节目的创作者们缺乏轻松的心态、娱乐的精神而错失了儿童世界的快乐元素？对前一个问题的根本解决有赖于儿童栏目制作理念的转变，即第五章所分析的儿童本位观点，将儿童本位的理念融汇到儿童节目创作之中。针对第二个层面的原因，创作者缺乏儿童式的快乐心态，解决这个问题的关

---

[1] 朱秀凌：《儿童电视动画片的游戏精神》，硕士学位论文，广西大学，2007，第4页。

键在于改变创作者的审美意识,以儿童的审美观为依据突出儿童节目的玩乐属性。游戏便是最具玩乐性质的活动,游戏所具有的"自发、自由、非功利性、愉快"[①]的典型特征实质上彰显的是一种游戏精神,包含了儿童审美倾向的主要元素。游戏精神为儿童电视创作指明的发展方向是——赋予儿童节目轻松的氛围和喜乐的内容,为儿童观众搭建一个随性的、舒展的电视空间。

第一节 关于游戏精神

一、游戏精神的内涵

何谓游戏精神?游戏精神仅存于游戏活动之中吗?

"游戏学说"是西方哲学视野当中一个由来已久的重要命题:古希腊时期的社会生活中即表现出了游戏的本质,赫拉克利特是西方国家讨论"游戏"的第一人;近代的"游戏"研究以康德和席勒为集大成者,康德强调游戏的无功利性。席勒通过系统研究将"游戏"发展成为一门独立的学说,认为游戏是人类实现自我完满的重要途径;现代的游戏理论认为游戏的意义在于实践而不仅仅是一种精神追求,强调游戏的自主性、实践性和反本质主义;后现代的游戏学说则提出对中心意义的消解,提倡多元性、特殊性。归纳而言,西方游戏精神的内涵集中于娱乐功能、自由特性以及对于人实现自我完满的意义。

在中国,游戏精神首先在儿童文学创作领域得到重视,随着美学、心理学、文化人类学等学科的共同关注,游戏的价值和意义而逐渐得到彰显和扩展。

儿童文学理论家班马认为:"'游戏精神'是'玩'的儿童精神,也是儿童美学的深层基础。"[②]儿童文学家黄晨认为,游戏精神是儿童的真正精神,包含两个层面的美学意义:一为显层面,"具有游戏的外在特征,富有玩的色彩和功能,这是游戏得以展露的物质基础",即游戏活动本身。二为潜层面,"揭示的是游戏的本质,具有儿童哲学的意义——自由、力量和自主,表达潜隐的儿童生理和心理能量要求释放投射的愿望"。[③]黄进关于游戏精神的解释为:"游戏精神是一种沟通理性和感性美的精神,游戏精神是生命本能得以充分展示和释放的精神;是一种闪烁、联合、紧张、轻盈、均衡、冲突、神秘等诸多要素的组合与对话;是一种投入、沉迷、消除种种对立和分裂的精神;是一种重复往返和不断更新的结构;是无始无终、否定、开

[①] 刘焱:《儿童游戏的当代理论好额研究》,四川教育出版社,1998。
[②] 班马:《当代儿童文学观念几题》,《文艺报》1987年7月24日,第6版。
[③] 黄晨:《儿童文学的游戏精神初探》,《儿童文学研究》1994年第2期。

放和创造的精神。它是一种自由的精神。"[①] 概言之，游戏精神是"自由""诗性"的精神。王金禾认为："儿童文学的游戏精神是指蕴含在文本中的，通过作品人物游戏的外在特征传达出暗含游戏心理、审美追求，使儿童的诸多愿望得以实现的文本精神。"[②] 突出游戏精神之于儿童的意义。

上述关于游戏精神的种种阐释都包含了自由、自主、玩乐、趣味、轻松、创造等内涵，游戏精神在游戏活动中体现得非常明显和充分，但并不局限于游戏活动时的精神状态，而是具有哲学层面的意义，指向一切与人的自然天性相呼应、与自由精神相契合、令人迷醉的美学意味。

二、游戏精神的特征

从古代到现代，从西方到中国，从不同学科视野出发对游戏精神进行的阐释呈现出差异化的视角和侧重，但在本质层面上，游戏精神都包含以下几项基本特征：

（一）快乐诉求

游戏的最大吸引力在于满足个体对快乐的本能性需求。游戏超离现实，与"实际需要、职责和真理没有关系"[③]，无须负载过多的先验性的理念和思想，也不必接受理性的约束和规则的限制。游戏是一种愉悦的体验，而无须身体的劳苦，康德曾指出："游戏与劳动的最大不同就在于游戏是愉悦的，能够合目的地成功；而劳动是困苦而不愉快的，只是由于它的结果的吸引，人们才被迫负担着。"[④] 游戏也是非理性的，任由个性色彩的发挥和感性思维的支配，允许游戏者追逐快乐，获得愉悦。参与游戏往往是个体的主动选择，并调动感官和身心的积极投入，"游戏于完全真诚的状态中，我们也可以说是神圣的状态中。但他们玩，而且知道玩。"[⑤]

快乐是游戏的魅力所在，快乐原则是游戏精神的本质特征，它拒绝严肃与宏大，排斥非本体性的外在束缚，主张身体与心灵以舒展的姿态全情投入，强调主体获得真实的愉悦感以及体味酣畅淋漓的痛快感。

（二）趣味诉求

趣味性是游戏能够吸引并维持注意力的最重要的因素。游戏在现实时空之外获得巨大的自由发挥空间，一个具体的游戏往往隐含着特定的情境模式，比如戏仿、冒险、追逐、揭秘、抗衡，等等。各种情境之下所设立的游戏流程环环相扣，引人入

[①] 黄进：《游戏精神与幼儿教育》，博士学位论文，南京师范大学，2001，第4页。
[②] 王金禾：《游戏的秘密与美好的教育——泛游戏理论及其教育意义》，硕士学位论文，南京师范大学，2002，第21页。
[③] 殷奇：《童心的培养》，《丰子恺集外文选》，上海三联书店，1992，第71页。
[④] 褚艳红：《论儿童文学的游戏精神的美学特征》，《大众文艺理论》2008年Z1期。
[⑤] 约翰·赫伊津哈：《游戏的人》，多人译，中国美术学院出版社，1996，第4页。

胜，使得参与者因为兴致盎然而欲罢不能；在假想情境中所获得的想象性满足往往令参与者乐此不疲，比如儿童玩的"过家家"游戏，一个简单的购物情境实现了他们的自主"财权"，在分毫必争的讨价还价中卖家和买家体会着无穷的乐趣。游戏不具有强制性，"一切游戏都是一种自愿的活动。遵照命令的游戏已不再是游戏，它至多是对游戏的强制性模仿。"[1]个体是自主、自愿地参与游戏活动，而能够吸引他们主动选择并自愿停留的唯有趣味，个人趣味因为年龄、性别、文化、职业等不同而表现出明显差异，但对于任何人而言，"兴趣都是最好的老师"——客体对象的趣味指数与主体的兴趣点越接近，就越能够产生强大的磁场效应。

趣味原则是游戏精神的基本内涵，注重兴趣爱好的主客体对接，力主轻松活泼、诙谐幽默的表达方式，任何枯燥乏味的内容和严肃呆板的形式和都显得不相适宜。

（三）自由诉求

人格结构中的"本我"追求自由，向往独立。卢梭认为"人是生而自由的"[2]，黑格尔也有同样的论断："人是自由的，自由是人的本质。"[3]但是即使是在天性张扬的童年时期，儿童也感受到明显的压抑感和焦虑感，一方面由于儿童的心智发育尚不成熟，个人的行为能力和支配空间极其有限，无处不受到成人的干涉；另一方面，现实世界无所不在的秩序、逻辑和规则让儿童不堪承受其重。无论儿童还是成人，对自由与独立的渴求在理性的、工具性的现实世界都无法获得充分的满足，而在游戏的世界里，游戏者营造出一个梦想世界和自由王国，按照自己的意志安排一切，挣脱现实世界的种种限制，实现自由、自主、独立的本能需求。

自由是人文价值的最高追求也是游戏精神的核心元素，其深层次包含一种释放和包容，是对人的主体性的尊重，释放出人的巨大潜能，充分包容个体的个性化选择。

（四）非功利性诉求

游戏的目的不是外在的，不会诉求于游戏之外的功利性目的，比如奖金、升职、名誉、地位，等等，或者是能够避免灾难、逃避处罚，等等。具有功利性诉求的游戏已不再是游戏，而成为一项工作或任务，随之相伴的是紧张和压力；游戏的意义在于游戏本身，游戏者享受在游戏过程中所获得的精神愉悦和情感满足，是非物质层面的诉求。游戏的目的因而是内在的，在于过程而非结果。胡伊青加认为"游戏具有一

---

[1] 胡伊青加：《人：游戏者——对文化中游戏因素的研究》，成穷译，贵州人民出版社，1998，第9页。
[2] 卢梭：《社会契约论》，何兆武译，商务印书馆，1982，第8页。
[3] 黑格尔：《哲学史讲演录》第一卷，贺麟译，商务印书馆，1959，第26页。

种非实利主义的特性",[①] "人只有在超越了一味追逐物质效益的功利化和工具理性狭隘化的状态,才能够获得人性的解放与自由。"[②]

第二节　游戏精神关照下的儿童视听创作

一、游戏精神是儿童电视创作的精神内核

儿童节目是以儿童为目标对象的专门化设置,对儿童受众的意义在于获得一个充分展示他们自然天性,满足他们身心需求的媒介空间。由于在现实空间中处处受到成人的管束和指导,儿童的天性与特质难以获得表达的机会,因而在儿童节目中得到全面关照就显得弥足珍贵,不仅开辟了一个儿童专属的话语空间,并且对于修正现实生活中儿童所处的弱势地位具有启示和借鉴意义。儿童电视的必要性和特殊性共同指向对儿童的关照,指向与成年人相对的差异化的特征——儿童以自我为中心,以感性的方式把握世界,在潜意识的驱动下倾向于"自发型"地学习,以诗性逻辑建构自己的想象力世界……儿童世界的真实状态应该是一个天马行空、奇思妙想、自由快活的世界。现实生活中往往难以企及的儿童的理想王国,在游戏中却能得以实现。游戏作为儿童生活的重要构成部分,全面而充分地展示着儿童自然天性和身心需求,"儿童也是携带着自身精神发展的全部成就和一切潜能及倾向融入游戏之中"[③],并将游戏性泛化于日常生活之中。以快乐、趣味、自由、超功利为特征的游戏精神最集中地概括和最充分地体现了儿童精神的全部特质:突出儿童的自我中心意识、认可主客体统一的整体混沌性、释放潜意识的强大力量、显现出性情化的诗性逻辑。在游戏精神的主导下,儿童的生命能量得以充分释放,一方面,游戏精神的显层面以具体的游戏形式和热烈的氛围积极回应了儿童的探索热情;另一方面,游戏精神内隐层面的快乐原则、趣味原则、自由原则以及超功利原则充分应和了儿童的心理需求和情感需要,体现儿童的主体地位。

儿童居于儿童视听的主体地位,最重要的体现便是以儿童的需求作为儿童节目创作的指南,满足儿童的收视期待。这是一个老生常谈的话题,在各个少儿频道和儿童栏目的宣传语中屡屡被提及,但大多都只停留于宣传口号本身,"节目与儿童需求的对接"往往成为一纸空谈。中国的儿童电视使命感意识非常强烈——总是要交给儿童点什么,总是要指导儿童在节目应该怎样表现,总是跨越儿童的当下意义将

---

① 胡伊青加:《人:游戏者——对文化中游戏因素的研究》,成穷译,贵州人民出版社,1998,第9页。
② 丁海东:《儿童精神:一种人文的表达》,博士学位论文,山东师范大学,2005,第124页。
③ 同②,第113页。

他们视作将来的成人而严肃对待。但儿童接触电视的第一需求恰恰被忽视了，国内外的相关调研表明，获得娱乐放松是儿童的第一媒介需求，学龄前儿童受到生命原发动力的驱使而热衷于简明的、欢快的视听元素，学龄期儿童期冀儿童节目能够带给他们轻松愉悦之感以释放学习的压力。

那么，怎样的儿童电视才能够契合儿童特殊的审美趣味，带给他们快乐的收视体验？儿童电视与成人电视差异化的精神取向体现在何处？答案是游戏精神，游戏精神熔铸了儿童精神特质的全部内涵，与成人电视创作所需要遵循的理性诉求所不同，游戏精神所指向的核心话题是：哪里找寻快乐，如何尽情狂欢？什么最有趣最轻松？怎样还原儿童在游戏时的自由自在？如何逃离现实规则和功利性目的的干扰……具体到儿童节目的创作，游戏精神则体现为彰显儿童的主体地位，贴近儿童视角找寻童真童趣，以趣味的、轻松的节目内容建构儿童电视的主体性框架，设计活泼、生动的表现形式，不必强调知识的传输而看重快乐的传递，让儿童观众逃离规则与功利的捆绑，尽情张扬在现实空间受到压抑的天性，尽情享受为他们特制的狂欢空间。

儿童电视创作的精神内核是在比较视野之中显现出来的，比较成人电视，比较现实社会，儿童电视所要创造的是一个"笑"与"乐"的世界，正如巴赫金认为狂欢节是对生活严肃性的完全摆脱，儿童节目"笑"与"乐"的整体氛围则是对成人世界、现实社会的条理规则的严肃与呆板进行的反叛与改造；儿童节目不再遵循现实世界中的长幼尊卑，而是突出儿童的主体地位，成人反而可能成为配角，居于次要地位，这仿佛是一种"倒了个个儿"的秩序，在颠倒主次的同时取消了等级关系、规则和禁令，发挥作用的是另一套逻辑——儿童的逻辑，感性的逻辑。这所有的反叛与颠倒在游戏精神的护佑之下，显得名正言顺，儿童节目重返儿童世界的美好前景也指日可待。

二、以游戏精神重置儿童电视的主要诉求

（一）去"教化"功用中心化

早在三千多年前，《诗经》中关于作诗目的的论述提出了"诗言志"的观念，率先指明了文艺创作的目的性，重视文艺作品的政治教化功能；战国时期的荀子提出"文以明道"、唐代文学家韩愈提出"文以贯道"之说，以及宋代古文家周敦颐提出"文以载道"的艺术命题，都是对"诗言志"思想的继承，宣扬文艺的政治教化功能，这一传统思想贯穿于中国几千年的文艺发展进程，对其产生了深远的影响。

在"文以载道"传统的影响之下，中国儿童电视栏目作为面向儿童的文艺形式之

一，自然承载着对儿童实施教化，引领成长的重大使命。教育与引导，成为创作儿童电视的主要功用——儿童节目的创作模式首先是设定教育的目标，包括某个栏目整体的教育目标或某次节目具体要实现的目标。如央视少儿频道的《大仓库》栏目"以'怎么做'（HOW TO）为创作核心理念，鼓励孩子把自己最喜欢、最富有个性的生活创意、运动、音乐、收藏、游戏，等等，通过节目传递出来和更多的人分享，引导孩子以健康、快乐的生活方式和生活情趣，来丰富自己的课余生活，表达自己对生活的感受、体验和愿望。"[①]虽然宣称"鼓励孩子自己……"，但实质上"把关"的是成人，以他们的标准挑选"个性、健康、快乐"的项目，最终达到引导孩子的目的。例如，2011年第一期节目选择了滑雪、皮影、魔术三个项目：

滑雪——

（解说词）"你了解滑雪这项运动吗？如果你是一个滑雪初学者，你应当注意些什么呢？"

（滑雪教练）："滑雪要学习的第一个动作，一般就是学习怎么停。"

"佩戴什么样的眼镜。"

"这个只适合在水道上滑。"……

皮影——

（解说词）："你看过皮影戏吗？知道这个小小的皮影是怎么操作的吗？"

"怎么样，小皮影背后的大秘密，一起去看看吧！"……

魔术——

（解说词）："观众朋友知道这个魔术是怎么做到的吗？稍后飞飞哥哥为你揭晓答案……"

在"怎么做"（HOW TO）理念的指导下，节目俨然成为一个电视课堂，由滑雪教练、皮影演员和"飞飞哥哥"以及主持人担任老师一职，以讲述为主，配以说明性画面向小观众传授技能或者传递知识，"怎么做"实质上被置换成"告诉你怎么做"。三个项目本身是健康的、娱乐的，但经由教育手段的演绎，快乐元素被说教色彩所遮蔽了，节目强调传授：教导孩子们怎么滑雪，怎么操作皮影，怎么变魔术，暗含着儿童在看完节目之后能立即掌握这些技能的热切期待。这种主题先行、直奔目的的制作模式普遍存在于国内儿童电视的创作手法之中，有意无意之间削弱了节目本身的趣味性和生动性。比如滑雪运动诉诸教化目的，强调它协调身体、锻炼胆量的功

---

① http://bugu.cntv.cn/life/children/yingxiangdidai/videopage/index.shtml

能,一项充满活力的运动项目被肢解为几条空洞的功能性描述。成人的教导实际上阻止了儿童主动探寻的参与欲望,让儿童错失良机——通过亲身体验、调适、总结、归纳,最后通过探寻体验的过程将其内化为个人的经验和认知。这个过程可能遭遇挫折、打击甚至痛苦,但对于亲历者以及他的同龄人而言一定是有趣的、深刻的、快乐的。儿童由此所获得的个人感悟以及知识经验一定比直接、刻板的说教要丰富许多。国内儿童电视最常使用的话语句式"这个故事告诉我们……","我们从这件事认识到……","我们必须学习……","只有……才能……",等等,明显的强制性意味往往遭遇儿童的强烈抵触。

儿童电视节目应该弱化"教育儿童""引领儿童"的目的,至少不应设定为主要目的或者唯一目的,文以载道的价值取向使得儿童栏目偏离了儿童的天性需求,以沉重、呆板的面貌示人,难免会落得"不招人待见"的难堪。改变尴尬境地的唯一途径是体现儿童的主体地位,关照儿童特性,遵循儿童发展的自然规律。老子曾提出:"人法地,地法天,天法道,道法自然。"的基本思想,对待事物应当以自然为本,顺其自然,无为而治。"教化"显然不是儿童的自然需求,而是成人的干涉介入,儿童需要的是"关注儿童""陪伴儿童"的媒介空间。游戏精神熔铸了儿童精神的全部特质,是儿童电视创作的精神内核,因此,以游戏精神观照儿童电视创作,符合道法自然、无为而治的理念对自然规律的尊重,为儿童搭建一个嬉戏的媒介平台,让他们尽情玩耍,尽情欢笑。

(二)培养儿童审美情趣

"美"是一切和谐、愉悦、美好事物的象征,能够给人带来精神上的享受。儿童对美的追求与生俱来:他们天生喜欢优美的音乐、鲜艳的色彩。从小爱听故事,对故事中的人物命运和情节起伏感到深深的着迷。在大自然中的孩子们表现出极大的惊喜和兴奋,他们不知疲倦地探索着自然界的神奇和美妙,花草树木、禽鱼鸟兽都令他们陶醉。美诉诸儿童的精神层面,给儿童带来快乐,为他们提供健康成长的精神滋养。随着年岁的增长,儿童对美的理解和需求会有所变化,面对纷繁复杂的世界,儿童需要甄别善恶美丑,需要具备审美的能力。审美除了愉悦自己之外,也是为了完善自己。通过对周遭世界的评判,逐步提升识别能力,同时以美的标准完善自己,追求真、善、美,剔除人性中的假、恶、丑。这对于生活在钢筋水泥、物欲横流的现代社会中的个人而言,不仅仅能够陶冶情操、慰藉心灵并且能够促进整个社会对于美好情感和事物的普遍追求,也就是席勒美学思想的核心理念所提出的:弥合分裂,消除异化,实现人性完满,进而实现社会的和谐。苏联教育家霍姆林斯基指出:"美能磨炼人性,一个人如果从童年时期就受到美的教育,特别是读过一些好书,看过一些好画,如果他善于感受并高度欣赏一切美好的事物,那么,很难设想他会变成一个冷酷、无情、卑鄙庸俗、贪淫好色之徒。"培养儿童的审美情趣和能力对于他们的健康成长具有十分重要的意义。

　　儿童节目是儿童世界最主要的舆论、信息以及文化的传播载体,对儿童的审美取向、价值观念、行为规范与生活方式发挥着重要的影响。台湾政治大学广播电视系吴翠珍教授认为:儿童接收节目的服务,是一个国家对儿童、青少年的一项"文化给付",优质与充足的文化给付,是形成媒体服务公共利益的一环。① 其中,文化给付的重要构成是为儿童提供优秀的审美对象与审美体验,培养儿童的审美情趣,以美启真、存善、怡情、净化心灵。儿童看电视是一种综合的精神体验,同时伴随着儿童的情绪、情感、想象、联想等多种心理活动。通过儿童电视平台培养儿童的审美情趣正是利用了节目对儿童全方位的心理调动和感官刺激而输出的审美文化给付。

　　游戏精神是儿童电视创作的精神内核。游戏精神是非功利性的,彰显童真童趣,拒绝理性逻辑的限定和概念世界的束缚,遵循充满感性色彩、浪漫主义和审美意蕴的诗性逻辑。审美愉悦同样也是非功利的,表现为超越狭隘的功利诉求,超出感官刺激而追求人性完满的状态。两者在本质上是相通的,在游戏精神的关照下实现儿童电视对儿童审美情趣的培养,主要体现在两个方面:其一,以儿童节目本身的形式美、内涵美吸引儿童对美的亲近和接纳。审美培养不能通过说教和指令等外在施压的方式强迫儿童接受,而只能依靠对象物本身的美好品性发挥磁场效应,吸引儿童的主动靠拢并深入儿童心灵产生美的启示,实现陶冶儿童情操的目的。2007年,中央电视台少儿频道以晚会的形式纪念中国动画诞辰80周年:讲述中国动画的历史,总结成就与不足,呼吁全社会的共同关注,描绘中国动画的美好前景。但是,明确的宣传目的、传统的晚会模式与儿童收视兴趣之间的冲突怎样才能达成平衡?央视以"情景"化结构整台晚会

图7-1　央视少儿频道纪念中国动画诞辰80周年晚会

---

① 王隽:《婴幼儿电视节目制作思想之个案研究》,硕士学位论文,华东师范大学,2008。

由中国第一部动画片《大闹画室》掀开晚会的序幕,动画人物与主持人现场对话讲述中国动画80年的故事和难忘瞬间,分为《绿野仙踪》《海底奇遇》《梦想未来》三部分描绘中国动画的过去、现在和未来。中国动画发展的80年历程中深受观众喜爱的经典动画形象一一登场,再现经典场景,重唱经典歌曲,并用高科技手段布景,渲染现场气氛,使得晚会现场仿若一个全景式的、盛大的动画世界。突出"趣味性、观赏性、娱乐性",吸引全龄观众的共同关注,而将"思想性、指导性、知识性"消融在整台晚会的形式美和内涵美之中。观众不仅从晚会本身获得美感和愉悦,同时对动画的人物、情节有了新的、深层次的理解。

其二,赋予儿童节目以美好的、高尚的情感引导。情感教育是儿童完整教育体系的有机组成也是审美教育的重要部分,但却长期处于被忽视被弱化的地位,这是由于传统教育偏向对智育的重视,独生子女的家庭结构又使得过度保护和溺爱替代了对儿童的独立情感能力的培养。"不少儿童存在着自私、缺乏爱心、自制力差、任性、骄纵等情感危机,表现为理想信念模糊、价值取向扭曲、诚信意识淡漠、社会责任感缺乏、艰苦奋斗精神淡化、团结协作观念较差、心理素质欠佳,等等。"[①]儿童电视中自然渗透着创作者的情感经历、审美个性以及对生命的感悟,除此之外还应当挖掘儿童的情感体验,特别应当强调张扬人性之美以及情感之美,比如爱:亲人之爱、友人之爱、师生之爱、对国家民族的爱、对人类的爱、对大自然的爱……将这些积极的情感元素附着于题材选择、人物塑造、细节描绘、情景设置等具体的创作环节,给予儿童美好情感的积极影响,潜移默化地培养儿童健全的人格、良好的社会品性以及自我调控能力,"使儿童能够达到自我感性与理性的和谐以及自我与他人、与社会的和谐"[②]。

以苦难题材的儿童节目为例,儿童编导敏锐地捕捉到了这类题材本身包含的故事性、奇观性以及绝佳的情感教育功能,因此近几年在儿童栏目以及综艺晚会中经常出现担负着巨大生活压力、在困境中挣扎的儿童的故事。但是苦难呈现与情感教育之间并不能简单直接地产生关联,对待这些家境贫苦,或者处境悲凉,或者身患绝症的儿童不能仅仅"以'诗'一样的语言抒发一种不得要领的感叹和大而无当的同情",[③]也要避免"奇观化"的处理———一味地突出苦难和凄惨。苦难题材带给儿童观众的最大触动是同龄人面对苦难的态度和意志,社会对待苦孩子的态度和方式也将会对儿童产生示范效应。儿童节目在呈现悲苦的同时,更应当在"人与苦痛"的关系中挖掘情感元素,以人物命运和人类情感本身的力量激发小观众的爱心、同情

---

① 宋文翠:《试论童话对儿童情感教育的价值》,《德州学院学报》2008年第3期。
② 同①。
③ 陈玮:《儿童电视节目的内容与表达》,《中国电视》2004年第2期。

心、感恩之心以及责任意识、坚强意志等良好的情感品性,这一切是我们的日常教育所缺失的,也是依靠说教和指责所不能达成的。举一个众媒体争相报道的例子——"广西艾滋病孤儿小龙的故事":6岁的小龙失去因艾滋病离世的双亲之后,扛起了一个人的生活:衣食住行、生疮害病。更令人揪心的是6岁的孩子不得不扛起一个人的未来:没有学校可以上,没有小伙伴一起玩耍,没有亲友的接纳,没有治愈的希望。面对这一切小龙所表现出的超出他年龄的知足与坚强,与大多数同龄儿童无止境的物质追求以及对家长的完全依赖形成巨大的反差,在同龄对比中实现对小观众的"精神补钙"。小龙的故事还关联着另一组"人与苦难"的关系——社会对待小龙的态度:亲友四邻避之不及,爱心人士不远千里伸出援手。亲友的态度缘于缺乏对艾滋病的正确认识,他们的冷漠更加激起观众对小龙的牵挂和关切,同时促使社会更加加强艾滋病知识的普及教育;爱心人士的善举显现出爱的博大、美好与力量,无形之中为儿童提供了对待弱势群体的行动范本。此外,情感教育不仅仅局限于苦难题材,一切积极的、昂扬的、真诚的情感题材,依据儿童的接受能力和审美趣味进行制作,都能够有效地促成儿童美好情感的生成。

(三)陪伴儿童快乐成长

"为儿童创作的儿童文学便应该是给儿童带来自由和解放的文学。这样的文学不管创作出的是与现实生活相似的写实作品,还是与现实生活相异的幻想作品,其结果都是在促进儿童心灵的自由成长,巩固并扩展儿童心灵中的生命欲求,帮助儿童建立对自身生命价值的自尊感,为儿童心性提供最大的可能性。"[①]这段话所体现出的服务意识对儿童电视创作亦有有益的启示:儿童节目应该给儿童带来的是自由和解放。儿童在现实生活中受限于自身的弱小和成人的约束,已然感受到明显的压抑感和焦虑感。儿童对自由与娱乐的渴求在理性的、工具性的现实世界无法获得充分的满足,而追求独立与快乐又是儿童的天性使然,因此,儿童本位的电视创作理念的第一要义便是满足儿童的身心需求,具体而言就是儿童对自由、快乐的需求。儿童电视不应当是又一个对儿童施教的电视课堂,而应当作为陪伴儿童成长的媒介空间,以快乐为诉求,以游戏精神为根本,在儿童荧屏空间里,为儿童营造出一个梦想世界和自由王国,由儿童作主(儿童参与)或者由儿童的天性作主(从儿童视角出发),允许自由创意、大胆想象、恣意夸张,充分展示儿童的天性。瑞典女作家林格伦在《长袜子皮皮》中就塑造了一个被誉为经典的彰显儿童天性的皮皮形象(如图7-2),向人们展示了一个由孩子为主的自在、狂欢、无拘无束的童趣世界,没有成人的干涉和指责,只有他们的羡慕和欣赏。英国CBeebies儿童频道的招牌栏目之一《大

---

① 朱自强:《儿童文学的本质》,少年儿童出版社,1997,第133页。

小厨师》(*Bigcook little cook*)设计了两个具有童话色彩的人物：大厨师本(Ben)和小厨师斯摩(Small)。

图7-2　长袜子皮皮　　　　图7-3　《大小厨师》(*Bigcook little cook*)

大小厨师在身材上正如现实生活中成人与儿童的对比，但他们之间却是平等协作的关系，暗示身材高大和经验丰富并不理所当然地占据强势地位。小厨师的"小"还带给他特殊的能量和快乐：当他骑着汤勺飞越在城市上空，自由穿梭于各种场景的时候，得到满足的还有小观众向往自由的心愿。

将儿童电视打造成快乐空间还是电视课堂，直接影响着儿童电视的社会功能和传播效果，套用康德对于"游戏与劳动"的对比性描述来阐释快乐空间与电视课堂的差异：快乐空间与电视课堂的最大不同就在于快乐空间是伴随性的，是儿童自愿接近的，给儿童带来欢快，能够合目的地成功——获得愉悦的同时收获丰富的知识；而电视课堂是外在强制性的，是儿童排斥的，只是由于它的结果的吸引，儿童才在成人的催促之下被迫负担着——相比起付出和沉重而言，儿童的收获是微乎其微的。[①]儿童节目是孩子们到达学习年龄之前或者结束一天学习之后接触的主要媒介内容，从释放现实重压、缓解学习紧张、关照儿童天性的角度出发，都无须再担负过重的先验性理念和目标，也不必过多受到理性的约束和规则的限制，儿童电视应该是为儿童度身打造的一个伴随他们快乐成长的媒介空间——充分彰显儿童的个性色彩和感性思维，吸引儿童主动选择并调动身体与心灵以舒展的姿态全情投入，强调主体获得真实的愉悦感以及体味酣畅淋漓的痛快感，在轻松的氛围中全面感知世界。

---

① 康德：《关于游戏与劳动的对比性分析》，转引自褚艳红：《论儿童文学的游戏精神的美学特征》，《大众文艺理论》2008年Z1期。

第八章

故事手法：儿童视听创作的表达路径

这是一个老生常谈的话题：儿童节目要以符合儿童心理需求与生理发展特征的内容和形式去吸引他们、引导他们，避免空洞的说教和灌输。但落实到具体的讲述方式、表达路径问题上，却缺乏清晰的认识和成熟的经验。当前国内儿童节目普遍缺乏对儿童的感性生活世界的表达和对儿童原发性特征的充分体现，突出表现在内容与方法上偏重于逻辑思维，而忽视了在儿童认知、情感和社会性发展上起着核心作用的叙事性思维。

第一节 儿童思维的本质：叙事性思维

一、例证性思维与叙事性思维

著名心理学家布鲁纳指出：例证性思维（Paradigmatic Thought）与叙事性思维（Narrative Thought）是共存于人类心理活动中但在本质上是截然不同的两种思维模式。例证性思维是哲学、逻辑学、数学和物理等理性、抽象性学科的主要思维方式，其意义在于为认知主体提供一种理论化、逻辑性、普遍性的解释。例证性思维脱离特定情景，在逻辑推理的抽象世界中完成意义的阐释。而人类心理活动的另一种心理方式——叙事性思维则是以感性、具体性、情境性为主要特征。进入到特定的情景氛围，呈现具体的人与人之间的关系，描述现实状态，形成意义系统。这是一种接近于普通人认知现实世界最日常、最普遍的思维方式，人们将认知客体置于其特定的时空序列之中，置于其特殊的经验之中，通过这种思维模式建立起对于客体的形象的、深刻的认知，也帮助人们尽可能接近事实本身。

上述两种思维模式是互补的，在人类认知过程中，缺一不可，放弃甚至只是减弱其中一种都会产生由单一思维模式导致的片面性和认知不足。但值得警惕的是，当代社会高度工业化、技术化和物质化的发展趋势，使得以例证性思维为核心的科学理性获得了全社会的尊崇。与此同时，尽管叙事比理论或教义更具有人性化、真实性，但是在高强度、快节奏和群体性为显著特征的现代社会生活中，人们为了直接而快速地抓住真理与教义，往往抛弃了叙事：神话、语言、传说等。① 忽视了从个体的角度、从个人的经验以及行动的角度对我们生活的世界加以阐释。"社会整体只能在抽象的层面、在制度化和结构性的存在中得到说明。"②

二、叙事性思维之于儿童

例证性思维的影响经由创作者在儿童节目的内容组织和形式编排中留下了深刻的痕迹：儿童节目倾向于说教方式，过分强调知识灌输和道德教化，以成人的理解对话题内容进行概念化、理论化的论证。由于论述对象被抽离出具体情境，存在于特定情境中的直接经验、多元联系和形象例证也同时被抽离掉，造成了儿童节目的空洞、呆板，整体上呈现严肃有余而活泼不足。由于例证性思维主导的儿童节目脱离开儿童的生活实践，抽离了儿童感知所依赖的具体情景，因此与儿童的心智特征和思维习惯明显错位。儿童时期是原发的潜意识功能最为活跃的人生阶段，他们对所谓的反映事物规律和行为准则的道理、规范并不会产生自觉的认知兴趣，也可能根本不具备读解的能力，因为这些成型于成人世界的概念、准则主要作用于人的意识层面发挥作用，而儿童的精神世界主要受到潜意识控制，读解能力有限，对于他们而言，环境陶冶、情景暗示、动之以情等暗示性的、潜移默化的输入方式比起抽象的、指令式的、晓之以理的直接性的、外在的方式更容易在潜意识层面产生产生积极影响。儿童更愿意进入到具体场景，感受环境氛围和同伴效应的影响，"利用周围的一切塑造自己"，倾向于叙事思维模式，将认知对象还原于具体的时空序列和特殊经验之中，从多维联系和具象表述中建立起对于客体的深刻认知。

儿童思维在本质上是叙事性思维，他们尚不具备把握抽象概念和逻辑推理的能力，或者刚刚开始掌握这种能力，对理论推演、抽象论证并不感兴趣，但却对建构有机关联的叙事结构十分着迷，叙事性框架如同一张网，将认知客体相关的各个元素连缀在一起，按照特定场景中的时空顺序、因果关联和情感元素，建立起丰富、形象的多维联系。例如践行"泛灵论"的低幼儿童，将所有物体都纳入到充满灵性、有生命、有情感、有故事的认知框架之中，在特定场景和具体情节中建构客体的意义，儿童往往乐此不疲地穿梭于生物与非生物、现实与想象的两极世界，并对这个意义系统深信不疑。儿童的思维特性表现为个体性优先于群体性，感性超过理性，具体性优先于抽象性，形象性、情境性以及直接经验远远超出一般性和间接经验。儿童通过具体的情节和处于情景中的事物来把握外部世界，他们的思维、记忆、想象、情

---

① 杨宁：《叙事：幼儿教育的基本途径》，《学前教育研究》2005年第7—8期。
② 同①。

感都是故事情节导向的——这一切正是叙事性思维的全部内涵。

叙事性思维符合儿童认知特性,对儿童的智力发展有着积极的影响。儿童以叙事性思维把握认知对象的过程实质上也是逐步建立并积累故事图式的过程,建构的过程涉及智力发展的诸多方面,包括语言能力的掌握、主动思考习惯的养成、思考能力的提升,等等。例如,语言方面的"辩词、断义、按语法分割意群,将意群组合成句,推测各段陈述间的联系,在处理后面的内容时依旧记着前面的内容,推测作者或演讲者的意图,总结出段落故事的基本结构,幼儿对所叙述的情景和情节构建一种思维的表象,听者倾向于记住他们构建的有关故事的思维模式,而不是故事本身,从故事叙述角度来看,当幼儿积累了一定的故事图式后他们开始能够讲述故事"。[①]——也就是语言理解、存储和表达能力的形成过程。

故事图式为儿童提供了认知的结构性框架,以便于对层出不穷的新的故事素材和元素进行重新描述和组织,顺利完成知识信息的内化过程。"故事为我们提供了一种重新描述世界的模式,不管是传记性的或虚构的,故事都提供了我们生活的意义和归属。它们把我们同他人联系起来,同历史联系起来。通过提供一种具有丰富的时间、空间、人物甚至对生活的建议的丰富多彩的画面,故事的结构给我们提供了想象、陈述和隐喻,使我们在道德上产生共鸣,促进我们对他人、世界和自己的认识。"[②]

叙事性思维的基本特征表现为:情境性和"自我"的映射。第一,情境性使得叙事内容同时兼顾人物角色、时空序列、因果关联、思想意义等构成元素,即便是抽象的概念和复杂的逻辑关系在高度情景化的设置中也获得了"附着"的能指,对于儿童而言是一个难得的接近和理解概念、教义和"真理"的途径,因为"叙事形式起到模式或结构的作用,运用这个模式或结构,就可以把事情描述得通俗易懂、印象深刻,感染力强"。[③]第二,叙事性思维不是将接受者排斥在特定情景之外,而是相反,以情景的形象性、生活化和接近性对接受者产生"意义的召唤"。儿童天性具有的整体混沌的精神特质使得他们倾向于选择以感性投入、身心体认的感知方式去把握外界,比成人更易于通过自居、想象、投射和移情等方式,卷入到叙事情景和事件之中,儿童在其间实现着自我与世界的统一,于无意识之中领悟深刻的哲理。儿童教育研究者基尔帕奇克(Kilpatrick)认为,叙事、讲故事对于儿童的重要意义在于:"(1)故事能够创造对善的情感依赖,激发学生成善(be good)的渴望;(2)故事能

---

① 卡尔文:《大脑如何思维》,杨雄里等译,上海科技出版社,1996,第52、76页。
② 郑富兴:《美国中小学品格教育实践中的故事法探析》,《外国教育研究》2002年第11期,第42、47页。
③ 杨宁:《叙事:幼儿教育的基本途径》,《学前教育研究》2005年第7-8期。

提供大量的良好示范,这种示范在儿童的日常行为环境中经常缺乏;(3)故事能够使学生熟悉他们需要知道的行为规范;(4)故事能够帮助学生认识他们的生活。"[1] 美国学者里可纳(Licknoa)也认为讲故事是儿童最容易接受的自然方式,"因为故事使用吸引而非强迫的力量。"显然,这是尊重儿童主体的典型路径。

三、故事的日常化存在[2]

叙事就是讲故事,叙事的内容或"所指"就是一个个完整的故事。或者说"当把叙事形式用于经验或想象的事件时,就产生了故事"。[3] 叙述者将各种经验和经历用话语的方式组织成为具有人物、时空、情节的意义单元,因此,叙事既是一种认知客观世界的途径,又是一种表达模式。

我们的生活中充满着可被叙事的因素,也充满着实质性的故事,日常生活中的意义基本上经由故事来传递,而承载故事的载体布满当今信息社会的每一个角落。罗兰·巴特在《叙事体结构分析导论》一文指出:"世界上的叙事体多得不胜枚举……神话、传说、寓言、童话、小说、史诗、历史、悲剧、喜剧、滑稽表演、户外广告、电影、漫画、新闻、会话,等等,皆属于叙事体。而且每个时代、每个地方、每个社会都有繁复的叙事体,常被文化背景不同或对立的人所欣赏……叙事体是国际性的,既超越历史界限,又横跨文化藩篱:它就像生命一样,自然存在着。"[4] 个人的生活时空被自己的、他人的、社会的各种各样的故事所包裹着,"从早晨到夜晚,各种叙事不断在街道上和楼房里出现。它们交给我们它们应该是什么,以此有力地表明它们的存在……听者一醒就被收音机俘虏,他一整天都在叙事的森林中穿行,这些叙事来自于新闻报道、广告和赶在他上床睡觉时从睡眠的门下悄悄塞进最后几条信息的电视。这些故事比以前神学家所说的上帝更加具有神圣和前定的功能:它预先组织我们的工作、庆祝活动甚至我们的梦。社会生活使得打上叙事印记的行为姿态和方式成倍地增加;……我们的社会在三层意义上变成了一个叙述的社会:故事,对故事的引用以及无休止的故事叙述定义了我们这个社会。"[5] 虽然谈论的事情有大有小,千差万别,但是,大大小小的事情都进入叙事的"格栅",以故事形态表述着我们生活世界中的一切。

叙事是人类话语的一部分,故事伴随着每个人成长的历程,呈现出从简单到复

---

[1] 郑富兴:《美国中小学品格教育实践中的故事发探析》,《外国教育研究》2002年第11期。
[2] 曾娅妮:《媒介批评——理论与例证》,四川大学出版社,2010,第160页~163页。
[3] 杨宁:《叙事:幼儿教育的基本途径》,《学前教育研究》2005年第7-8期。
[4] 陈龙:《媒介批评论》,苏州大学出版社,2005,第298页。
[5] 阿瑟·阿萨·伯格:《通俗文化、媒介和日常生活中的叙事》,姚媛译,南京大学出版社,2000,扉页。

杂的渐变进程。伯格指出:"即使是一个简单的童谣也包含了基本的叙事成分——尽管是很基本的成分。随着我们日益长大和成熟,我们开始对更具挑战性和更加复杂的叙事感兴趣。这些文本对我们提出了更多的要求;为了能够理解和欣赏这些文本,我们需要更加细腻的感觉和更加丰富的知识。"[1]因此,故事并非一成不变,个体成长的不同阶段需要不同的故事,对故事内涵的理解也随着年龄的增长而不断加深和透彻。

在大众传媒领域,故事广泛存在于各类媒介的各种类型媒介报道中,成为吸引受众的最普遍、最有效的形式。受众有个普遍的习惯,就是从事情发生的接续中推论其中的前因后果,而叙事手段的使用,使得平铺直叙的事件复述转化为一波三折、精彩纷呈的故事文本,环环相扣的因果情节设置使受众欲罢不能。坎布尔(Campell,1991)在分析美国新闻节目《六十分钟》时发现,该节目套用了悬念故事、冒险故事、专断故事、医疗故事等模式,而记者在报道时也常常扮演侦探、心理学家、裁判和旅客等角色。这类故事性新闻报道更加容易走进受众的关注视野和记忆范围。广告在初期的时候,往往采取描述和说明的修辞手段,现在更多的广告在制作一种精炼的叙述,使观众在虚假的故事情节中不知不觉就接受了产品,流行一时的MTV由于出色地展示了歌词讲述的故事情节而受到欢迎和认同。[2]那么,在儿童电视创作领域,故事有着怎样的地位?针对儿童受众的特殊性,故事手法应当如何做出调整以吸引儿童的注意力,唤起他们的情感参与和快乐情绪?

第二节 儿童电视的故事化表达

儿童电视的故事化表达首先是将故事视为一种框架,以此整合儿童节目的各个元素和环节,形成一种对接儿童叙事性思维本质的电视文本。故事化的方式为儿童提供一种对现实世界的解释,儿童在此基础上完成对世界的感知并逐步建立自己的解释能力。由于目标对象指向儿童群体,因此在选材上具有一定的特殊性:既不是"题材无禁区",也不是处处设立关卡,在保证剔除色情、暴力等消极元素的前提之下,儿童的题材领域相当广阔。但是在构建儿童电视故事文本的过程中,应该特别警惕可能给儿童造成不良影响但同时往往又难以觉察的一些错位和不足,比如成人的实用性诉求与儿童的快乐追求之间的错位,比如被我们视为经典的传统故事

---

[1] 阿瑟·阿萨·伯格:《通俗文化、媒介和日常生活中的叙事》,姚媛译,南京大学出版社,2000,第4页。

[2] 潘知常、林玮著:《传媒批判理论》,新华出版社,2002,第250页。

中所隐匿的消极元素,等等。因此,儿童电视的故事化表达是一个全方位的创作意识,既包括具体的操作策略,又包括对于故事适宜性的考量。

一、儿童电视的故事化策略

对于儿童电视故事的惯常理解是一个个具体的故事文本,包含着人物、场景、情节、冲突、悬念等各个结构元素,如《卖火柴的小女孩》《狼来了》《猪八戒吃西瓜》等适合孩子们听的故事。国内儿童电视栏目中存在着大量的"故事专栏"或"故事小版块",专门为小观众讲述这些故事,如成都电视台少儿频道的《陈岳叔叔讲故事》、中央电视台少儿频道《七巧板》栏目中"贺斌阿姨讲故事单元",《大风车》栏目邀请影视演员蔡明扮演孟浩森侯爵为"国王"讲述故事。专门化的故事单元设置为儿童文学作品搭建了一个视听传播平台,受益的包括儿童文学创作者、广大儿童以及儿童电视本身。因此,讲故事、编故事是各个少儿频道着力打造的环节,此外,还不定期举办各种故事创作和演讲比赛,以拓展故事的利用价值。但是,故事讲述并不是儿童电视故事化策略的全部,毕竟它只能在有限的故事文本和讲述过程中发挥出故事化手法的优势,本书提出的故事化策略是将故事视为一种结构,对儿童电视栏目的各个元素和各个环节进行"故事性"包装,建成一种对接儿童叙事性思维本质的特殊的电视文本。故事思维成为儿童电视编导的创作思维,贯穿节目始终,以情景化、情节化设计为儿童提供一种对现实世界的解释,儿童在此基础上完成对世界的感知并逐步建立自己的解释能力。

(一)人物角色的故事化设计

故事的重要构成之一是人物,人物推动情节发展。儿童电视栏目的人物主要包括主持人和参与节目的大、小嘉宾。一般而言,主持人相对固定,嘉宾则每期不同。传统的栏目设计中,主持人本身并不具有故事性和话题元素,主要工作是串接节目流程,解说节目进展,也不时呐喊助威——但并未能真正融入儿童节目的情节和程序中,只是作为旁观者而游离于节目之外;嘉宾则是在主持人的安排下参与各种游戏、活动以及比赛等,由于同一个儿童栏目的不同期内容之间是并列而非推进的关系,因此每期更换的嘉宾只是对上一期的简单重复,而对情节的推动并无贡献。由此带来的一个问题是,儿童电视编导必须为每一期节目设计不同的主题、环节和道具,邀请不同的嘉宾,增加了制作的难度和成本不说,更无奈的是简单的重复并无新意和情节可言,节目本身对儿童吸引力也相对有限。例如《七巧板》栏目的"亲子游戏版块",每期三个三口之家参加,游戏名称不同,需要的服饰道具各不相同。

表8-1 亲子游戏版块所需的服饰道具

期数	游戏项目	道具
2011年第1期	大小袋鼠摘果子 大小毛毛虫捡树叶 打地鼠 海蚌夹珍珠	袋鼠衣服 大树 果子 毛毛虫衣服 树叶 地鼠衣服 模具 充气锤子 海蚌衣服 珍珠球
2011年第2期	捡果果 藏羚羊扎气球 小小投篮手 挂星星	粘布 果子 藏羚羊衣服 气球 球篮 小篮球 公主衣服 雨伞 纸星星

每个游戏项目所需要准备的服装道具都会带来不小的工作量和较高的成本，但流程却大同小异：都是宝宝在爸爸妈妈的帮助下完成一项任务（摘果子），主持人在一旁计数，规定时间之内，完成数量多者获胜。主持人与节目、大小嘉宾与节目之间的关系都是松散、临时建构的。缺乏一条主线将他们彼此联系在一起。主持人与大小嘉宾的角色扮演受限于节目规则而缺乏丰富的表达。

以故事化手段包装栏目的各个角色，就是将他们嵌入到某个具体的情境之中，每个角色在节目中有自己的生活轨迹、有喜怒哀乐、有情节有故事。例如，美国著名的儿童节目《芝麻街》，主角是生活在"芝麻街"上的各位居民，他们天真活泼、性格各异，比如：6岁的大鸟（BIG BIRD）积极、开朗，最爱吃鸟食香香饼干；充满好奇但不爱整洁的小梅子（LITTLE PLUM）；口头禅是"我们要吃甜饼"（We want cookie）的甜怪饼（COOKIE MONSTER）；还有助人为乐的呼呼猪（PUFFING PIG）；喜欢捉弄人的厄尼（ERNIE）；爱发脾气、喜欢藏入垃圾桶的奥斯卡（OSCAR THE GROUCH）；聪明的伯爵（THE COUNT VON COUNT）……各个角色的差异较大，整体呈现出丰富性。每一个角色本身聚集着丰富的故事资源，同时各个角色通过相互之间的对话和交往又形成新的故事话题，共同推动着情节的发展。

大鸟（BIG BIRD） 小梅子（LITTLE PLUM） 甜怪饼（COOKIE MONSTER）

图8-1 《芝麻街》的主要角色

目前国内对儿童电视主持人所普遍采用的设计策略是从外形上包装成可爱形象，并取了一个富有童话色彩的名字以代替主持人的真实姓名，如"月亮姐姐""金龟子""毛毛虫""绿泡泡""哈哈""小智""朵朵"……编导的初衷是为了淡化主持人仅仅作为司仪、串联的角色而赋予他们更丰富的角色内涵,增进同节目以及同小观众的亲切感。但从目前的实践来看,扮演成各种形象角色的主持人依然延续着主持的工作,并没有融入节目中成为不可或缺的一部分,也没有真正进入一个完整的故事性很强的节目设计中。人物角色的故事化是将人物设计进入到故事之中,根据整个栏目情节发展的需要,扮演其中具体的角色,由此改变人物角色与节目的关系:由旁观者变为参与者,由浅度参与转变为深度介入。节目的看点不仅仅依靠变换的服装、道具和活动环节,人物本身就是最大的内容资源。

(二)拍摄场景的故事化利用

儿童节目的录制场地无论户外还是室内,在传统设计中都只是一期期节目生发的空间,其全部意义是作为背景存在。因此,往往注重的是录制现场的视觉效果,如灯光、色彩、景观布置,等等。儿童电视的故事化策略则着重开发录制场地的故事性功能,为整个故事情节的发展服务。一个典型的例证来自于英国BBC旗下的CBeebies频道,对栏目进行故事化包装是这个专业儿童频道的一大亮点。CBeebies的招牌栏目之一《大小厨师》(*Bigcook Little Cook*),设计出的两个角色:大厨师Ben和小厨师Small都具有十分鲜明的童话色彩。

他们的身材正如他们的名字,大厨师高大强壮,小厨师身材矮小,只有手掌般大。栏目选择的主要场景是厨房,这是Ben和Small搭档经营的咖啡馆的一部分,厨房当中的厨具、炊具一应俱全,但并不是摆设,大小厨师在这里为顾客们制作的一道道美食,同时为小观众介绍各种厨具、炊具的用途,各种调料的搭配,各种食物原料的营养价值以及种植收获的过程等丰富的知识。烹饪过程中他们的对话、讨论和争执都发生在这里。两位厨师的高低落差巨大,共处于同一个厨房的参照下形成鲜明的对比:Small只有小勺子的高度,厨房对于他是个广阔的天地,他总是需要骑着勺子在厨房里穿梭,这期间又发生了许许多多有趣的故事。在这个栏目中,拍摄场地就不只是一个背景式的空间存在,而是故事发生的地方,情感寄托的地方——场景成为整个栏目故事化的一个重要构成部分。

延展场景空间也是对场景进行故事化利用的手段之一,通过多元变化的场景,拓展叙事空间,形成视觉冲击力。美国的儿童节目的场景空间经历了从一元到多元、从封闭到开放、从现实到虚拟的全方位拓展,从而更好地为故事化叙事服务。以美国儿童节目《罗杰斯先生的街邻四坊》为例,这是一档著名的儿童教育节目,在节目创办之初便致力于多元场景的变换,一期节目中平均会变换4到5次场景,并整合演播室节目、短片等元素配合场景变换。随着技术的发展,《罗杰斯先生的街邻四坊》尝试着向虚拟空间拓展,建立了演播室、微缩模拟场景、虚拟场景三位一体的场景空间。除了演播室,有一个现实场景,是由罗杰斯的家、医院、商店等构成的微缩社区,社区居民真人扮演,节目将这个微缩社区作为切换到演播室的过渡;还有一个与微缩社区平行的"虚拟社区"(Make-Believe)这个虚拟场景由特效技术合成,其"居民"全是玩偶,充满童话色彩。节目通过不同多维的场景变换展开罗杰斯先生的故事,生动有趣,带给儿童受众丰富的视觉体验,同时也拓展了故事化叙事空间。

(三) 故事的呈现形式

基于儿童的认知特点,儿童电视呈现故事的方式应该是不拘一格的,但是传统的故事讲述相对比较单一,主持人或者小朋友单纯的语言讲述,或者拍摄图画书的画页辅以画外音进行讲述。这种狭义层面上的故事文本的表达方式,并不适合整体性的栏目故事化设计。单一的形式往往让儿童观众感到抽象、枯燥,同时也限制了故事本身的丰富性对孩子感官的全方位刺激。儿童生性好动、喜欢尝试、擅长模仿,为我们选取故事载体所带来的启示是:采纳多种多样的形式,特别强调故事的形象感、参与感和互动性,让故事载体本身也极富吸引力,丰富儿童节目的故事化表达。儿童熟悉并喜爱的一切表达形式都可以作为电视故事化的传播载体,比如图片、图画、动画、童谣、歌舞表演、童话诗、情景扮演、游戏……形式多样的同时,更能丰富节目的表现力和感染力。

我们来设计一个低幼儿童节目以说明通过多种载体的配合运用来呈现故事情节:

故事主题: 帮助宝宝克服恐惧,自己一个人睡觉

·情景扮演:妈妈告诉4岁的童童应该自己一个人睡觉了,童童以害怕为理由,不愿意。

——情景扮演再现孩子们生活的环境和亲近的家庭成员,帮助孩子建立熟悉感。

·动画+童谣:"天黑了,星星眨眼把我照,

天黑了,月亮弯弯对我笑,

天黑了,青蛙哥哥敲大鼓,

天黑了,蟋蟀妹妹把歌唱,

天黑我不怕,我敢一个人睡觉啦!"

——动画中随着童谣的所指,渐次出现星星、月亮、青蛙、蟋蟀以及宝宝童童的卡通形象,把寂静的夜空衬托得温馨而富有浪漫色彩。消除儿童对于黑夜的恐惧。

·情景扮演:童童爬上了自己的小床,渐渐入睡。

·动画+儿童歌曲:《一闪一闪亮晶晶》"一闪一闪亮晶晶,满天都是小星星,躲在夜空放光明,好像许多小眼睛,一闪一闪亮晶晶,满天都是小机灵……"

——动画再次呈现：夜空、小星星、月亮、小青蛙、小蟋蟀、童童和其他小朋友，暗示电视节前的小朋友，一个人睡觉其实并不孤单。

在这个设计中，情景扮演、动画、童谣、歌曲等都成为故事的呈现载体，贴近儿童的心理需求，形象生动地讲述了一个生活小故事，同时起到培养孩子独立性的目的。

二、儿童电视的故事题材

我们鼓励母亲和保姆给孩子们讲那些已经审定的故事，用那些故事铸造他们的心灵，比用手去塑造他们的身体还要仔细。为了培养美德，儿童们最初听到的应该是最美的、最高尚的故事。①

——柏拉图《理想国》

两千多年以前，柏拉图就提出了审定儿童故事题材的观点——"首先要审查故事的编者，接受他们编得好的故事，而拒绝那些编得坏的故事。"② 所谓"好的"就是适合儿童心智水平，有益于儿童健康成长，塑造儿童美好心灵并培养儿童美德的故事主题；而所谓"坏的"，在柏拉图看来是诸神之间的明争暗斗，和一些丑恶的假故事，等等。因为，"年轻人分辨不出什么是寓言，什么不是寓言，先入为主，早年接受的见解总是根深蒂固不容易更改，因而我们要特别留意，为了培养美德，儿童们起初听到的应该是最优美最高尚的故事。"③两千多年以后，以电视手段为儿童讲述的故事题材依然遵循柏拉图所提出的选择依据：适合儿童，有益儿童。在此基础上，儿童故事的禁选范围和可选范围都因为时代背景的变迁和儿童观的进化在一定程度上有所拓展——禁选题材在当今传媒时代主要集中体现在暴力与色情领域；可选题材除了培养儿童美德的"品格"选题之外，还囊括了成人世界中的一些理性话题和日常生活中不可回避的一些现实问题。在信息时代的大背景之下，既然难以消除成人世界的复杂影响，无法将儿童封闭在纯美的童真梦境中，那么就应当在儿童节目中为小观众呈现这些主题，对于儿童栏目创作者而言，最重要的任务是如何将抽象的话题编制成形象生动的故事，如何讲好故事以对接儿童的读解认知能力，帮助他们更好地认知生存的环境。

（一）儿童电视故事题材的绝对禁区：色情、暴力、犯罪

柏拉图时代的儿童题材禁区以天神彼此阴谋陷害的内容为主。而在当今时代，大众文化的狂飙猛进以及电视媒介对高收视率的狂热追逐加剧了内容题材的狂砍

---

① 柏拉图：《理想国》，张竹明译，商务印书馆，1986，第71页。
②③ 同①。

滥采，原本隐匿在私密空间的话题比如暴力、性、毒品、犯罪……为着满足窥私欲的目的而堂而皇之地展示在公共媒介平台上，并且这种现象有愈演愈烈之势。尼尔·波兹曼因此批评电视媒介呈现了一个"一览无余"的世界，"打通了通往成人生活后台的视窗"[1]，而使得儿童提早离开了童年的乐园，导致童年的消逝。儿童栏目虽然是为儿童设置的一道屏障，保护他们免受粗俗、残暴、污秽或者肮脏的影响，但出于感官刺激的追求或者追赶时尚的盲动，儿童电视节目中也往往渗透着色情、暴力、犯罪等消极元素。2007年，中央电视台在广大家长的强烈抗议声中不得不停播收视一路飘红的动画片《虹猫蓝兔七侠传》，该片被指责"内容低级，充满了暴力、情色、脏口、恐吓、威胁"，并且向小观众传递"一切问题都能够依靠暴力来解决"的错误取向。而这样的一部动画片，居然创下了多项纪录：包括央视在内的国内800多家电视台同步播出，收视率首度超过国外动画片，其衍生画册数月间销量超过1500万册，全国的"虹蓝"迷数以亿计……[2]"禁播事件"一方面揭示出国内儿童电视内容资源的匮乏，另一方面暴露出儿童电视创作者在故事选材问题上的轻率和冒失。

相比起成人，未成年人受到的来自媒介的影响被认为超出了学校和家庭的影响力。一是因为媒介占据了儿童业余时间的绝大部分份额，二是由于儿童缺乏成熟的辨别力，极易受到视听内容的暗示和影响。威尔伯·施拉姆《儿童生活中的电视》（*Television in the Lives of Our Chidren*）一书中提出："电视在向儿童呈现一个明显错误的成人世界，儿童不得不承受这种错误所导致的严重后果，而儿童成长之后需要对已经认定的现实做出的调整将是艰难和低效的。"在"电视对儿童的影响"研究中，最受关注的一个话题是"媒介暴力对儿童的影响"，研究表明媒介暴力降低了人们抑制暴力行为的理性，为行为暴力提供了范本，并刺激人们的效仿，在儿童身上的刺激效应尤为明显。

电视节目中暴力、犯罪、色情等内容，往往由于视听符号和故事化手段的表达优势而使得儿童对这些不良内容产生"美妙"的错觉：视觉符号倾向于展示暴力和情色的行为质感，强调动作美感和感官刺激。暴力和美色在故事段落里往往被描绘为"万能"的代名词，成为解决问题的有效办法；而对犯罪动机和行为的故事化讲述给儿童带来如同看悬念片、侦破片的紧张刺激。如此一来，屏幕上的暴力、色情、犯罪等题材不仅为儿童提供了效仿的范本，更为严重的是可能导致儿童的态度转变——对暴力的麻木不仁、对本能冲动的不加控制、对犯罪的感觉钝化……

基于种种原因，目前我们无法完全控制成人电视中的暴力、色情和犯罪等元素，

---

[1] 尼尔·波兹曼：《童年的消逝》，吴燕莛译，广西师范大学出版社，2004，第135页。
[2] 百度知道：《虹猫蓝兔七侠传》，2007，http://zhidao.baidu.com/question/21294103.html?si=3。

但必须为儿童电视的题材选择设定一个严格的禁区：摒除暴力、色情和犯罪的题材，净化儿童屏幕。

（二）儿童电视故事题材的重要选题：品格教育话题

虽然品格教育同智力教育对于儿童成长具有同等重要的意义，但国内学校教育普遍偏重智力教育，而轻视品格教育。这种薄弱和失衡的状态反而为儿童电视栏目的选题提供了差异化的、丰富的题材资源。事实上，儿童节目作为儿童成长的伴随性媒介，理应对儿童美好品格的养成起到积极作用。"缺乏品格，教育只达成了一半"，品格教育事关儿童的社会生存和未来发展，帮助儿童健全人格，养成良好的习性，树立正确的人生目标。国内逐步实施的素质教育计划将品格教育正式纳入人才培养目标当中，但是往往延续了智力教育的传授模式，以教师讲、学生听、楷模示范、考试检测等传统的教学方式为主，学生被置于被动接受位置，像学习课本知识一样的记背品格的内涵和目标内容。儿童节目同样照搬学校的品格教育模式，只是老师换成了主持人，考试检测变成了知识竞赛栏目，品格教育依然是生硬的说教，儿童依然置身于各种品格的具体情景和切身体验之外，而难以深刻领悟品格的真正意义，更谈不上自觉养成优良习性。例如，中央电视台少儿频道《成长在线》的一期节目"什么叫坚持"中，不愿意练习弹钢琴的小松月被作为反面例子来到节目现场，主持人告诉她：无论自己是不是喜欢，做任何一件事都需要坚持，也许坚持之后就会发现其中的乐趣，并且只有坚持才能有所收获。"坚持"是儿童需要养成的一种品格和精神，但是没有理由成为忽视儿童喜好和意愿的理由。节目所采取的强硬的灌输方式容易引起儿童的抵触心理，难以起到进行品格教育的目的。

品格教育包括正直、诚实、善良、自信、合作、勇于承担等优秀品性的培养，而这些非天然的、外在的目标对于儿童而言需要克服自身认知的局限和身心条件的不足，甚至需要经历痛苦的"蜕变"过程，借助外力的协助和内心的价值认同才能最终真正达成。国内儿童电视栏目为品格教育所提供的"外力"通常采取刻意指明或者提问讨论的方式，其对儿童的影响力效果可想而知。真正能够产生实质促进力的"外力协助"是为品格教育搭建一个良好的沟通平台，让儿童与优秀品格在这里相遇，以生动有趣的形式、真情实感的感染力吸引儿童主动发现其中的丰富内涵，并深刻体会品格的价值意义，进而将其内化为自身品格的一部分。许多西方国家以及中国台湾、香港地区的儿童媒体主要采用故事法，将基本的伦理理念和培养目标附着于人物、情节和具体的时空当中，让儿童在完整的叙事情境中，通过反思自己，理解他人。

叙事思维理论研究者保尔·维茨认为，儿童理解道德问题是采用一种人际间的、想象的和情感的方式，聆听故事能够促使儿童产生居间、卷入、移情等感受。因此,"如果儿童要体验道德发展,他们必须通过叙事的经历来体验,而不是试图通过发展命题思维能力。"[①]故事法被认为是最符合儿童,最富有成效的品格教育的手段。

品格培养目标受到文化背景和时代变迁的影响而呈现出差异化的具体内涵,当前被普遍认可的优秀品格主要包括:勇敢、正义、自信、合作、爱心、忠诚、尊敬和诚实等关于伦理与美德的提炼。围绕这类宏大的、抽象的选题,故事化的重心是将其分解成具体的、可感知的细节,由鲜活的人物在具体情景中演绎,最好能选择儿童熟悉的场景,容易与儿童产生情感共鸣,通过人物(以儿童为主)的对话、思考、情感、命运折射出美德的巨大魅力和感染力。正如儿童教育学家基尔奇克所阐释的:故事化的表现手法能够激发儿童对于"善"的崇拜和情感依赖,促成他们成"善"(be good)的实际行为。在故事中为儿童提供大量关于伦理与美德的良好示范,这些范例在儿童生活中虽然普遍存在,但由于缺乏突出和提炼而缺失了强有力的示范效应。同时由于生活中的不经意,我们往往固守着单一的印象式解读而忽视了品格命题的丰富内涵。以"勇敢"为例,大多数人看到这个词的第一联想便是:抗日小英雄王二小、张嘎、雨来等传统的小英雄的故事,或者路见不平拔刀相助的正义少年。而进入到故事视野,落实到具体的场景和特殊的人物身上,"勇敢"的内涵则因为人物、情节的巨大丰富而得到极大拓展——例如不同成长阶段的"勇敢":幼儿独自一人睡觉的故事是勇敢,幼童离开父母的怀抱进入集体生活的经历可以被诠释为勇敢,小朋友克服内心的怯懦在课堂上举手发言的情景也是一种勇敢,青少年直面自己的错误并及时纠正同样不失为勇敢……;还有在不同场景之下的"勇敢":学习上的、生活里的、社会交往中的,等等。

品格故事毕竟诉诸儿童品格培养,其教育的目的性比较明显。为了避免儿童视听空间被变相性地改造为儿童媒介课堂,儿童节目编导应该坚持品格故事的小切口、接近性、具体化以及情节化,"让品格的光亮在叙述中自然闪现",避免宏大叙事和生硬总结强加于故事的道德教义和人生哲理。避免采用"这个故事告诉我们……","我们从×××身上看到一种可贵的……"类似的总结性提示,生搬硬套地为故事续上一个所谓深刻的品格内涵。郑富兴博士主张"故事法的消极运用":故事主要是叙述的而非阐释的,在运用形式上,应当遵循随机、自然、灵活的原则,讲故事适时嫁接到儿童电视栏目的演播现场、具体话题以及小嘉宾、小观众身上,在故事讲述的同时配合使用示范、对话、情景再现、游戏、角色扮演等各种形式,以减弱品格故事的教育痕迹,激发孩子们的情感共鸣。

[①] 郑富兴:《美国中小学生品格教育实践中的故事法探析》,《外国教育研究》2002年第11期。

（三）儿童节目故事题材的新挑战：成人世界的话题

儿童的身体与心理都正处于发育期，在认知能力、知识水平、理性思维等诸多方面尚未完全成熟，但这并不等同于成人能够以"保护孩子"为理由，在儿童视听的选题上遮蔽一切理论性、知识性和现实的社会问题，把儿童媒介空间粉饰成一个远离尘嚣、纯净唯美的世界。事实上，视听节目本身就是一个"全景呈现"的信息平台，再加上网络、数字、移动等新媒介平台的包围，儿童难以置身于现实世界之外，"儿童的世界并不是一个绝对封闭的、与现实无涉的自足想象的空间"[①]，而恰恰相反，儿童在成长的进程中，不可避免与成人世界、现实世界之间建立密切的关联。从儿童的求知欲和信息需求的角度出发，儿童满怀好奇，充满想象，渴望了解外面的世界，因此，儿童电视节目的选题不应回避成人世界的话题，这些事件不一定发生在儿童周围，但却关涉儿童的成长与未来，例如环境保护、财政金融、城市建设、社会保障、全球化、文化霸权等话题。世界各国的儿童电视节目中不乏上述选题，例如，日本NHK著名的儿童新闻栏目《少儿新闻周刊》2008年主要关注的话题包括：[②] 美国总统选举的构造、汽油税、裁判员制度、中国大地震、教育委员会、国际紧急救援制度、"洞爷湖"会议，等等。美国尼克罗迪恩儿童频道的经典儿童栏目《尼克新闻》并不回避成人世界的矛盾和痛苦，当阿富汗战争和伊拉克战争爆发后第一时间予以关注，另外包括种族歧视、中东局势、恐怖主义、艾滋病、天灾、贫困等话题也是《尼克新闻》经常关注的内容。

但客观地讲，依照儿童的知识结构和心智水平，上述话题是儿童的认知能力所不能胜任的，他们可能不懂相关的术语，也难以理解成人世界这些话题的真正意思以及对个人、对国家、对世界究竟意味着什么。日本NHK的做法是制作与话题内容相关的模型进行辅助说明，美国尼克则是从儿童的视角看世界，采用通俗易懂的语言"软化""硬"话题。其宗旨都是降低成人话题的难度以接近儿童的认识能力。具有同等效能的表现手段还包括故事化手法，如前文所分析，儿童思维的本质是叙事性思维，故事的高度情景化为抽象的概念和复杂的逻辑关系提供了"软着陆"的平台，"叙事形式起到模式或结构的作用，运用这个模式或结构，就可以把事情描述得通俗易懂，印象深刻，感染力强。"[③]

以"艾滋病"题材为例，儿童节目做这个选题应该重点传递两大信息元素：其一，科学知识的角度，关于艾滋病的防范知识——告诉儿童"艾滋病"的危害，传播途径。其二，品格教育的角度，关于对待艾滋病人的态度——消除儿童的心理恐慌，

---

① 吕新雨：《故事 游戏 动物朋友——对儿童影视节目理论建构的探讨》，《现代传播》2000年第3期。
② 宋晓阳：《日本经典电视节目模式》，中国广播电视出版社，2009，第66页。
③ 杨宁：《叙事：幼儿教育的基本途径》，《学前教育研究》2005年第7-8期。

告诉他们对待艾滋病人以及其他社会弱势群体应当予以尊重、关爱,并力所能及地伸出援助之手。2003年,香港娱乐界制作的《爱在阳光下》即是一个关于"艾滋病"的选题,导演将上述信息元素裹挟在一个个设定的场景中,以故事化手段进行表述,由各位娱乐明显扮演其中的角色[①],将一个灰暗的话题演绎得生动有趣,极富感染力。全片采用歌舞形式,以经典名曲为背景乐曲,重新灌词,清晰地传递出关于艾滋病的相关信息。《爱在阳光下》虽然不是为儿童度身定做的公益宣传片,但观者无论长幼都容易被其别具一格的创意和形象生动的故事所吸引。[②]本文列举场景设置、人物角色、情节推动,呈现该片的故事演绎手段。

场景一:朋友派对(宴会大厅内),背景乐曲:《四十号交响曲》

众来宾、大腕(刘青云、陈小春、林子祥夫妇、李克勤等人饰演)载歌载舞,一片欢快的气氛。

场景二:宴会厅内,背景乐曲:《致爱丽丝》

众人(田震、余文乐、陈小春、张柏芝等人扮演)八卦新近的新闻,陈小春提到艾滋病话题,众人惊。

张柏芝:听说某某得了艾滋病,你怎么看,该怎么办?

郑　钧:听说艾滋病人很容易传染,日防夜防,朋友难防。

黄伊汶:小心咳嗽,小心握手,小心喷嚏,小心你身旁。

众　人:千万千万千万千万要提防!

——制作紧张气氛,再现现实生活中人们对于艾滋病的真实反映和态度。

场景三:宴会厅内,背景乐曲:《莫扎特小夜曲》

电梯佬(刘德华饰):不,不会,你们该好惭愧!咳嗽,当然肯定不会,打喷嚏也不会,近距离也不会,艾滋病就是后天免疫缺乏,你们听见没?艾滋……造爱要,安全套,用得对,错用不用就吃亏;艾滋,共用针头输血时候,不够小心也有可能会;艾滋的母亲哺乳会传给婴儿,伤口接触到艾滋血也跟体液都会,听到了没?

——以歌舞形式传递艾滋病常识,颠覆了传统的传播方式。刘德华本人的明星效应和个人号召力增加了信息内容的可信度。电梯佬的角色扮演带来一定的喜剧效果,一定程度上消解了这个话题所带来的紧张恐惧。

---

① 制作和演出班底包括:监制杜琪峰,刘德华兼任导演及演员,还有林子祥、叶倩文、黄秋生、刘青云、李克勤、梁咏琪、陈慧琳、郭富城、古天乐、陈小春、谢霆锋、Twins、黄凯芹、梁汉文、张柏芝、莫文蔚、古巨基、Shine、余文乐、黄伊汶、郑希怡、Boy'z、Cookies以及内地歌星田震、陈明等参与演出。主题曲由刘德华和郑秀文主唱。

② 笔者多次在课堂、家庭、朋友聚会、文化沙龙中播放该片,观者包括老、中、青、少各个年龄层的超过500人,通过访谈获得的观后感。

场景四：厕所，背景乐曲：《卡门"哈巴奈拉舞曲"》

清洁工（陈慧琳饰）：在这卫生间干活，人来人往，好容易惹麻烦。

清洁工（余文乐饰）：艾滋不是开玩笑，别打招呼，不要再装大款。

众人（古巨基、余文乐等人饰）：握一下手，亲一下脸，抱一下都犯不着恼恐慌，在洗脸盆，在马桶板，在一个卫生间都不会传染，别慌！

场景五：厨房，背景乐曲《凤阳花鼓》

大厨（古天乐饰）：身为大厨师，也要有认识，共用餐饮工具完全没关系。

大厨（莫文蔚饰）：一起同桌吃饭也不会有事，唾液不小心交换也没损失。

场景六：宴会厅的钢琴旁，背景乐曲《致爱丽丝》

钢琴手（梁咏琪饰）：被蚊子叮了不会传染啦，人的血液、蚊的血液，一血之差，人传给蚊，蚊传给人，产生了变化，你傻瓜傻瓜，傻瓜傻瓜，不用怕。

——场景四、五、六将艾滋病常识还原到具体的场景之中，选取人们最担忧也最常接触的公共空间，采用明星角色扮演的方式传递相关知识。同样沿用"明星"与"清洁工""大厨"等角色之间的反差制造冲击力和喜剧效果。于轻松之间输出严肃的话题内容。

场景七：宴会厅，背景乐曲：《卡门"斗牛士之歌"》

电梯佬（郭富城饰）：艾滋病人最需要爱，我们都在，请走过来，谁躲在背后糊涂瞎猜，是因为不明白，才大惊小怪，不敢明白，那才是最悲哀。

艾滋病患者（阿sa饰）：你们不愿意正面看过来，越传越开，越说越坏，我都不敢把真相公开，常识越变越歪，误解才会存在，我们怎么能继续我的精彩？

——患者的出场为故事增加了一个新的叙事视角：当事人（内视角）。不仅丰富了表达的角度和内容，并且近距离描述了一个艾滋病人的心理担忧和真正需求。

众人：我们欢迎你走过来，你受伤害，我们明白，你只要经过正确的安排，病毒虽然存在，一样生活愉快，有我关怀，你一样很可爱。

主题曲《同行》由刘德华、郑秀文演唱："……告别冰冷 销毁失望 我们同行不分离 露出你笑容 接受我存在 我们同行不分离 伸出你的手 握着我的手 我们同行不分离……"

三、儿童电视故事元素的重新诠释

我们在儿童电视中给孩子们讲述什么样的故事？或者说儿童电视中的故事主要撷取了哪些元素？其依据是什么？是不是适宜儿童观众？如果答案是否定的，那么这些错位和消极的元素该如何进行改进和重新诠释？

（一）成人话语导致的不足和错位元素

故事既是吸引儿童的手段也是承载成人话语的平台。一般而言，故事总是成人讲给儿童听的文本，即便是儿童所讲的故事，也是在无数次听故事经验之后的二度表达，无论语言组织、主题走向还是话语风格都显现出明显的成人痕迹。因此，考察儿童故事文本中需要重新诠释的元素首先应当聚焦于故事化过程中成人元素的渗透和影响。成人倾向于将自己认同的价值观和对儿童的期望值编织进儿童的故事文本，试图通过故事向儿童传递成人的价值体系以及成才标准以达到对儿童形塑的目的。成人思维、成人价值体系本身无可厚非，但放置于儿童电视的话语背景之下则可能与儿童天性、儿童需求发生错位，显得不相适宜。

一方面成人推崇实用主义，讲给儿童的故事总是明示或者暗含着某种教育意图。故事指向知识性内容、道德行为规范或者其他某个具体的教化主题，在故事中制定出儿童效仿的路径或者树立儿童学习的范本，总是认为儿童应该从故事中学会点什么或者获得有益的启示。这种实用主义取向一定程度上转移了本应锁定在儿童身上的创作视线，压制了自由创作的空间，因而主题思想单一，叙事手法呆板，故事文本过于沉重而无趣。

例证：《大风车》栏目的《风车读书吧》版块要为小观众推荐一本新书《我是聪明的读书高手》，节目采用故事演绎手法介绍书中主要内容：

- 主持人毛毛虫扮演一位学习无方的同学

——习惯性地将儿童设置在弱势地位，需要接受教育的形象。

- 他的困惑是："怎样才能既快又好地读书？"

——明确故事的教育性主题。

- 抓耳挠腮的毛毛虫不知从何下手之时，画外音响起："第一，应该在安静的环境中读书，远离电脑、电视、电话；第二，……第三，……"

——为儿童指明路径。

- 毛毛虫仍然为书本多、时间紧感到犯难时，画外音给出"一又四分之三T"读书法，"重要的书读三遍，第一遍勾画出重点内容，第二遍只花第一遍一半的时间强化阅读，第三遍再用四分之一的时间复习精华……"，还有一种方法叫"SQ3R法"，"S=survey全文浏览；Q=question提出疑问；R=read精读；R=recite发声朗读；R=review复习……"

——进一步展示学习路径。

- 毛毛虫在指导下"再也不用担心背词的问题了"。

——成功的范例，为儿童提供的学习范本。

第八章　故事手法：儿童视听创作的表达路径

上述例子中，明确的教育性目的贯穿节目始终，人物的语言、场景以及情节设计等全部细节围绕着"推荐一本书，介绍几种读书方法"而展开，虽然没有直接呈现诸如"我们应该……""这个故事告诉我们……"等直白的总结性语言套路，但是仍然明显折射出成人的教育性诉求。而儿童追求快乐原则，听故事是他们获得娱乐的途径，故事于他们应当是一个天马行空、异想天开的新天地，这个故事世界由儿童作主，万物皆有灵，是一个妙趣横生的世界。但是很明显，故事文本建构者与接受者的出发点各不相同，成人思维赋予故事文本的教化诉求挤压了儿童期待的快乐氛围和想象力空间，与"儿童本位"的创作理念不符，同时也在一定程度上消解了故事化手段的意义。以故事化手段架构节目内容的出发点是贴近儿童的叙事性思维特质，建构一个可供儿童感知、参与并获得快乐的文本空间。许多西方国家儿童节目对故事化手法的理解是严格剔除教化元素，控制成人在文本中以施教者的身份出现，重视儿童的体验和感受。以英国BBC"天线宝宝"制作团队的做法为例。1999年，台湾公共电视台（PTS）在摸索台湾版"天线宝宝"的拍摄过程中举行了"样片观摩会"，邀请国外同行对PTS的儿童节目提出建议。其中有一集《包水饺》的故事内容：

　·包水饺
　——日常生活技能题材，这是中国儿童电视最偏爱的题材：《教儿童做……》；
　·孩子和妈妈一起包水饺
　——儿童作为参与者，作为故事元素的一部分被特别考虑到了。
　·妈妈将配料和馅料一盘一盘地递给孩子，并辅以讲解"这是……，那是……，""这个用来做……，那个用来做……"
　——成人扮演着技能传授者角色，相对于儿童的权威性显露无遗。儿童自然是接受者，居于辅助位置，至于他们是否真正明白成人的指导，是否感兴趣愿意听，并不是节目最关注的部分。因此，儿童虽然作为参与者被设计到故事中，但也只是"摆设性参与"，一种浅度介入。儿童身上的丰富的故事元素未被充分挖掘，儿童话语也没能获得表达的空间。

参加样片观摩的英国Ragdoll"天线宝宝"的制作总监Nick Kirkpatrick先生当场指出："首先，这个片子的教育性意味太重，好像在教小孩做菜，且常以大人的角度来拍摄，例如，妈妈将配料盘递给孩子，指导意味太重，若能让孩子自性发展，再加上孩子的旁白，效果会比较好，也更有趣，大人在片中应该少讲话；其次，包水饺的题材，在台湾文化中应该是很有趣的题材，但过程太复杂，某些镜头太危险，妈妈拿刀切菜的画面，我们（在拍摄中）会尽量避免……"① 由此可见，"教给孩子什么"这是在我们的创作中秉持的根本理念却是国外儿童视听创作以及儿童故事文本建构所竭力回避的话题。对儿童的关照体现在每一个细微之处，比如"拿刀切菜"。Nick因此提出建议：

"当大人出现在镜头前时，建议让小孩介绍成员，增加家庭亲密感。"②——成人被撤离主角位置，而突出儿童的主人翁意识。孩子在介绍过程中的语言表达、与父母的情感交流都将是出彩的环节。

"建议将过程简化，删除切菜及材备，重点放在包水饺的乐趣，'天线宝宝'的精神就是'简单'。"③——儿童电视故事化手段的目的就是带给孩子快乐，吸引他们的关注，过于复杂烦琐的程式化内容可能造成故事节奏拖沓、索然无味。

（二）传统故事中隐匿的不足和消极元素

成人在建构儿童电视故事文本时非常依赖传统故事模型，要么直接全盘照搬，要么置换其中的部分元素，比如人物、场景、时空，但基本内涵和结构保持不变，或者只是对外在形式进行翻新。这一方面是因为传统故事众人皆知、耳熟能详，根植于记忆深处，直接讲述或者加以改编都非常方便；另一方面是基于传统故事的恒久魅力，正如吕新雨所言："我们看看古今中外的经典儿童故事，可以发现一个秘密，那就是它们往往都有着共通的精神血缘，和共同的故事原型……都是由人类的希望与想象灌溉出来的果实。"④ 是，并不是所有的传统故事都堪称经典，即便是经典的儿童故事也可能包含一些消极元素，比如残暴、血腥、你死我活的争斗、非善即恶的二元对立、对生命的不尊重，等等。

例如，家喻户晓的英国民间故事《三只小猪》的原版内容："三只已经长大的猪宝宝离开妈妈独立生活，他们各自建起了自己的房子，老大搭的稻草屋，老二盖的小木屋，老三建的砖房。一只大野狼想吃掉他们，先来到稻草屋，吹倒了屋子，吃掉了老大。然后吹倒了木头房子，吃掉了老二，最后，来到砖房，但怎么也吹不倒，于是从烟囱往里钻，聪明的老三生火烧水，被烟熏被火燎的大灰狼掉进了沸腾的开水里，被小猪煮熟吃掉了。"当我们称赞老三机智勇敢的时候，似乎忘记了这个经典儿童故事里隐藏着的残忍元素以及带给孩子们的不良暗示：四个主角三个丧命，老三吃掉了吞噬了老大老二生命的大灰狼，理论上讲也吃掉了自己的两个哥哥。故事虽然宣扬了恶有恶报的因果循环，但同时也示范了以暴制暴的解决方式。儿童如果效仿这

---

① 台湾PTS网站：《"天线宝宝"背后的故事》，转引自陆晔、黄艳琳：《重新认知"儿童"——从BBC"天线宝宝"看儿童媒介发展的理念和框架》，《现代传播》2005年第2期。

②③ 同①。

④ 吕新雨：《故事 游戏 动物朋友——对儿童影视节目理路建构的探讨》，《现代传播》2000年第3期。

样的方式对待现实矛盾，尤其是经由儿童视听平台的放大，由于"传播效应+媒介信赖+故事魅力"共同作用于传播效果，所带来的后果可想而知。因此应当特别警惕故事中所暗含的消极影响。

目前国内普遍流通的《三只小猪》的新版本对结尾进行了改编①：老大老二的房子被吹到后并没有被吃掉，而是逃到了弟弟家，大灰狼从烟囱爬进老三家时，三兄弟一起生火，对付大灰狼，最后尾巴被烧焦的恶狼逃之夭夭。这个版本融进了团结、亲情等积极元素，并且降低了解决问题的成本。这是民间童话模式中典型的"三段式"结构，即"类似情节反复三次或多次"，类似的三件（或多件）事可以发生在同一个人身上，也可以同一件事发生在三个（或多个）人身上②，在并列情节的多次重复中推进叙事。遵循这种模式的传统故事比较常见，如格林童话中的《三片羽毛》《三兄弟》《七只乌鸦》《桌子、金驴和棍子》，安徒生童话的《十二兄弟》《野天鹅》……"三段式"结构在儿童电视叙事中运用普遍，比如一位小同学经历不同场景的故事，比如同场竞技的多位小选手在相同环节的故事，等等。多次并列重复的模式虽然简化了儿童故事结构，但同时也在重复中可能限制了儿童的想象空间和趣味性的发挥余地。

图8-2 乔恩·谢斯卡版《三只小猪的真实故事》

同一个故事题材，融入符合儿童认知特征的元素，插上想象的翅膀，能够创作出妙趣横生的改编版本。

美国作家乔恩·谢斯卡改编成的《三只小猪的真实故事》，让新闻媒体介入了进来，当事人大灰狼和三只小猪都接受采访，"开口"讲述自己所认定的"三只小猪"的真实版本：

《大野狼日报》刊登了狼接受专访时为自己申冤，原版的《三只小猪》是对他的诽谤，自己需要借糖来到小猪家，因为感冒打喷嚏吹倒了小猪的房子，小猪被压死纯属意外事故，吃掉小猪是避免浪费，而记者发现这件事之后，认为"借糖"的故事不够刺激，所以杜撰了"吃猪"的版本，塑造了贪婪的恶狼和可怜的小猪形象，事实上真正可怜的是被诬蔑的自己。

而《小猪日报》的大标题为《坏蛋大野狼》，痛斥狼吃猪的恶劣行径。这个版本突破了传统的"三段式"结构，叙事视

图8-3 《小猪日报》

---

① 关于《三只小猪》各个改编版的资料主要引自姬炤华：《图画书与儿童》，《读库》，新星出版社，2010，以及网站：http://blog.sina.com.cn/s/blog_662f89fb0100juou.html。
② 盖钧超：《"三兄弟模式"童话的原型探索》，《文学语言学研究》2008年11月中旬刊。

角由单一的外视角（第三人称）改编为外视角与内视角（第一人称）交替使用的多维视角，既保证了全景式的叙事空间，又穿插进内聚焦叙事，便于交代主人公的内心世界，带给儿童真实感和亲近感。在这个版本中，同一个故事被两家立场不同的媒体描述成两个截然不同的版本，孩子们感到好玩、有趣的同时，也将会意识到盲目相信媒体或者他人可能遮蔽事实真相，正确认知事物的最佳途径是兼听则明，深入探索。

图8-4 大卫·威斯纳的版本

美国作家大卫·威斯纳的版本更加有趣，改编后的《三只小猪》完全冲出了"三段式"模型结构，极大地拓展了叙事空间：大灰狼吹倒小猪的房子之后却没能如愿以偿地吃掉小猪，因为，它们都不见了，原来是恶狼用力过猛，把小猪吹到故事外面去了！外面的世界如此丰富精彩，三只小猪在故事外面随心所欲地游荡，并且自由进出于各个故事，钻进《鹅妈妈童谣》的故事里玩了一会儿，又往外钻，"钻"的动作感是由画面的色彩和画风无声地告诉受众的，小猪们又来到《乔治屠龙》的故事中，决心带着新交的朋友屠龙逃离乔治的追杀，也同时"钻"出了《乔治屠龙》的故事，在《鹅妈妈童谣》里结识的会拉提琴的小猫也跟随小猪跑了出来，五只小动物一同回到最初的故事，大灰狼还在寻思小猪去哪了，巨龙的出现吓得恶狼拔腿就跑。小猪帮助了朋友也获得了朋友的帮助，问题解决了，大家快乐地生活在一起。这个版本的诠释不仅注入了相互帮助、爱心等积极元素，而且想象独特离奇，生动有趣，更富有创意的是通过画面帮助孩子们建立起"空间"和"绘画风格"的感性意识。

澳大利亚作家布鲁斯·怀特的改编版加入了幽默元素，作者自己也加入了进来，原来版本中的殊死争斗了无痕迹，只留下轻松娱乐——这正是儿童视听创作最重要的功能、最积极的元素！故事以搞笑开场，三只小猪的兄弟姐妹太多了，实在挤不下（如图8-5），才离开父母的家另建自己的房子。老大的茅草屋不是被大灰狼吹倒的，而是画家不小心碰倒了桌子上的橘子水浸透了草房子（如图8-6）。老大冲向老二家，两兄弟赶紧关门阻挡灰狼，关门的瞬间，狼的鼻子被撞扁了，画家赶紧给他修补。躲在老三家的三兄弟因为恐惧脸

图8-5 布鲁斯·怀特的改编版

都吓白了,可是红色颜料偏偏用完了(如图8-7),他们想生火对付从烟囱爬进来的狼,可是缺了红色,白色的火没有温度(如图8-8)。三只小猪生气"罢工",决定离开这个故事,并且对画家的准备不足提出严重抗议。这个版本的《三只小猪》环环相扣、妙趣横生,从空间、色彩、触觉、创意等多维度对儿童大脑进行立体式的刺激。在讲述故事的同时,悄无声息地传递了关于色彩搭配、色温、画外空间等知识内容。

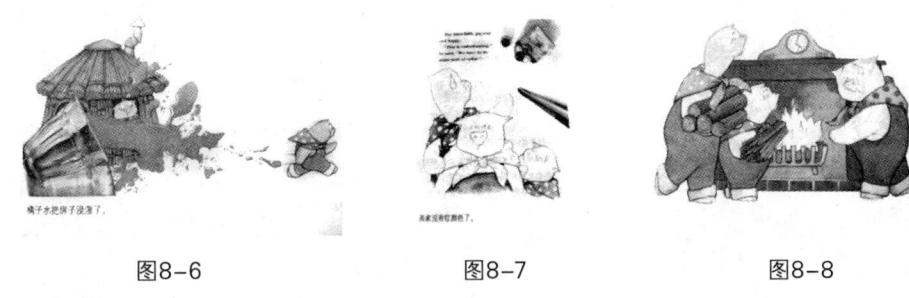

图8-6　　　　　　　　图8-7　　　　　　　　图8-8

希腊作家尤金·崔维查的版本是一次彻底的颠覆,角色互换变成了《三只小狼和大坏猪》,小狼建造的房子与时俱进,老大、老二、老三的房子分别采用砖、钢筋水泥和钢结构建成,而大坏猪使用的破坏工具也使上了大铁锤、电钻甚至炸药。无恶不作的大坏猪准备吹倒小狼们用花儿重新搭建的房子时,由于吸气吸入了花香,芬芳的气味使大坏猪产生了美好的感觉,他的心也因此变得柔软起来,从此改邪归正,与小狼为友,快乐地生活。前面几个版本都没能最终化解狼与猪之间的矛盾,而这个版本之中矛盾的解决传递给孩子们如何化解纠纷的技巧,美好事物的感染力远远比睚眦必报的狭隘更能促进相互之间的和谐,"赠人玫瑰,手留余香"的处世之道在孩子们心中萌芽。

上述五个版本对传统的《三只小猪》进行了新的诠释,原版中的残酷、冷漠、你死我活的争斗以及对生命价值的忽视在新的诠释中被置换成了美好、热情、幽默、相互协助以及对生命的敬畏。在叙述方式上,保留了传统"三段式"经典叙述结构的情节铺陈和悬念设置,新增进内、外叙述视角的交替解读,同时建构画外空间的内外呼应,极大地改善了由于并列情节的多次反复而造成的单一与单调。

传统故事的内容与结构是建构儿童电视故事文本借鉴的重要来源,在"传统的就是朴实的、经典的"这种惯性思维的心理暗示下,儿童电视编导往往忽略了由于历史时空以及视野局限所导致的传统儿童故事中隐匿的消极元素和表述缺陷。"许多故事的背景毕竟与时代相隔太远,需要我们做出时代的重新诠释,或者赋予新的形式,才能使人类积淀的文化的叙事丰富新一代人类的心灵,体验到那种宏大、高尚的古典精神境界。"① 因此，儿童电视节目借鉴传统故事的叙事框架和故事元素，尤其需要进行新的诠释和包装，以清除与社会发展、文明进步相背离的消极元素，吸纳一切优化儿童故事传播效果的手段，帮助孩子在故事中解读文化的精髓，理解当今的世界变化。

---

① 郑富兴：《美国中小学品格教育实践中的故事法探析》，《外国教育研究》2002年第11期。

结 语

在对象性节目中,儿童视听的特殊性在于制作者与接受者、表达者与被表达者之间的年龄差距,由此导致了两者在话语体系、表达方式、兴趣爱好、媒介诉求、价值取向等各个方面的差异。本书剖析了成人话语在儿童节目创作中的种种表现以及主导地位,研究表明正是由于成人本位的强势覆盖,导致了中国儿童视听创作的种种问题,突出表现为:儿童主体失语、内容形式僵化、节目功能失衡、节目价值偏向,等等。同时,儿童视听创作的困境直接或间接带来了播出市场的供求矛盾以及来源失衡的问题。由此可见,研究中国儿童节目的创作问题其意义不仅仅在于创作本身,同时有益于改善儿童节目播出与经营市场的现状。解决上述一系列问题的关键在于尽可能缩短儿童节目制作者与接受者、表达者与被表达者之间的距离,集中表现为创作中"二度转化"的问题:由成人理念向儿童理念的转化、由转化后的儿童理念向儿童化视听手段的再次转化。围绕着这条"转化"与"复位"的主线,提出了创作理念、精神内核和表达路径的研究框架与改进路线。

儿童本位是对成人本位的否定,是尊重儿童作为文化主体与权利主体的地位。以"儿童本位"作为儿童节目的根本性理念,在视听文本创作中全面遵循儿童的身心条件、认知特性和收视期待,将理念与实践相融汇,分别从儿童作为参与者、表现者与接受者的角度给予主体性关照;游戏精神由于最充分地概括了儿童精神的全部特质,因此被着重提出作为建构儿童节目的核心元素,重置儿童视听文本的主要功用:去教化中心化,以培养儿童的审美情趣,陪伴儿童快乐成长为主要目的;在儿童节目的表现手法上,受到儿童的思维本质——叙事性思维的启示,提出故事化手法。以故事为框架,整合儿童节目的各个元素与环节,基于儿童对象的特殊性,特别强调儿童故事选题的绝对禁区、重要选题与新尝试,对隐匿于传统与习惯背后的消极元素进行重新诠释。

本书是在众多质疑和批评的声浪涌向中国儿童视听创作,指责它制作粗糙和品质低劣的背景之下,本着建构的目的,为实践优质的儿童节目而进行的研究。指导理念与实践操作相结合的研究框架在两者之间建立起一个相互沟通的话语平台,一方面尽量避免单纯实践总结和经验介绍的视野局限,另一方面尽可能克服单纯理论研究与业务实践的完全脱节。

儿童视听创作研究事关儿童,是一个意义重大的领地。本书仅仅选取了儿童节目创作中的一个具体切口：理念与手法的研究，强调话语复位的问题。囿于篇幅和能力的所限留下了许多有待下一步进行拓展的研究空间，其中关于中国儿童电视创作亟待解决的问题包括：

1. 进一步探寻国内儿童电视种种缺陷与不足的深层根源

需要从文化选择角度的传统文化影响、利益考量角度的现行体制以及儿童电视的现实操作当中寻找答案。多元视角的根源探寻将建立一个全方位的视野，为完善解决方案提供指导。比如针对传统文化与现代文化、公益性与商业性的两难选择，将重点研究如何兼顾平衡的问题；对于业务操作中的专业主义目标与现实操作水平之间的差距，将着重研究如何优化平台建设，提升业务能力的问题……

2. 建立与成人世界的对话意识

儿童节目并不是一个孤立于成人世界的媒介空间，而恰恰需要与成人进行充分沟通以便获得理解，并汲取养分。一方面儿童电视的创作主体为成人，这是一个不可回避的事实。儿童本位的理念首先需要取得成人的认同与理解才具有现实意义。因此，与成人世界对话在这里是加强制作者对儿童的本体性认知，以儿童的本质特征置换成人固有的偏见，达成成人对儿童的真正理解。另一方面，成人世界的话题内容能够极大地拓展儿童电视的选题范围。既然视听传播符号已然打破了原本由印刷媒体的文字符号建立在成人与儿童之间的区隔，那不妨积极地利用这一点，从成人关注的话题中选取适当的题材，以儿童能够理解的方式进行阐释，引导儿童形成正确的判断与理性的分析，协助他们顺利地完成社会化进程。同时，在表现方式上，成人电视的表现手法以及创新元素亦能够为儿童电视所借鉴，丰富其表现形式。

3. 关注新兴媒介对儿童的吸引所带给儿童媒介接触行为的影响

信息社会背景之下，儿童成长的媒介环境逐渐发生变化：由传统的电视媒介为主导渐渐转变为由电视媒介、网络媒介、移动媒介等多种载体共同构筑成的儿童成长的信息环境。一方面，电视对于儿童的影响力逐渐丧失了垄断地位，新兴媒介的发展态势表现出明显优势。尤其是在学龄儿童之中，从小学阶段开始，儿童就逐步掌握了使用电脑网络以及手机的技能，并且被新兴媒介所特有的媒介特性所吸引，逐渐开始离开电视。因此，儿童的媒介接触行为表现出明显的阶段性特征：学龄前的低幼儿童主要依赖电视媒体满足娱乐及信息需要，而学龄期以后的儿童逐渐退出电视受众队伍，而转向接触各种新兴媒介。基于此，儿童视听创作需要针对新的儿童媒介接触行为做出相应的调整，这将是一个具有现实性和紧迫性的研究课题。

参考文献

>> 中文专著

1. 《辞海》，上海：上海辞书出版社1990年版。
2. 《现代汉语词典》，北京：商务印书馆2010年版。
3. 《中外广播电视百科全书》，中国广播电视出版社1995年版。
4. 班杜拉著：《社会学习心理学》，吉林教育出版社1988年版。
5. 班马著：《游戏精神与文化基因》，甘肃少年儿童出版社1994年版。
6. 班马著：《中国儿童文学理论批评与构想》，湖北少年儿童出版社1990年版。
7. 北京师大儿童心理研究所主编：《心理发展与教育》，北京师范大学出版社1985年版。
8. 卜卫著：《大众媒介对儿童的影响》，新华出版社2001年版。
9. 卜卫著：《媒介与儿童教育》，新世界出版社2002年版。
10. 卜卫著：《走进地球村——大众传播对中国儿童的发展》，四川少年儿童出版社1996年版。
11. 蔡贻象著：《影视文化美研究》，中国广播电视出版社2004年版。
12. 曹文轩著：《目光清纯看世界》，新华出版社1998年版。
13. 曹中平著：《儿童游戏论》，宁夏人民出版社1999年版。
14. 曾娅妮著：《媒介批评——理论与例证》，四川大学出版社2010年版。
15. 陈力著：《电视与教育》，人民教育出版社2006年版。
16. 陈龙著：《在媒介与大众之间：电视文化论》，学林出版社2001年版。
17. 陈舒平著：《儿童电视学》，北京广播学院出版社2005年版。
18. 单中惠等著：《西方教育学名著提要》，江西人民出版社2000年版。
19. 丁海东著：《学前游戏论》，山东人民出版社2001年版。
20. 丁祖荫著：《儿童心理学》，山东教育出版社1984年版。
21. 方建移著：《社会教育与儿童社会性发展》，浙江教育出版社2005版。
22. 冯契著：《哲学大词典》，上海辞书出版社1992年版。
23. 高小康著：《人与故事》，东方出版社1993年版。
24. 高月梅等著：《幼儿心理学》，浙江教育出版社1993年版。

25. 郭力平著：《信息技术与早期教育》，华东师范大学出版社2007年版。
26. 郭镇之著：《北美传播研究》，北京广播学院出版社1997年版。
27. 华爱华著：《幼儿游戏理论》，上海教育出版社2003年版。
28. 黄希庭等著：《当代中国青年价值观研究》，人民教育出版社2005年版。
29. 霍力岩主编：《我们的孩子》，华夏出版社1994年版。
30. 纪秋发著：《中国社会消费主义现象简析》，北京理工大学出版社2015年版。
31. 贾磊磊著：《影像的传播》，广西师范大学出版社2005年版。
32. 金丹元著：《电视与审美—电视审美文化新论著》，学林出版社2005年版。
33. 金元浦主编：《文化研究：理论与实践》，河南大学出版社2004年版。
34. 阚乃庆等著：《最新TOP欧美电视节目模式》，中国广播电视出版社2008年版
35. 李彬著：《传播学引论》，新华出版社1993年版。
36. 李丹著：《儿童发展心理学》，华东师范大学出版社1987年版。
37. 李蕾主编：《引领成长——论儿童电视》，中国广播电视出版社2009年版。
38. 李琦著：《多元媒介环境下的儿童与儿童电视》，中国广播电视出版社2014年版。
39. 李思屈著：《广告符号学》，四川大学出版社2004年版。
40. 李维著：《童年事件——儿童心理社会发展最新报告》，少年儿童出版社2004年版。
41. 李显杰著：《电影叙事学：理论和实例》，中国电影出版社2000年版。
42. 李秀美著：《我们在玩跷跷板：电视儿童节目实务与理论》，三民书局2001年版。
43. 栗栗著：《我的世界—随父母旅居加拿大记》，新华出版社1998年版。
44. 刘金花著：《儿童发展心理学》，华东师范大学出版社2002年版。
45. 刘焱著：《游戏的当代理论好额研究》，四川教育出版社1998年版。
46. 刘晓东著：《儿童精神哲学》，南京师范大学出版社1999年版。
47. 刘晓东著：《儿童人话语儿童教育》北京教育科学出版社2006年版。
48. 刘晓红等著：《大众传播心理研究》，中国广播电视出版社2001年版。
49. 刘焱著：《幼儿园游戏教学论》，中国社会出版社1999年版。
50. 陆杨等：《大众文化研究》，上海三联书店2001年版。
51. 罗岗等主编：《视觉文化读本》，广西师大出版社2003年版。
52. 罗岗等主编：《文化研究读本》，中国社科出版社2000年版。
53. 罗岗等主编：《消费文化读本》，中国社科出版社2003年版。
54. 罗明等著：《中国电视观众现状报告》，社会科学文献出版社1998年版。
55. 苗棣等著：《中美电视艺术比较》，文化艺术出版社2005年版。
56. 欧阳宏生著：《电视艺术学》，北京大学出版社2011年版。
57. 庞丽娟等著：《婴儿心理学》，浙江教育出版社2003年版。

58. 秦俊香著：《影视接受心理》，中国传媒大学出版社2006年版。
59. 冉华著：《电视传播与电视文化》，武汉大学出版社1998年版。
60. 沈坚等著：《儿童教育心理学》，北京教育科学出版社1988年版。
61. 宋宁著：《儿童心理解读》，江苏科学技术出版社2003年版。
62. 宋晓阳著：《日本经典电视节目模式》，中国广播电视出版社2009年版。
63. 佟景韩著：《小说的主人公和历史的主人公——巴赫金的小说理论》，中国社会科学出版社1996年版。
64. 王光祖等著：《影视艺术教程》，高等教育出版社1992年版。
65. 王振宇著：《儿童心理学》，江苏教育出版社2003年版。
66. 翁秀琪著：《大众传播理论与实证》，三民书局1993年版。
67. 吴知贤著：《儿童与电视》，桂冠图书公司1998年版。
68. 谢耘耕等：《真人秀节目：理论、形态和创新》，复旦大学出版社2007年版。
69. 许文郁著：《解构影视幻境》，中国社会科学出版社2004年版。
70. 许政涛著：《幼儿园游戏与玩具》，北京师范大学出版社2001年版。
71. 许政援等著：《儿童发展心理学》，吉林教育出版社1987年版。
72. 阎欢著：《电视与未成年人心理》，中国传媒大学出版社2009年版。
73. 杨适著：《哲学的童年》，中国社会科学出版社1987年版。
74. 杨铮传著：《儿童教育心理学问答》，湖南大学出版牡社，1989年版。
75. 姚全兴著：《儿童文艺心理学》，重庆出版社1990年版。
76. 尹鸿等著：《娱乐旋风：认识电视真人秀》，中国广播电视出版社2006年版。
77. 余培侠著：《塑造孩子的未来》，中国广播电视出版社1993年版。
78. 余选群著：《独生子女伙伴群体与性格塑造》，专利文献出版社1999年版。
79. 张令振著：《儿童与电视》，人民教育出版社1998年版。
80. 张倩仪著：《另一种童年的告别》，商务印书馆2001年版。
81. 张同道著：《媒介春秋——中国电视观察》，中国电影出版社2002年版。
82. 张文新著：《儿童社会性发展》，北京师范大学出版社1999年版。
83. 张小军主编：《儿童与未来——儿童电视论文集》，长江文艺出版社1999年版。
84. 张新宝著：《隐私权的法律保护》，群众出版社2004年版。
85. 张旭东著：《全球化时代的文化认同》，北京大学出版社2005年版。
86. 郑兴东著：《受众心理与传媒引导》，新华出版社1999年版。
87. 周芊等著：《媒介与儿童》，台湾空中大学出版中心2004年版。
88. 周作人著：《艺术与生活·儿童的文学》，河北教育出版社2002年版。
89. 朱宝荣著：《心理哲学》，复旦大学出版社2004年版。

90. 朱志贤著：《儿童心理学》，人民教育出版社2000年版。

>> 期刊

1. *Children's shows to leave BBC One*. BBC News, 2012.05.16.
2. MindShare传力媒体：《中国儿童生活、消费与媒介接触习惯研究》，《中国广告》2006年第6期。
3. 曹丽萍：《从"保护"到"权利"——首届世界"电视与儿童"高层会议概况》，《国际新闻界》1995年Z1期。
4. 曾凯：《别以娱乐之名消费孩子》，《人民日报》2016年12月1日。
5. 曾娅妮：《儿童新闻节目与儿童如何互动？》，《南方电视学刊》2011年第1期。
6. 陈昌凤：《电视媒体对未成年人的影响》，《电视研究》2004年第8期。
7. 成洁萍：《论"限童令"背景下儿童网络综艺节目的发展》，《出版广角》2017年第7期。
8. 丁海东：《论儿童精神的诗性逻辑》，《学前教育研究》2005年Z1期。
9. 丁迈、田甜：《儿童电视节目与儿童心理需要的应对性研究》，《中国广播电视学刊》2004年第10期。
10. 段成荣、吕利丹、郭静、王宗萍：《我国农村留守儿童生存和发展基本状况——基于第六次人口普查数据的分析》，《人口学刊》2013年第3期。
11. 高嘉蔚：《儿童教育电视节目的成功之道——以日本电视节目〈啊！设计〉为例》，《传媒》2017年第17期。
12. 黄未：《从迪士尼的成长看少儿电视发展的方向》，《视听纵横》2008年第3期。
13. 了了：《比克曼的世界，有你更精彩》，《当代学生》2002年第14期。
14. 李琦：《多元媒介环境下的我国儿童电视节目研究》，《华东师范大学》2012年。
15. 陆晔、黄艳琳：《重新认识"儿童"——从BBC"天线宝宝"看儿童媒介发展的理念和框架》，《现代传播》2005年第2期。
16. 罗闪、刘怡：《儿童电视节目的人文内涵和对象意识》，《电视研究》1998年第8期。
17. 罗耀霞：《试论中国电视媒体的泛娱乐化现象》，《中国广播电视学刊》2013年第9期。
18. 罗宜虹：《从受众收视需求看儿童电视节目的制作》，《东南传播》2009年第5期。
19. 吕绍刚：《"泛娱乐化"为何屡禁不止》，《人民日报》2007年4月16日。
20. 曲琳：《浅析美国文化价值观对迪士尼动画的影响》，《价值工程》2012年第15期。
21. 王晔：《当"少儿"遇到"卡通"：从同质化竞争到差异化整合》，《中国电视》2010年第5期。

22. 吴念阳：《青少年亲子关系与心理健康的相关研究》，《心理科学》2004年04期。
23. 吴桢婧：《马克思主义中国化进程中的价值取向》，《湖南社会科学》2011年。
24. 尹红霞、何秋红：《从〈爸爸去哪儿3〉看儿童电视真人秀节目中童真的缺失》，《视听》2016年第10期。
25. 俞义：《简论儿童文学中的"游戏精神"》，《沈阳师范学院学报（社会科学版）》2001年第6期。
26. 袁超伟、张金波、姚建波：《三网融合的现状与发展》，《北京邮电大学学报》2010年第6期。
27. 张红岩、张军辉：《国外优秀儿童网站对我们的启示》，《当代学前教育》2009年第3期。
28. 张书喆：《初探0-3岁幼儿家庭绘画引导策略》，《艺术品鉴》2017年第3期。
29. 郑洁、高昊：《日本NHK教育频道的发展启示》，《电视研究》2013年第4期。
30. 周新星、吕岚：《尴尬的儿童电视——浅析我国儿童电视存在的问题》，《青年记者》2007年第2期。

>> 硕士博士论文

1. 曹莹莹：《审美视域下的本土真人秀节目研究》，硕士学位论文，辽宁师范大学，2015年。
2. 丁海东：《儿童精神：一种人文的表达——论儿童精神的人文性》，博士学位论文，山东师范大学，2005年。
3. 郭玉真：《电视栏目改版研究》，硕士学位论文，山东师范大学，2008年。
4. 胡玲：《我国儿童电视新闻节目的现状研究》，硕士学位论文，华中科技大学，2005年。
5. 扈晓婕：《我国电视儿童节目泛娱乐化表现及对策研究》，硕士学位论文，河南大学，2011年。
6. 黄进：《游戏精神与幼儿教育》，博士学位论文，南京师范大学，2001年。
7. 梁婷婷：《意见控制、自我表征与他者想象——20世纪90年代末以来的中国城市形象片研究》，博士学位论文，四川大学，2008年。
8. 刘琳：《我国少电视节目业务流程研究》，硕士学位论文，南昌大学，2007年。
9. 刘璐：《儿童对卡通角色的注意偏好与认同研究》，硕士学位论文，华东师范大学，2007年。
10. 马俊骅：《移动互联网背景下电视节目的呈现方式及传播特点研究》，硕士学位论文，安徽大学，2015年。

11. 钱雨：《儿童文化研究》，博士学位论文，华东师范大学，2008年。

12. 田佳和：《从生活服务类节目看电视传播功能扩展》，硕士学位论文，吉林大学，2015年。

13. 王金禾：《游戏的秘密与美好的教育——泛游戏理论及其教育意义》，硕士学位论文，南京师范大学，2002年。

14. 王隽：《婴幼儿电视节目制作思想之个案研究》，硕士学位论文，华东师范大学，2008年。

15. 王娜：《我国亲子真人秀电视节目形态及叙事方式研究》，硕士学位论文，扬州大学，2016年。

16. 王颖：《初中生电视媒介使用方式对情绪激活影响的实证研究》，硕士学位论文，东北师范大学，2008年。

17. 杨静：《论电视对儿童的涵化作用》，硕士学位论文，湖南师范大学，2006年。

18. 姚汝勇：《以"儿童本位"理念构建群体守望的精神家园——儿童电视节目创作研究》，硕士学位论文，南京师范大学，2004年。

19. 叶慧芳：《影视文化对小学生价值观的影响》，硕士学位论文，华中师范大学，2008年。

20. 于筱：《谈儿童形象在当代影像中的符号化现象》，硕士学位论文，中央美术学院，2012年。

21. 张兰：《电视对象性节目的话语研究》，硕士学位论文，南昌大学，2007年。

22. 张琳琳：《论欧洲中世纪骑士文学的美学精神》，硕士学位论文，黑龙江大学，2010年。

23. 张乃瑜：《〈爸爸去哪儿〉的叙事学分析》，硕士学位论文，西北大学，2014年。

24. 章凤珍：《从儿童电视新闻看儿童媒介参与权的实现与满足》，硕士学位论文，广西大学，2012年。

25. 朱秀凌：《儿童电视动画片的游戏精神》，硕士学位论文，广西大学，2007年。

26. 朱长宝：《儿童电视节目的现状、问题与对策研究》，硕士学位论文，首都师范大学，2008年。

>> 网络文献

1. BBC"天线宝宝"官方网站常见问题答疑：www.bbc.co.uk/cbeebies/teletubbies/information/faq。

2. 哈哈少儿频道网http：//www.hahatv.com.cn/program/program/2014-10-09/12.html。

3. 嘉佳卡通网站：《2015年"嘉佳全能星"栏目开始正式招募小明星啦！》，2015年5

月14日，见http: //www.jiajiakt.com/dart.php?id=1502。

4. 国家统计局：《中华人民共和国2016年国民经济和社会发展统计公报》，2017年2月28日，见http: //www.stats.gov.cn/tjsj/zxfb/201702/t20170228_1467424.html。

5. 芒果TV：《童心撞地球》栏目，见https: //so.mgtv.com/so/k-%E7%AB%A5%E5%BF%83%E6%92%9E%E5%9C%B0%E7%90%83。

6. 芒果TV：《玩名堂》栏目，见https: //so.mgtv.com/so?k=%E7%8E%A9%E5%90%8D%E5%A0%82&lastp=v_progdtl。

7. 人民网：《〈放开我北鼻〉孩次元视角，制造差异化情感共鸣》，2016年07月15日，见http: //ent.people.com.cn/n1/2016/0715/c1012-28558030.html。

8. 中国新闻网：《广电总局：坚决制止少儿节目商业化成人化倾向》，2016年06月30日，见http: //www.chinanews.com/cul/2016/06-30/7922608.shtml。

9. 央视少儿频道网：见http: //tv.cctv.com/cctv14/。

10. 央视网：《大手牵小手》栏目，见http: //search.cctv.com/search.php?qtext=%E5%A4%A7%E6%89%8B%E7%89%B5%E5%B0%8F%E6%89%8B&sid=0021&pid=0000。

11. 央视网：《音乐快递》栏目，见http: //tv.cntv.cn/videoset/C16720。

12. 卢文钊：《2016年少儿类频道及节目发展回顾》，2017年7月17日，见http: //www.csm.com.cn/Content/2017/07-17/1625395486.html。

13. 中国互联网络信息中心（CNNIC）：《2015年中国青少年上网行为研究报告》，2016年，见http: //www.cnnic.cn/wapweb/sjbg/201611/t20161109_55993.htm。

14. 中国互联网络信息中心（CNNIC）：第41次《中国互联网络发展状况统计报告》，2018年1月31日，见http: //www.cac.gov.cn/2018-01/31/c_1122347026.htm。

15. 中国青少年宫协会儿童媒介素养教育研究中心，《2016-2017中国儿童网络素养状况系列研究报告》，2018年。

16. 中国少年儿童发展服务中心，《第八次中国未成年人互联网运用状况调查报告》，2016年。

17. 中华人民共和国教育部: 2016年全国教育事业发展统计公报[1], 2017年7月10日，见http: //www.moe.gov.cn/jyb_sjzl/sjzl_fztjgb/201707/t20170710_309042.html。

18. 中国新闻网：《儿童看电视利弊共存，年龄和电视内容成为关键》，2006年6月1日，见http: //www.chinanews.com/news/2006/2006-06-01/8/737893.shtml。

>> 中文译著

27. [澳]W. F. 康纳尔：《二十世纪世界教育史》，孟湘砥等译，湖南教育出版社

1991年版。

28. [德]福禄贝尔：《人的教育》，孙祖复译，人民教育出版社2001年版。
29. [德]黑格尔：《哲学史讲演录》第一卷，贺麟译，商务印书馆1959年版。
30. [德]卡尔·马克思、弗里德里希·恩格斯：《马克思恩格斯选集（第一卷）》，中共中央马克思恩格斯列宁斯大林著作编译局编译，人民出版社1995年版。
31. [德]卡尔·雅斯贝尔斯：《智慧之路》，柯锦华译，中国国际广播出版社1981年版。
32. [法]卢梭：《社会契约论》，何兆武译，商务印书馆1982年版。
33. [法]卢梭：《爱弥儿论教育》（上下册），李平沤译，人民教育出版社2001年版。
34. [法]米歇尔·福柯：《规训与惩罚》，刘北成、杨远婴译，生活·读书·新知三联书店2003年版。
35. [法]让·鲍德里亚：《消费社会》，刘成富、全志刚译，南京大学出版社2006年版。
36. [法]让·皮埃尔：《古罗马的儿童》，张鸿、向征译，广西师范大学出版社2005年版。
37. [荷]胡伊青加：《人：游戏者——对文化中游戏因素的研究》，成穷译，贵州人民出版社1998年版。
38. [荷]约翰·赫伊津哈：《游戏的人》，多人译，中国美术学院出版社1996年版。
39. [加]范梅南、[荷]巴斯·莱维林：《儿童的秘密——秘密、隐私和自我的重新认识》，陈慧、曹赛先译，教育科学出版社2004年版。
40. [加]范梅南：《生活体验研究——人文视野中的教育学》，宋广文译，教育科学出版社2003年版。
41. [加]范梅南、[荷]巴斯·莱维林：《儿童的秘密：秘密、隐私和自我的重新认识》，陈慧黠、曹赛先译，教育科学出版社2004年版。
42. [捷]夸美纽斯：《大教育论》，傅任敢译，教育科学出版社1999年版。
43. [美]玛格丽特·米德：《代沟》，曾胡译，光明日报出版社1988年版。
44. [美]兹比格涅夫·布热津斯基：《大失控与大混乱》，潘嘉粉、刘瑞祥译，中国社会科学出版社1995年版。
45. [美]H·加登纳：《艺术与人的发展》，兰金仁译，光明出版社1988年版。
46. [美]阿道夫·阿恩海姆：《艺术与视知觉》，藤守尧、朱疆源译，四川人民出版社2001年版。
47. [美]保罗·梅萨里：《视觉说服——形象在广告中的作用》，王波译，新华出版社2004年版。
48. [美]伯格：《通俗文化、媒介和日常生活中的叙事》，姚媛译，南京大学出版社2000年版。

49. [美]戴安娜·克兰:《文化生产:媒体与都市艺术》,赵国新译,译林出版社2001年版。

50. [美]戴安娜·麦克德莫特、C·R·斯奈德:《儿童希望书》,金连柱、迟俊常译,海南出版社2003年版。

51. [美]黛安·E·帕普利、萨莉·W·奥尔兹:《儿童世界》,华东师范大学外国教育研究所《儿童世界》翻译组译,人民教育出版社1981年版。

52. [美]杜威:《学校与社会:明日之学校》,赵样麟、任钟印、吴志宏译,人民教育出版社1994年版。

53. [美]杜威:《民主主义与教育》,王承绪译,人民教育出版社1990年版。

54. [美]杜威:《杜威教育论著选》,赵祥麟、王承绪编译,华东师范大学出版社1981年版。

55. [美]加雷斯·皮·马修斯:《哲学与幼童》,陈国荣译,三联书店1989年版。

56. [美]简·卢文格:《自我的发展》,韦子木译,浙江教育出版社1998年版。

57. [美]凯特·穆迪:《电视的影响与儿童电视病——一份给家长的报告》,栗秀玉译,中国广播电视出版社1988年版。

58. [美]理查德·麦特白:《好莱坞电影——1891年以来的美国电影工业发展史》,吴菁译,华夏出版社2005年版。

59. [美]利贝卡·鲁宾、艾伦·鲁宾、琳达·皮尔:《传播研究方法:策略与资料来源》,黄晓兰、肖明、丁迈译,华夏出版社2000年版。

60. [美]罗伯特·艾伦编:《重组话语频道——电视与当地批评理论》,麦永雄、柏敬泽译,中国社会科学出版社2000年版。

61. [美]罗伯特·鲁特-伯恩斯坦、米切尔·鲁特-伯恩斯坦:《天才的13个思维工具》,李国庆译,海南出版社2001年版。

62. [美]罗伯特·麦基:《故事——材质、结构、风格和银幕剧作原理》,周铁东译,中国电影出版社2001年版。

63. [美]马尔科姆·格拉德威尔:《引爆点》,钱清、覃爱冬译,中信出版社2006年版。

64. [美]马修斯:《哲学与幼童》,陈国荣译,三联书店1989年版

65. [美]玛戈·B·南婷:《儿童心理社会发展》,丁祖荫译,人民教育出版社1993年版。

66. [美]玛格丽特·米德:《文化与承诺》,周晓虹、周怡译,河北人民出版社1987年版。

67. [美]尼尔·波兹曼:《童年的消逝》,吴燕莛译,广西师范大学出版社2004年版。

68. [美]威廉·F·派纳、威廉·M·雷诺兹、帕特里克·斯莱特里、彼得·M·陶伯曼:《理解课程》,钟启泉、张华编译,教育科学出版社2003年版。

69. [美]乔治·米德:《心灵、自我与社会》,赵月瑟译,上海世纪出版集团2005年版。

70. [美]桑德拉·L·卡尔福特:《信息时代的儿童发展》,张莉、杨帆译,商务出版社2007年版。

71. [美]斯坦利·J·巴伦:《大众传播概论——媒介认知与文化(第三版)》,刘鸿英译,中国人民大学出版社2005年版。

72. [美]威尔伯·施拉姆、威廉·波特:《传播学概论》,陈亮、周立方、李启译,新华出版社1984年版。

73. [美]沃纳·赛弗林、小詹姆斯·坦卡德:《传播理论:起源、方法与应用》,郭镇之译,华夏出版社2000年版。

74. [美]约翰·费斯克等编:《关键概念——传播与文化研究辞典》,李彬译,新华出版社2004年版。

75. [美]约书亚·梅罗维茨:《消逝的地域——电子媒介对社会行为的影响》,肖志军译,清华大学出版社2002年版。

76. [美]詹戈帝塔:《媒体上身》,席玉苹译,猫头鹰(城邦)出版社2006年版。

77. [美]詹姆斯·U·麦克尼尔:《儿童市场营销》,张红霞译,华夏出版社2003年版。

78. [日]藤竹晓:《电视的冲击》,李江林、攀诗序编译,北京广播学院出版社1989年版。

79. [日]藤竹晓:《电视社会学》,蔡林海译,安徽文艺出版社1987年版。

80. [瑞]皮亚杰、英海尔德:《儿童心理学》,吴福元译,商务印书馆1980年版。

81. [瑞]皮亚杰:《儿童的语言与思维》,傅统先译,文化教育出版社1980年版。

82. [瑞]皮亚杰:《儿童的心理发展》,傅统先译,山东教育出版社1982年版。

83. [瑞]皮亚杰:《教育科学与儿童心理学》,傅统先译,文化教育出版社1982年版。

84. [瑞]皮亚杰:《发生认识论原理》,王宪钿等译,商务印书馆1981年版。

85. [瑞典]爱伦.凯:《儿童的教育》,沈泽民译,商务印书馆1934年版。

86. [瑞典]爱伦.凯:《儿童之世纪》,魏肇基译,上海晨光书局1936年版。

87. [苏]A·c·马卡连柯:《儿童教育讲座》,诸惠芳译,河北人民出版社1997年版。

88. [苏]柳布林斯卡娅:《儿童心理发展概论》,李子卓、冯可大、孟韫佳、赵玮、张孟献、胡世襄、张厚粲、王文辉译,人民教育出版社1961年版。

89. [匈]阿诺德·豪泽尔:《艺术社会学》,居延安译,学林出版社1986年版。

90. [意]玛丽亚·蒙台梭利:《蒙台梭利幼儿教育科学方法》,任代文译,人民教育出版社1993年版。

91. [意]L·马拉古齐等:《孩子的一百种语言》,张红军、陈秦月、叶秀香译,光佑文化事业股份有限公司1998年版。

92. [意]玛丽亚·蒙台梭利:《童年的秘密》,单中惠译,京华出版社2002年版。

93. [意]玛利亚·蒙台梭利：《发现孩子了解和爱孩子的新方法》，胡纯玉译，中国发展出版社2000年版。
94. [意]玛利亚·蒙台梭利：《有吸收力的心理：儿童的思维决定他的一生》，江雪编译，天津人民出版社2003年版。
95. [英]安东尼·吉登斯：《社会学》，赵旭东、齐心、王兵、阎书昌译，北京大学出版社2003年版。
96. [英]奥利佛·博伊德·巴雷特、克里斯·纽博尔德：《媒介研究的进路》，汪凯、刘晓红译，新华出版社2004年版。
97. [英]大卫·克里斯特尔：《剑桥百科全书》，丁仲华译，中国友谊出版社1996年版。
98. [英]大卫·帕金翰：《童年之死》，张建中译，华夏出版社2005年版。
99. [英]鲁道夫·谢弗：《儿童心理学》，王莉译，电子工业出版社2010年版。
100. [英]罗杰·西尔弗斯通：《电视与日常生活》，陶庆梅译，江苏人民出版社2004年版。
101. [英]麦克·费瑟斯通：《消费文化与后现代主义》，刘精明译，译林出版社2000年版。
102. [英]尼古拉斯·阿伯克龙比：《电视与社会》，张永喜、鲍贵、陈光明译，南京大学出版社2001年版。
103. [英]斯图亚特·霍尔：《表征：文化表象与意指实践》，徐亮、陆兴华译，商务印书馆2003年版。
104. [英]斯托克斯：《媒介与文化研究方法》，黄红宇、曾妮译，复旦大学出版社2006年版。
105. [英]约翰·穆勒：《功用主义》，唐钺译，商务印书馆1957年版。
106. Geralds Lesser：《儿童与电视——芝麻街的经验》，关尚仁译，远流出版公司1994年版。
107. 华东师范大学教育系、杭州大学教育系编：《现代西方资产阶级教育思想流派论著选》，人民教育出版社1980年版。

>> 英文著作

1. Anderson D R, Lorch E P, Field D E, et al, "The Effects of TV Program Comprehensibility on Preschool Children's Visual Attention to Television", *Child Development*, 1981.
2. Barrie Gunter & Jill McAleer, *Children & Television*, London: Routledge Press, 1997.
3. Cary Bazalgette & David Buckingham, *In Front of the Children: Screen*

Entertainment and Young Audiences, London: British Film Institute, 1995.
4. David Buckingham,*Children talking television: the making of television literary*, London: the Farmer Press, 1993.
5. Donald F. Roberts & Ulla G. Foehr, *Kids & Media in American*, New York: Cambridge University Press, 2004.
6. Patti M. Valkenburg, *Children's Responses to the screen: A Media Psychological Approach*, London: Routledge Press, 2004.
7. Wilbur Schramm, Jack Lyle & Edwin B. Parker, *Television in the Lives of Our Children*, California: Stanford University Press, 1961.